金融瞭望译丛

"十二五"国家重点图书出版规划项目
当代财经管理名著译库
2011年度国家出版基金资助项目

刘洪生 主译

与天为战

新巨灾时代的大规模风险管理

AT WAR WITH THE WEATHER

Managing Large-Scale Risks in a New Era of Catastrophes

Howard C. Kunreuther Erwann O. Michel-Kerjan Neil A. Doherty Martin F. Grace Robert W. Klein Mark V. Pauly

（美）霍华德·C.昆雷泽 埃尔文·O.米切尔—科尔詹
尼尔·A.道尔迪 马丁·F.格雷斯 罗伯特·W.克莱恩 马克·V.波利 著

东北财经大学出版社
Dongbei University of Finance & Economics Press
大连

ⓒ 东北财经大学出版社 2011

图书在版编目（CIP）数据

与天为战：新巨灾时代的大规模风险管理／（美）昆雷泽（Kunreuther, H. C.）等著；刘洪生主译．—大连：东北财经大学出版社，2011. 12
（金融瞭望译丛）
ISBN 978-7-5654-0674-4

Ⅰ. 与… Ⅱ. ①昆… ②刘… Ⅲ. 金融-风险管理 Ⅳ. F830. 2

中国版本图书馆 CIP 数据核字（2011）第 282212 号

辽宁省版权局著作权合同登记号：图字 06-2010-464

Howard C. Kunreuther, Erwann O. Michel-Kerjan, Neil A. Doherty, Martin F. Grace, Robert W. Klein, Mark V. Pauly: At War with the Weather: Managing Large-Scale Risks in a New Era of Catastrophes
Copyright ⓒ 2009 by Massachusetts Institute of Technology

东北财经大学出版社出版
（大连市黑石礁尖山街217号 邮政编码 116025）
教学支持：(0411) 84710309
营销部：(0411) 84710711
总编室：(0411) 84710523
网址：http://www.dufep.cn
读者信箱：dufep@dufe.edu.cn

大连北方博信印刷包装有限公司印刷 东北财经大学出版社发行

幅面尺寸：170mm×240mm 字数：599 千字 印张：24 3/4 插页：1
2011 年 12 月第 1 版 2011 年 12 月第 1 次印刷

责任编辑：李 季 刘东威 吉 扬 责任校对：贺 蕊
封面设计：冀贵收 版式设计：钟福建

ISBN 978-7-5654-0674-4
定价：58.00 元

译者前言

我出生在冀东平原的玉田县。1976 年 7 月 28 日发生唐山大地震时我刚上小学。那时的我虽然少不更事，但对那场地震却保存了在一个孩子眼中的完整记忆。震前，我们的村庄是那么安详，但震后去只剩下残垣断壁以及时不时从村子的某一个方位传来的哀悼震亡亲人的哭声。震后还有解放军和操着外地口音的医疗队，更有来自全国各地的救灾品，吃的、穿的、用的，在生产队的院子里分给劫后余生的人们。

随着时间的流逝，这段记忆已经逐渐模糊了。但是，在唐山大地震发生 32 年后的 2008 年 5 月 12 日，惊闻四川省汶川县发生了里氏 8 级地震。这次地震共造成69 227 人死亡，并给四川、甘肃、陕西等省的灾区造成 8 451 亿元人民币的直接经济损失，灾区的卫生、住房、校舍、通信、交通、治安、地貌、水利、生态等方面均受到严重破坏。那时我眼含热泪一遍一遍地刷屏读着网络上关于汶川地震的最新消息，痛惜着逝者的罹难、怜惜着伤者的苦痛、关注着救灾的状况……

收到东北财经大学出版社李季博士寄来的 At War with the Weather 英文原书后，我顿觉眼前一亮：这本书不仅勾起了我关于地震这一大型自然灾难的记忆，更为我们做好防灾、减灾工作，从而帮助我们的同胞们将此类巨灾的损失降到最低程度提供了创新性的、长期性的解决之道。于是我欣然接受了翻译这本书的任务，并将其中文书名定为《与天为战：新巨灾时代的大规模风险管理》。在翻译本书的过程中，为了真正领会原作者的思路和意图，我们不仅反复通读原文，而且登录了相关的网站以更多地了解美国在巨灾管理中的具体做法。为了个别名词术语，我们甚至精读了与本书各章节相关的文献；为了个别地名，我们还借助谷歌地图的放大功能将穿越得克萨斯州哈里斯县的 146 号公路放大到了街道的精细程度；为了更真切地了解飓风的强度、破坏程度以及给人们带来的灾难，我们先后查阅了上百本的美国《国家地理》杂志，并下载观看了十余部反映飓风、地震、海啸、洪水、风暴等自然灾害的纪录片……译罢全书，掩卷而思，仍觉心情激荡，不只是慨叹自己拖累着合作者们度过了一年的"巨灾"时光，而更是叹服本书的项目负责人们的组织能力和各章作者们的职业素养与敬业精神。翻译这样一本处于全球巨灾管理前沿的论文合集，不仅使我们深层次地了解了巨灾以及巨灾管理，更使我们获得了科研和写作的专业启迪。总结起来，眼前这本《与天为战：新巨灾时代的大规模风险管理》是我所读到过的中外关于巨灾管理的最具吸引力的一本。大致说来，本书有以下特点：

一是体系完备、设计缜密。本书涵盖了巨灾管理的各个重大问题，而作者又精心

地对各个章节做出了巧妙安排，使全书逻辑严谨、详略得当、篇幅适宜。读者很快就可以抓住要领，一窥本书的全貌。

二是写作思路清晰、行文流畅精炼。纵观全书，每一章的作者都在开篇简介了本章的主要发现。正文中从框架设计到字里行间都紧扣主题层层展开、娓娓道来。即便是每一张图、表和每一个注释都倾注了作者的匠心。读来使人神清气爽、心境怡然。

三是注重事实、体现应用。保险学的生命力体现在其源于实践、总结经验、指导应用的特征。本书的作者们就管理自然灾害风险中所面对的社会问题进行数据驱动型的分析，为回答"我们应该如何控制风险并对大型天气灾难损失进行赔付"这一引人瞩目的问题提供了发人深省、令人信服的答案。本书的大部分章节都以丰富的数据和翔实的资料为基础，作者们又能根据自己（甚至通过访谈、通信等从保险业内人士处得来）的阅历和深刻的体验从实践中提出问题、在理论中分析问题，又用数据和实例说明问题。他们站在读者（尤其是那些明显缺乏保险等专业知识的读者）的角度用朴实单纯的视角和简洁易懂的语言给读者展示了一个真实且在演进中的世界，我们不仅从中了解到了防灾准备、减灾措施以及巨灾之后救灾、理赔乃至保险与再保险行业运作与监管的现实情况，学到了巨灾管理的知识和方法，更得到了思维的训练，从而实现思考方式和科研的总结与提升。

本书的翻译历时一年有余，它是我与多位身处金融或者保险教学、科研一线的同学和同事通力合作的结果。我的合作者包括：中国青年政治学院经济系的王艳茹博士、北京工商大学经济学院金融系的葛红玲博士、内蒙古财经学院会计学院的郭燕萍博士、北京体育大学管理学院的李艳丽博士，以及我所在的河北金融学院金融系的同事牛薇薇、任倩（现为中国人民大学财政金融学院金融系博士研究生）和王鑫斌。在本书的翻译中，我们的学生贾奇凡、任海玲、史晓、王秋实、王晰琳、肖志超、杨斌杰、张博涵、郑占立协助我们译出了本书部分章节的初稿或者收集了相关资料，我所在的河北金融学院的同事刘敏协助我制作了部分图表并参与了全部书稿的校对。

在翻译本书的整个过程中，我们还得到了河北金融学院保险系高鹏主任的关注与指导，在此特向高老师致以诚挚的谢意。

笔者特别感谢东北财经大学出版社社长方红星教授的信任与支持。感谢编辑李季女士、刘东威女士、吉扬先生的辛勤工作和极大的耐心。

希望本书中文版的出版能够推动我国巨灾保险的教学、科研工作，并为巨灾管理在社会主义市场经济建设中的实际应用贡献微薄之力。

刘洪生

2011 年 11 月 11 日于河北金融学院

译者简介

刘洪生，男，1969 年 7 月生，河北省唐山市人。获东北财经大学学士学位、中国人民大学硕士学位、中国人民大学博士学位。现执教于河北金融学院，副教授。主要研究领域为公司金融、资本市场、商业银行理论与实务。专业论文发表在《世界经济》、《经济与管理研究》等专业期刊，译著包括《金融学原理》、《管理会计导论》等。主持课题有 2012 年度教育部人文社会科学研究一般项目（12YJA790084）"正规与非正规信贷市场的分割与整合"等。

前　言

自 2001 年以来，我们已经进入了一个大灾难的新纪元。我们的国家正以递增的速度面临着大规模的风险。在高风险沿海地区由于人口和人类活动日益集中而导致的极端事件面前，我们已经变得越来越脆弱。这里的问题不在于大规模灾难是否会发生，而在于这些灾难将在何时发生、灾难发生的频率高低以及灾难引起破坏程度的大小。重新界定灾害管理和新的融资解决方案，已成为当前许多国家工商业界的策略和政府政策考虑的首要议题。事实上，我们都将更多地卷入一种完全新型的战争——与天气的战争。

在最近的飓风频发期间，伴随着住宅和商业地产开发项目在美国沿海地区的激增，这些受灾地区的人员伤害和财产损毁都达到了一个全新的规模，并且在这些受灾地区的房产业主、工商企业乃至整个保险行业、金融市场以及公共部门中都产生了连锁反应。2005 年，卡特里娜、丽塔和威尔玛这三大主要飓风在墨西哥湾地区登陆，在八周之内就致使 1 500 多人丧生，并创造了超过 1 800 亿美元的保险赔偿和联邦减灾支出的历史最高纪录。这三大风暴发生在 2004 年另外四个飓风对佛罗里达州造成严重损害之后。2008 年，得克萨斯州遭受艾克飓风的袭击，它造成的损失在美国历史上排名第三。每年发生的飓风都充满了变数和不确定性。但未来几年不可避免的是，将有更多的飓风袭击大西洋和墨西哥湾沿岸，而美国的其他地区也将遭受更剧烈的洪灾和地震的袭击，这势必引起住宅、商业地产和基础设施的极度损毁。

恐怖主义事件与自然灾害有某些相似之处。发生在 1993 年世贸中心的爆炸就是恐怖主义对美国本土的首次成功侵袭。以后的八年期间，美国所遭受的攻击没有一次不是由国际恐怖分子组织实施的。随着时间的流逝，整个美国似乎已经在一片虚假安全中陷入麻痹状态。但在随后的 2001 年 9 月 11 日清晨，基地组织再次发难，而这次袭击则是更具毁灭性的。

尽管恐怖主义和自然灾害有所不同，但它们都有几个重要的共同特征：不确定性和各年度之间的损失差异巨大。专家们和决策者们在评估与这些极端事件相关的风险、制定减轻未来损失的战略以及促进重大灾难之后的恢复重建等方面都面临着挑战。

眼下，为管理未来灾害的风险和后果而制定和实施适宜的经济政策和战略已经刻不容缓。因为在这个领域，如果缺乏领导能力和具体的行动，受灾地区不必要的生命伤亡和经济损失将仍然不可避免。

指导原则

若想确保大规模灾害之后拥有充足的恢复重建资金，必须要有一整套前后连贯的战略。本书通过聚焦减灾、保险和其他风险转移措施的不同角色，为设计此类方案提供了若干要件。这些问题是一个复杂的综合体。尽管在考虑私营和公共部门在应对灾难风险中的角色和职责时各自有着迥然不同的议事日程和优先顺序，但它们着实挑战着我们整个国家和衷共济应对风险的能力。

利用保险这一世界上最大的行业之一来更有效地应对自然灾害时，有两大指导原则构成了我们进行分析和制定战略的基础：

原则1：保费要反映风险新状况。保费应当建立在风险基础之上，这是为了能给面对危害的个人提供信号，并鼓励他们在降低其应对灾难的脆弱性时能采取成本有效型的减灾措施。

原则2：处理公平性和经济负担能力问题。任何当前居住在灾害频发地区的房产业主（例如未投保的低收入者或者投保不足的房产业主）所得到的任何具体待遇均应来自不指定用途的普通公共基金，而不应采用保费补贴的方式。

本书提出了以下几个基本问题：

● 这两大原则何以能为旨在减少未来灾害损失并为此类事件受害者提供金融支持所设计的保险与减灾方案提供指导意见？

● 受自然灾害影响的主要相关当事人在此类方案的实施中能充当何种角色？

● 谁应该为减轻未来自然灾害所带来的损害和紧随此类事件之后发生的损失埋单（以及他们会出多少钱）？

● 本书所做的详尽分析何以能够为私人部门的决策以及各州立法机构和美国国会的政策争议提供信息？

本书的研究焦点

为了详细讨论上述问题，我们将研究的焦点限定在佛罗里达、纽约、南卡罗来纳和得克萨斯四个州以及上述各州最大的都市圈：佛罗里达州的迈阿密—戴德地区、纽约州的新纽约城地区、南卡罗来纳州的查尔斯顿地区和得克萨斯州的休斯敦地区。之所以选择这些地区，是因为它们的财产安全是美国全境遭受飓风风险威胁最大的区域，同时它们也呈现出保险市场规制与公共/私人风险分担体系的重大差异。

由于直接暴露在飓风的威胁之下，加上激增的人口和经济的高速发展，佛罗里达州面临的挑战最为独特。由于上述原因，该州成为世界上需要为极端事件展开保险理赔和资本配置最为集中的地区。最近，由于该州政府比美国的其他各州更明显地干预了私人保险市场的运作，它正处于各方舆论的风口浪尖。出于上述原因，我们将在飓风风险和洪灾危害两个方面都对佛罗里达州给予特别关注。

本书概览

本书的 15 章内容可以划分为 4 大部分。不论是概念性的发现，还是经验性的发现，都来自若干来源的数据资料（参见本书的"致谢"部分）。我们在每一章的开始都提炼出了本章的主要发现。支持这些发现的相关分析都在相应的章节做出了详细阐述。

构成第一部分的前 4 章详细介绍了 20 世纪 90 年代以来致使自然灾害损失激增的主要原因（第 1 章）；最近包含环境规制以及私人市场能够为飓风提供保险和减灾保护等特征的制度安排（第 2、3 章）；以及关于国民洪水保险计划所提供的洪灾保险的分析（第 4 章）。

本书的第二部分着眼于房产业主们如何做出购买保险的决策（第 5 章）、保险公司和再保险公司如何做出理赔额度的决策以及它们为提供此等保护的收费定价（第 6、7 章）。我们还分析了包括资本市场和融资市场的可供选择的风险转移工具的最新进展（第 8 章）。第二部分的最后两章则对影响房产业主保险业务种类的需求和供给的因素进行了概念性的和经验性的分析（第 9 章和第 10 章）。

总体看来，我们的发现揭示了绝大多数的房产业主在做出保险购买决定时并不进行成本—收益分析。他们经常只是选择低扣除项目并且可能低估风险。本书的分析还量化了保险需求对价格的敏感程度。在对美国这 4 个州的研究中，房产业主们所购保险价格每一特定百分比的上升都招致了保险购买额度的同样比例的减少。

为了迎合投资者和信用评级机构的关注，除了着眼于预期损失，保险公司和再保险公司还被迫投入相当可观的资本以保护自身免受巨灾损失的威胁。自从 2005 年以来，保险业界显著加大了诸如用以补助再保险的巨灾债券之类可供选择的风险转移工具的运用，但是，此类金融工具仍然只占全球保险市场资本的一小部分。

本书的第三部分，我们是从检验飓风频发地区有多大比例的房产业主未获得保险保护，以及保费负担能力是否是决定居住在这些地区的房产业主保险状况的重要因素开始的（第 11 章）。接着，我们深入探讨了居住在这些地区的房产业主在面对是否投资于经济上划算的减灾措施之类问题时是如何做出决策的，以及可能鼓励他们做出此等明智决策的若干经济激励策略（第 12 章）。接下来，我们（通过现状分析）检验了现行保险计划对那些受飓风风险危害的房产业主的影响。我们还（通过竞争性市场分析）确定了保险业务的可能范围及其可行的赔付额度，以及在一个假设的、没有规制的、其赔付率只取决于供给与需求法则的市场上的保费收取标准（第 13 章）。

我们的研究发现，绝大部分的人们即使其收入被划在低于保费负担能力底线之下，他们还是购买了保险。同时，由于并不能恰当地判断预先投资的成本与其感知到

的利益之间的相对关系，他们中的绝大部分人并没能减轻其家庭财产所受灾害的损失程度。而他们之所以没能做出明智的判断主要是由于短视、预算约束和对风险的低估。所以，这就需要有彻底贯彻执行的建筑规范、退税制度、分区法规和将减灾利益考虑在内、反映投保人所面临的风险的保费标准。倘若在不久的将来佛罗里达州又有其他的较大飓风来袭，像佛罗里达飓风巨灾基金这样的由州政府经营的再保险公司可能也无力赔付由此带来的全部损失，这样，该州的所有保险客户就不得不帮助其为经营赤字埋单。如果允许保险公司制定能反映风险的保费标准，即便不能全额赔付，它们也有可能赔付飓风损失的绝大部分。果真如此，某些飓风频发地区的保险价格就会明显高于它们当前的价格水平。

我们在本书的第四部分提出了鼓励个人购买足够的保险并采取减灾措施的策略性建议，以及能为应对未来大规模灾害事件提供充足融资能力的创新型途径（第14章）。在第15章"赢得对抗天气与其他极端事件的战争"，我们给出了本书的结论，这一章将我们的发现扩展到了其他世界性的全球风险。在基础设施、减灾、防灾、灾难响应以及灾后恢复等方面的投资，都是我们在面对巨灾的新纪元中应对这些挑战的重中之重。当前，决策顶层对于界定和贯彻能够实现上述目标的、连贯一致的战略的领导能力则要比以往更为关键。

未来研究展望

我们开展此等深入研究的首要目的，是对用以减少自然灾害损失并为此类事件中的受害者提供金融支持的可供选择的、长期可持续的战略进行检验。

当下，那些可供选择的策略可能极难贯彻实施，对于这一点我们始终心有羁绊。因为不论是站在房产业主、私人或公共部门组织的决策者，还是各州、地方抑或是联邦政府选拔出来的公职人员的立场上，我们都有只关注短期危险的倾向。但是，我们的国家一直非常容易遭受大规模灾害的袭击。这就要求个人、企业、国会、其他立法机构以及白宫都以彻底完善的长期概念性框架和充分论证的经验分析为基础做出决策。我们希望《与天为战：新巨灾时代的大规模风险管理》一书能为更好地理解这些问题尽绵薄之力。我们期望能与各类主要相关当事人和最高层决策制定者精诚合作，共同应对在巨灾新纪元管理大规模风险的各种挑战。

霍华德·C. 昆雷泽

埃尔文·O. 米切尔—科尔詹

于宾夕法尼亚州费城沃顿商学院

2009 年 1 月

致　　谢

　　本书是我们和我们的那些来自佐治亚州立大学（Georgia State University）的研究伙伴们精诚合作的结晶。他们出色地完成了对于全美保险监管制度的体系构成和随着时间推移所发生的变化的透彻而精辟的研究。他们还收集了房产业主的投保数据资料，并且对现有制度下保险业务品种的需求与供给状况展开了详尽的分析。保险信息研究所（The Insurance Information Institute）则为我们提供了灾害频发地区所受袭击以及卡特里娜飓风过后的立法状况和诉讼情况的数据。

　　我们的研究团队非常感激全美各家顶级保险公司为我们提供了它们关于房产业主业务方针详尽的数据资料，各州保险监管办公室为我们提供了数据资料，风险管理解决方案咨询公司（Risk Management Solutions）为我们提供了由他们所承担的关于飓风所造成的潜在和预期损失的分析，而贝氏评级公司（A. M. Best）则为我们提供了它们使用专用计算机获得的关于各投保群组保费标准和巨灾受险状况的数据。佛罗里达州的州立基金国民财产保险公司（Citizens Property Insurance Corporation）和佛罗里达飓风巨灾基金以及得克萨斯州的州立得克萨斯州风暴保险协会（the Texas Windstorm Insurance Association），也为我们提供了其理赔状况和运作性质的详细信息。企业与家庭安全研究所（Institute for Business and Home Safety）为我们提供了强制执行减灾措施和建筑物抗震编码对减少飓风损失影响的数据资料。来自上述所有企业和组织的数据资料，使我们得以对保险业务的供给与需求进行广泛深入的数量分析，并使我们能够评价当前正在实施的以及被广泛建议的保险和减灾计划的业绩。此外，联邦紧急事务管理署（Federal Emergency Management Agency）授权我们的研究团队使用国民洪水保险计划（National Flood Insurance Program）的全套投资组合数据，这使我们得以在微观水平上检验该计划的业绩和现有保险业务的实质。

　　就我们所知，同时收集并分析连续若干年度的此类数据，并在现有各州保险监管制度和全美财产保险市场体系结构的框架下做出连贯一致的解释，这在美国还是第一次。

　　在过去的两年间，我们的研究团队曾经召开过多次成果显著的会议，并与各主要的利益相关当事人和组织就如何制定更好的风险管理策略以应对自然灾害展开了卓有成效的讨论。此类当事人和组织包括气象科学家，保险公司，再保险公司，保险经纪公司，银行，同业公会，信用评级机构，建模公司（modeling firm），备受自然灾害袭扰的房产业主和企业，房地产行业，来自美国国会和白宫的代表，联邦、各州和地

方的相关职能部门，保险监管机构，公共利益团体，国际组织以及来自美国和世界各地其他兄弟大学与研究机构的专家学者。

有众多的组织为本研究提供了资助并与我们开展了亲密无间的合作。它们是好事达保险公司（Allstate Insurance Company）、美国保险协会（American Insurance Association）、美国国际集团（American International Group）、斯马克安全保障公司（Guardsmark）、利宝互助保险公司（Liberty Mutual）、洛克希德·马丁公司（Lockheed Martin Corporation）、慕尼黑再保险集团的慕尼黑（美国）再保险公司（Munich Re America，Munich Re Group）、全国互助保险公司联合会（National Association of Mutual Insurance Companies）、全美互助保险公司（Nationwide Mutual Insurance Company）、合伙人再保险公司（Partner Reinsurance Company）、美国财产意外保险商协会（Property Casualty Insurers Association of America）、美国再保险协会（Reinsurance Association of America）、法国兴业银行（Société Générale Bank）、州立农业火灾和灾害保险公司（State Farm Fire and Casualty Company）、瑞士再保险公司（Swiss Reinsurance Company）、旅行者公司（Travelers Companies）、美国天气预测咨询服务公司（WeatherPredict Consulting，复兴再保险控股公司（Renaissance Re Holdings）的一家会员公司）以及苏黎世（Zurich）保险集团。

本书还得益于以下组织提供的数据资料和它们至今仍与我们进行的合作与互动。它们是贝氏评级公司、国民财产保险公司（Citizens Property Insurance Corporation）、美国国土安全部（U. S. Department of Homeland Security）、消防员基金保险公司（Fireman's Fund Insurance Company）、佛罗里达飓风巨灾基金、高盛公司（Goldman Sachs）、佳达再保险经纪有限公司（Guy Carpenter，达信集团（Marsh and McLennan Companies）的子公司）、企业与家庭安全研究所（Institute for Business and Home Safety）、国家保险监理官协会（National Association of Insurance Commissioners）、国民洪水保险计划（National Flood Insurance Program）、经济合作与发展组织（Organization for Economic Cooperation and Development）、风险管理解决方案咨询公司（Risk Management Solutions）、得克萨斯州风暴保险协会、美国人口调查局（U. S. Census Bureau）、美国国会预算办公室（U. S. Congressional Budget Office）、美国审计总署（U. S. Government Accountability Office）、美国众议院（U. S. House of Representatives）、道林保险咨询公司（V. J. Dowling）和世界经济论坛（World Economic Forum）。

沃顿风险管理中心（the Wharton Risk Management Center）分别于 2006 年 6 月、12 月在费城，2007 年 10 月在华盛顿特区主办的专题研讨会上富有洞察力的讨论使我们受益匪浅。出席这些研讨会的来自 50 多个公共与私人组织的代表讨论了他们的研究结果。我们所收到的对于本研究在 2007 年 2 月出版的前期成果的大量评论也使我们受益良多。

在此，我们要感谢本研究团队的其他成员。他们是：Robert Hartwig（保险信息研究所）、Paul Kleindorfer（欧洲工商管理学院，Institut Européen d'Administration des Affaires，简称 INSEAD）、Carolyn Kousky（未来资源研究所）、Robert Meyer（宾夕法尼亚大学沃顿商学院）、Frederic Morlaye（怡安保险集团，Aon）、Irv Rosenthal（宾夕法尼亚大学沃顿商学院）和 Claire Wilkinson（保险信息研究所）。以下人员承担了本研究的助理工作：Daniel Berstein（宾夕法尼亚大学沃顿商学院）、Fred Blavin（宾夕法尼亚大学沃顿商学院）、Laure Cabantous（诺丁汉大学与宾夕法尼亚大学沃顿商学院）、Komal Gaba（佐治亚州立大学）、Fred Li（宾夕法尼亚大学沃顿商学院）、Robert Lieberthal（宾夕法尼亚大学沃顿商学院）、Fanny Liu（佐治亚州立大学）和 Ben Shiller（宾夕法尼亚大学沃顿商学院）。

在过去的两年中，沃顿风险管理中心的 Carol Heller 积极地承担了项目的研究助理和编辑助理工作。Cynthia Anderson、Hannah Chervitz 和 Nikita Stanley 则在过去的三年中为与本项目相关的所有会议和讨论会提供了后勤支持。

目　　录

第一部分　关注的缘由

第 1 章　大灾难的新纪元/3
1.1　极端事件影响的最新变化/4
1.2　为什么会发生这些变化？/7
1.3　本书研究的焦点：佛罗里达州、纽约州、南卡罗来纳州和得克萨斯州/13
1.4　主要相关方/15
本章小结/22

第 2 章　巨灾风险和财产保险监管：一个跨州比较分析/24
2.1　引言/25
2.2　政府干预制度框架概览/26
2.3　市场监管/30
2.4　财务监管/41
2.5　各州的保险机构/42
2.6　结论/54
本章小结/54

第 3 章　应对飓风风险的财产保险市场分析/55
3.1　保险市场的结构/56
3.2　保险市场的行为和绩效/66
3.3　市场分析的若干结论/76
本章小结/76

第 4 章　晴雨俱来：通过公共保险机构进行洪灾风险融资/78
4.1　洪水保险简史/79
4.2　国民洪水保险计划保险额相关统计数据/82
4.3　佛罗里达州洪水保险分析/86
4.4　国民洪水保险计划经营期间的历年财务状况/103
本章小结/107
附录 4A：国民洪水保险计划对各洪泛区的定义/108
附录 4B：2005 年佛罗里达州各县的有效住宅保单/109

第二部分 理解灾害保险的需求和供给

第 5 章 房产业主购买保险的决策过程/113
5.1 选择的规范性理论：期望效用理论/114
5.2 影响保险购买决策的因素/115
5.3 目标和计划在保险决策制定中的角色/118
5.4 结论/120
本章小结 /120

第 6 章 私人保险公司的保险供给决策制定过程/121
6.1 可保性的概念/122
6.2 决定是否提供保险/122
6.3 确定保费/123
6.4 资本成本的重要性/127
6.5 信用评级机构的角色/129
6.6 测度自然灾害的风险曝险额：灾难模型的角色/131
本章小结/137
附录6：信用评级机构处理巨型灾难性自然灾害的细则/138

第 7 章 私人再保险公司保险供给决策的制定过程/140
7.1 再保险业务的本质/141
7.2 如何确定再保险覆盖范围和再保险保费/141
7.3 巨灾模型在再保险定价上的应用：在佛罗里达州的应用/144
7.4 关于再保险合同的更多经验数据/148
7.5 2005 年至 2006 年间的再保险市场/149
7.6 2007 年和 2008 年再保险市场的重振/156
本章小结/159

第 8 章 为极端事件融资的创新型保险联结证券/160
8.1 选择性风险转移工具的涌现/161
8.2 保险联结证券所能提供的融资能力：过去与现在/162
8.3 基准：信用和天气衍生产品市场/170
8.4 强化资本市场的解决方案：妥善处理各利益相关方关心的问题的必要性/172
8.5 展望未来：到达选择性市场临界点的解决方案与创新措施/174
本章小结/178

第 9 章 联结灾难保险供求的一个框架/179
9.1 供给方面/180
9.2 需求方面与免赔额的角色/183
9.3 均衡的市场出清价格与数量/184

本章小结/186

第 10 章　房产业主保险的跨州经验分析/188

10.1　构造保险需求和供给模型/189

10.2　研究 1：县级层面的供给和需求分析/191

10.3　研究 2：使用保险公司合同数据进行的保险需求跨州分析/202

10.4　结论/215

本章小结/217

第三部分　保护房产业主们免受自然灾害之苦

第 11 章　保险状况对灾害易发地区房产业主经济福利的影响：经济承受能力的挑战/221

11.1　哪些人应该购买保险，以及为什么应该购买？/222

11.2　定义"经济承受能力"/223

11.3　为什么没有购买保险？若干概念和结果/223

11.4　经济承受能力的备选定义/227

11.5　保费中的公平变化/229

11.6　保单的含义/230

本章小结/231

第 12 章　加强实施降低风险的措施/233

12.1　保险作为减灾和风险融资桥梁的角色/234

12.2　与飓风相关灾害的减灾措施/234

12.3　降低风险措施的成本效率分析/236

12.4　建筑规范的重要性/237

12.5　影响减灾措施采用的若干因素/241

12.6　公共部门和私营部门之间的协作/247

12.7　结论/251

本章小结/251

附录 12　佛罗里达州的典范做法/252

第 13 章　选择性计划的政策分析：保险市场现状与纯竞争性保险市场的比较/254

13.1　引言/255

13.2　数据来源/258

13.3　现状分析的若干假设/261

13.4　现状分析/273

13.5　竞争性市场分析的假设和方法/280

13.6　竞争性市场分析/283

13.7　反映风险的保费的影响/286

本章小结/290

附录 13A：250 年一遇和 500 年一遇灾难的损失对比/290

附录 13B：减灾对飓风风险的影响/294

附录 13C：佛罗里达州、纽约州、南卡罗来纳州和得克萨斯州排名前 25 位的各家
保险公司的市场份额分析/295

附录 13D：佛罗里达州、纽约州、南卡罗来纳州和得克萨斯州所有各县的损失成本
和风灾保险的保费/299

第四部分　提出创新性解决方案

第 14 章　应对巨灾风险的创新性建议/319

14.1　两个指导原则/320

14.2　利用这两个指导原则研发不同的保险方案/321

14.3　长期房产业主保险/324

14.4　一切灾难险/328

14.5　建立更具流动性的与保险相关的证券市场/331

14.6　构建数据收集和信息共享平台/331

14.7　为灾难性损失融资的其他建议/331

本章小结/333

第 15 章　赢得对抗气候与其他极端事件的战争/335

15.1　低概率/高损害事件的神话/335

15.2　五支柱战略/336

15.3　需要用无畏的首创精神来应对相互依赖性风险/340

15.4　与我们自己战斗/343

缩写词汇表/344

术语表/347

注释/353

本研究的两位负责人与其他主要作者/374

第一部分

关注的缘由

第 1 章

大灾难的新纪元

主要发现

自 1990 年以来，自然灾害的成本正在大幅增长。通过比较过去一段时间全球范围内因自然灾害造成的（扣除通货膨胀因素后的）经济损失，可以充分揭示这种巨额增长：1950 年至 1959 年为 536 亿美元、1960 年至 1969 年为 933 亿美元、1970 年至 1979 年为 1 617 亿美元、1980 年至 1989 年为 2 629 亿美元、1990 年至 1999 年为 7 783 亿美元。在 21 世纪刚刚过去的 2000 年至 2008 年，自然灾害已经造成了 6 206 亿美元的损失，这主要是由于 2004 年、2005 年和 2008 年创历史纪录的飓风造成的。

最近几年，美国灾害频发地区的在险财产价值正在巨幅增长。引起损失激增的主要社会经济因素是风险频发地区的发展和在险价值的增加。1950 年，佛罗里达州的人口是 280 万人，1990 年是 1 300 万人，预计到 2010 年将增加到 1 930 万人。今天，佛罗里达州 80% 的已购买保险财产集中于该州海岸附近的高风险地区。2007 年佛罗里达州海岸地区已购买保险的财产价值达 2.4 万亿美元，现在还在增长。除非实施成本有效的减灾措施，否则未来由飓风造成的严重经济和保险损失可能还会继续增长。美国沿海其他各州也同样面临着此类巨大财产损失的威胁。

气候变化对此类损失增加的影响尚不清晰，但正引起越来越广泛的关注。一些科学家认为，引起 2004 年和 2005 年一系列主要飓风的部分原因可以归咎于气候变化的影响。然而，这种观点尚未达成一致。不过，越来越多的人认识到全球气候变暖可能导致更强烈的飓风在更短的时期内频繁地袭击海岸，因而增加对居民住宅和商业建筑物的破坏。

自然灾害涉及诸多主要的利益相关群体，他们通常有着不同的议事日程和优先考虑的对象。这些利益群体包括居住在灾害频发地区的房产业主，保险公司和再保险公司，银行和其他金融机构，资本市场，风险建模公司（risk modeling firms），评级公司，建筑商和开发商，房地产社团组织（the real estate community），其他商户以及当地、州和联邦政府。当涉及这些利益群体中的任何一个时，我们都应该慎重考虑他们的价值和目标在形成评估和管理这些风险的议程中是如何起作用的。

> 建设无疑是一项需要花费多年时间的缓慢而艰巨的任务。
> 破坏却可能是只需一日的轻率鲁莽行为。
>
> ——温斯顿·丘吉尔（1874—1965）

这一章我们描绘了美国巨灾损失增长的图景，以及处于不同立场、在某些情况下出于不同利益的各类当事人所面临的管理相关风险和成本的挑战。理解和体会这些当事人的观点及其所关注的事情，对于制定和评价足以改善巨灾风险管理的措施是至关重要的。

1.1　极端事件影响的最新变化

最近几年，全球范围内因飓风、地震和洪水等重大自然灾害造成的经济损失和投保者损失的增长备受瞩目。如图1—1所示（每个立柱代表经济损失总额，立柱上黑色部分代表已投保部分）。通过比较50余年来的此类经济损失，

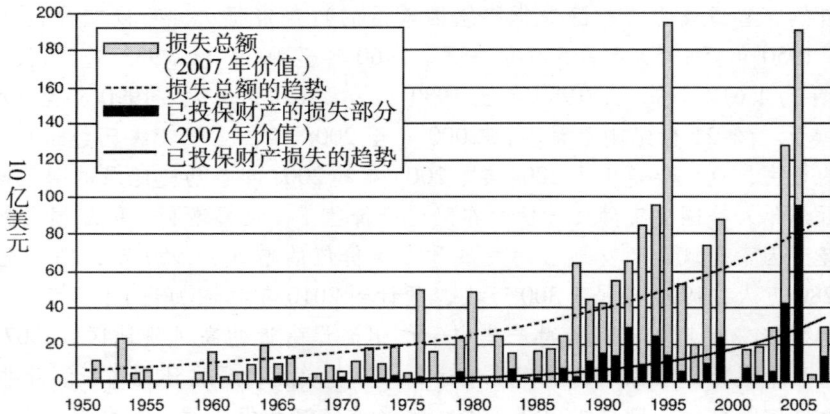

图1—1　1950年至2007年全球范围内重大自然灾害造成的经济损失和投保者损失

我们可以观察到损失的巨额增长：1950年至1959年为536亿美元、1960年至1969年为933亿美元、1970年至1979年为1 617亿美元、1980年至1989年为2 629亿美元、1990年至1999年为7 783亿美元。自2000年到2007年，损失已达4 206亿

美元，这主要是由 2004 年和 2005 年创历史纪录的飓风季节造成的。接下来的 2008 年造成的损失高达 2 000 亿美元，损失额度位居第三，仅次于创纪录的 1995 年和 2005 年的水平（Munich Re，2008）。

1990 年以来，大型自然灾害给保险业造成的破坏性影响比整部保险历史还要大。从 1970 年到 20 世纪 80 年代中期，每年因自然灾害（包括森林火灾）造成的保险损失在 30 亿美元到 40 亿美元之间。1989 年 9 月 22 日在南卡罗来纳州查尔斯顿登陆的飓风雨果（Hugo）造成的保险损失超过了 40 亿美元（1989 年的价格水平）。这是美国历史上第一次保险损失超过 10 亿美元的自然灾害。20 世纪 90 年代早期，随着佛罗里达州飓风安德鲁（Andrew，按 2007 价格计算造成 237 亿美元损失）的来袭和加利福尼亚州的北岭（Northridge）地震（按 2007 年价格计算造成 196 亿美元损失）的发生，保险损失呈现爆发式增长势头。2004 年在佛罗里达州的四次飓风（查理（Charley）、弗朗西斯（Frances）、伊凡（Ivan）和珍妮（Jeanne））总共造成几乎 330 亿美元的保险损失。据估计，仅卡特里娜（Katrina）飓风就使保险公司和再保险公司付出了 460 亿美元的代价。2005 年，几次主要的大型自然灾难给私人保险公司带来了总额高达 870 亿美元的保险损失。[1] 2008 年，损失总额位居美国历史上第三位的飓风艾克（Ike）使私人保险公司付出了将近 160 亿美元的代价。

图 1—2 描绘了 1970 年至 2008 年间，世界范围内因大型灾难造成的（经过通货膨胀调整后的）保险损失所呈现的上升趋势。[2]

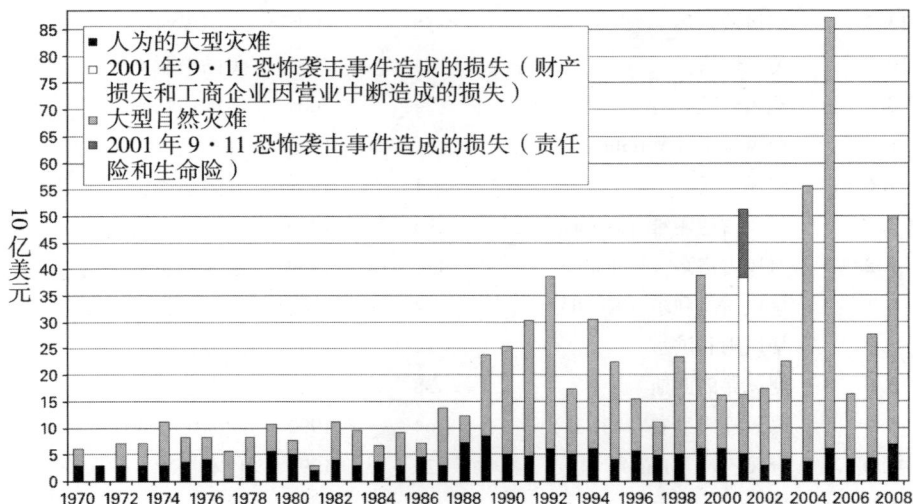

图 1—2　1970 年至 2008 年全球范围内因巨灾造成的保险损失

注释：除 2008 年仍用当年美元计价外，历年的损失已折算为 2007 年的美元价值。9·11 恐怖袭击事件发生的 2001 年的整条线包括了财产损失和工商企业因营业中断（business interruption，简称 BI）造成的损失。

Source：Wharton Risk Center，with data from Swiss Re and Insurance Information Institute.

表1—1列示了1970年至2008年间全球保险赔付额度最高的前20起大型灾难。在这20起大型灾难中，有10起灾难发生在2001年后。安德鲁飓风和北岭地震是工商业遭受的两起最大灾难，正如《超级巨灾》（super-cats）一书中所指出的，其损失都超过了100亿美元。这促使保险公司开始反思因自然灾害造成的风险是否应该还在保险之列。为帮助它们做出这个决断，许多公司开始使用巨灾模型来评估灾难频发地区特定灾害发生的可能性以及给它们承保的业务组合（insured portfolios）所带来的后果。[3] 除了发生在2001年9月11日的恐怖袭击事件以外，20起最大灾难中的其他事件都是自然灾害。其中超过80%的是与天气相关的飓风、台风、暴风雪和洪水等灾害，而其中几乎占到3/4的索赔发生在美国（参见1.2节对相关问题原因的讨论）。

表1—1　　　　1970年至2008年全球保险赔付额度最高的20起大型灾难

保险赔付额度[a]	事件	遇难者人数（死亡或失踪）	年份	灾难原发地区
46.3	飓风卡特里娜	1 836	2005	美国墨西哥湾
35.5	9·11恐怖袭击事件	3 025	2001	美国
23.7	飓风安德鲁	43	1992	美国巴哈马群岛
19.6	北岭地震	61	1994	美国
16.0	飓风艾克	358	2008	美国加勒比海
14.1	飓风伊凡	124	2004	美国加勒比海
13.3	飓风威尔玛	35	2005	美国墨西哥湾
10.7	飓风丽塔	34	2005	美国墨西哥湾
8.8	飓风查理	24	2004	美国加勒比海
8.6	台风米雷（Mireille）	51	1991	日本
7.6	飓风雨果	71	1989	波多黎各、美国
7.4	暴风雪达丽雅（Daria）	95	1990	法国、英国
7.2	暴风雪洛萨（Lothar）	110	1999	法国、瑞士
6.1	暴风雪凯利尔（Kyrill）	54	2007	德国、英国、荷兰、法国
5.7	暴风雨和洪水	22	1987	法国、英国
5.6	飓风弗朗西斯	38	2004	美国巴哈马群岛
5.0	暴风雪维维安（Vivian）	64	1990	欧洲中、西部
5.0	台风巴特（Bart）	26	1999	日本
5.0	飓风古斯塔夫（Gustav）	135	2008	美国加勒比海
4.5	飓风乔治（Georges）	600	1998	美国加勒比海

Source：Wharton Risk Center with data from Swiss Re and Insurance Information Institute.

注释：本表不包括已由国民洪水保险计划支付给洪灾的款项。

[a] 单位为10亿美元，除2008年用当年美元计价外，其余年份的损失已折算为2007年的美元价值。

　　2006 年因大型自然灾害或人为灾难造成的损失远远低于 2004 年和 2005 年。在与大型自然灾难相关的 480 亿美元经济损失中，有 160 亿美元得到了保险赔偿（其中的 110 亿美元补偿了自然灾害、50 亿美元补偿了人为灾难）。在过去的 20 年间，只有 1988 年和 1997 年两年的保险损失低于 2006 年。[4] 根据慕尼黑再保险公司的统计，2007 年共发生了 950 起大型自然灾害，这是自 1974 年以来最多的一年，总共造成了近 270 亿美元的保险损失。但接下来的 2008 年则又是损失极其惨重的一年，保险损失高达 500 亿美元之巨。

　　这些造成巨额保险损失的灾害事件主要发生在高投保率的发达国家。发展中国家的保险仍然缺乏或正处于初创阶段，因此这些灾害会造成更严重的经济和人员损失（表 1—2）。仅在 2008 年这一年，大型自然灾害就夺去了超过 238 000 人的生命，其中在 5 月袭击缅甸的热带气旋纳尔吉斯（Nargis）导致 138 400 人丧生，同月，发生在中国四川地区的破坏性地震夺去了 87 400 人的生命（瑞士再保险公司，2008b）。

表 1—2　　　　1970 年至 2008 年全球遇难者人数最多的 10 起大型灾难

日期	国家	事件	遇难者人数 （死亡或失踪）
1970 年 11 月 14 日	孟加拉国	暴风雨和洪水	300 000
1976 年 7 月 28 日	中国	地震（震级 7.5）	255 000
2004 年 12 月 26 日	印度尼西亚、泰国	地震（震级 9），印度洋海啸	220 000
2008 年 5 月 2 日	缅甸	热带气旋纳尔吉斯（Nargis）	138 400
1991 年 4 月 29 日	孟加拉国	热带气旋高基（Gorky）	138 000
2008 年 5 月 12 日	中国	地震（震级 7.9）	87 400
2005 年 10 月 8 日	巴基斯坦、印度	地震（震级 7.6），余震、山体滑坡	73 300
1970 年 5 月 31 日	秘鲁	地震（震级 7.7），塌方	66 000
1990 年 6 月 21 日	伊朗	地震（震级 7.7），山体滑坡	40 000
2003 年 6 月 1 日	法国、意大利、德国	热浪和欧洲的干旱	35 000

Source：Wharton Risk Center with data from Swiss Re.

1.2　为什么会发生这些变化?[5]

　　在 1970 年至 2004 年的 35 年间，全球因极端天气造成的全部经济损失的 90% 是由暴雨和洪水造成的。暴风雨（在美国地区称为飓风、在亚洲称为台风、在欧洲称为风暴）造成的损失超过保险损失的 75%。以 2004 年的不变价格作为基准，在 1970 年至 1990 年间，因天气相关事件造成的保险损失平均每年为 30 亿美元，而在 1990 年至 2004 年间，这一数字显著增加到了每年 160 亿美元。[6] 在 2005 年，全球范围内全部大型灾害损失中的99.7%是由与天气相关的事件造成的。[7]

到底是哪些关键因素在驱动着损失不断地增加呢？更具体些，社会经济因素扮演的是什么样的角色呢？气候变化将如何影响未来巨灾数量和严重程度呢？

1.2.1 风险频发地区的急剧增加

至少有两个主要社会经济因素直接影响着大型灾难性事件造成的经济损失水平：城市化程度和在险价值（value at risk）。1950年，世界人口只有大约30%居住在城市中。2000年，有大约50%（60亿）的世界人口居住在城市地区。据联合国预测，到2025年，这个数字将增加到世界人口的60%，总人数估计将达到83亿人。图1—3描绘了在1990年到2000年间美国各县人口的增长情况。我们可以看到，高风险地区的人口增长尤为明显。

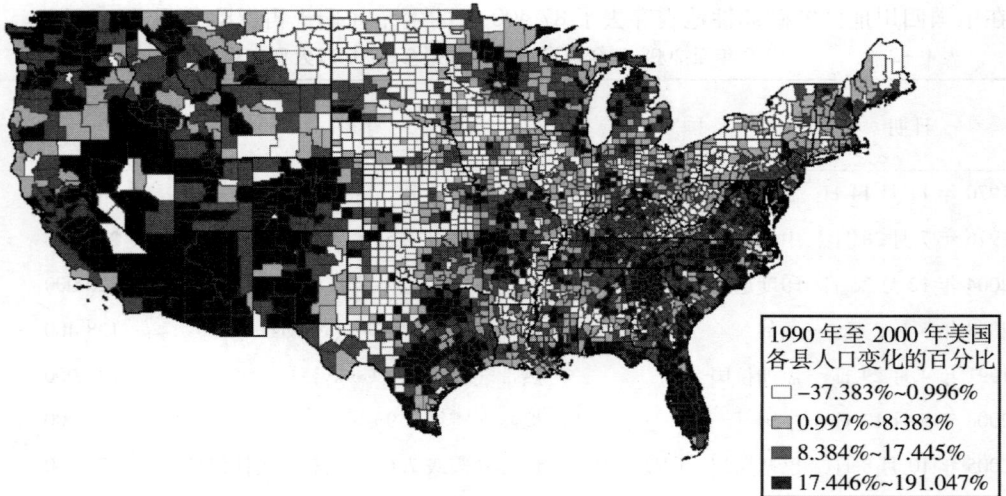

1990年至2000年美国各县人口变化的百分比
□ −37.383%~0.996%
▨ 0.997%~8.383%
▦ 8.384%~17.445%
■ 17.446%~191.047%

图1—3　1990年至2000年美国的人口变化

Source：Data from U. S. Census Bureau.

根据美国国家海洋大气管理局（National Oceanic Atmospheric Administration）的资料，2003年，美国53%的人口，即1.53亿人居住在673个沿海县区，这比1980年增加了3300万人，而这些沿海县区（不包括阿拉斯加州）仅占美国国土总面积的17%。[8]预计到2015年美国沿海各县的人口将超过1200万人。[9]

在风险多发地区，城市化和人口增加还带来了潜在风险的快速集聚。佛罗里达州作为退休人员安家之所的发展就是一个例子。

根据美国统计局的统计，在过去50年间，佛罗里达州的人口增长惊人：1950年该州的常住人口为280万人、1970年为680万人、1990年为1300万人，预计到2010年将达到1930万人（自1950年以来几乎增长了6倍）。这就大大增加了严重经济和保险损失的可能性，除非实施成本有效的减灾措施。

根据慕尼黑再保险公司（2000）[10]的研究，佛罗里达州还是保险责任范围覆盖密度很高的地区，该州的绝大多数住宅都投保了风暴险，有大约1/3的家庭和企业投保了国民洪水保险计划（NFIP）的洪水险。[11]2007年，AIR环球（AIR Worldwide）灾难模型研究公司（根据它们所能得到的最新数据）估计佛罗里达州有将近80%的已购买保险的财产集中在该州海岸附近的高风险地区（图1—4）。这意味着沿海地区面临风险的财产（工商业与住宅曝险额）已投保2.46万亿美元保险（图1—5）。因此，在评估因天气灾害造成的保险损失的发展变化时，保险密度是人们应该考虑的另一个重要的社会经济因素。

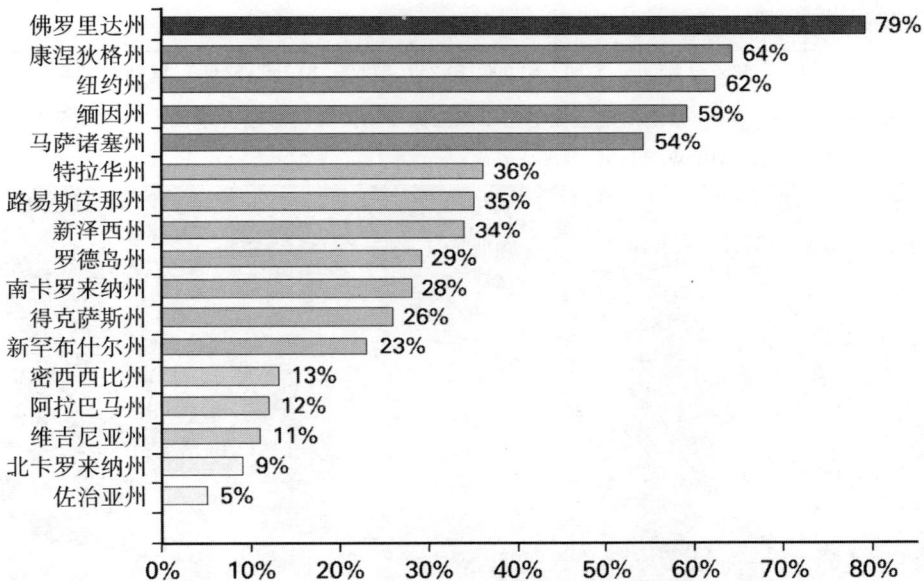

州	比例
佛罗里达州	79%
康涅狄格州	64%
纽约州	62%
缅因州	59%
马萨诸塞州	54%
特拉华州	36%
路易斯安那州	35%
新泽西州	34%
罗德岛州	29%
南卡罗来纳州	28%
得克萨斯州	26%
新罕布什尔州	23%
密西西比州	13%
阿拉巴马州	12%
维吉尼亚州	11%
北卡罗来纳州	9%
佐治亚州	5%

图1—4　2007年12月沿海地区住宅与工商业保险财产曝险额占其所在各州被保险财产曝险总额的比例

Source：Data from AIR Worldwide Corporation.

这些因素将继续对因大型自然灾害造成的保险损失水平产生主要影响。在墨西哥湾沿岸风险不断集聚的情况下，除非采取更强有力的减灾措施，与袭击墨西哥湾沿岸的卡特里娜飓风（图1—6）一样，其他飓风也可能造成重大的直接损失（财产损失）和间接损失（工商业企业营业中断）。[12]

表1—3列示了20世纪发生在美国的主要飓风的成本状况。所有成本已根据2004年价格水平、人口数和财富进行了标准化调整。也就是说，这些成本是假设历次飓风都发生在2004年时的估计值（直接总成本）。[13]

1.2.2　气候变化和飓风：可能性与强度

人们对2004年和2005年发生的一系列主要的飓风是否应该部分归咎于天气变化

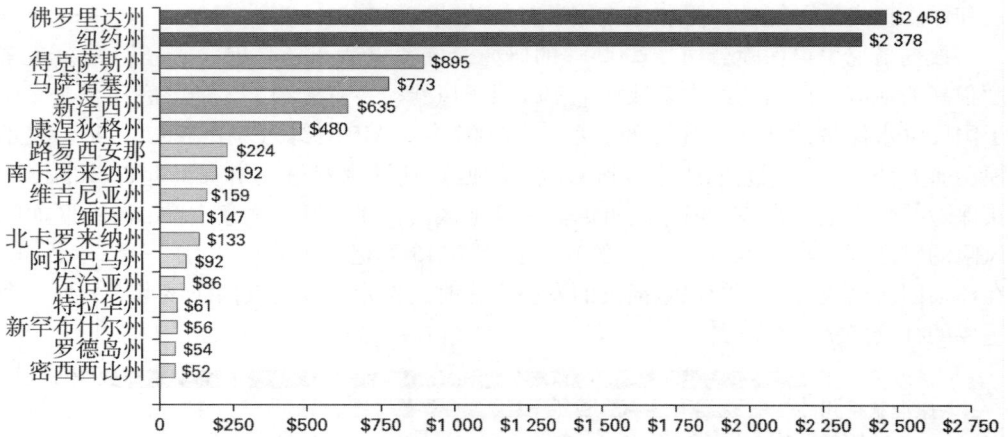

图1—5 2007年12月沿海地区住宅与工商业保险财产曝险总额（单位：10亿美元）

Source：Data from AIR Worldwide Corporation.

图1—6 2005年8月28日的卡特里娜飓风

Source：National Oceanic and Atmospheric Administration.

已经展开了无数的讨论和科学的辩论。[14]我们并不想对此做出判断，只是概括了有关这一问题的若干关键问题和科学证据。[15]

气候变化可能会影响与天气相关的巨灾的数量及严重程度吗？全球变暖的一个预期影响是飓风的强度将会增加。这种观点已被理论研究和模型构建所预测，并且已被气候变化的经验数据所证实。更高的海洋温度会导致空气更高的、呈指数的蒸发率，这会增加气旋和降雨的强度。

表 1—3　　　　　　　1900 年至 2004 年全美损失最大的 20 次飓风

（以 2004 年价格水平、人口数和财富为标准排序）

序号	飓风（主要影响地区）	年份	类别	2004 年成本（10 亿美元）
1	迈阿密（佛罗里达州东南部、密西西比州，阿尔巴尼亚）	1926	4	101.97
2	飓风安德鲁（Andrew，佛罗里州和路易斯安那州东南部）	1992	5	81.20
3	得克萨斯州北部（加尔维斯敦）	1900	4	43.15
4	得克萨斯州北部（加尔维斯敦）	1915	4	37.54
5	佛罗里达州西南部	1944	3	31.81
6	新英格兰州	1938	3	23.78
7	佛罗里达州西南部	1928	4	23.45
8	飓风贝齐（Betsy，佛罗里达州和路易斯安那州东南部）	1965	3	19.46
9	飓风多娜（Donna，佛罗里达州/美国东部）	1960	4	17.54
10	飓风卡米尔（Camille，密西西比州、路易斯安那州东南部、梵蒂冈）	1969	5	16.99
11	飓风艾格尼丝（Agnes，佛罗里达州、美国东北部）	1972	1	15.46
12	飓风查理（Charley，佛罗里达州西南部）	2004	4	15.10
13	飓风黛安（Diane，美国东北部）	1955	1	15.00
14	飓风伊凡（Ivan，佛罗里达州西北部，阿尔巴尼亚）	2004	3	14.43
15	飓风雨果（Hugo，南卡罗来纳州）	1989	4	14.20
16	飓风卡罗尔（Carol，美国东北部）	1954	3	13.23
17	佛罗里达州东南部、路易斯安那州，阿尔巴尼亚	1947	4	12.79
18	飓风卡拉（Carla，得克萨斯州北部和中部）	1961	4	12.20
19	飓风黑兹尔（Hazel，南卡罗来纳州，南太平洋新喀里多尼亚岛）	1954	4	11.72
20	美国东北部	1944	3	9.97

Source：Data from U. S. Department of Commerce，National Oceanic and Atmospheric Administration.

注释：历次飓风的名称均用大写字母表示。

Emanuel（2005）曾经提出过一个飓风潜在破坏指数（index of potential destructiveness of hurricanes），他是以风暴整个生命周期内的总体扩散力（dissipation power）为基础构建这一指数的。作者指出，自从 20 世纪 70 年代中期以来，这种扩散力已经出现巨幅增加。他得出的结论是：这种扩散力增加的根源在于平均来看风暴的强度已经变得越来越大，或是以更高的强度持续更长的时间，或是两者兼而有之。作者在文章中还指出，在相同的时间段内，掠过北大西洋、北太平洋的东部和西部的风暴，年平均最大风速已经提高了 50%。

几个星期之后 Webster et al.（2005）发表的一篇文章指出，自 20 世纪 70 年代初期以来，世界范围内超级飓风（4 级和 5 级）的数量已经翻了将近一番。[16]20 世纪 70 年代，每年全球发生大约 10 次 4 级和 5 级的飓风。从 1990 年开始，4 级和 5 级的超级飓风每年平均发生 18 次。在（大西洋、加勒比海和墨西哥湾的）北大西洋地区，4 级和 5 级的飓风从 1975 年至 1989 年的 16 次增加到了 1990 年至 2004 年的 25 次（增长幅度为 56%）。Webster 等人的文章得出这样的结论："全球数据显示未来 30 年的飓风将呈现更加频繁、更加强烈的趋势。"最近出版的另外一份研究显示，我们所观察到的热带气旋的强度正在显著增加。这与海洋表面温度的上升是有联系的，而海洋表面温度升高又与全球气候变暖有联系。[17]

不过，这并不能说飓风活动与全球变暖的关系已经得到科学家们的一致认可。[18] 发表在《科学》上的一篇颇具洞察力的文章指出，测量的主观性与程序的可变性使得对现有的热带气旋数据库的分析并不总能察觉到极端气旋频率的趋势。[19]这个结论在帕特里克·迈克尔斯（Patrick Michaels，美国国家气候学家协会前主席）最近发表的一篇关于全球气候变暖的文章摘要中得到印证。他指出，那些声称人类活动的结果与最近的飓风频发存在相关性的所有关于飓风活动的研究，必须也能用来解释 20 世纪中期同样的活动周期。由于使用的是 1970 年以前的数据，使得这些研究开始于地球气温历史上的冷点（cool point），因此可能会得出关于全球气候变化与飓风活动的错误结论。[20]

2007 年发表了一篇对 1980 年以来的全球热带气旋数据进行重新分析的文献。[21]这篇文章指出，对人造卫星记录的解释并不准确。再次对数据的分析显示，4 级、5 级飓风在数量和比例上的全球趋势并不明显，全球扩散力指数（power dissipation index）也是如此。因此，其结果与 Webster et al.（2005）的结论存在矛盾。不过，在大西洋，扩散力指数和 4 级、5 级飓风的数量及比例仍在增加。这就支持了 Emanuel（2005）对于大西洋的研究结果。尽管在所有热带海域，海洋表面温度都在上升，但是全球范围内热带气旋的活动并没有增加，这就"对全球热带海洋表面温度上升与全球飓风长期平均强度增加之间存在直接联系的假设提出了挑战，"[22]大西洋也显示出从数十年范围内巨大的自然可变性向 1995 年前后的更加活跃阶段转变的特征。[23]

科学界中关于飓风的频率、强度的变化及其与全球气候变化关系的争论可能会持续陪伴我们很长时间。迄今为止的研究结果对保险业提出了以下问题，这就是主要飓风的数量会在更短的时间内急剧增加，它们会更频繁地袭击沿海地区，从而可能在今天对更多的居民住宅和工商业建筑物造成比 20 世纪 40 年代更为严重的破坏。[24]

1.3 本书研究的焦点：佛罗里达州、纽约州、南卡罗来纳州和得克萨斯州

本书研究的焦点是如何减轻美国因飓风和洪水相关的危害造成的巨灾风险（catastrophic risk），以及如何为此类风险融资。除此以外，我们还将关注另外两个维度的内容。

全球维度：全球范围内保险和再保险市场的运行将会对美国的市场产生影响。国外灾害保险方案设计的一些关键特征也与美国息息相关。

区域维度：地方和州的决定使得国家关于可供选择的灾害保险和减灾计划所争论的问题更加突出。本书对佛罗里达、纽约、南卡罗来纳和得克萨斯四个州的市场和监管状况进行分析。图1—7 描绘了飓风造成的风灾风险与其中的佛罗里达、纽约和南卡罗来纳三个州的不同地区的总损失成本是有关联的。[25]

佛罗里达州

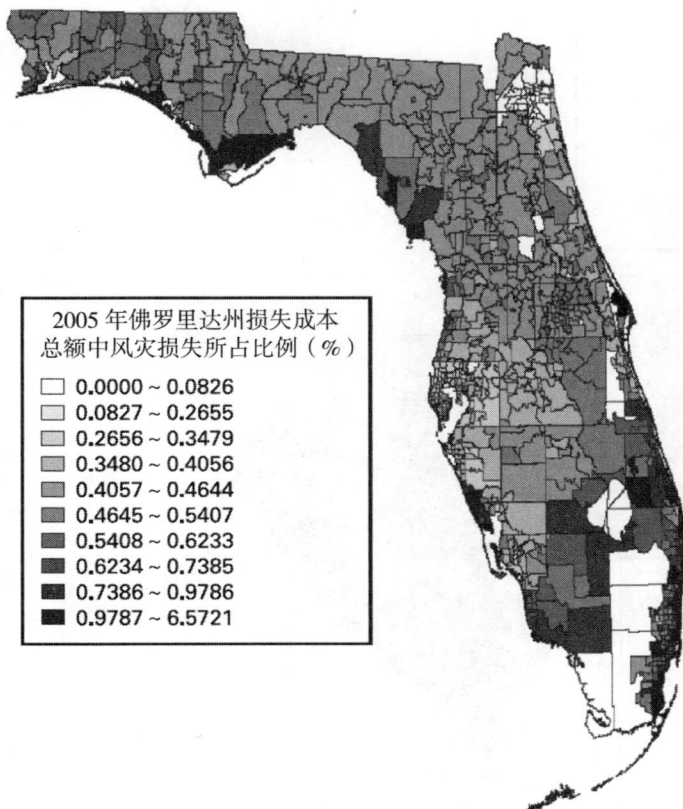

2005 年佛罗里达州损失成本
总额中风灾损失所占比例（%）

□ 0.0000 ~ 0.0826
□ 0.0827 ~ 0.2655
□ 0.2656 ~ 0.3479
□ 0.3480 ~ 0.4056
□ 0.4057 ~ 0.4644
■ 0.4645 ~ 0.5407
■ 0.5408 ~ 0.6233
■ 0.6234 ~ 0.7385
■ 0.7386 ~ 0.9786
■ 0.9787 ~ 6.5721

图 1—7 本书研究的焦点：佛罗里达州、纽约州、南卡罗来纳州和得克萨斯州
飓风灾害损失在损失成本总额中所占比例

纽约州

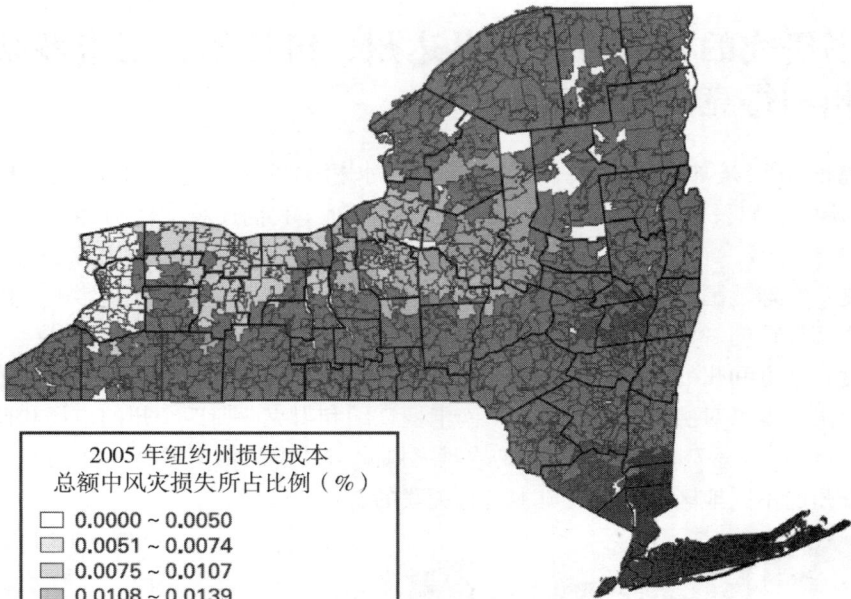

2005 年纽约州损失成本
总额中风灾损失所占比例（%）

☐ 0.0000 ~ 0.0050
◻ 0.0051 ~ 0.0074
▦ 0.0075 ~ 0.0107
▦ 0.0108 ~ 0.0139
▦ 0.0140 ~ 0.0245
▦ 0.0246 ~ 0.0288
▦ 0.0289 ~ 0.0532
▦ 0.0533 ~ 0.0970
▦ 0.0971 ~ 0.2166
▦ 0.2167 ~ 0.3340

南卡罗来纳州

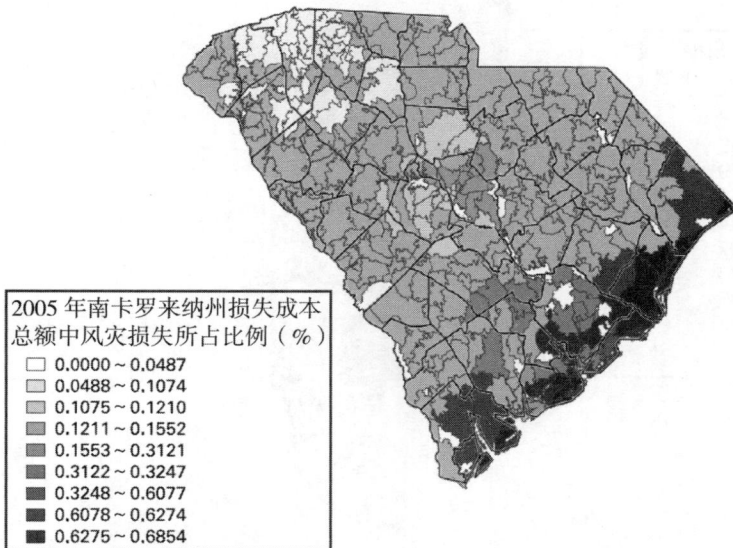

2005 年南卡罗来纳州损失成本
总额中风灾损失所占比例（%）

☐ 0.0000 ~ 0.0487
◻ 0.0488 ~ 0.1074
▦ 0.1075 ~ 0.1210
▦ 0.1211 ~ 0.1552
▦ 0.1553 ~ 0.3121
▦ 0.3122 ~ 0.3247
▦ 0.3248 ~ 0.6077
▦ 0.6078 ~ 0.6274
▦ 0.6275 ~ 0.6854

图 1—7　本书研究的焦点：佛罗里达州、纽约州、南卡罗来纳州和得克萨斯州
飓风灾害损失在损失成本总额中所占比例（续图）

得克萨斯州

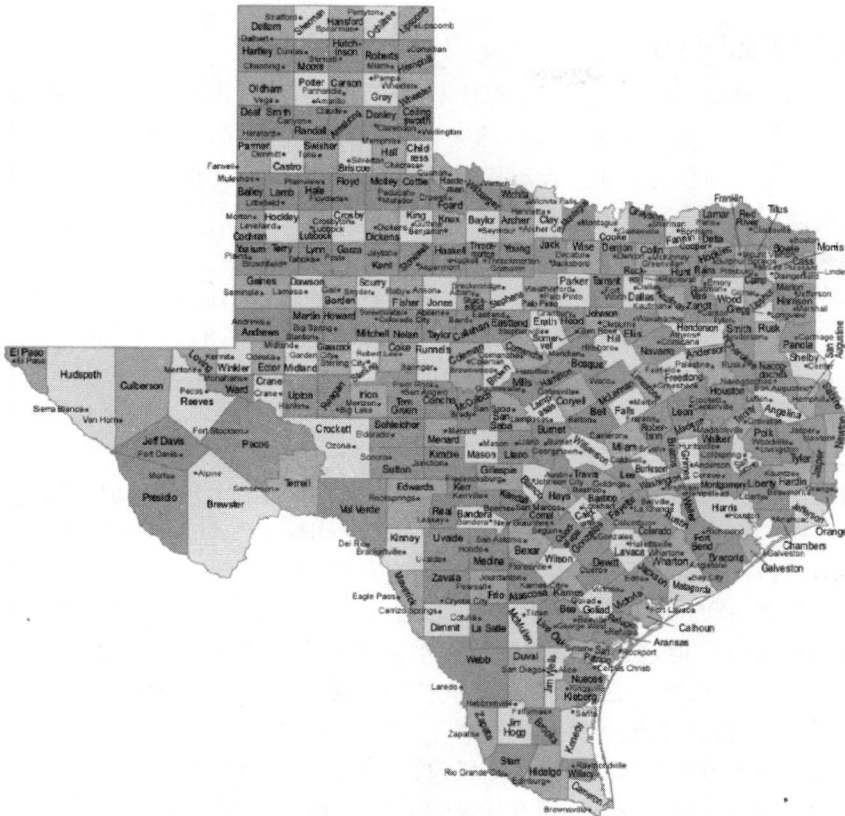

**图 1—7　本书研究的焦点：佛罗里达州、纽约州、南卡罗来纳州和得克萨斯州
飓风灾害损失在损失成本总额中所占比例（续图）**

注释：佛罗里达州、纽约州和南卡罗来纳州三州地图上的空白部分没有 2005 年的报告资料。我们没有拿到得克萨斯州的损失成本数据。

Source：Georgia State University，Center for Risk Management and Insurance. http：//earth. google. com.

1.4　主要相关方

弄清楚各主要相关方（key interested parties）的角色是非常重要的，因为他们关系到如何减轻和通过保险来保障居住财产因自然灾害所造成的损失。此类利益群体包括：建筑与房地产行业、房产业主、银行和金融机构、州和地方政府（包括保监局长）、保险公司、再保险公司、经纪公司、资本市场、模型公司、评级机构以及向保险公司和再保险公司提供资金的投资者。

1.4.1　建筑与房地产行业

　　房地产经纪人、建筑师、开发商、工程技术人员、承包商和其他服务提供者在巨灾事件风险管理中扮演着重要角色。在自然灾害多发地区，联邦或各州的法令都规定，房地产经纪人必须向新房产业主告知其所面临的潜在危险。比如，《阿尔奎斯特—普里奥罗地震断层区划法案》（Alquist-Priolo Act）就要求房地产经纪人必须告知房屋的潜在购买者，他们的家是否正处在地震断层带（earthquake fault line）。但是，Palm（1981）的研究显示，大多数的房屋购买者并不理解这种风险警告或并不记得此等风险警告。国民洪水保险计划就被要求分析和绘制不同地区的洪水风险等级地图，包括标注出百年的洪水漫滩或区域（one hundred-year floodplains or zones）。根据联邦的法律和法规，如果建筑物位于百年洪水区域，贷款人必须要求由联邦政府提供担保的借款人购买洪水险。

　　但是，最近国民洪水保险计划因绘图不准确而受到了批评。比方说，坦普尔大学可持续发展社区中心（the Center for Sustainable Communities at Temple University）对彭尼帕克河流域（Pennypack Creek Watershed）所进行的四年研究就发现：宾夕法尼亚州的巴克斯、蒙哥马利和费城的洪水危险区已经发生明显变化。[26] 尽管洪水保险的强制要求已经有所改善，但这是否符合法律标准尚未明确。美国审计总署（GAO）在2002年6月的报告中指出，还无从知晓那些被要求对其借款人实施保险强制购买的贷款人将这一规定到底执行到了哪种程度。[27]

　　工程技术人员和承包商在高风险地区的风险管理中扮演着极其重要的角色。他们中的绝大多数非常关心能够建设出高标准建筑的结构设计以及这些结构设计是否能通过资深建筑官员的鉴定，因为只有这样，当出现生命或财产损失时他们才可以免责。开发商们最为关注是否能以尽可能最低的价格销售房屋，所以他们要确定按更高标准设计的房屋产生的额外成本是否会对他们所售房屋的需求产生不利影响。

　　当然，购房者对于减少建筑物在面临自然灾害的脆弱性方面所采取的结构性措施的评价高低，将影响到开发商们的关注焦点及其所持观点。

1.4.2　风险多发区的房产业主

　　准备在风险多发区定居的人们可能并没有意识到或低估了他们将面临的风险，因此没能将关注的焦点集中在拥有一所设计良好的住房对于保护自己免受飓风、洪水、地震之灾的重要性上。在灾害发生之前，许多人认为灾害出现的可能性比他们想象的要小得多，"灾害不会发生在我身上"。因此，他们认为没有必要主动投资于诸如加固房屋或买保险等保护性措施。只是到了灾害真的发生之后，这些人才后悔不迭地抱怨说自己本来是愿意采取保护措施的。[28] 举例来看，住房和城市发展部（the Department of Housing and Urban Development）就曾报告说：在2005年惨遭飓风破坏的房屋中，有41%没有购买保险或者所购保险不足。在总共60 196所遭受强风损毁的业主自用住房（owner-occupied home）中，就有 23 000 所（38%）没有购买风灾保险。[29]

1.4.3　银行和金融机构

在美国，个人只提供抵押就可以在银行和其他金融机构获得贷款支持，这使得他们只需使用非常有限的资金就可以购买住房或工商企业。当业主出现贷款违约时，其财产将成为这笔款项的担保物。贷款人在灾害风险管理中起着至关重要的作用，为了防止巨灾发生时房屋遭到破坏或房产业主逃之夭夭，银行会要求借款者对抵押品投保并以此作为贷款的前提条件。从根本上讲，贷款人关注的是通过保险来降低巨灾来袭时财产的损失程度，而并不关心损失产生的原因。贷款人还可以通过在贷款契约条款中规定或制定差别化利率的方式来影响借款者购买保险的决策，这些方式可以被用来鼓励借款购房者投资于成本有效的减灾措施。联邦政府也在酝酿着通过法律和法规来强制或鼓励贷款人及其代理商，促使其要求购房者购买足额的财产保险以应对除了地震或其他地球运动之外的所有自然灾害。

1.4.4　各州政府

各州的政府在确定建筑规范和确保这些标准得以有效实施方面起着关键作用。不过，建筑规范在灾难多发地区的实施往往是很不到位的。按照保险信息协会的说法，保险专家曾经指出，1992 年飓风安德鲁带来的保险损失中的 25% 本来是可以通过更好地遵照和实施建筑规范来避免的。[30]许多社区由于人员不足和缺乏培训，使得这些规范不能有效实施。飓风安德鲁袭击戴德县时，该县当时仅有 60 名建筑物检查员。这 60 名检查员每年平均要对 20 000 栋新建筑物进行多项检查，也就是说，每个检查员每天平均要进行 35 项检查，如果考虑赶时间、写报告和其他行政管理工作，这几乎是一项不可能完成的任务。

当地政府也可以控制土地使用，禁止在自然灾害多发地区建新建筑，因为这会使这些建筑物面临极高的风险。但在现实中，由于新建筑可以促进经济增长，所以土地使用管理经常承受巨大压力。比如说，1969 年，密西西比州帕斯·克里斯琴（Pass Christian）的黎塞留联合公寓（Richelieu Apartment）被飓风卡米尔摧毁后，其原址建成了一个新的购物中心，入驻了一家温迪·克斯（Winn Dixie）超市、一家里特—艾德（Rite-Aid）药店和其他若干家零售商店。尽管该购物中心被 2005 年 8 月袭来的卡特里娜飓风夷为平地，但房地产开发商已有在此地重建的计划，不过这次很可能要开发共同所有权的豪华公寓。[31]

在美国，对保险的监管是由州这一级政府实施的，主要权力归保监局长（insurance commissioner）。主要的保险公司应遵守赔付能力规章（solvency regulation）以及保险费率和保单形式规章（rate and policy form regulation）。赔付能力规章规定，保险公司和再保险公司在致使其客户蒙受巨额损失的极端事件发生时，应有充足的资本来履行其赔偿义务。保险费率和保单形式规章规定了保险的价格和保险合同的条款。与保险公司不同，在美国获得经营许可的再保险公司仅受赔付能力规章的约束。外国的再保险公司不受价格管制，但要在不同程度遵从赔付能力规章的监管，这主要取决于该公司所在州的规定（详见本书第7章关于再保险定价的讨论）。

保监局长通常把保险公司和再保险公司的赔付能力作为主要监管目标，即使这意味着后者将提高保险费率或做出其他调整（如减少巨灾保险的承保）。对于保险监管者来讲，他们面临着保证投保者付得起保费以及保险范围尽可能大等政治压力。为平衡保险公司赔付能力和保护消费者这两重目标，各州法律均要求保险监管者确保保险费率的适当性——不能太高，也不能有显失公平的歧视。监管者对于保险公司的保险费率和其他收费项目的估价包含一定程度的主观性，这可能导致对保险费率的抑制，从而招致保险供给的减少或带来其他市场问题和扭曲。参数的不确定性和对风险损失水平所持的不同观点，可能导致保险公司与监管者之间就多高的保险费率是适当的以及开办什么样的保险业务是恰当的等问题产生分歧。[32]

各州的立法机构、政府首脑和法院也在保险和再保险市场的监管方面扮演着至关重要的角色。其结果是，保险监管者的权威和自由裁量权要受到诸多限制，而州政府的其他部门可能对州法律、法规和政策如何管理保险和再保险市场施加自己的偏好。最终，所有经选举产生的政府官员和他们的继任者都要遵从投票者的意愿。如果政府官员的行为有悖于投票者的意愿，他们就将被遵从投票者意愿的官员所取代，即使后者的行为在经济上是不合理的。

在大范围灾难之后，各州政府还通过创建和运营巨灾保险计划的方式来为私人保险和再保险行业拾遗补缺。在1994年1月北岭地震发生之后，加利福尼亚州的许多保险公司停止销售新的房屋主保单。这致使加利福尼亚州成立了地震局，把保险公司因未来地震造成的损失限制在了一定范围之内。[33]佛罗里达州创立了居民财产保险公司（TheC itizens PropertyI nsuranceC orporation，简称CPIC），以取代先前的风池（wind pool）保险模式。路易斯安那州建立了路易斯安那居民财产保险公司。佛罗里达和路易斯安那是仅有的两个已经实施了它们的新剩余市场结构（new residual market structure）的州。在这种结构中，由州政府发起主办的公司作为一个独立的保险公司在运作着。

许多州仍然继续维持着传统的风池或海滩计划结构（beach plan structure），也就是通常所说的联合承保协会（joint underwriting associations）。大多数墨西哥湾沿岸和东海岸各州都有这样的计划，不过每个州的计划都有其各自不同的版本。许多计划在遭遇主要飓风袭击时都不具有履行赔付义务的能力。包括北卡罗来纳州和几个新英格兰地区的州在内的一些州，最近几年虽然没有经历大型灾害事件，但它们正在努力为支付行政费用和一般管理费用而奋斗。如果这些州中的一个州遭遇大型飓风的袭击，该州的承保协会将被迫对保险公司进行资产评估，评定的资产将转给所有保险客户。

佛罗里达州还有两个州立机构对保险市场施加了巨大影响。在1992年飓风安德鲁之后，佛罗里达州政府成立了佛罗里达飓风巨灾基金（FHCF），它可以偿付大型飓风给保险公司带来的部分损失。[34]佛罗里达飓风巨灾基金是一个由州政府运作的机构，主要为居民个人和工商企业的财产提供再保险。所有的保险公司均被要求参加佛罗里达飓风巨灾基金（我们将在第 2 章和第 13 章更详细地讨论佛罗里达飓风巨灾基金和居民财产保险公司）。这个州还建有佛罗里达保险担保协会（FIGA），主要是替已破产的保险公司进行保险赔偿。比如说，佛罗里达保险担保协会就曾为破产的波金融集团（Poe Financial Group）提供融资，这家公司因飓风损失于 2005 年破产。

1.4.5 联邦政府

美国的联邦政府以前并未直接涉足（除洪水之外的）自然灾害保险，洪灾保险是通过 1968 年建立的国民洪水保险计划（NFIP）提供的，该计划由联邦紧急事务管理署（FEMA）运作。因卡特里娜飓风产生的风暴潮和洪水使国民洪水保险计划遭遇了重大的财政危机，它不得不向美国财政部借款 200 多亿美元。第 2 章分别讨论与大风造成的损失（由私人保险部门所弥补）和因水灾造成的损失（主要由国民洪水保险计划所弥补）两类不同的损失类型相关的挑战。第 4 章将更详细地讨论全美国民洪水平保险计划。

联邦政府还在自然灾害发生后扮演着重要的角色，它是通过低息贷款、拨款和税收优惠向未购买保险和保险购买不足的居民和小企业、城市和地方政府提供联邦救助的。许多人曾经向小企业管理署（Small Business Administration，简称 SBA）申请低息贷款，用来修复其受损财产。房产业主和房屋出租者最高可以借到 40 000 美元来修复家庭的和私人的物品，最高可以借到 200 000 美元来修复或更换原有住所。对那些不能从其他地方获得贷款的人，小企业管理局的救灾贷款利率不能超过 4%；而对那些能从其他地方获得贷款的人，此类贷款利率不能超过 8%。截止到 2007 年 1 月 31 日，小企业管理署已向因 2005 年飓风受损的房产业主和房屋出租者提供了 50 多亿美元的救灾贷款，联邦政府承担了将近 8 亿美元的利率补贴成本。[35]不过，财产所有者只有在证明他或她有能力偿还贷款的情况下，才有资格获得贷款。因此遭受财产损失的低收入居民也必须偿还贷款；如果无力偿还，他们就需寻求房产或财富损失的其他援助途径。

在现行灾难援助体系中，如果灾害足够严重，各州政府的首脑可以要求总统宣布"重大灾难"并提供特殊援助。尽管总统并不能决定援助金额（这要由白宫和参议院决定），但在这个过程中总统起着至关重要的作用。这就对此等决定的关键推动者和某些州是否可能比其他州从灾难宣布中获得更多的好处以及在时间上是否占尽先机等方面提出了一些问题。

此外，联邦税收政策中关于个人和家庭所遭受的未购买保险巨灾损失以及保险公司巨灾损失储备的税收减免的规定，直接影响着财产所有者的风险减低动力和保险公司为巨灾损失融资的能力。令人吃惊不已的是，现行关于未购买保险灾难损失的税收政策到目前为止并未引起关注，这导致了有效灾难风险管理乏力的局面。

1.4.6 保险公司

保险公司对那些面临着来自（如地震、飓风、恐怖袭击等）大型灾害性事件的潜在巨额损失威胁的人们提供金融保护。那些寻求此类保护的人们只需要交纳很少的费用（如我们前面提到的保险费），在（保险公司和被保险人签订的保险合同上列明的）保险事件发生时，其全部或部分财务损失就可以获得保险公司的赔付。将某一地理区域大量财产列入保单承保范围之内的保险公司面临着因单一事件遭受巨额损失的可能性。如果这些损失的潜在影响超出它们的盈余能力，保险公司就要限制风险多发地区财产所有者和雇主的保险金额，因为只有这样才可能将严重损失的可能性控制在可以接受的水平之下。如果保险公司能够预先估计其承保事件发生的可能性以及这些事件所带来的损失程度，那么它们将更愿意提供保险。[36]

保险公司的承保额度主要取决于以下因素：公司的资本管理要求、法规允许的费率水平、风险转移工具的可利用性及其价格，以及保险公司的风险偏好等。如果能够通过再保险、巨灾债券和其他风险转移工具获得保护使自己免受巨灾损失之患的话，那么，某些保险公司就会乐于为大量风险承担保险保障。

1.4.7 再保险公司

保险公司愿意提供多少保险业务数量以帮助不同的灾害频发地区抵御风险，部分地取决于它们可以将多少保险赔付责任、以多大的代价转移给再保险公司。再保险公司对私人保险公司提供保护的途径与保险公司为其客户提供保险的途径几乎是相同的。它们向保险公司收取了保费，就要保证对保险公司可能承担的巨灾损失理赔提供赔偿。再保险公司也同样关注风险集中问题，需要对巨灾多发地区的潜在风险进行管理，其目的是将严重损失的可能性控制在可承受范围之内。与绝大数保险公司相比，全球化运作的大型再保险公司更容易在地理学意义上以及通过每一条保险业务线上的多样化经营来分散风险。当然，再保险公司和保险公司一样，也必须满足巨灾风险的资本成本要求，而这种成本也将随着风险水平和资本要求的提高而提高。

再保险公司在分担保险公司相当一部分承保损失方面扮演着极其特殊的角色。比方说，再保险公司曾分担了因卡特里娜飓风造成的承保损失的大约50%。由于2004年和2005年处于飓风季，2006年美国巨灾再保险的价格也迅猛增长，市场承受能力明显不足。由于2006年不在飓风季，2007年再保险价格趋于疲软，直到2008年1月才开始恢复，并且有迹象表明现在可用于弥补巨灾风险的再保险已经比2006年期间具有更强的市场承受能力。

1.4.8 经纪公司

经纪公司将那些需要金融保护的人和保险提供者联系了起来。经纪公司能够促成那些打算购买保险的企业和那些愿意提供保险的企业之间的生意。同样，经纪公司能够将愿意为巨型灾难事件提供保险业务的保险公司和那些专门为这种业务提供保护的再保险公司联系起来。作为大宗交易的中介者，经纪公司通常代表保险买方。经纪公司还在向客户提供风险管理和危机处理的策略咨询方面扮演着重要的角色。

1.4.9 资本市场

为了帮助再保险公司融通资金，20 世纪 90 年代，资本市场开始通过行业损失担保（industry loss warranty）和巨灾债券（catastrophe bond）等多种新型金融工具来为自然灾害造成的巨额损失提供保险。[37]

几股力量共同使这些新金融工具更具吸引力。1992 年飓风安德鲁过后以及 1994 年北岭地震过后再保险公司的缺乏致使再保险价格高启，也使得保险公司以足够高的利率发行巨灾债券以吸引投资者的资金成为可能。此外，投资于巨灾债券的前景与股票市场和总体经济状况毫不相干也是对资本市场投资者颇具吸引力的一个因素。最后，巨灾模型作为更准确地估计损失可能性的工具已经渐成气候，这使得灾害风险能够得到比以往更准确的量化和定价。

在飓风卡特里娜过后，巨灾债券保险在数量和交易量上显著增加，而其他一些创新金融工具也应运而生，但获得这种金融保护的总量与当前由传统再保险所提供的保障相比依然受到诸多限制。因此，有必要评估限制这些能够分散巨灾风险的债券的可用性与数量的因素，也有必要考虑如何扩大这些工具的使用以扩充再保险市场的容量。

1.4.10 模型公司

许多保险公司和再保险公司已经开始转而求助于能够提供巨灾风险模型的专业公司，因为这些模型能够帮助它们决定应该对自然灾害和其他极端事件所造成的损失提供多少保险，以及应该收取多高的保费。在过去的 10 年里，像风险管理解决方案（Risk Management Solutions，简称 RMS）、AIR 环球（AIR Worldwide）和 EQECAT（earthquake 和 catastrophe 的缩写）这样的巨灾模型公司，已经成为巨灾保险和再保险领域的重要参与者。这些公司由于没能在 2004 年至 2005 年暴风雨季节来临之前增加风险评估而广受诟病。需要指出的是，巨灾建模和风险评估除了面临诸多信息方面的挑战，更有待市场和监管部门的认可。例如，佛罗里达飓风损失预测方法审查委员会（Florida Commission on Hurricane Loss Projection Methodology，简称 FCHLPM）就拒绝接受 RMS 在 2006 年提出的飓风活动中期展望。该展望报告认为，最近在大西洋海盆（Atlantic basin），飓风的频率和强度正在增加。RMS 不得不使用其他模型，因此，它现在关于飓风未来 5 年活动率的估计就不再是前瞻性估计，而是建立在自 1990 年以来飓风平均历史纪录的基础之上的了。[38]

这样一来，对于模型公司而言，就有必要根据最近增加的飓风活动对其模型进行调整。由于参数的不确定性，想要知道一个给定的模型是否已经准确地估计了真实的潜在风险损失和相关的概率分布总是非常困难的。

1.4.11　评级机构

人们认为诸如贝氏、标准普尔、穆迪和菲奇等评级机构可以为保险公司和再保险公司的财务稳健性以及它们对客户的履约能力提供独立的评估。保险公司和再保险公司所获得的评级对它们所能设置的保费标准和筹资能力具有重大影响。比方说，许多大型上市公司按规定只能与某一最低评级水平以上的保险公司开展业务。同样，任何一家保险公司也不愿意投保于一家等级很低的再保险公司。评级太低会影响保险公司或再保险公司所能收取的保费及可以出售的保单数量。它也有可能对上市公司的股价产生负面影响。在 2004 年和 2005 年墨西哥湾沿岸遭到飓风袭击后，几家主要的评级机构旋即采取了更加严苛的标准，要求某些保险公司持有更多的资本才能维持同样的评级。

1.4.12　给保险公司和再保险公司提供资金的投资者

自 1990 年以来保险损失的巨额增加、卡特里娜飓风后巨灾风险评价模型的变化和评级机构更为严苛的要求都对飓风和其他自然灾害的保险乏力产生了重大影响。此外，最近的大型灾难显示了比以往所有给定投资组合更大程度的波动。伴随着 2008 年金融危机的后果，这一点也将会对投资者提供给保险公司和再保险公司的资金成本产生影响。由于面临着更高的波动性，投资者对权益型证券必然要求更高的回报。这就必然要求保险公司和再保险公司限制它们的保险业务范围、收取更高的保费或改进其风险管理（或这三者中的某种组合）。

本章小结

本章重点介绍了最近几年由自然灾害造成的损失所发生的主要变化。从 1970 年到 20 世纪 80 年代中期，全球范围内因自然灾害造成的年保险损失在 30 亿至 40 亿美元之间。2004 年袭击佛罗里达州的四次飓风（查理、弗朗西斯、伊凡和珍妮）共造成了 330 亿美元的保险损失，2005 年仅卡里特娜飓风就使保险公司和再保险公司遭受了大约 460 亿美元的损失（不包括国民洪水保险计划支付的洪水赔偿）。在美国沿海经过两年的相对平静之后，2008 年风暴再次造成严重的财产损失。飓风古斯塔夫和飓风艾克共造成 210 亿美元的保险损失。2008 年全世界共有 23 800 人死于大型灾难，经济损失总额高达 2 000 亿美元，这使 2008 年成为历史上损失最惨重的第三个年头儿。

许多相关方在减轻自然灾害损失和灾后重建期间为受害者提供援助资金方面扮演了重要角色。本章特别强调了建筑和房地产部门、房产业主、小企业、银行和金融机构、国家和地方政府（包括保监局长）、保险公司、再保险公司、经纪公司、资本市场、模型公司、评级机构和投资者所承担的责任及所面临的挑战。为了更好地评价能给灾害损失提供保险、再保险和减灾措施的备选策略，理解这些利益不同的相关方各自不同的价值和目标，以及它们的运作所受到的限制都是至关重要的。

第 2 章

巨灾风险和财产保险监管：
一个跨州比较分析

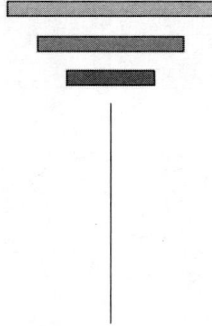

主要发现

保险市场监管在各州之间差别很大。美国各州之间市场监管的差别对国家战略的连贯性、一致性发展构成了挑战。[1]为应对沿海地区财产所有者和其他利益团体的巨大政治压力，佛罗里达州对保险公司的费率和其他市场行为有着极其严格的控制。其他沿海各州的监管并没有这么严格，但由于市场的发展和政治压力，这可能有所改变。

对保险公司定价、承保决策和保单条款的监管约束等都对财产保险市场具有重要影响。除了限制保险公司费率的增长，监管机构可能会设法阻止或反对保险公司对现有保单拒绝续保或签发新保单的决定。监管机构可以通过要求保险公司证明其决定合法以及其他限制条件与强制命令来达到这一目的。对保险行业的业务限制与强制命令会削弱保险公司对巨灾保险中潜在风险的管理，最终会将保险公司逐出某一个州的市场，同时也会阻碍其他保险公司的进入。监管还涉及保单条款，例如保险公司可以提出或要求最大免赔额作为其提供保险服务的条件。价格、承保条件和保单条款的监管是密切相关的。一旦监管超出保护消费者免受真实不公平待遇的范围，以至于人为压低保费并且阻止其他必要的市场调节的话，那么，假如保险公司减少保险供给，这最终会恶化而不是为消费者改善市场环境。

卡特里娜飓风过后出现的对损毁到底是产生于风还是产生于水的争执，造成了保险公司赔付责任问题的进一步不确定性。对包括由飓风产生的风暴潮的地表水造成的洪水灾害的保险，被明确排除在房产业主的保单外，但这些损失可以通过联邦政府的国民洪水保险计划得到补偿。不过，由于对飓风导致损失的保险范围有所争议，投保人曾对路易斯安那州和密西西比州的保险公司提起过诉讼。

争论产生于到底有多大的损失产生于风（由房产业主保险承保）以及到底有多大的损失产生于洪水或地表水（房产业主保险不予承保）。有些投保人仍反对将洪水排除在他们的房产业主保单之外。尽管保险公司最终赢得了这些官司，但考虑到合同执行的不确定性，在这些州有些公司还是不得已地签发了新的房产业主保单。

对不能得到私人保险公司承保的财产所有者提供保险的剩余市场机制，已经获得了令人瞩目的成长。居民财产保险公司是佛罗里达州的财产保险剩余市场机制。随着2007年从法律上转而允许其与私人保险公司竞争，该公司在最近的几年中已经获得了令人瞩目的成长。在佛罗里达州，居民财产保险公司已经成为风灾保险的最大提供者。令人吃惊的是，通过事后赔付它都能将其产生的所有赤字转移给州内的私人保险公司（最后是所有保险消费者）。居民财产保险公司的成长，连同2007年佛罗里达飓风巨灾基金的扩容，有效地将该州的大部分巨灾风险社会化了。美国沿海其他各州的剩余市场机制也得到了发展，但和佛罗里达州相比，其发育程度还多有不足。在本研究中的其他三个州——纽约州、南卡罗来纳州和得克萨斯州——也都建有针对财产保险的剩余市场机制。

2.1 引　言

在巨灾风险的管理中，对保险公司和保险市场的监管扮演着引人瞩目的角色。每一个州在保险公司的进入和退出、财务状况、保险费率、产品、承保、理赔和其他活动方面都拥有相当大的权威。在这些地区，监管规章的限制性规定及其强制执行，对财产保险市场功能的发挥和财产所有者对其潜在风险进行控制的激励都具有重大影响。虽然监管者的权力也要受到种种限制，但从本质上讲，对于保险市场和保险公司活动的任何方面，监管者们都是试图去控制或者至少去影响的。同时，以谨慎为行事原则的监管者们也尝试着限制自己对那些已获得经营许可领域的介入并且帮助保险市场实现其固有功能。从根本上讲，监管者并不能强行规定市场的运行结果，因为他们的政策一方面会维持保险市场更加高效地运作，另一方面也可能引起重大的市场问题和扭曲。

监管者们并非在政治真空中运行。他们必须和其他政府部门共同工作。而绝大多数忽视政治考虑的监管者往往只有很短的任期。在飓风频发地区，紧张的气氛目前正笼罩着整个财产保险行业，监管者和立法者各自都承受着来自不同方面的巨大压力。保险公司已经试图通过提高保险费率、调整风险敞口、修改保单条款来弥补它们的成本、管理它们的巨灾风险。另一方面，沿海地区诸如拥有既得利益的房地产开发商和经纪商等财产所有者和其他团体，已经对更高的保费和更严格的保险业务提供标准表达了强烈不满。令人遗憾的是，在佛罗里达州，受来自这些团体的政治压力影响，政府官员采用了不明智的政策，从而进一步摧毁了巨灾风险的私人融资机制，并将这一负担转嫁给了所有的保险客户和该州的全体纳税人。在确定监管政策时，有些州的政府官员试图寻找一条既无损于保险市场又无损于其政治支持的途径——一条可能或永无可能被证明为成功的道路。尽管如此，关于监管政策的激烈争论和不同意见还是存在于保险公司、政客和其他利益相关者之中。在评价监管政策的得失以及应该如何对其做出调整的过程中，既能理解经济理论又能了解政治经济现实是十分必要的。

本章概括了重要的监管机构及其政策，检验了不同监管政策的利与弊，并且评价了监管者们对市场发展所做出的反应以及在未来他们应该采取何等行动。以本章的篇幅要想对所有的相关发展问题做出全面分析是不切实际的，但它建立了一个能用来对监管政策做进一步评价的框架。本章可以看作是第3章的姊妹篇，在第3章中我们检验了飓风风险影响下财产保险市场（包括结构、行为和绩效在内）的发展状况。

本章接下来的一节回顾了包括保险监管在内的涵盖整个财产保险市场的政府监管框架。2.3节和2.4节更详细地检验了市场监管和财务监管，以及在遭遇巨灾风险的情况下这两类监管是如何对财产保险市场施加影响的。这个检验聚焦在佛罗里达、纽约、南卡罗来纳和得克萨斯四个州。美国沿海所有各州都正在面临与日俱增的市场压力，但我们在本研究中只选择这四个州是为了将市场条件和监管政策进行限定范围的对比。2.3节还回顾了风—水论战及相关诉讼。2.5节则评估了所选各州的剩余市场机构管理和其他类型的政府保险和再保险机制。

2.2　政府干预制度框架概览

许多政府机构及其政策都会影响财产保险市场和巨灾风险管理。对保险公司和保险市场的监管是本章关注的主要领域和首要焦点，但诸如法律制度、税收政策等构成政府框架的其他要件的重要性也同样值得关注。这些各不相同的要件相互作用，每一领域的政策都可能影响到其他要件的目标。理想的状况应该是所有的政府机构和政策能够相互协调，在保险市场绩效上和对巨灾风险的有效管理上达到最好的可能结果。

2.2.1　立法、监管和司法的职能及权限

美国已经建立起来了一个对保险业履行监管职责的宽泛的制度结构。这个结构主要基于各州的保险部门及其各自的法律和规章、政策和程序以及可以调动的资源等。除此之外，国家保险监管局长协会（National Association of Insurance Commissioners，简称NAIC）充当媒介使各州监管机构得以协调行动、分享资源以达到共同目的。并且，各州的立法机构与各州和联邦的法院在整个管理结构中扮演着重要的角色。联邦

政府也在保险监管的某些方面进行选择性干预。[2] 本节首先对共同决定如何监管保险公司和保险市场的各级政府的不同部门的职能和权限进行回顾。

美国的各个州、哥伦比亚特区和五个美属地区均由一名政府部门的正职官员负责保险公司和保险市场的监管。这位官员拥有确保保险公司不会引发过度财务风险和对投保人不公平待遇的职权和职责。更具体地讲，保监局长负责监督保险公司的市场准入和许可证发放、赔付能力和投资、再保险活动、关联交易、产品、价格、核保、理赔以及其他市场行为。监管机构还负责监督保险代理人的许可证发放及其市场行为，以及保险公司运作和市场功能发挥等其他相关领域的某些内容。不过，保监局长的职权在某些方面也要受到限制，其他各种各样的公共和私人机构都是保险监管系统的组成部分。监管机构是在一个其活动要受到影响和约束的宽泛的政府框架内运作的。

绝大多数保监局长是由地方政府首脑（或一个监管委员会）任命的，其任期可以是一个确定的期限，也可以无限期担任，这都要由当地的立法机构决定。有 10 个州的保监局长是经选举产生的，他们享有更大的自主权，从某种意义上说他们并不接受地方政府首脑的领导（参见表 2—1）。

但是，为了实现其监管目标，经选举产生的保监局长仍然必须和本州的行政管理部门合作。经选举产生的保监局长能直接谋求选民的政治支持，但是经任命产生的保监局长只能作为他们所在的地方政府行政管理机关的一部分间接地行使其职能。一些实证研究认为，选举产生保监局长的各州比任命产生保监局长的各州倾向于在更大程度上约束保险公司费率和其他行为，但与其他方面相比这一作用的效果看起来很小，而且对每一个选举产生保监局长的州来讲情况也各不相同。

保监局长们能够通过市场准入和许可程序对保险公司的行为施以相当程度的控制。违反监管要求的保险公司会被处以中止营业、吊销营业执照或撤销许可证等惩罚，从而丧失保险销售权。保监局长们可以对保险公司违纪行为处以罚金，这可以从财务惩戒方面进一步促使其服从监管。

对于那些财务状况被认为已经处于危险境地的公司，保监局长还可以干预其经营甚至查封该公司。其他行政规章和监管行为也能对保险公司的费率、产品和市场行为进行强制约束或下达行政命令。不过，保险公司可以在法庭上对不合理的监管行为提出质疑，并通过其他方式做出反应以减轻过度的监管约束和行政强制所造成的消极影响。

在力图促使保险公司遵守保险法律、法规的过程中，这些可资利用的措施为监管机构提供了相当大的杠杆力量，但不是绝对的权力。监管机构可以尝试使用这一杠杆迫使保险公司以更优惠条款向财产所有者提供巨灾风险保险。各州可以通过以下方式寻求利用杠杆来抽取补贴（extract subsidies），即如果一家保险公司试图从某个州退出某一特定的险种——比方说房产业主保险，保险监管机构可以尝试要求其退出在本州内的所有险种。不过，保险公司可以对以上这些要求的合法性提出质疑。并没有明

表 2—1 　　　　　　　　　　　　各州对房产业主保险费率的监管体系

各州名称	费率体系	保监局长产生方式	各州名称	费率体系	保监局长产生方式
阿拉巴马	预先核准制	任命	蒙大拿	核备制	选举
阿拉斯加	弹性费率制	任命	内布拉斯加	核备制	任命
亚利桑那	备查制	任命	内华达	预先核准制	任命
阿肯色	核备制	任命	新罕布什尔	核备制	任命
加利福尼亚	预先核准制	选举	新泽西	预先核准制	任命
科罗拉多	核备制	任命	新墨西哥	预先核准制	任命
康涅狄格	核备制	任命	纽约	核备制	任命
特拉华	核备制	选举	北卡罗来纳	预先核准制	选举
哥伦比亚特区	核备制	任命	北达科他	预先核准制	选举
佛罗里达	核备制	任命[a]	俄亥俄	核备制	任命
佐治亚	核备制	选举	俄克拉荷马	备查制	选举
夏威夷	预先核准制	任命	俄勒冈	核备制	任命定
爱达荷	备查制	任命	宾夕法尼亚	预先核准制	任命
伊利诺伊	备查制	任命	罗得岛	弹性费率制	任命
印第安那	核备制	任命	南卡罗来纳	弹性费率制	任命
爱荷华	备查制	任命	南达科他	核备制	任命
堪萨斯	核备制	任命	田纳西	预先核准制	任命
肯塔基	弹性费率制	选举	得克萨斯	核备制	任命
路易斯安那	弹性费率制	任命	犹他	备查制	任命
缅因	核备制	任命	佛蒙特	备查制	任命
马里兰	核备制	任命	弗吉尼亚	核备制	任命
马萨诸塞	核备制	任命	华盛顿	预先核准制	选举
密歇根	核备制	任命	西弗吉尼亚	预先核准制	任命
明尼苏达	核备制	任命	威斯康星	备查制	任命
密西西比	预先核准制	选举	怀俄明	无需申报	任命
密苏里	备查制	任命			

Source：NAIC，PCIAA.

注释：[a] 佛罗里达州的保监局长是经任命产生的，但该州的财政厅长（State Treasurer）是经选举产生的。过去，该州的财政厅长被认为在保险监管中发挥着重要作用，不过，最近几年的情况看来已经大有不同了。

显迹象显示曾有哪家保险公司被迫撤出，但其威胁可能已经对保险公司产生了某些影响。此外，在充当消费者保护人和保险专家的显要角色时，保监局长可以发挥其公共的和政治上的影响力。地方的政府首脑和立法机构特别希望保监局长在关键政策问题上和立法过程中给予指导，但他们也可能选择制定出与监管机构偏好相左的法律，而监管机构还得被迫遵照执行。

私人保险公司同样也拥有选择权。如果被强迫遵照执行或发现监管环境无法忍受，他们最终可能从一个州完全撤出。此外，如果一家保险公司从一个州撤出房屋保险，那么它也会选择撤出其他险种，因为从经营前景看全部退出可能是必要的——它们也许会发现，如果不愿向消费者出售房屋保险，那么出售其他保险产品将会非常困难。但是，在考虑从一个州撤出的过程中，保险公司需要权衡诸如退出成本、经营多种保险业务的总体收益以及它们对监管政策如何以及何时变好或更糟的预期等各种各样值得深思熟虑的事项。[3] 在私人保险市场上，消费者可以在多家保险公司中进行选择，监管机构要想在一个持续很长的时期强制实施显著的交叉补贴（cross-subsidies）是很困难的。更进一步地讲，为了应对监管政策对某一方面（比如保险费率）的影响，保险公司可能在其他方面（例如核保或服务质量上）做出调整。

因此，保险监管局长既不能自行其是也绝非无所不能，并且在行使职权时还会面临诸多约束。最最重要的是，监管机构必须在立法机构制定的保险法律框架内开展行动。保监局长发布的监管规章通常要经过立法机构的审查和批准，监管活动也要服从于法院的审查和强制执行。进一步讲，立法机构可以制定法律，法院可以签发取代保监局长所发布的监管政策的裁决。[4] 所以，尽管监管机构能够对保险公司、保险代理人和保险市场施加强大的权力和影响，但它们要受制于各种检查或否决，不管保监局长是否赞成，这些检查和仲裁会最终决定着监管政策的内容以及这些政策将如何影响市场产出。

2.2.2　保险监管机构职责概述

为了方便本章的讨论，我们将保险监管职责划分为两个主要类别：财务监管和市场监管。从理论上讲，财务监管力求保护投保人免于遭受保险公司由于财务困境或破产而无法承担其理赔义务的风险。按其理想化形式，市场监管应努力确保公平和合理的保险价格、产品和交易行为。保险产品提供商（保险代理人和经纪人）同样也在监管之列。财务监管和市场监管不可避免地相互关联，必须相互配合以达到其特定目的。对保险费率和市场行为的监管将影响到保险公司的财务业绩，而财务监管则限制着保险公司所能索要的合理价格及其提供的合理产品。市场监管目标和财务监管目标间的平衡尤其与巨灾风险相关：对偿付能力不很严格的要求可以提高保险的供给，但处于偿付能力边缘的保险公司可能会面临更大的违约风险。

美国所有的保险公司至少要在一个州获得经营许可，除了许可其出售保险的其他各州之外，还要接受其注册地所在州的财务监管和市场监管。在美国注册的再保险公司也要接受其注册地所在州的财务监管。注册地所在州趋于以财务状况监管和本地保险公司的风险监管为主，但保险公司开展业务经营的其他各州却能采取行动以影响其注册地所在州的监管规则。财务监管的第二个层面，是通过国家保险监管局长协会（NAIC）来协调的，有时会迫使注册地监管机构在采取行动时比没有屈从于其他州压力的时候更加迅速。[5] 当然，对单一州保险公司（single-state insurer）的监管可以从根本上免于前述第二个层面的问题。

在获得许可的保险公司不能充分提供服务的市场中，某些美国本土保险公司和非美国的保险公司可以以未经许可的（nonadmitted）或剩余的保险业务（surplus line）为基础签发某种专项保单和高风险保单。[6] 此类保险品种不受价格和产品监管的限制，因为它假设在剩余保险市场中的购买者更加精明，因此能更好地保护他们自己的利益。各州通过限定最小偿付能力、提出信任要求和对剩余保险经纪商进行监管等措施，能够控制剩余保险经营者的准入。

一些州目前允许尚未得到许可的保险公司为某些被自发市场拒绝的财产提供巨灾保险。这个政策必须慎重考虑并进行谨慎监管。保险公司业务经营所在的州的监管机构并不监管剩余保险品种。如果资不抵债，担保协会也不会弥补保险公司的赔付亏空。所以，当消费者从剩余保险公司购得保险时将会面临额外的风险，对于收入较低和房屋价值较低的财产所有者来说，这可能是一个更大的顾虑。

再保险公司通常不受直接的财务监管和市场监管，这是注册地对财务监管行使管辖权的一个例外。不过，再保险公司是由向它投保的原保险公司所在州的监管机构进行间接监管的，原保险公司将风险分一部分给再保险公司。监管机构对分出保险的原保险公司是否能以其资产负债表为基础向再保险公司提出申请进行控制，控制的条件是该再保险公司是否接受美国的监管，如果它是外国再保险公司，则需提供担保以支持其赔付义务。[7] 关于原保险公司何时能在再保险公司取得保险保障的较严格规则，会影响到它们处理巨灾风险和提供保险的能力。国家保险监管局长协会（NAIC）正考虑建议对外国保险公司放松担保要求，这引发了激烈的讨论，至今仍未解决。

2.3　市场监管

市场监管的内容涉及保险公司不同方面的许多活动，这包括：

- 费率。
- 保单格式和条款（如免赔额、免责险）。
- 包销行为（降低或限制保险的能力）。
- 营销和分销。
- 赔付清算。

本章主要讨论前三类活动，因为它们是与巨灾风险问题联系最为密切的领域，但要注意监管政策所涉及的其他方面也很重要。

2.3.1 费率监管

美国各州的保险费率监管制度和政策的差别很大。有些州试图对费率施加约束性限制，但其他各州则任由市场决定费率水平。因此，监管的严格程度——监管机构试图在多大程度上抑制总体费率水平或压缩费率结构——在不同的州相差甚远。此外，费率监管政策和行为会对保险市场产生重大影响。保险费率总体水平的抑制或区域保险费率结构的压缩可能迫使保险公司收紧保险的供应，这会降低保险的可获得性，而且对那些在自然灾害中确实能够对其所面临的风险进行最优管理的投保人来说，这些政策也可能降低对他们的激励。与此同时，经济和市场的力量最终可以战胜监管政策。监管机构不能从根本上强求与经济现实不符的市场结果（例如极高风险条件下的低费率和广泛的保险可得性），除非政府取代私人保险公司成为保险保障的主要来源。

1. 保险费率监管体系的类型

保险费率监管的一个方面是各州为特定保险品种所制定的法律的制度类型。不同的制度类型可以分为两个基本类别：非竞争性费率形成（noncompetitive rating，简称NCR）制度和竞争性费率形成（competitive rating，简称 CR）制度。在非竞争性费率形成制度中，监管机构能够更便利地将费率限制在保险公司尽管可以另行定价但又不愿意那么做的那个水平之下。而在竞争性费率形成制度中，从理论上讲，监管机构基本上任凭市场去制定费率，它们则并不试图对费率做出任何限定。

表2—1列示了美国各州为房产业主保险制定的费率形成制度类型。表中共有五种类型的费率形成制度。在预先核准（prior approval）制度下，在保险费率执行之前，保险公司必须书面申请并获得监管机构对该费率的正式批准。在弹性费率（flex rating）制度下，保险费率可以在一定范围内适度变化（如10%的变化），其变化通常要符合核备制（file and use）或备查制（use and file）的要求；超范围的费率变动要受到预先核准制的限制。预先核准制通常被归入非竞争性费率形成类别中。弹性费率制度处于灰色地带，因为对它归类涉及选择问题，这种选择取决于对范围松紧程度的规定及具体执行。

其他三类制度通常归入竞争性费率形成类型中。在核备制下，保险公司应在执行保险费率之前向监管部门提出书面申请，但并不要求在保险费率实施之前就要得到批准。在备查制下，保险公司可以先执行保险费率而后再向监管部门提出书面申请，保险公司可以在保险费率实施的同时即提出申请，也可以在某一规定的期限之内提出申请。在这两种制度下，监管部门都拥有追溯权，它们有权否决保险公司已经施行的费率，这必然要求保险公司全部或部分退还已施行的、多收了的保费。一般来说，在核备制下，监管机构可以在费率执行之前告知保险公司其费率将被否决，这样就可以免除退款的必要。许多实行核备制或备查制的州都有明文规定，监管机构要想否决保险公司费率必须出具市场并非充分竞争的裁决（finding）。不过，监管机构可以采用有效仿照预先核准制的方式管理这些制度以约束保险公司费率。只有怀俄明这一个州并不要求保险公司就其费率向监管部门提出申请，因此被标注为无需申报（no file）。

尽管上述各类费率形成制度可以大致归入两个基本类型中的一类，但人们没有办法只通过简单地观察其费率监管法规就能推断出一个州实际上是如何监管保险费率的。某些实行非竞争性费率形成制度的州也许力图将费率压低在竞争性水平之下，其他实行非竞争性费率形成制度的州却可能通过只需保险公司申请而任由市场有效地决定费率。另一方面，一些实行所谓竞争性费率形成制度的州可能采取方案和政策试图有效地限制费率使其低于市场可能决定的水平。此外，监管机构也可以推迟保险公司那些可能对市场产生不利影响的费率变化的许可和实施。

2. 保险费率监管的严格程度

保险费率监管的严格程度在美国各州之间是不同的，并且不仅仅由各州的费率监管法规所决定。严格程度被定义为监管部门试图将保险公司的价格压低至市场竞争水平以下，或压低至不存在监管约束条件下保险公司索要的价格水平以下的程度。保险公司试图索要的费率和监管机构允许的费率之间的相对差别越大，我们就说监管严格程度越高。[8] 因此，如果一个州只允许保险公司将其费率定在后者意愿费率的50%或者略高的水平，我们就说该州比那些允许保险公司将其费率定在后者所选费率的90%的州监管严格程度更高。

我们同时使用费率压制（rate suppression）和费率压缩（rate compression）这两个术语来代表不同的含义。费率压制是指监管机构降低所有险种投保人的整体费率水平的努力。费率压缩指的是监管机构缩小不同风险类型（比如对高风险地区和低风险地区的房屋保险）之间费率差距的努力。如果监管机构在不改变低风险险种基准费率（underlying base rate）或费率评定参数（rating factor）的情况下，单独降低高风险险种已获许可的费率制定参数时，费率压缩通常会导致费率压制。[9] 这最终会降低保险公司的总体费率水平。[10]

许多因素会影响到监管的严格程度，这包括：

• 费率监管受政治操纵的难易程度。尽管竞争性费率形成制度也不可避免地受到政治干预，但非竞争性费率形成制度则更容易受到政治操纵的影响。

• 潜在的损失风险。较高的风险和成本可能对监管机构施加更大的政治压力，迫使其通过限制保险费率以应对政治压力。

• 监管理念和约束保险公司的必要性。某些州显示出倡导更严格监管的主流理念，而其他州可能更愿意由市场力量去决定价格。

• 经济杠杆。对于保险公司而言，从一个较大的州例如佛罗里达州的市场退出所带来的负面影响远甚于从一个较小州如路易斯安那州的市场退出的影响。因此，大州的监管机构可能比小州的监管机构更努力地寻求保险公司较大的让步。

- 监管机构的选择。有迹象表明经选举产生的监管机构可能更积极地推动保险费率压制和压缩，但研究显示这只会产生很小的效果。
- 立法。立法机关负责法律的制定与颁布，而且通常负责监管法规的批准执行，所以，它们可以从根本上影响监管政策。

由于极难获取所需的数据，我们很难为监管严格程度设计客观的经验测度方法，也很难开展此类测度的计算工作。我们已经采用多种代理变量（proxy）来计算监管严格程度，并在其他方面取得了一些进展，这种探索仍将继续下去。[11] 本章给出了关于费率监管政策更为趣味盎然的讨论。

3. 佛罗里达州的保险费率监管

在安德鲁飓风之后，佛罗里达州的监管机构反对大幅提高费率，在过去的十多年间只允许保险公司逐渐提高费率。[12] 最初，这一政策恶化了供给的有效性问题，因为保险公司担心费率显著不足。[13] 过了一段时间，随着保险公司被允许进一步提高费率后，这些担心才有所缓解，不过在风险最高的地区，保险公司显然仍然认为存在某种程度的费率压缩。直到 2004 年初，绝大多数保险公司大概认识到除了风险最高的地区它的费率已经接近于极限，进一步提高费率的实质压力才得以消除。在 2004 年第四次强烈飓风袭击美国之后，这种状况开始有所改变。

至 2006 年，佛罗里达州的许多保险公司开始了申请提高费率的第一次浪潮。基于保险公司对现存费率结构不充分性估计的差异，州内不同地区申请费率提高的幅度也有所不同。高风险沿海地区的费率比低风险地区得到了较大比例的提高。看来，要求费率提高的首次浪潮大多数都获得了监管部门的核准或许可。但在 2006 年的晚些时候，当一些保险公司掀起第二轮提高费率的申请浪潮时，它们开始遭遇监管部门的抵制。

表 2—2 概括了佛罗里达州最大的私人财产保险公司州际农场（State Farm）在 2006 年之前提出的历次费率申请及结果。从 1997 年到 2006 年，州际农场公司申请的总体费率变动范围从 2.3% 到 52.7% 不等。其中两次申请被监管机构驳回，但州际农场公司随后在仲裁中接受了有监管部门要求（附带某些条件）的费率变动。该公司申请的最高费率增长是 52.7%，由监管机构批准并在 2006 年 8 月 15 日生效。我们还应该注意到的是，在个别申请中，州际农场公司申请的费率增长幅度比其精算师通过分析提出的费率增长要略低一些。这种情况的出现可能由于为数不多的几种缘由，包括保险公司希望缓和与消费者的冲突以及期望获得监管机构批准的可能性更大一些。

州际农场保险公司的费率结构或费率之间的相关性（rate relativities）也同样受到约束，即我们所称的费率压缩。从 2002 年开始，它申请的费率增长幅度中，个人险保费上限被限定在 42.5% 之内。直到 2006 年 8 月 15 日其所申请的费率生效时，佛罗里达州保险监管办公室（FLOIR）才同意取消上限，不过其交换条件是任一地区的最大平均基础保费增长不得超过 165%。

表 2—2 　　 佛罗里达州州际农场保险公司 1997 年至 2006 年的房产业主费率变动情况

新费率实施日期	精算师建议费率（%）	申请费率（%）	核准费率（%）
1997 年 8 月 15 日	42.6	24.1	24.1[a]
2001 年 1 月 1 日	15.6	7.0	6.5
2001 年 11 月 1 日	14.5	14.3	14.3
2002 年 5 月 15 日	26.9	22.3	否决[b]
2003 年 11 月 15 日	6.9	6.9	6.9
2004 年 9 月 15 日	2.3	2.3	1.7
2005 年 2 月 15 日	11.1	5.0	5.0[c]
2006 年 2 月 1 日	8.6	8.6	8.6
2006 年 8 月 15 日	52.7	52.7	52.7

[a] 仲裁取得。依照表决规则，州际农场保险公司保证两年内不再提出其他上调费率的申请。

[b] 在两年内个人保险费率不能高于 42.5% 上限等若干附带条件下，这 22.3% 的费率增幅最终在仲裁中获得通过。

[c] 佛罗里达州保险监管办公室明确规定该公司不得提出 5% 以上的费率增幅。

　　最近，从 2006 年下半年到 2008 年，保险公司进一步的费率上涨要求遭到了佛罗里达州监管机构的驳回、否决或缩减。例如，2006 下半年，好事达保险公司、美国全国保险公司和联合服务汽车协会（United Services Automobile Association，简称 USAA）申请的费率就遭到监管机构的驳回。好事达集团分别为佛罗里达好事达保险公司申请了 24.2% 的费率增幅，为佛罗里达好事达损失赔偿（Allstate Floridian Indemnity）公司申请了 31.6% 的费率增幅。监管机构最终核准的费率增幅分别缩减至佛罗里达好事达公司的 8.2% 和佛罗里达好事达损失赔偿公司 8.8%。[14] 美国全国保险公司在其申请 71.5% 的费率增幅遭到否决后，向佛罗里达州仲裁委员会提出了上诉，仲裁委员会的裁决支持了该公司 54% 的增幅。联合服务汽车协会申请 40% 的费率增幅，但获得核准的只有 16.3%。

　　最近，佛罗里达州保险监管办公室一直抱着反对一切费率增长的立场。2007 年 11 月，该办公室发出意向宣布否决佛罗里达好事达公司房产业主保险 43.4% 的费率增幅申请、佛罗里达好事达损失赔偿公司 27.4% 的费率增幅申请、佛罗里达包罗（Encompass Floridian）公司 39.7% 的费率增幅申请以及佛罗里达包罗损失赔偿（Encompass Floridian Indemnity）公司 41.6% 的费率增幅申请（这几家全是好事达集团的成员公司）。[15] 2008 年 7 月，州际农场保险公司提出申请，要求将费率调增 47%，2008 年 12 月又提高到 67%。当 2009 年 1 月，佛罗里达州保监局长拒绝这些请求后，州际农场保险公司宣布在未来的两年内退出佛罗里达州房产业主保险市场，在该州不再提供房产业主保险业务（Diamond，2009）。

消费者先前对保险费率增长的日益不满，再加上 2006 年和 2007 年破坏性飓风的减少（参见第 1 章），或许会影响到监管机构，促使其抵制费率的进一步增长。佛罗里达州 2006 年大选已经预示着保险监管政策将会得到进一步的强化，这一点在 2007 年初的立法会上就得到了证实。2007 年初，佛罗里达州颁布法案试图加强对费率的管控，并以佛罗里达飓风巨灾基金（FHCF）为基础来压低费率水平。新的法案扩大了佛罗里达飓风巨灾基金提供的再保险业务范围，基金的再保险定价也低于私人再保险市场的费率水平。为了呼应佛罗里达飓风巨灾基金再保险范围的扩大，保险公司被要求降低费率，这一要求甚至适用于那些未向佛罗里达飓风巨灾基金购买再保险的保险公司。2008 年，佛罗里达州颁布法案将其保险费率监管制度由核备制改为预先核准制，并将淘汰仲裁机制以解决保险公司和监管机构的费率之争。

4. 其他州的保险费率监管

和佛罗里达州相比，美国沿海其他各州的保险公司和监管机构间对保险费率的争议已经明显趋于缓和。主要原因可能是，这些州的保险公司申请的费率增幅较小，而其之前的费率本来就比佛罗里达州低很多。但是，在对这些州的监管环境做出过度宽泛的总体评价时仍需慎之又慎，因为每一个州都有它们自己的故事。

在本研究中所选择的其他三个州中，得克萨斯州的保险公司和监管机构之间可能最容易在费率申请方面产生争议。2006 年 5 月，州际农场保险公司提出申请将其整体费率水平上调 11%（达拉斯县是 23%），但未获监管机构批准。2006 年下半年，得克萨斯州暴风池（windstorm pool）请求 20% 的费率增幅，但监管机构将其缩减为 4.1%。2007 年夏，好事达保险公司申请了 5.9% 的费率增幅、农夫（Farmers）保险公司申请了 6.6% 的增幅，但保险监管局表示它们不会批准任何费率上涨。农夫保险公司选择了撤回申请，但好事达保险公司已经表示它将在得克萨斯州的核备制度下实现费率增长。

从得克萨斯州反映的情况来看，以下几个因素可能会对监管政策产生影响。首先，在 21 世纪开始的几年中，由于考虑到定额赔付要求（mold claim）和气候相关风险的增加，许多保险公司都提出了大幅度的费率调高申请。其次，与佛罗里达州类似，得克萨斯州的保险市场也很大，所以该州的立场是力图运用更大的杠杆以控制保险公司的价格。最后，得克萨斯州在对保险公司费率和其他活动的立场上相当强硬是有着悠久传统的。

我们还没有找到南卡罗来纳和纽约州关于个人保险公司费率申请和制度安排的任何报道，这意味着保险公司和监管部门之间在申请费率增长问题上并无太大争议。南卡罗来纳州保险局 2007 年 1 月的一份报告称，2006 年批准的最大的整体费率增幅为 12.4%，而在沿海地区增长幅度为 50% 至 65%。[16]这些州的保险公司和监管机构不可能在费率上达到完全一致，但较低的风险水平和市场压力能缩小保险公司申请的费率水平和监管机构批准的费率水平之间的分歧。

5. 对保险费率监管政策的评论

总而言之，针对财产保险费率，佛罗里达州显示出了最高的监管严格度，不过其行为是与其经济和政治状况相一致的。佛罗里达州沿海地区的费率已经很高了，并且这些地区的消费者和选民的容忍度在最近的费率提高浪潮中也已经被拉得很紧。在其他面临飓风威胁的各州，即便在 2004 年至 2005 年的暴雨季节之后，财产保险费率监管也已经趋于更加温和。风险和成本压力在这些州已经很低了，这缓和了保险公司提高费率的要求与监管机构愿意批准的费率水平之间的紧张状态。此外，保险市场较小的各州的监管机构已经能够运用较小的杠杆设法取得保险公司费率的让步。

在这本书写作期间，美国沿海各州的费率监管仍未固定。2006 年和 2007 年，美国未受破坏性飓风侵袭，但 2008 年的暴雨季节更加活跃，几场飓风袭击了亚特兰大和墨西哥湾沿岸。要断定这些发展变化将对保险市场和监管产生何等影响还为时尚早。尽管除佛罗里达州之外各州的监管机构看起来更加宽松些，但它们对更高费率的容忍还是有限度的。

在美国的沿海地区，关于财产保险定价及监管的问题可能会继续下去。保险公司辩称费率增长是必要的，但消费者的维护者则认为费率已经过度增长并应由监管机构给予限制。主张对保险公司费率实施监管限制的人士至少可以提出两个论据来支持他们的观点。论据之一是保险公司对最近损失的反应已经"过度"了，而对飓风所增加风险的估计也过高了。第二个论据是监管约束的缺失会导致保险公司定价上的太多波动，而监管机构必须抑制这种波动。

对这些论据最初的某些反应是合理的。适度的风险评估以及费率水平及其结构确实要受到某种程度的主观性和不同观点的限制。绝大多数专家或许都会同意，由于参数的不确定性，风险模型的构造者和保险公司对风险的估计都是不完善的。但是，保险公司仍然自告奋勇地用它们的资金到高风险地区去承办财产保险，而保险公司向投保者索要它们自认为足够高的费率的能力会影响到它们继续把资金投入这一高风险领域的意愿。保险公司可能的对与错以及它们索要费率的上下摇摆都取决于它们对风险的感知和风险偏好，但在以巨大的不确定性为特点的巨灾风险面前，如果对私人保险和再保险的信赖可以继续的话，这恐怕是不可避免的。[17]

尽管可能还会花费些时日，但如果立法机关和监管机构能放松对市场的驾驭，市场力量和市场竞争最终应该能够根据价格和保险供给建立起一个新的均衡。但实用主义者们都很清楚，政治经济因素不可能允许发生这种情况，尤其是在譬如佛罗里达州这样的承受巨大市场压力的各州。在未来的几年中，何时何地将会建立起一个新的均衡，这依然要受到飓风风险的发生和暴风雨活动的影响。

2.3.2 承保和保险政策条款监管

对承保行为和保单的监管将对飓风频发的保险市场产生重大影响。因为这些方面

（例如，保险公司用来选择或拒绝投保人申请的规则、保险公司缩减续保保单和签发新保单数量的决定）监管的复杂性和不透明性，可能很难明确说明对承保行为是如何监管的。对保单条款进行监管的某些方面，如保险公司被允许的风灾和飓风灾难的最大免赔额（deductible），可能较为容易辨别，但是其他方面在保单批准过程中就不那么容易说清楚了。对这两方面的监管其实可以结合起来。比方说，监管机构可以允许保险公司提出一个高的风灾免赔额，但不允许它们以高免赔额作为续保既有保单或签发新保单的条件。

1. 承保行为监管

各州通过不同的方式对保险公司接受新的保险申请或续保既有保单时使用其自由选择权的能力进行监管。在最低程度上讲，监管机构可以禁止使用某些承保标准（例如房屋的已使用年限或它的市场价值），但对承保行为的监管可以明显扩大，以至于超出最低程度的限制。监管机构可以通过更广泛地限制保险公司承保时使用的标准，或对它们试图将保险组合缩小到更容易处理的水平进行干预来约束保险公司承保过程中的自由选择权。虽然监管机构一直在努力阻止保险公司缩小承保范围和额度的决策，但从一般意义上来讲，监管机构阻止保险公司做出此等决策的长期解决之道还屈指可数。

监管机构可以通过要求保险公司证明其决定的合理性，来尽量阻止或驳回保险公司停止续保或停止签发新保单的决定。如果某家保险公司企图缩减其财产保险的承保范围和额度，各州政府可以使用的唯一杠杆是尝试着强迫该保险公司退出所有保险业务，尽管该保险公司可以举出宪法条文予以抗辩。这可能会导致这样一种结果，即任何一方都不愿意看到被逼到底限，但每一方又必须准备去这样做以行使其议价权力。双方博弈经常会涉及费率监管，要么是保险公司以提高对高危险频发地区提供保险的承保标准作为对费率申请被否决的反应，要么就是监管机构批准费率提高，但必须以保险公司同意继续为指定数量的高风险房产业主提供保险作为前提条件。

例如，在 2007 年，佛罗里达州曾质询州际农场保险公司所公布的终止在高风险沿海地域大约 50 万份房产业主保单的决定（在佛罗里达州的房产业主业务名录中大约是 100 万份）。监管机构向州际农场保险公司的业务人员发出传票，要求他们在 2007 年 11 月出席听证会并讨论他们的计划。佛罗里达州保险监管办公室对州际农场保险公司的业务活动和商业计划的审查范围扩大到了包括它们的终止续保、多重折扣和对共管公寓业务的撤出。[18]后来，通过反复协商费率调整，佛罗里达州保险监管办公室才同意结束对州际农场保险公司终止续保和相关问题的调查，听证会才没有举行。

2008 年 1 月，佛罗里达州的监管机构还吊销了好事达保险公司出售汽车保险的执照，因为它们认为该公司没有按要求提供关于它们定价和承保决议的文件。好事达保险公司在法庭上反对对其吊销执照，经历了冗长的法律程序后，看来佛罗里达州保险监管办公室明显占了上风。2008 年 5 月 16 日，当佛罗里达州保险监管局长凯文·麦克卡蒂（Kevin McCarty）宣布好事达保险公司已经答应提供所要求的文件后，吊销执照的事儿才算作罢。其后直到 2008 年 8 月，佛罗里达州保险监管办公室和好事达保险公司之间持续数日的争论才得以解决。

最近有另一个问题浮出了水面，保险公司是否可以要求房产业主从本公司购买汽车保险，并以此作为其能否购买房产业主保险的条件。已经有一些媒体就保险公司利用这一要求的情况进行了报道，但尚不清楚这种情况到底有多普遍以及这是否会获得监管部门的允许。对保险公司来说，对于从同一家保险公司购买汽车保险和房产保险的投保人给予保费折扣是很普遍的，并且在各州通常都是允许的，但把购买汽车保险当作购买房产业主保险的条件则是另一回事儿。

纽约州是最近才禁止保险公司对沿海地区不愿购买汽车和生命保险产品的消费者终止续保房产业主保险的一个州。消费者的不满促使纽约州政府有所行动，这些消费者都接到了其保险公司由于上述的以及其他一些原因而停止续保的通知。有几家保险公司表示它们将停止这种做法并给它们已经终止的保单办理续保手续。根据纽约州保险局（New York Insurance Department）的说法，带有约束性要求的保险业务是该州法律所禁止的。[19]

对承保行为进行监管的另一个方面是保险公司将其某些保险业务转为标准或非标准公司业务或者转为集团公司内在单一州经营的保险公司的活动。导致这种变化产生的因素之一是，标准和非标公司可以施行较高的费率结构，而某些保险公司与扩张其公司总部或"首选"公司（"preferred" company）的费率结构相比更愿意采用这个办法。因此，这是保险公司对某些特定投保人有效提高费率的一种方式，因为这避免了保险公司在申请费率增长中可能被监管机构否决或被缩减的窘境。这种策略的出现可能由于监管约束了保险公司提高其首选公司费率的需求。监管部门力图通过限制保险公司的首选公司或最低费率公司在接受或拒绝投保人的投保时可能会使用的承保标准来控制这种策略。

将全国性保险集团转为在单一州经营的保险公司的动机，源于它们希望使得来自一个州的财务业绩会比将其他州的财务成果混杂在一起的透明度更高、显见性更强。此外，如果在单一州经营的保险公司资不抵债，集团公司可以弃之不管，而无需从集团内部的其他公司筹资解救。虽然这种事情至今还没有发生过，但某些保险集团公司仍希望保留这种选择权。因为如果在单一州经营的保险公司的损失足够大以至于严重影响整个集团的财务状况的话，特别是这个州的监管部门限制了公司的费率或对保险公司的业务付出其他监管努力的话，保险集团可以为自己留有余地。

在最近实施的法律中，佛罗里达州已经试图限制保险公司利用单一州公司，还限制保险公司将其在佛罗里达州发生的损失与其在其他州的活动分割开来。法律禁止全国性集团继续建立单一州保险公司，并且要求保险公司如果在其他州出售房产业主保险的话也应在佛罗里达州出售。这些做法可能会阻碍新的保险公司进入该州，也会打击该州既有的保险公司在这里继续开展业务的信心。

2. 对保单条款或规定的监管

监管机构可以对保险公司偏好进行约束的另一领域是保单条款，如强风或飓风的免赔额（wind or hurricane deductible）。在佛罗里达州，保险公司获准对投保 10 万至 50 万美元的住宅保险规定最高 10% 的强风或飓风免赔额。[20]对超过 50 万美元的住宅保险没有飓风免赔额限制。在沿海其他各州，被允许的强风或飓风免赔额最高可以达到 25%。较高的免赔额使得保险公司可以更好地管理其巨灾风险保险业务和损失，也能使某些房产业主通过承担更大的风险方式来更大程度地降低保费负担。

另一个问题是投保者所拥有的将强风的保险排除在其保单之外的能力，或者允许保险公司做出强风或飓风除外责任的规定。佛罗里达州 2007 年通过的法案使得房产业主保险的购买者能够更加容易地获得这种选择权。如果投保人能够通过选择强风的除外责任而节省大量保费的话，这会使他们处于可能承受任何强风损失的地位。恐怕贷款人不愿意允许房屋抵押人去选择强风的除外责任，不过对于没有抵押的房产业主来说这确实是个明智的选择。

2.3.3 市场监管的其他领域：风—水论战

在美国，灾害频发地区居民的保险计划在巨灾风险上是有所区分的。标准的多重风险房产业主保险和工商业保险的保单条款通常覆盖由于火、风、冰雹、暴风雪和火山喷发等其他常见的非巨灾风险造成的损害。由于水位上涨所造成的洪水损失的保险被明确排除在房产业主保单条款之外，但这些损失可以通过国民洪水保险计划获得保障。尽管事实上国民洪水保险计划在 40 多年前就诞生了，但某些房产业主仍辩称他们并不清楚这种除外责任。[21]

伴随飓风的保险争议不可避免地来自于损失产生的原因。到底有多大比例的损失是由于强风（由标准房产业主保单承保），而又有多大比例的损失产生于风暴潮或洪水的水位上涨呢？卡特里娜飓风将风—水之争摆在人们面前，因为灾区的许多居民尽管投保了房产业主保险但并没有投保洪水保险，而他们的损失至少部分是由水位上涨而非强风造成的。依据法律规定，贷款人（以及其他和房屋抵押相关的主体）被强制要求为在指定的（百年一遇的）洪水地带的住宅投保洪水保险。但是仅遵照这一法律可能还是不全面的。进一步讲，那些没有传统抵押品的房产业主或在指定洪水地带之外拥有住宅的业主通常并不购买洪水保险。[22]此外，即便那些确已投保洪水保险而在水位上涨时遭受重大损失的人，其所能获得的赔偿额也只能弥补他们的部分损失。因为对于住宅用建筑来说，国民洪水保险计划给予建筑物（不包括室内设施）的最大承保范围是 25 万美元，而这些房产业主也没有从私营保险公司购买除洪水保险之外的额外保险（参见第 4 章）。

卡特里娜飓风过后，许多居民抗议保险公司关于其房屋损失到底是全部还是部分产生于水位上涨的判断，他们坚称损失肇端于飓风带来的强风。某些房产业主还辩称他们没有意识到其业主保单中还包含着洪水除外责任，而且这种除外责任是含混不清的或缺乏强制性的。实际上，在卡特里娜飓风以及其他飓风过后，墨西哥湾沿岸地区提起了许多诉讼。绝大多数诉讼都要求法院推翻其房产业主保单中的洪水除外责任。2006 年 4 月，在一项针对好事达保险公司案件的审理中，密西西比州南部地区的联邦地方法院法官森特（L. T. Senter, Jr.）的裁决是："无论是出现在洪水保单中还是房产业主保单中，这个术语就是人们通常所理解的那样，发生在卡特里娜飓风期间的水患泛滥（inundation）就是洪水（flood）。因此，保单中所说的由于洪灾所导致损失的除外责任是有根据的，并且应该得到强制执行。"[23]这一裁决被看作是对密西西比州首席检察官吉姆·胡德（Jim Hood）对一次集体诉讼（class-action lawsuit）裁决的倒退。吉姆·胡德认为，尽管保险合同中载明了损失除外责任的条款，但房产业主保单应该为投保者免受水患损失提供保护。

州际农场保险公司在密西西比州也面临着诉讼。诉讼指控该公司应对其声称没有义务的卡特里娜飓风招致的洪水损失承担赔偿责任。尽管州际农场保险公司最终赢得了官司，但这是一个代价高昂的过程，并致使该公司停止在州内出售新的住宅和小型企业的保单。[24]

在路易斯安那州，一个由 30 个人和一家公司组成的团体声称，卡特里娜飓风袭来时新奥尔良市泛滥的水患损坏甚至摧毁了他们的不动产和个人财产。他们向 13 家保险公司提起了一桩公认的集体诉讼，断言他们的损失应该由这些保险公司各自的保单提供赔付。原告们明确地指出："任何由决堤造成的损害，都是由于众多的第三方对河堤不合理的和/或粗枝大叶的设计、建设（或）维护和/或第三方疏于管理造成的。"他们还指出："水流涌入新奥尔良所带来的损害……是由于防洪堤出现了裂口……这其中的任何一项都不适用于保单中的'洪水'除外责任。"其他若干涉及决堤、溃坝的水灾损害的除外责任案件经整理合并到了路易斯安那州东部地区联邦地方法院关于卡特里娜河堤决口合并诉讼之中（参见 http：//www.leveebreachclass. com——译者注）。

2006 年 11 月，路易斯安那州东部地区联邦地方法院法官斯坦伍德·杜沃（Stanwood Duval）对若干合并处理的案件发表了一份 85 页的判决。在这些合并案件中，原告主张"由卡特里娜飓风造成的所有大坝决堤引起的"洪水损害应该获得保险赔偿，因为保单中并没有明确排除此类洪水灾害责任的专门条款。与此前的案件形成鲜明对比的是，这位法官引用了"在某些保单中对水灾损害的除外责任语言表述含混不清"，并且拒绝了保险公司试图让法院驳回诉讼的企图。[25]法院认为在某些保单中，由人为原因造成的洪水损害的除外责任的语言表达确实不够清楚。这一案件的上诉长达 9 个月之久。2007 年 8 月 2 日，联邦上诉法院第五巡回审判庭推翻了较低级的地方法院关于卡特里娜河堤决口合并诉讼的裁定。上诉法院认为在各种保单中的洪水除外责任并非含糊不清，尽管事实上它们并未区别开由不可抗力导致的洪灾和由人为因素导致的洪灾。[26]

尽管有此等裁决，但诉讼并没有结束。即便联邦法院已认定了保险公司保单中的洪水除外责任的有效性，但保险公司和索赔者对以何种比例就暴风和洪水风险所造成的损失进行分配仍存在争议。与法院对保单条款及其措辞的事后重新解释以及索赔争议的判决相关的不确定性，都在很大程度上提高了保险公司的风险。由于洪水除外责任，为房产业主保单制定的费率并不包含对洪水损失赔偿的责任。这使保险公司陷于艰难的处境：被迫去赔付预料之外的洪水损失将给他们带来不利的财务后果。如果保险公司想通过申请费率增长以反映这一增加了的风险，可能会得不到批准。如果费率增加得到批准，已通过国民洪水保险计划购买洪水保险的投保人则将会获得过多的保险赔付。

2.4　财务监管

监管机构对保险公司的赔付能力和财务状况，还包括它们的巨灾风险水平负有监管职责。监管机构身处既希望降低费率增幅又能维持保险保障可得性，平衡赔付能力要求的境地之中。在受制于收紧的供给和高启的成本的市场中，监管机构有时可能会为进一步改善"保险业务的可得性和保险公司赔付能力"而偏离这种平衡状态，因为这是消费者选民所关注的最重要也最直接的事情。

如果考虑到佛罗里达州所面对的市场压力，这种监管权衡和该州的关系尤为密切。从 20 世纪 90 年中期开始，佛罗里达州允许尚处于初创期的保险公司在高风险地区承办大量的保险业务。事实上，许多这种处在初创期的保险公司，通过收取来自剩余市场的保单所支付的款项而获得了相当可观的创办资本。还有一些既有的小型地方性保险公司，通过进入佛罗里达州的市场或扩张它们在该州的保险业务范围，来吸收从其他保险公司流出的业务。此类保险公司可以设法购买大量的再保险以支持它们的能力，但在高风险保险业务上通过大规模集中承保能在多大程度上降低风险仍存在诸多限制。即便是条款最为宽松的巨灾再保险合同也仍然要求承保人（ceding insurer）在较低层次保留相当数量的风险，因为这些风险可以由那些与更加多样化的保险组合相联的盈余来支撑。

万幸的是，直到 2004 年并没有大型飓风来袭，这使得处于初创期的保险公司得以逃脱"危险的"境地，假使它们选择这样做的话。它们获准在三年之后结清从剩余市场拿到的保单。一项由格雷斯、克雷恩和刘（Grace，Klein and Liu，2006）所做的分析指出，许多处于初创期的保险公司尽其所能地大大降低了其沿海地区保险业务的风险，它们还通过努力提高在本州内各种不同地理特征的地区间的业务多样化来降低巨灾风险。其他的某些保险公司则似乎是完全退出了佛罗里达州的保险市场。不过，数据显示其他业务集中在佛罗里达州的保险公司却提高了承保数量，而这必然会推高他们在高风险地区的潜在承保风险。

对于使用多样化战略的初创保险公司来讲，这一招儿看起来挺管用，没有哪一家保险公司由于 2004 年到 2005 年的暴风雨季节而破产或者甚至哪怕是削弱。但是，由于保留或扩大了其高风险承保业务的集中程度，佛罗里达州的 5 家保险公司在暴风雨之后被纳入破产托管（receivership）程序。在对那些吸收了大量高风险业务的保险公司的赔付能力执行哪种程度的严厉监管这一问题上，人们可能会提出各式各样的意见。一方面，如果赔付能力监管不太严厉，会使得更多的公司吸收高风险的保险业务，这会减轻既有保险公司保留这些风险业务的压力。另一方面，如果监管要求太宽松，会导致保险公司因无力赔付而破产，并将相关成本转移给有赔付能力的保险公司和它们的投保人。[27] 从公共政策的角度看，允许小型的或地域集中的保险公司去承保数量过多的高风险业务会带来一些问题，这包括过度承保保险公司中的道德风险，以及对投保者更好地控制巨灾风险的激励作用的逐渐缩小。

尽管新开办的或规模较小的地域集中的保险公司能够对分散一些高风险业务的压力，但它们的能力往往会受到制约，并且它们是否能安全地吸收大量集中的高风险业务也是备受质疑的。一个更加谨慎的策略应该是鼓励更加全国性的、地域多样化经营的保险公司，在适当的费率水平下各自分担其可以消化的高风险保险份额。佛罗里达州显然主要依赖第一种策略，该州已经注册了 40 家新保险公司（大体上都是单一州的或小型的区域性公司），它们自 2006 年起在该州承保财产保险。

2.5　各州的保险机构

州立或由各州发起的保险机构有三种类型：剩余市场机制、州立保险或再保险基金以及担保协会。对这三类机构的管理对保险市场功能的发挥和巨灾风险的管理具有重要的影响。本章主要集中于剩余市场机制，其他的保险机构只做简要讨论。对剩余市场的讨论将从某些总体性观察开始，随后是对其在本书中所考察的四个州的发展情况进行更加详细的回顾。

2.5.1　剩余市场机构

1. 概述

尽管剩余市场机构（residual market mechanism）是由非监管机构主导的，但立法机构和保险监管机构可以在费率制定和其他活动上有效地控制这些机构能做什么。各州主要的财产保险机构是州保险公司、暴风和海滩计划以及公平保险需求计划（Fair Access to Insurance Requirements Plan，简称 FAIR Plan）。[28] 在 30 多个州内运作的公平保险需求计划，能为居民财产提供在自发保险市场中所不能确保的完全承保。佛罗里达州的居民财产保险公司（CPIC），也为居民的财产提供完全承保和强风保险。[29] 只有为数不多的几个沿海州才有暴风和海滩计划，它们只在某些指定的高风险沿海地区提供强风保险。

对剩余市场机构的管理和监管对财产保险市场具有重大的影响，反之亦然。对剩余市场管理主要包括费率、资格要求、保险的可得性（available coverage）和保障方式（coverage provision）。对剩余市场费率结构的抑制或压缩、过于宽松的资格要求以及过度优厚的保险条款都可能导致重大问题。反过来，对保险公司费率的抑制或压缩却能收紧自发市场的保险供给，并且迫使更多的拟投保财产进入剩余市场。

风险过度增长是剩余市场机构面临的第一个重要问题。对这些机构来说，为一个州的 1% 至 2% 的住民财产提供保险是很普遍的。在这个水平上，这些机构的规模很小，所以它们并不至于给自发市场强加过重的负担或产生其他问题。在这种情况下，剩余市场机构确实扮演了市场最后手段的角色。它们为一小部分不能在自发市场获得安全保障的财产所有者提供了保险。

但是，如果剩余市场机构比这个规模大很多时，它们会强加给自发市场很大的负担，并且可能导致其备受指责的螺旋式下滑。因为在这个下滑过程中，剩余市场会持续增长并造成自发市场的向内破裂。如果出现供给冲击，剩余市场也能发挥临时安全阀的作用，但对自发交易市场的过度监管约束或对剩余市场机构的管理不善，也可能引发长期的问题。

不当的剩余市场政策导致的第二个问题是它可能对自发市场的价格产生人为抑制的效果：剩余市场费率能有效地为私人保险公司的定价强加上一个上限。此外，如果对自发市场的监管约束导致了保险可得性问题，那么剩余市场中的大量风险至少一部分是人为因素导致的。第三个问题是如果剩余市场投保人不支付其所带来风险的全部代价，那么他们降低巨灾风险的内在激励就会削弱。第四个问题是如果按照自发市场保险公司和投保人的估值方式，剩余市场机构就可能遭受财务短缺。在市场动荡和调整时期，剩余市场机构额外的短期增长是不可避免的，但如果把它们作为大量财产的长期保险来源，则会给自发市场和剩余市场带来不必要的维持问题。

对自发市场和剩余市场的监管能形成自我强化机制并导致以螺旋下降为特征的滚雪球效应。当剩余市场在不充分的费率水平下增长时，它会强行推高正在萎缩着的自发市场的赔付额，这将招致自发市场的进一步萎缩。这种情况在汽车和工人赔偿剩余市场最为普遍，在这些市场中，监管机构管理不善的全部后果在相当短的时间内赫然显现。对于财产保险自发市场和剩余市场的非巨灾因素来说，这种情况同样存在。但是，对这些市场的巨灾风险因素来讲，情况则有所不同。巨灾损失间性质的高度不同使监管机构得以抑制剩余市场的费率，但这一政策的效果会被延期显现出来。自发市场赔付的时间顺序将会和巨灾损失发生的时间顺序纠缠在一起。所以，在飓风发生时赔付会更加集中，这将进一步导致财产保险市场在遭受巨灾损失震荡后的不稳定性。

2. 佛罗里达州的剩余市场

佛罗里达州的财产保险剩余市场机构——居民财产保险公司（CPIC），在最近几年经历了显著的增长，2007 年的立法调整进一步加快了这一增长的速度。从概念上看，剩余机制对于不能在自发交易市场获得保险的财产所有者来说是保险来源的最后手段。佛罗里达州通过的法案在很大程度上背离了这个概念。这种重大的改变体现在三方面：居民财产保险公司与自发市场竞争能力的改变、居民财产保险公司费率的改变以及对居民财产保险公司进行"应急加征"（emergency assessment）以弥补基金短缺的权力的改变。

许多法律变化的用意在于扩大居民财产保险公司所提供的保险范围，并且允许居民财产保险公司与自发市场进行竞争。[30]重要的是，如果一份大致相当的保单在自发市场要贵25%的话，消费者就可以从居民财产保险公司购买该保单。在2008年的法案中，这一比例又被缩减至15%。此外，立法机关将居民财产保险公司拟于2007年初生效的费率增长压低至原有水平。同时，立法机关允许居民财产保险公司在2007年进一步降低费率，并要求其直到2008年都不准提高费率。2008年该州又立法将禁令延长至2009年。2009年，居民财产保险公司特别行动小组（Mission Task Force）建议将该公司全州范围内的平均费率上调10%，并将在2010年实施。该行动小组还建议，在任一特定地域的费率增长不能超过15%，任何一份特定保单的增长不能超过20%。佛罗里达州保险理事会（Florida Insurance Council）注意到，该小组建议的费率增长要比居民财产保险公司提出的精算合理费率水平低很多（BestWire，2009）。最后，居民财产保险公司的应付赔偿基础从原来的财产保险扩展到除了劳工赔偿、医疗过失责任险、意外与健康险、国民洪水保险计划和联邦农作物保险计划之外的所有商业保险。

图2—1和图2—2描绘了佛罗里达州居民个人财产剩余市场随着时间变化的增长情况，同时也部分地反映了2007年立法调整给该市场带来的加速增长。这两张图分别描绘了全额保险（full-coverage）和风灾单项保险（wind-only coverage，也叫高风险）的保单数量和有效的保险金额。2002年之前，佛罗里达州的剩余市场由佛罗里达州居民财产与意外伤亡联合保险协会（Florida Residential Property and Casualty Joint Underwriting Association）和佛罗里达州暴风保险协会（Florida Windstorm Underwriting Association）管理。后者只对某些指定地域的沿海住户提供风灾保险，但前者提供全额保险或在它开展业务经营的地区将风灾风险转移至风灾池（wind pool）。2002年，这两家机构合并为居民财产保险公司。图2—3以全州保费总额的百分比描绘了居民财产保险公司的相对渗透率（relative penetration）。

我们可以看到，在这一段时期佛罗里达州财产保险剩余市场的这两部分都有了显著的增加。全额保险（称为"其他"）保单的数量和有效的相关保险在安德鲁飓风后骤然增加，接着，伴随着新建保险公司从市场获取保单从而减弱了自发市场的压力，这一数字从1995年直到2000年呈现持续回落态势。到2001年的时候（在3年的法定许可期之后），新建保险公司保单开始流失，但在随后2004年至2005年的暴风雨季，事实再次表明自发市场面临的压力仍然较大，这种趋势才有所转变。风灾保险保单的数量持续增长到1998年，接下来有所下降，并在40万至45万的区间上基本稳定下来，但保险的金额在整个期间是稳步增长的。

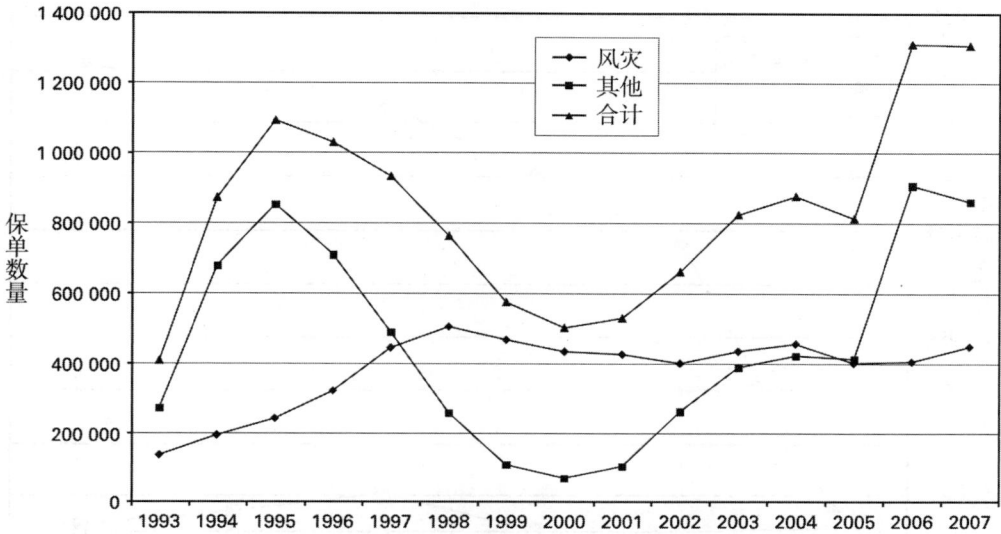

图 2—1　1993 年至 2007 年佛罗里达州财产保险剩余市场的保单数量

Source：FRPCJUA, FWUA, PIPSO, CPIC.

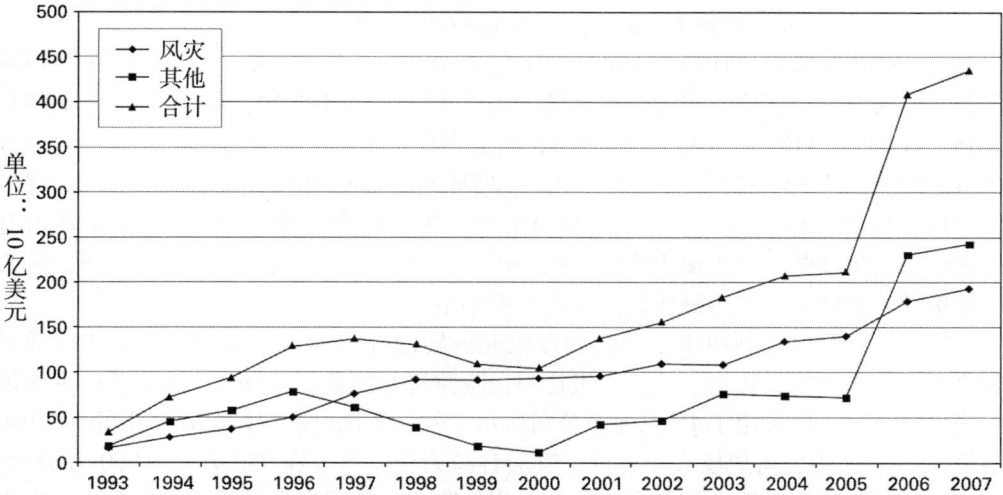

图 2—2　1993 年至 2007 年佛罗里达州剩余财产市场的保险业务量

Source：FRPCJUA, FWUA, PIPSO, CPIC.

截至 2008 年 12 月 31 日，居民财产保险公司拥有 629 467 份个人产品账户（Personal Lines Account，简称 PLA）的保单和 445 200 份高风险账户（High Risk Account，简称 HRA）的保单。[31]该公司的商业产品账户（Commercial Lines Account，简称 CLA）中共有 9 570 份保单。该公司的承保额（也就是其有效保险的金额）在 2007 年 3 月 31 日（我们所能拿到的最新数据）是：个人产品账户（PLA）保单1 564

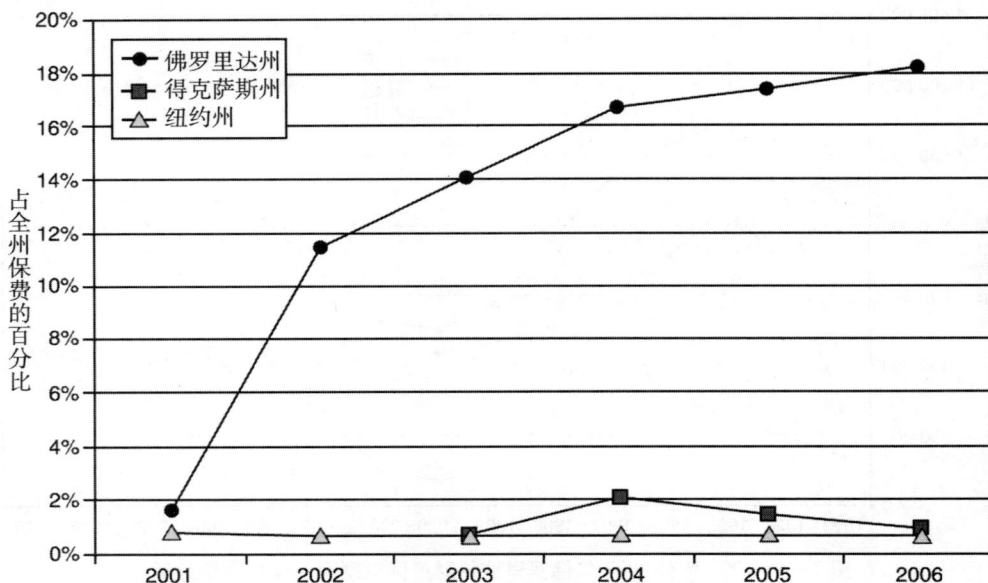

图2—3　公平保险需求计划的渗透率（占全州保费的百分比）

Source：Data from Property Insurance Plans Service Office（PIPSO）.

亿美元、高风险账户（HRA）保单 1 921 亿美元以及商业产品账户（CLA）保单 858 亿美元。居民财产保险公司的保单总量已经从其 2007 年 10 月的最高点 140 万下降到 2008 年 12 月的 110 万，但是这种下降看起来多数是由于下文即将讨论的人口数量减少造成的。图2—3 还揭示出自 2002 年至 2006 年，居民财产保险公司（基于保费）的市场占有率已经从 11.5% 增长至 18.3%。[32]在撰写本章这段时间，其相对市场占有率或许还会更高些。为了便于比较，我们还计算并标注了纽约州和得克萨斯州的剩余市场份额，显然它们的份额比佛罗里达州要小很多。

佛罗里达州已经利用雄心勃勃的保险业务转出计划（takeout plan）设法扭转了剩余市场惊人的增长势头。从佛罗里达州保险监管办公室（FLOIR）网站所提供的最新信息看，它已经确定了 10 家保险公司所承诺的从居民财产保险公司转出的 637 000 多份保单。[33]这些公司规模大小不等，其会计盈余金额范围在 950 万至 5 960 万美元。由佛罗里达州保险监管办公室颁发给每一家保险公司的同意令显示，该办公室将审查每一家保单承接公司的再保险计划、巨灾模型和预测财务报告，以此来决定每家公司能从居民财产保险公司转出多少保单。[34]

这些做法似乎只是暂时地扭转了居民财产保险公司的增长，谁也不清楚它能否被证明是一项可持续的战略。承接转出保单的公司以小规模的、区域性经营的或有限地域多样化的单一州公司为主。所以，至于它们是否能承担巨额的沿海保险并且保持自身的财务生存能力还是个问题。这些保险公司能通过再保险维持它们的盈余，但对于它们所能购买再保险的额度是有限制的。如果佛罗里达州保险监管办公室对巨灾风险施加严格的监管要求，就会限制从居民财产保险公司转出保单的实际数量和承保金额。如果该办公室的要求不那么严格，就会准许更多的转出，但这将会对承接转出保单公司的财务生存能力带来更大的问题。

与剩余市场规模相关的一个问题是财产保险在一个州内的不同地区之间到底有多大差异。我们可以设想的是，保险业务的可得性越小，最高风险地区的剩余市场相对来讲就会越大。表 2—3 中所列示的数据验证了这个结论，该表显示了居民财产保险公司 2003 年和 2008 年在戴德、布劳沃德、棕榈滩和门罗四县（组合在一起简称"DBPM"）以及州内其他各县承办的个人住宅和高风险保单的数量及承保额。

表 2—3　　2003 年与 2008 年居民财产保险公司个人住宅保险与高风险保险统计

| | 2008 年 12 月 31 日 | | | | 2003 年 12 月 31 日 | | | |
	保单数	合计（%）	保险业务量（美元）	合计（%）	保单数	合计（%）	保险业务量（美元）	合计（%）
个人住宅保险								
DBPM 四县 *	207 532	32.9	51 496 947 952	41.1	239 461	62.5	40 635 887 869	80.3
本州其他地区	421 935	67.1	74 629 643 333	53.9	143 819	37.5	19 390 910 445	38.3
合计	623 467	100.0	126 126 591 285	100.0	383 280	100.0	50 586 798 314	100.0
高风险：风灾保险								
DBPM 四县	216 021	57.3	122 900 165 308	56.8	276 067	63.7	68 286 388 540	63.5
本州其他地区	161 065	42.7	93 283 216 697	43.2	156 989	36.3	39 328 420 045	36.5
合计	377 086	100.0	216 183 382 006	100.0	433 056	100.0	107 614 808 585	100.0

Source：CPIC.

我们从表 2—3 中可以看到，居民财产保险公司在戴德、布劳沃德、棕榈滩和门罗这四个县承办的个人住宅账户保单总数和承保总额从 2003 年到 2008 年都增加了，但上述四个县在全州保单总数和承保总额中所占的比重则有所下降。在高风险保险方面同样也是这种情况。不过这几个县仍然在该公司承保的保单中占有很大份额。

这就引发了一些观察和评论。有人可能认为保单数量和保险额度的一定增长来自于更多的住宅建设和保单限额的提高。但是，居民财产保险公司超过自发市场的过度增长，说明它在本州所有财产保险业务中的占比都在增长。看起来 2007 年对居民财产保险公司的立法调整（或许再加上对私人保险公司约束的加强）导致了它的增长。2006 年末至 2007 年 10 月 31 日这段时间，居民财产保险公司的个人住宅保单从 743 592 份增长到 944 719 份，9 个月内就增长了 27%。同期，高风险保单的数量从 403 509 份增长到 427 586 份。

佛罗里达州内除了戴德、布劳沃德、棕榈滩和门罗这四个县之外的其他地区，最显著的特征就是居民财产保险公司业务在这些地区的增长。在 2004 年和 2005 年的暴风雨季节之前，与佛罗里达州南部相比，其他沿海地区似乎并不是保险公司最担心的。2003 年后这种看法似乎已经发生了重大变化。所以，根据保险公司对其承保业务的调整——2004 年之前戴德、布劳沃德、棕榈滩和门罗这四个县就已经经历了这种调整，其他沿海地区经历了一次更大的改变。这也许反映出保险公司已经意识到其他沿海地区将面临着比它们之前所设想的更大的飓风风险。当然，其他沿海地区的脆弱性已经在 2004 年几次飓风和 2005 年卡特里娜飓风和丽塔飓风侵袭的路径上得到了证实。所以，和佛罗里达州南部地区相比，其他沿海地区的保险可得性显然经历了更大的暴跌。另一种可能导致居民财产保险公司增长的因素，尤其是对于佛罗里达州南部之外的地区来说，是该公司向竞争性保险来源的转型。

由 2004 年至 2005 年暴风雨季节产生的大量赔付义务带来的结果是使居民财产保险公司招致了巨额资金缺口：2004 年这一缺口是 16 亿美元，2005 年这一缺口则超过了 20 亿美元。2004 年的资金缺口迫使该公司在佛罗里达州内将房产业主保费上浮了 6.8%（先从该州内的所有其他保险公司扣款，而后再全部或部分转嫁给其投保人）。2006 年，佛罗里达州的立法机构批准拨款 7.15 亿美元，以减少居民财产保险公司为弥补 2005 年的赤字所欠的亏空。赤字的其余部分将在 10 年内通过在全州范围内实施保费"应急加征"的方式来逐渐弥补，这将以加收保费方式转嫁给全体投保人。如上所述，财产和意外伤亡保险公司所承保的绝大多数产品现在都有加收保费的规定。2007 年，保费加收的幅度是 2.5%，在随后的几年中这一加收的幅度预期在 1.5% 左右。

3. 其他各州的剩余保险市场

尽管远未达到佛罗里达州剩余市场变化之巨，但我们所考察的其他各州的剩余市场的情况也已经有所改变。尤其需要重点关注得克萨斯州和路易斯安那州出现的某些结构变化。得克萨斯州的风灾池已经建立很长时间了，但直到 2003 年该州才创立公平保险需求（FAIR）计划。路易斯安那州在 2004 年将该州的公平保险需求计划和风灾池结合在一起成为一个新的实体——路易斯安那州居民财产保险公司（the Louisiana Citizens Property Insurance Corporation，简称 LCPIC），其结构类似于佛罗里达州的居民财产保险公司。表 2—4 提供了 1992 年、2003 年和 2006 年各州公平保险需求计划中的住宅保单数量和承保总额的数据。在 1992 年至 2006 年期间，遍及全美的各州公平保险需求计划的保单数量增长了 177%，承保总额则增长了 722%。表 2—5 提供了各州风灾池可比的信息。

（1）得克萨斯州。在 2003 年之前，得克萨斯州依靠其独有的体系来解决财产保险的可得性问题。得克萨斯州允许在"接受监管的"保险市场之外存在一个"不受监管"（或较少监管）的财产保险市场，而并未使用公平保险需求计划。身处不受监管保险市场之中的主要是得克萨斯劳埃德（Lloyds）保险集团公司。与受监管的保险市场相比，该集团公司被赋予较大的定价自主权。不受监管的市场打算对不能在受监管的保险市场中获得全额保险的财产所有者行使市场最后手段的职能。同时，得克萨斯州风暴保险协会（the Texas Windstorm Association）发挥着与传统的风灾和海滩池一样的职能，在指定的高风险地区提供风灾保险业务。

在 21 世纪初的几年中，得克萨斯州遭遇了财产保险的可得性问题，这些问题主要肇端于与定额赔付要求（mold claim）和其他非飓风风险相关的事件。这导致大量的财产所有者从受监管的市场转向不受监管的市场。这些财产所有者的保费开支也经历了大幅提高，因为不受监管的市场的价格要高很多。结果，消费者的不满和公众的关注促使得克萨斯州建立了公平保险需求计划，该计划将会比不受监管的市场更多地受制于政府控制。从表 2—4 可以看到，截至 2003 年底，得克萨斯州公平保险需求计划的保单已累计达 120 536 份，到 2006 年底这一数字下滑至 109 461 份。与得克萨斯州的整个市场相比，公平保险需求计划的规模相对较小，该计划以保费为基础计算的市场份额到 2006 年底只有 0.7%。在得克萨斯州公平保险需求计划中，房产业主保单的占比如此之小，很可能是缘于该州的保险公司对其费率进行调整以及对其定额赔付要求进行管理的能力较强。

从 1992 年到 2003 年，得克萨斯州风灾池的业务量也基本上翻了一番，保单从 51 638 份增加到 106 273 份，然后这个水平一直保持到 2005 年，到 2006 年保单数量增加到了 140 375 份（见表 2—5）。

这一风灾池的规模始终保持在相对较小的水平，但其在整个得克萨斯州市场中的占比却一直在增加，从 2003 年的 1.08% 上升至 2006 年的 1.63%。2003 年之前的增长，可能是得克萨斯州沿海地区的房地产开发再加上沿海地区财产保险供给普遍收紧的结果。最近这几年更多的增长，则可能是由于 2005 年暴风雨季节后监管部门限制费率增长从而加剧了保险公司精简分支机构的结果。

（2）南卡罗来纳州和纽约州。南卡罗来纳和纽约这两个州的沿海地区都经历过某种市场压力的骤增，但这种压力比佛罗里达州和墨西哥湾沿岸其他各州所经历的要小得多。南卡罗来纳州建有风灾池但没有公平保险需求计划，纽约州拥有公平保险需求计划但没建风灾池。

由于激增的沿海房地产开发和日渐增多的飓风风险，南卡罗来纳州风灾和冰雹保险协会（the South Carolina Wind and Hail Underwriting Association）——该州风灾池的官方名称，几年来获得了持续增长。2006 年，该协会承保了 27 802 份保单，保险总额达到 112 亿美元。至今，该协会的市场份额仍然很低，在 2001 年到 2006 年期间其份额只占到 0.34% 至 0.62% 的水平。这表明南卡罗来纳州沿海市场的规模与整个州的市场相比仍然很小。

南卡罗来纳州保险监管局曾发布报告谈及该州沿海地区财产保险可得性日渐增多的问题。[35] 正如上文所提到的，对南卡罗来纳州来说这只是个地区性问题，因为沿海地区的财产保险仅代表着该州全部财产保险中相对很小的部分。尽管如此，沿海地区的保险可得性问题还是促使南卡罗来纳州扩大了 2007 年 6 月 1 日生效的风灾池的保险覆盖范围，该州还改善了风灾池的评级结构以适应这一改变。

表 2—4　　1992 年、2003 年和 2006 年各州的公平保险需求计划：住宅保单与保险业务总额

| 州 | 2006 年 | | | | 2003 年 | | | | 1992 年 | |
| | 保单数 | | 保险业务量 (1 000 美元) | | 保单数 | | 业务量 (1 000 美元) | | 保单数量 | 业务量 |
	数量	变动%	数量	变动%	数量	变动%	数量	变动%		(1 000 美元)
加利福尼亚	193 615	2.2	50 577 001	25.1	189 486	63.7	40 423 805	114.3	115 767	18 866 588
康涅狄格	4 682	26.6	768 728	57.1	3 698	-38.2	489 282	NA	5 985	754 943
特拉华	2 963	10.9	295 795	48.6	2 671	43.3	199 015	159.5	1 864	76 679
佛罗里达 *	1 409 587	267.8	408 837 779	575.0	383 280	160.2	60 566 798	562.8	147 315	9 137 395
佐治亚	28 167	-3.4	3 114 897	19.6	29 165	160.8	2 605 112	291.0	11 181	666 322
伊利诺伊	9 970	-33.8	769 000	-27.8	15 068	-6.2	1 065 549	69.1	16 069	630 297
印第安那	3 633	-25.8	300 953	-20.9	4 898	60.2	380 278	324.1	3 058	89 662
爱荷华	1 425	1.6	97 079	-18.7	1 403	29.5	119 403	335.6	1 083	27 414
堪萨斯	9 659	83.9	416 676	71.1	5 252	-1.0	243 511	90.2	5 303	128 062
肯塔基	14 040	15.4	141 533	12.9	12 163	-67.9	125 332	-49.8	37 857	249 756
路易斯安那 *	NA	NA	NA	NA	118 514	2753.0	9 819 994	5 604.9	4 154	172 132
马萨诸塞	216 074	87.6	68 607 352	156.7	115 185	124.1	26 725 429	442.1	51 403	4 929 965
密歇根	73 952	-30.0	10 186 674	-44.9	105 610	-42.1	18 493 317	-18.2	182 287	22 611 624
明尼苏达	8 600	-41.5	1 839 520	39.7	14 712	NA	1 316 637	NA	4 104	152 970
密西西比	12 080	NA	661 360	NA	NA	NA	NA	NA	NA	NA
密苏里	8 928	-10.2	421 162	-3.6	9 945	-51.5	436 721	16.1	20 520	376 084
新泽西	41 974	-19.9	5 440 130	-6.2	52 405	4.8	5 796 676	56.9	49 981	3 694 897
新墨西哥	12 687	6.7	671 920	22.3	11 894	-1.0	549 451	-45.6	12 014	1 010 068
纽约	60 797	-7.3	12 927 080	27.7	65 603	0.0	10 119 750	86.8	65 617	5 417 273
俄亥俄	59 983	-13.2	11 309 456	-15.4	69 088	327.9	13 374 287	4 551.7	16 145	287 511
俄勒冈	4 225	-27.0	322 196	-26.8	5 785	-17.8	439 967	49.9	7 034	293 527
宾夕法尼亚	37 386	-17.7	2 079 026	1.4	45 443	-39.1	2 050 500	-19.0	74 657	2 530 159
罗得岛	21 708	66.1	4 728 942	816.8	13 067	103.1	515 815	18.3	6 433	435 878
得克萨斯	109 461	-9.2	13 320 285	12.2	120 536	NA	11 871 417	NA	NA	NA
得克萨斯	37 058	27.9	3 944 094	41.1	28 984	105.6	2 790 798	428.4	14 098	528 169
华盛顿	90	-39.2	33 346	-33.7	148	-79.1	50 291	-23.0	709	65 288
西弗吉尼亚	1 364	3.3	50 392	16.8	1 320	-16.1	43 129	22.9	1 574	35 102
威斯康星	5 191	-12.9	NA	NA	5 959	12.2	NA	NA	5 313	NA
合计	2 389 299	66.9	601 859 916	185.8	1 431 282	66.1	210 612 264	187.8	861 525	73 167 765

　　* Florida figures reflect all policies for 2006; full – coverage policies for previous years. Louisiana figures include both "FAIR Plan" policies and "Coastal" policies.

　　Source：Insurance Information Institute，CPIC，and LCPIC.

表 2—5　　　1992 年、2003 年和 2006 年各州风灾/海滩风险池的保单数量与保险业务量

州	2006 年				2003 年				1992 年	
	保单数		保险业务量（1 000 美元）		保单数		业务量（1 000 美元）		保单数量	业务量
	数量	变动%	数量	变动%	数量	变动%	数量	变动%		（1 000 美元）
阿拉巴马	NA	NA	NA	NA	3 065	5.5	339 858	80.3	2 904	188 513
佛罗里达	NA	NA	NA	NA	433 056	609.1	107 614 809	1336.3	61 074	7 492 298
路易斯安那	NA	NA	NA	NA	8 881	27.2	481 890	163.1	6 984	183 159
密西西比	28 880	122.9	5 369 509	485.0	12 955	164.9	917 935	198.7	4 891	307 315
南卡罗来纳	27 082	52.4	11 179 099	179.9	17 776	114.0	3 993 548	211.9	8 306	1 280 331
得克萨斯	140 375	32.1	38 313 022	220.0	106 273	105.8	11 972 502	119.4	51 638	5 455 790
合计	NA	NA	NA	NA	582 006	328.6	125 320 542	740.7	135 797	14 907 406

Source：Insurance Information Institute，PIPSO.

　　如果完全基于公开可得的信息，想要评价飓风风险对纽约州的公平保险需求计划到底有多大影响还是相当困难的。该州公平保险需求计划的规模几年来一直保持在一个相当稳定并且相对较低的水平，而与沿海保险问题相比，这可能更多的是由城市保险可得性问题所驱使的。2006 年，纽约州的公平保险需求计划承保了 60 797 份保单，保费总额超过了 129 亿美元。在可比项目上，公平保险需求计划的市场份额在 2001 年至 2006 年期间一直保持在不足 1% 的水平。

　　纽约州是否应该建立风灾池目前仍存在争议，不过，沿海保险的保险可得性问题显然还未重大到迫使立法机构去创立这样一个实体。对于某些保险公司在纽约州沿海地区收缩保险业务已经多有报道，但还没有蔓延和大量削减的证据。

2.5.2　各州的保险基金

　　在加利福尼亚和佛罗里达这两个州，都建有专门的保险基金用以支持飓风保险的供给。正如上文所讨论的，加利福尼亚州地震局（California Earthquake Authority，简称 CEA）为加州的财产所有者提供初级水平的地震保险。佛罗里达州飓风巨灾基金（Florida Hurricane Catastrophe Fund，简称 FHCF）为该州内承保财产保险的原保险公司（primary insurer）提供巨灾再保险。两家机构的建立都是为了在严重灾难发生后应对保险供给中的重大危机。加利福尼亚州地震局是在北岭（Northridge）地震之后建立的，而佛罗里达飓风巨灾基金是在安德鲁飓风后建立的。

　　对州立保险和再保险基金利与弊之争的讨论超出了本章的范围，但其观点可以简要地概括如下：佛罗里达飓风巨灾基金的支持者认为它有助于弥补私人再保险行业承保能力的不足，或者能够以更低廉的成本提供再保险业务（或者二者兼而有之）。确实，佛罗里达飓风巨灾基金是在该州主要保险公司的支持下建立的。需要注意的是，

佛罗里达飓风巨灾基金可以积累具有税收优惠性质的储备金（不适用于美国保险业和再保险业的一项特权），并且还能获得地方政府机构债券融资的信贷支持。与私人再保险公司相比，这固然降低了它的成本，但同时也招致了政府对其费率结构的操纵。

对佛罗里达飓风巨灾基金等类似机构持反对意见的人士对增加私人再保险公司的必要性表示质疑，他们担忧对私人再保险公司的挤出效应，并认为其潜在的财务短缺可能导致针对保险公司/消费者或纳税人的费率追加（或者说所有这些都取决于这个机构是如何设计的）。的确，佛罗里达飓风巨灾基金确实需要资助以弥补自 2004 年和 2005 年飓风季节以来的亏损。同时，各家保险公司一直在密切关注 2007 年对佛罗里达飓风巨灾基金的立法调整，因为它会增加该基金提供保险的数量。

在它的强制保险计划下，佛罗里达飓风巨灾基金将偿还参保保险公司从每一"承保事件"（covered event）超过这一事件保留金所遭受损失的一个固定比例，偿还总额不得超过所有事件的总计最大限额。这里的固定比例可以是 45%、75% 或 90%，具体数字要取决于保险公司的选择（对佛罗里达飓风巨灾基金运作更详细的分析见本书第 13 章）。根据佛罗里达飓风巨灾基金保费的计算公式，各家保险公司的事件保留金（event retention）和限额（event limit）也有所区别。在强制计划下还有一种可供选择的保险，它对某些符合条件的公司提供了限制性更强的保险。佛罗里达飓风巨灾基金对本基金承保参保保险公司成本的确定，则基于后者在前者预计损失和开支中所占份额的估计。

一项重要的规定要求佛罗里达飓风巨灾基金损失赔偿的责任要受其资产总额和举债能力的限制。赔偿限额最初定的是 110 亿美元，2004 年增加到 150 亿美元，2007 年又升至 270 亿美元，并"暂"定三年期不变。如果佛罗里达飓风巨灾基金的损失超过了其基金总额，每一家保险公司都可以按合同当年向基金所支付的保费所占比例获得赔付。

佛罗里达飓风巨灾基金的资金来源于参保保险公司所交保费和投资储备金的投资收益。如果必须偿付债务的话，它还可以在规定限额内借款，并且对州内的其他财产—伤亡事故保险的保费进行强制应急追加。应急追加适用于财产—伤亡事故保险和除工伤保险、意外事故与健康险、医疗过失责任和国民洪水保险之外的所有剩余险种的保费。这些保费追加对单年合同规定了 6% 的上限，但也可以提高到 10%，这要取决于合同年度之前是否有"未使用的保费追加"。

2004 年和 2005 年的暴雨季节使得佛罗里达飓风巨灾基金对受影响的投保者进行了赔付，从而减少了其财务储备。截至 2006 年 12 月 31 日，该基金已向 2004 年的飓风损失赔付了 36.78 亿美元，向 2005 年的飓风损失赔付了 36 亿美元。根据该基金 2007 年 6 月 30 日经审计的年终财务报告，最终的估计赔付额度是 2004 年支付 39.5 亿美元、2005 年支付 45 亿美元。对这些损失的赔付导致基金资金不足，这促使佛罗里达州飓风巨灾基金发行了 13.5 亿美元的收益型债券来弥补这一资金缺口，同时发行了 28 亿美元的事前票据（pre-event notes）来为 2006 年的暴风雨季节提供流动性。[36]佛罗里达飓风巨灾基金的所有保单债券将在 2007 年 1 月 1 日续保，这些债券将由所有保单 6 年期、1% 的应急追加保费还本付息。

随着佛罗里达州立法机构所批准的保险范围的扩大，人们开始担忧这样的问题，即重大的飓风损失可能会导致针对本州所有适用的保费（扣除额）进行更多的应急追加（对佛罗里达州飓风巨灾基金在各种飓风下的保险的分析请见 13 章）。

2.5.3　担保协会

美国所有的州都分别建有一个破产担保协会（guaranty association，简称 GA），用以承担因资不抵债而破产的保险公司的赔付义务。各州的担保协会很重要，因为如果一个或更多的保险公司由于大型灾难的巨额赔付义务而陷入破产境地，那么该协会将承担起严峻的压力。许多州的担保协会都要面临某些巨灾风险，但佛罗里达州的经历特别值得关注。佛罗里达保险担保协会（FIGA）的资金来源于该州财产和意外伤亡险保费的应急追加部分，保费追加的比例每年不得超过 2%。安德鲁飓风导致 11 家保险公司破产，对担保基金的相应需求已经超过担保协会的资金能力。担保协会被迫使用其 2% 的保费完全追加权，同时立法机构批准其额外再追收 2%，以偿付为弥补资金短缺而借入的资金。该协会最终在 2007 年还清了其所有债务。

佛罗里达保险担保协会已承接了在 2005 年飓风后破产的波集团保险公司（Poe Group）的赔付责任以及在 2005 年进入破产接管程序的瑞泰保险公司（Vanguard）的债务。这促使担保协会使用了其全部 2% 的保费追加权来弥补这些赔付责任的成本，另外 2% 的保费应急追加在 2007 年的 10 月得到了批准。在其最近的声明中，佛罗里达保险担保协会将负责处理对波集团保险公司的大约 46 162 项、总计 9.88 亿美元的索赔要求。这两个数字都为佛罗里达保险担保协会创下了纪录，它们都超过了安德鲁飓风后对破产保险公司提出索赔要求的数量和金额。佛罗里达保险担保协会至今仍未公布对瑞泰保险赔付责任的任何信息，该公司已于 2007 年 3 月 27 日进行了清算。

1992 年安德鲁飓风以及 2004 年和 2005 年暴风雨季节的经历，反映了担保协会面对大型灾难的脆弱性以及陷于破产境地的保险公司的赔付义务和风险向其他保险公司的潜在转移。由于在本州内大量保险赔付义务的集中爆发，佛罗里达州小型保险公司的财务脆弱性使得风险激增。因为这些小型保险公司并不能在美国国内其他地区通过地域多样化的方式有效抵消这些风险。

因此，即便是那些在佛罗里达州风险较低的地区和工商业保险产品线上承办其绝大数保单的保险公司，由于它们对担保基金承担着潜在的义务，仍间接地面临着巨型灾难损失的潜在风险。保险公司常常获得追加附加保费的许可（这加重了投保人的负担），以补充担保协会的赔付能力，但出于经济学的原因，这些负担可以有效地在保险公司和投保人之间进行分摊。此外，还存在着将某些损失外部化给其他州的潜在可能性，因为每个州的担保协会负责补偿对其管辖权范围内破产保险公司的赔付义务，即使该保险公司的常驻地在另一个州。换句话说，在跨州经营的保险公司破产的情况下，一个州的监管机构能将这一破产成本转嫁给其他的州，因为破产保险公司在那些州的尚未履行的赔付义务将会由其各自的担保协会负责弥补（最后的承担者是保险公司、投保人和纳税人）。纳税人同样也负担了一部分破产保险公司的赔付义务，因为保险公司获准从其联邦所得税中扣减担保基金的赔付款项。这些涉及大型灾难风险和担保协会的问题不仅仅局限于佛罗里达州，同样也适用于巨灾损失大到足以导致保险公司破产的任何一个州。

2.6　结　论

2004 年到 2005 年的强烈暴风雨季节及其所导致的保险公司对飓风风险的重新估价和相关的行为（如提高费率、缩减保险业务受理范围）已经促使多个州的监管部门做出反应。市场压力和监管政策在这些州各不相同。面对最大风险的佛罗里达州，已经实施了对市场进行重大干预的监管政策。其他各州则趋向于在市场调节方面给予更为宽松的政策，但如果市场环境仍无改善的话，它们则可能收紧费率监管和其他限制。在不远的将来，如果佛罗里达州遭遇更多飓风袭击的话，该州的行为将很可能把本州的投保人和纳税人置于巨额的保费追加境地。至今，其他各州还没有效仿佛罗里达州的运作路径。佛罗里达州需要重新评估当前政策经济上的合理性，但除非另一场剧烈飓风来袭，这一重新评价恐怕也不会发生。

巨灾风险和保险监管的故事仍在被书写着。在支持私人保险市场中取得成功的各州，以及其他例如应对飓风风险的减灾措施等有益的政策，或许能避免重大的市场错位并能就巨灾保险需求提供合理的供给。持续的研究对我们强化对政府政策的动机和效果以及公共行为如何支持对巨灾风险进行有效管理的理解来讲，都是非常重要的。

本章小结

本章考查了在大型灾难尤其是飓风和热带风暴风险影响下的财产保险市场的监管情况。2004 年至 2005 年的强烈暴风雨季节及其导致的沿海地区保险公司对飓风风险的重新定价，已经引发了许多问题以及美国相关各州一系列的监管反应。

本章还回顾并评价了影响保险市场的监管地区，集中对佛罗里达、纽约、南卡罗来纳和得克萨斯四个州进行了深入研究。市场压力和监管政策在这些州存在差异。佛罗里达州面临最大的飓风风险，而该州的监管政策已经在最大程度上对市场力量进行了干预。其他各州则趋于在市场调节方面放宽许可，但如果费率持续提高并且保险供给进一步缩减的话，某些州也是存在强化监管的可能性的。

第 3 章

应对飓风风险的财产保险市场分析

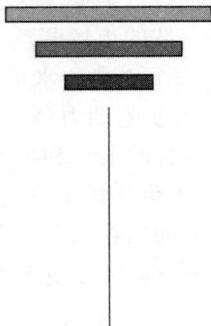

主要发现

　　企业面临的成本条件是行业内或者市场上的企业数量、规模和厂商分布的主要决定因素。相关的风险保险曝险额和巨灾损失会推高保险公司的成本。这就驱使保险公司收取更高的保费，同时可能减少它们承办的保险业务量。

　　飓风多发地区的财产保险市场经历了重大的改组。佛罗里达州最大的四家保险集团的市场份额总和已经从 1992 年的 55.3% 稳步下降到了 2006 年的 39.2%。该州的另一个显著变化是，在 20 世纪 90 年代，新保险公司纷纷创建，而其他业已存在的保险公司也开始进入该州开拓业务。从 2006 年起大约已有 40 家新保险公司进入到该州的房产业主保险市场。与佛罗里达州相比，本研究中的其他三个州（纽约州、南卡罗来纳和得克萨斯州）并没有经历如此显著的市场结构变化。

　　佛罗里达州的保费经历了爆发式的上涨。作为对 2004 年到 2005 年暴风雨季节的损失冲击和更大的飓风风险的反应，美国沿海地区（尤其是佛罗里达州）的保险市场价格上涨明显。在我们所研究的各州中，佛罗里达州的平均保费经历了绝对数量上的最大上涨，从 2002 年初的 723 美元一路上扬至 2007 年一季度的 1 465 美元。在沿海地区，有些房产业主的保费已经激增至原来的 3 倍甚至 4 倍。

　　在 1985 年至 2006 年这段期间内，佛罗里达州各家保险公司的累积总利润是负值。2006 年底，（以 1985 年到 2006 年累计总额为基础计算的）佛罗里达州房产业主保险业务就给各家保险公司造成了 114 亿美元的亏损。由于收取了更高的保费，外加 2007 年佛罗里达州没有遭受飓风损失，各家保险公司的长期绩效才得以改善，不过，它们对日后在这个州的经营运作仍然心有余悸。未来年份的飓风损失很可能会对保险公司来自美国东南部地区的房产业主保险的盈利能力产生明显的不利影响。

2004 年和 2005 年，剧烈的飓风季节对美国沿海各州的财产保险市场造成了实质上的不稳定，受到压力最大的是佛罗里达州和美国东南部的其他地区。[1] 遭受飓风侵袭的其他沿海各州也经历了某些市场压力和变化。20 世纪 90 年代初的美国，不断上升的飓风袭击风险就已经促使这些市场进行了重大变革，但是 2004 年和 2005 年极为剧烈的飓风活动引发了保险市场另外一波的市场调整。2004 年和 2005 年暴风雨季节的损失冲击和飓风风险已然上升到了一个更高的水平（比 2004 年之前预期的还要高）的信念已经成为近年来市场变革的主要驱动力量。2006 年和 2007 年飓风暂时缓解，这成为大家喜闻乐见的一次大解救，保险公司和再保险公司得以补充它们的部分资本损失。然而，2008 年增强的暴风雨活动及其相关损失表明，飓风的持续高风险仍然支配着财产保险市场的经营环境。弄明白在当今损失冲击和飓风风险激增条件下市场将会发生哪些变化很重要，因为只有这样才能更全面地了解巨灾风险问题并对政策选择做出评价。

本章更新了前述对佛罗里达州市场发展分析的数据并推广至纽约、南卡罗来纳和得克萨斯三个州。3.1 节和 3.2 节这两部分考察了佛罗里达州和其他州的房产业主保险市场的结构、行为和绩效，重点则在于最近的发展变化。本章以对主要观察结果的总结做结，并且讨论了后续研究。

3.1　保险市场的结构

这一节我们运用"结构—行为—绩效框架"这一既有的产业组织研究方法详细解剖保险市场的发展状况。这个框架最基本的观念就是结构影响行为，行为影响绩效。不过，也可以将这些影响的路径理解为沿着两个方向运动，即行为和绩效同样也可以影响结构。此外，这个框架可以用于分析包含其他产业所没有的要素的市场发展，从而需要对标准方法进行创造性的拓展和应用。我们同时从公司层面和集团层面研究市场结构，来考察业务和集团的所有潜在市场风险是如何在统一集团内部的公司之间转移的。我们还运用保费和保险数量对市场结构进行了定量分析。

3.1.1　保险公司的成本条件

厂商面对的成本条件是行业内或市场中厂商数量和规模分布的一个主要决定因素。包括保险行业在内的许多行业中的成本函数，反映出在生产的初始阶段平均成本递减而在超过某一点后平均成本递增的趋势。平均成本曲线的最低点是最小有效规模

（minimum efficient scale，简称 MES）。对这一 U 形成本曲线的解释是起初厂商将固定成本分摊到很大数量的产出上从而获利，但是当达到某一成本点之后，这种影响就被上升的单位可变成本所抵消，这是因为当生产达到一定的水平之后，上涨的投入品价格或其他因素造成了投入品的生产率下降。[2]

相互关联的风险保险曝险额或巨灾风险问题给保险公司成本函数加入了一个重要的新维度。当一家保险公司在某一特定地理区域增加承保的数量时，其巨灾损失的风险也加大了。这意味着当保险公司加大了具有相互关联的风险业务时其单位可变成本上升了。单位成本的上升可能反映为保险公司需要更多的附加盈余、购买更多的再保险或者支付给股东更高的红利以补偿他们所承受的更高风险。我们还可以推测具有相互关联的风险损失会降低保险公司的最小有效规模。[3]

根据市场结构理论，在其他所有条件都相同的情况下，巨灾风险成本因素可能会降低领先保险公司的市场份额。领先的保险公司会发现比在没有巨灾风险作为影响因素时需要花费更高的代价去获得较大的市场份额。小规模保险公司可能也发现，在巨灾多发的市场上持续经营很不容易，那是因为它们缺乏充足的资本和地域多样性去抗衡它们遇到的相互关联着的风险。因此，我们可以料想到领先保险公司的市场份额会下降，同时一些规模较小的保险公司将退出市场。总而言之，我们认为市场集中度的级别会下降，因为它是基于或取决于领先保险公司市场份额的。

当然，在现实生活中，影响保险供给和市场结构的成本因素比我们以上描述的要复杂得多。比方说，保险公司还需要考虑范围经济，这有点儿像从同时向一个家庭出售房产业主保险和车险时所获得的效率。如果一家保险公司不愿意向某些房产业主出售住宅保险，那么，它就会失去向同一房产业主出售车险所获得的相关范围经济。同样，这些房产业主可以决定转向其他的保险公司购买车险。此外，还有其他一些因素值得考虑，比方说与建立声誉卓著的配送网络以及相应的管理反馈系统有关的沉没成本。此等其他因素会抑制我们所假定的由巨灾风险导致的较高成本的结构效应，但是这些都不大可能会消除这些因素。因此，我们相信以前章节所做的预测仍是有效的。

3.1.2 进入、退出与市场集中度

日益增强的飓风损失和风险对佛罗里达州市场的影响仍在不断发展，因此，追踪市场变化的有效数据就存在一定的时滞。从这些数据中收集我们所需信息并且获取保险公司是如何不断调整其市场地位的观察结果仍然非常重要。我们可以检验 2006 年的数据，并且通过对 2007 年全年中保险公司行为的坊间观察扩大数据研究范围。我们从研究表 3—1 中在房产业主保险业务上领先的保险公司市场地位的变化开始。

表 3—1 将 2006 年佛罗里达州（以集团为基础计算的）排名前 20 位的房产业主保险业务提供商进行排序，同时还（依据保单上标明的直接承保保费，简称 DPW）列示了它们分别在 1992 年、2000 年、2005 年和 2006 年的市场排位（R）和市场份额（MS）。我们的研究不包含居民财产保险公司（Citizens），因为它是一个剩余市场

表3—1　1992年、2000年、2005年和2006年佛罗里达州领先保险公司市场份额的变化

保险公司	2006 R	2006 DPW(美元)	2006 MS(%)	2005 R	2005 DPW(美元)	2005 MS(%)	2000 R	2000 DPW(美元)	2000 MS(%)	1992 R	1992 DPW(美元)	1992 MS(%)
州际农场集团(State Farm Group)	1	1 444 281 352	21.4	1	1 175 850 317	20.7	1	583 296 400	20.1	1	653 427 313	30.5
好事达保险集团(Allstate Insurance Group)	2	524 702 881	7.8	2	495 663 212	8.7	3	325 641 465	11.2	2	436 329 616	20.4
城堡山保险集团(Tower Hill Insurance Group)	3	342 029 077	5.1	4	285 914 090	5.0						
环球财产与意外灾害保险公司(Universal Property and Casualty Insurance)	4	338 419 633	5.0	8	159 161 458	2.8	26	25 611 814	0.9			
联合服务汽车协会集团	5	316 536 807	4.7	6	253 944 356	4.5	4	152 088 271	5.2	3	95 171 018	4.4
全美互惠保险公司(Nationwide Corporation)	6	297 439 102	4.4	5	274 919 617	4.8	5	144 675 744	5.0	5	88 595 495	4.1
利宝互助集团(Liberty Mutual Group)	7	221 726 692	3.3	7	172 197 758	3.0	10	51 714 570	1.8	12	32 534 992	1.5
ARX持股企业集团(ARX Holding Corp Group)	8	216 582 227	3.2	13	116 834 632	2.1	25	27 120 693	0.9			
环球保险集团(Universal Insurance Group)	9	186 151 076	2.8	18	81 510 111	1.4						
美国国际集团(American International Group)	10	161 500 150	2.4	11	119 271 708	2.1	15	38 442 829	1.3	53	3 771 785	0.2
丘博(Chubb and Son)保险企业集团	11	155 669 694	2.3	10	124 290 363	2.2	8	68 324 921	2.4	6	62 874 910	2.9
圣约翰斯保险公司(St Johns Insurance Co.)	12	146 404 816	2.2	25	64 285 117	1.1						
联合财产与意外灾害保险公司(United Property and Casualty Insurance Group)	13	138 913 586	2.1	16	104 987 215	1.8	36	14 473 319	0.5			
哈特福德火灾与意外灾害集团(Hartford Fire and Casualty Group)	14	136 547 181	2.0	12	117 479 131	2.1	7	76 738 521	2.6	9	49 288 247	2.3
圣保罗旅行者集团(St. Paul Travelers Group)	15	131 197 512	1.9	9	124 905 507	2.2	6	92 445 712	3.2	4	89 664 452	4.2
湾流财产与意外灾害保险公司(Gullstream Property and Casualty Insurance Co.)	16	118 088 454	1.7	17	93 418 769	1.6						
二十一世纪控股集团(21st Century Holdings Group)	17	115 574 807	1.7	20	77 513 454	1.4						
佛罗里达半岛保险公司(Florida Peninsula Insurance Co.)	18	114 706 859	1.7	42	20 290 645	0.4						
吉欧维拉持股保险集团(GeoVera Holdings Insurance Group)	19	111 695 287	1.6	14	111 695 287	2.0						
第一保护保险公司(First Protective Insurance Co.)	20	89 864 708	1.3	32	37 847 420	0.7	43	10 928 140	0.4			

Source：NAIC Financial database.

注释：R＝市场排名；DPW＝直接承保保费；MS＝市场份额。

机制。我们的兴趣在于自发保险市场，因为这里的保险公司相互竞争决定了它们所愿意提供的保险产品数量。从表中我们可以看到从 1992 年起，佛罗里达州的保险市场经历了剧烈的变化。2006 年最大的两大保险集团州际农场和好事达在 1992 年和 2000 年也曾经是最大的两家集团。然而，两家集团的市场份额总和已然从 1992 年的 50.9% 下降到 2000 年的 31.3%，直至 2006 年的 29.2%。很明显，这两家保险公司在佛罗里达州市场上（按照保费来衡量）的相对份额下降显著。如果我们考虑到它们急于将其巨灾保险业务控制在自认为可持续性更高的水平的要求，这种发展变化没有什么大惊小怪的。

同样有趣的是，我们注意到州际农场的市场份额在 2000 年以后稍有上升，但好事达的市场份额却从 11.2% 下降到 7.8%。这与好事达决意大幅降低其在高风险地区保险业务集中程度的声明是吻合的，因为该公司坚信这在经济上更为可行。[4] 当有些保险公司离开佛罗里达州市场的时候，另外一些全国性经营的公司则仍留在该州的市场上，并将其市场份额维持在 2% 到 5% 的范围之内。

另一个显著的发展变化是在其他公司裁撤机构或者撤出佛罗里达州市场的时候，有些保险公司却进入了这个市场或者进一步拓展了它们的业务。2006 年的前 20 大保险集团公司中有 10 家是在 1995 年之后才进入这个市场的，有 7 家是在 2000 年之后才进入这个市场的。这些新进入佛罗里达州市场的保险公司中绝大部分都是在安德鲁飓风之后建立的仅在该州开展业务的小公司或者区域性公司，而并非某家全国性大集团的子公司或分公司。某些保险公司的机构撤并或市场退出为其他保险公司填补这一市场空缺创造了机会。

无论如何，对保险公司而言进入佛罗里达州市场就得承担风险，尤其是那些在该州承办绝大部分业务的、规模较小的保险公司。这一点已然被 2005 年排名在第三和第四的波（Poe）集团和城堡山（Tower Hill）集团业务的快速上升所证实。波集团已然在 2004 年和 2005 年的暴风雨季节中破产并已进入清算程序。城堡山集团已经开展了更为多样化的经营，它在南部各州承保了多种其他业务，但是由于在佛罗里达州的风险业务过于庞大，该公司受到了日益上升的监查（scrutiny）。另外还有瑞泰（Vanguard）和佛罗里达精选（Florida Select）两家保险公司进入破产管理程序。这也证明了过度依赖本地的或区域性保险公司来弥补由全国性较大型保险公司留下来的市场缝隙的缺陷。规模较小的保险公司可以通过广泛利用再保险来维持其业务能力，但这需付出代价，同时也会将某些风险维持在原有水平。因此，对于此类保险公司在不至于推高其破产风险的前提下到底能承办多大数量的高风险业务就应该有一个上限。

波集团保险公司的故事恰好是某些保险公司在遭遇财务困境时破罐子破摔策略的最佳佐证。波公司承办了 30 多万户的住宅保险，绝大部分集中在棕榈滩、布劳沃德和迈阿密—戴德等县的高风险地区。除了在 2004 年暴风雨中遭受的主要损失和急速下降的资本，2005 年间波公司还冒险增发了更多的保单，为接下来不会产生更多的暴风雨损失展开了一场豪赌。这场豪赌受到了某种监管制度的蛊惑，因为在这种监管制度下，保险公司可以将其损失通过破产保护机制转移给本州内的保单持有者和纳税人。此类赌博的潜在收益归保险公司，而其潜在损失则抛给公众。这种凄惨的景象在2005年暴风雨季节波公司破产时成为现实，在担保协会的评估中，该集团公司的损失竟高达9.88亿美元。

其他全国性的保险公司一直留在该州的市场中，不过它们已经加强了对各自风险业务数量的控制。这可能反映出一个更加合理的策略，拥有更多资本并进行更广泛多样化经营的保险公司会在广大的但是高风险的市场上获取较小的、可以承受相应风险的市场份额。这种现象也降低了各州面临的破产风险。遗憾的是，佛罗里达州的监管政策或许并不鼓励全国性保险公司在该州开展数量合理的业务。表3—2中显示了1992年至2006年间佛罗里达州市场集中度的有关趋势。

表3—2　　　　1992年至2006年佛罗里达州房产业主保险市场的集中程度

年份	CR4（%）	CR8（%）	CR20（%）	HHI
1992	55.3	70.9	85.2	1 440
1993	59.5	71.6	86.6	1 438
1994	60.0	71.9	86.7	1 236
1995	60.2	72.2	87.4	1 406
1996	57.5	71.5	87.0	1 266
1997	50.0	63.8	82.9	1 046
1998	51.3	64.9	83.1	920
1999	50.1	62.7	80.0	846
2000	48.0	61.2	78.7	776
2001	47.5	60.1	78.4	783
2002	46.4	59.2	79.6	829
2003	45.0	59.9	81.7	839
2004	44.9	61.4	83.8	832
2005	42.2	60.0	78.7	714
2006	39.2	54.5	75.6	695

Source：NAIC Financial database.

注释：CR4＝排名前4位的保险集团的市场份额；CR8＝排名前8位的保险集团的市场份额；CR20＝排名前20位的保险集团的市场份额；HHI＝赫芬达尔—赫希曼指数（Herfindahl–Hirschman Index）。

佛罗里达州最大的四家保险集团公司的市场份额总和从1992年的55.3%一直下降到2006年39.2%。最大的8家集团和前20家集团的市场份额在这段时期内也有所下降。赫芬达尔—赫希曼指数从1992年的1 440下降到2000年的776，然后有所上涨，但是在2006年再次下降到历史最低点的695。[5]尽管赫芬达尔—赫希曼指数的计算中包含了所有的保险公司，但它赋予较大公司的市场份额更大的权数，因此，由于市场领导者市场份额下降导致这一指数的下降就不足为奇了。

　　市场集中度的下降以及市场领导者与中间层保险公司市场份额的相对变化，与我们基于巨灾风险对保险公司成本函数和风险管理的影响的讨论所做的预期是一致的。这与保险公司的策略和行为的坊间估计也是吻合的。人们对市场集中度下降好坏与否的观点取决于他们的各自立场。一般而言，经济学家认为较低的市场集中度是与较高的竞争程度相关联的，但是佛罗里达州房产业主保险市场的情况是一个特例。尽管各家保险公司可以通过相互竞争来维持某一可持续的市场份额，但是许多公司目前并不是通过价格和产品竞争去扩大它们的市场份额。同样，被其所青睐的保险公司所抛弃的或者拒绝的房产业主并不认为这是一个可喜的变化。

　　另一方面，市场集中度较低意味着保险的潜在风险在佛罗里达州的保险公司中更为分散，这在风险更为多样化的意义上可以看做是一种积极的发展变化，至少在全美开展多样化经营的保险公司在一定程度上顺应了这种趋势。在饱受高水平巨灾风险之苦的市场上，较低的市场集中度也许是容许保险公司将其所面临的巨灾风险维持在可管控水平的必要条件。

　　有关佛罗里达州市场集中度下降的观察结果还警告我们，潜在的风险只是从全国性保险公司转移给较小的州立公司或区域性公司，因而这些风险并没有在全美范围内得到分散。这一现象的一个方面就是将潜在风险转移到全国性集团中的本州公司会提高其在佛罗里达州业绩的透明度。如果较小的州立公司或区域性公司好好利用再保险来进行多样化经营并能限制其巨灾风险的曝险，那么更为广泛的风险多样化的积极目标仍会得以实现。一旦面临巨额损失事件，全国性集团中单一州经营的公司可以从集团中其他成员公司那里获得帮助，但是这些全国性集团并不能对其佛罗里达州的投保者进行持续不断的交叉补贴。市场结构趋势中的这些方面都值得展开更为深入的研究。至少在一段时期之内，某些房产业主也需要找寻新的保险提供者，其他业主则可能要被迫转向剩余市场机制。

　　居民财产保险公司转型为自发市场上的竞争者会影响到私人保险公司的市场份额和市场集中度。如果将居民财产保险公司包括在我们所计算的市场集中度中，2006年的市场将会呈现出更高的市场集中度。居民财产保险公司的过度成长和规模是一个问题，尽管它并未采取私人市场上高市场集中度的常规模式。居民财产保险公司造成的问题是目前它会挤出私人保险公司并且将更多的巨灾风险转移给政府。当更多的飓风来袭时，这种做法也许能够弥补居民财产保险公司的资金短缺，但是也会对本州的所有财产与意外事故的投保人加收更高的保费。

　　在得克萨斯州、纽约州和南卡罗来纳州，市场结构的转变相对来说不是那么明显。表3—3提供了包括作为本研究目标的4个州在内的美国沿海的几个州的市场集中度变化的概括性统计数据。在表3—3列示的各州中，2000年和2006年间只有两三家公司上升到排名前20位的大公司。[6]这些市场上相对较大的稳定性或许可以说明以下问题。一是从2006年数据所揭示的信息看，保险公司调整其市场排位的计划并未完全实现。二是各家保险公司在各州削减承办保单数量的做法恐怕是大可不必的。

有些州显然还采取了更为宽松的监管措施（至少是在现阶段），以帮助各家保险公司在本州市场上维持相当的市场份额。我们还可以注意到，沿海各州潜在保险风险所占比例明显低于佛罗里达州，因此，可以预期沿海地区的风险对各家保险公司在各州的市场份额的影响并不明显。

表3—3　　　　　1992 年、2006 年样本各州房产业主保险的市场集中程度

州	1992 年		2006 年	
	CR8（%）	HHI	CR8（%）	HHI
佛罗里达	70.9	1 440	54.5	695
纽约	56.0	653	72.6	914
南卡罗来纳	76.5	1 506	77.7	1 159
得克萨斯	78.2	1 977	80.4	1 423

Source：NAIC Financial database；authors' calculations.

注释：CR8＝排名前 8 位的保险集团所占市场份额；HHI＝赫芬达尔—赫希曼指数。

表3—3 还表明，纽约州、南卡罗来纳州和得克萨斯州并没有像佛罗里达州那样经历市场集中度的显著变化。1992 年和 2006 年，排名前 8 位的保险公司的市场份额总和有所上升。不过，南卡罗来纳州和得克萨斯州的赫芬达尔—赫希曼指数下降，但纽约州并没有发生这种情况。纽约州市场集中度的上升大体反映出了全美范围内房产业主保险保持着相对稳定的态势。由于其市场相对较大，纽约州的市场集中度仍然比其他各州略低。

南卡罗来纳州和得克萨斯州的变化解释起来则要困难一些。两州（以赫芬达尔—赫希曼指数计算的）总体市场集中度的下降反映了一种更加均匀的市场分布而不是所有保险业务集中于最大的几家保险公司。这可能是由于小规模保险公司竞争力的不断上升或者是（排名前 8 位的公司之外）中型保险公司决定缩减它们在这些州的保险业务。

3.1.3　保险公司的承保模式

各家保险公司在各州（基于保费计算）的市场份额从一个方面解释了各州房产业主保险市场结构的变化过程。另一个重要的方面是各家保险公司在各州不同地区（以承保总额计算的）保险业务份额的分布。在这些地区，飓风风险差别很大，因此了解市场结构的这些方面对理解保险公司如何管理巨灾风险以及对房产业主潜在的相关意义都很重要。我们已经获得了可以分析佛罗里达州而非其他州的市场结构的数据。

我们从佛罗里达州保险监管办公室（Florida Office of Insurance Regulation，简称FLOIR）获取了以各县为报告单位的各家保险公司的保险业务年度和季度数据。这些数据来源于各家保险公司提交给佛罗里达州保险监管办公室的质量补充报告（Quality Supplemental Report，简称QUASR）。为了使搜集到的数据更加易于处理，我们获取并使用了 1997 年至 2006 年间每年第一季度的数据。至于 2006 年，我们索取了第四

季度的数据并用它们展开了最新的分析。这些数据使我们得以追踪各家保险公司在县级行政区域这一层面的保险业务分布的发展趋势及其主要变化。图 3—1 给出了佛罗里达州供研究参考之用的分县地图。

图 3—1　佛罗里达州各县和主要城市

表 3—4 对比了 1997 年和 2006 年各县的各家保险公司层面（基于房产业主财产投保数额）的赫芬达尔—赫希曼指数。表 3—5 比较了 1997 年和 2006 年在迈阿密—戴德县排名前 10 位的保险集团的市场份额。从这些数据中我们可以发现两个重要的发展变化：一是在（沿海岸线的）风险较高的地区市场集中度呈现下降趋势，二是风险最高的地区排名居前的保险公司都已经缩减了其各自在当地保险业务的市场份额。

表3—4　1997年和2006年各县保险公司层面房产业主保险业务的赫芬达尔—赫希曼指数（HHI）

1997						2006					
排名	县名	HHI	排名	县名	HHI	排名	县名	HHI	排名	县名	HHI
1	泰勒(Taylor)	2 903	35	赫尔南多(Hernando)	1 439	1	泰勒(Taylor)	3 314	35	汉密尔顿(Hamilton)	1 153
2	亨德利(Hendry)	2 459	36	莱克(Lake)	1 419	2	德索托(Desoto)	2 930	36	阿拉楚阿(Alachua)	1 151
3	戴德(Dade)	2 373	37	弗拉格勒(Flagler)	1 409	3	亨德利(Hendry)	2 762	37	奥西欧拉(Osceola)	1 142
4	布洛瓦德(Broward)	2 358	38	帕斯科(Pasco)	1 370	4	门罗(Monroe)	2 520	38	夏洛特(Charlotte)	1 139
5	布雷瓦德(Brevard)	2 221	39	布拉德福(Bradford)	1 346	5	哈迪(Hardee)	2 496	39	西特拉斯(Citrus)	1 105
6	德索托(Desoto)	2 197	40	圣约翰斯(St. Johns)	1 341	6	格兰德(Glades)	2 478	40	利柏提(Liberty)	1 087
7	沃卢西亚(Volusia)	2 113	41	阿拉楚阿(Alachua)	1 340	7	贝尔(Baker)	2 443	41	奥兰治(Orange)	1 068
8	奥西欧拉(Osceola)	2 102	42	萨拉索塔(Sarasota)	1 327	8	杰斐逊(Jefferson)	2 399	42	帕斯科(Pasco)	1 060
9	波尔克(Polk)	1 995	43	里昂(Leon)	1 319	9	普特南(Putnam)	2 198	43	马里昂(Marion)	1 050
10	欧基黑丘比(Okeechobee)	1 966	44	普特南(Putnam)	1 278	10	欧基黑丘比(Okeechobee)	2 085	44	圣罗萨(Santa Rosa)	1 045
11	格雷德(Glades)	1 920	45	杰斐逊(Jefferson)	1 251	11	布拉德福(Bradford)	2 050	45	华盛顿(Washington)	1 045
12	棕榈滩(Palm Beach)	1 848	46	卡尔霍恩(Calhoun)	1 240	12	哥伦比亚(Columbia)	1 878	46	加兹登(Gadsden)	971
13	门罗(Monroe)	1 836	47	贝(Bay)	1 225	13	沃卢西亚(Volusia)	1 795	47	利(Lee)	953
14	迪克西(Dixie)	1 793	48	汉密尔顿(Hamilton)	1 185	14	杜瓦尔(Duval)	1 710	48	利维(Levy)	927
15	夏洛特(Charlotte)	1 791	49	优尼昂(Union)	1 148	15	赫尔南多(Hernando)	1 675	49	皮内拉斯(Pinellas)	914
16	艾斯康比亚(Escambia)	1 754	50	拿骚(Nassau)	1 138	16	杰克逊(Jackson)	1 645	50	布洛瓦德(Broward)	900
17	高地(Highlands)	1 701	51	麦迪逊(Madison)	1 121	17	拉斐耶特(Lafayette)	1 639	51	沃尔顿(Walton)	883
18	皮内拉斯(Pinellas)	1 670	52	利维(Levy)	1 093	18	萨姆特(Sumter)	1 632	52	萨拉索塔(Sarasota)	880
19	塞米诺尔(Seminole)	1 664	53	华盛顿(Washington)	1 093	19	波尔克(Polk)	1 595	53	印第安河(Indian River)	849
20	圣卢西(St. Lucie)	1 660	54	杰克逊(Jackson)	1 083	20	克莱(Clay)	1 573	54	霍尔姆斯(Holmes)	825

续表

1997			2006		
排名	县名	HHI	排名	县名	HHI
21	哈迪(Hardee)	1 655	21	麦迪逊(Madison)	1 543
22	圣罗萨(Santa Rosa)	1 622	22	迪克西(Dixie)	1 511
23	哥伦比亚(Columbia)	1 619	23	莱昂(Leon)	1 445
24	利(Lee)	1 619	24	高地(Highlands)	1 440
25	奥卡卢萨(Okaloosa)	1 615	25	卡尔霍恩(Calhoun)	1 419
26	杜瓦尔(Duval)	1 605	26	圣约翰斯(St. Johns)	1 414
27	奥兰治(Orange)	1 588	27	萨旺尼(Suwannee)	1 396
28	克莱(Clay)	1 578	28	犹尼昂(Union)	1 359
29	贝克尔(Baker)	1 553	29	塞米诺尔(Seminole)	1 300
30	西特拉斯(Citrus)	1 541	30	艾斯康比亚(Escambia)	1 269
31	拉斐耶特(Lafayette)	1 535	31	布雷瓦德(Brevard)	1 263
32	印第安河(Indian River)	1 526	32	莱克(Lake)	1 234
33	科利尔(Collier)	1 496	33	奥卡卢萨(Okaloosa)	1 189
34	希尔斯伯勒(Hillsborough)	1 493	34	吉尔克里斯特(Gilchrist)	1 169
55	萨旺尼(Suwannee)	1 074	55	拿骚(Nassau)	814
56	马纳提(Manatee)	1 054	56	弗拉格勒(Flagler)	801
57	沃尔顿(Walton)	1 032	57	圣卢西(St. Lucie)	797
58	马里昂(Marion)	1 030	58	戴德(Dade)	777
59	霍尔姆斯(Holmes)	1 022	59	马纳提(Manatee)	718
60	萨姆特(Sumter)	1 022	60	科利尔(Collier)	713
61	马丁(Martin)	973	61	希尔斯伯勒(Hillsborough)	712
62	利柏提(Liberty)	964	62	贝(Bay)	705
63	吉尔克里斯特(Gilchrist)	866	63	海湾(Gulf)	687
64	海湾(Gulf)	853	64	马丁(Martin)	666
65	富兰克林(Franklin)	778	65	富兰克林(Franklin)	659
66	加兹登(Gadsden)	738	66	维库拉(Wakulla)	620
67	维库拉(Wakulla)	730	67	棕榈滩(Palm Beach)	594
总计		1 594	总计		876

Source:Data from FLOIR; authors' calculations.

注释:表中各县是按照赫芬达尔—赫希曼指数递减的次序排列的。

表 3—5 　　　　1997 年和 2006 年戴德（Dade）县排名居前的保险集团

排名	1997 公司	市场份额（%）	2006 公司	市场份额（%）
1	州际农场集团	38.0	州际农场集团	20.3
2	佛罗里达居民财产与伤害联合承保协会	29.5	花旗财产保险公司	12.2
3	好事达保险集团	6.6	自由互惠保险公司	7.8
4	自由互惠保险公司	4.8	湾流财产与意外伤害保险公司	7.5
5	联合服务汽车协会集团	3.3	波保险集团	7.3
6	圣保罗旅行者集团	3.0	联合财产与意外灾害保险公司	4.5
7	哈特福德保险集团	2.1	城堡山保险集团	4.5
8	大都会汽车与住宅保险集团	2.0	第一住宅保险公司	3.5
9	丘博保险企业集团	1.8	HDI 美国集团	3.2
10	银行家保险集团	1.4	联合国民保险公司	2.9
	总计	92.7	总计	73.6

Source：Data from Florida Office of Insurance Commissioner.

在表 3—5 中我们还注意到"新"进入戴德县的各家保险公司承办了相当份额的保险业务。为了控制过高的财务风险，排名居前的保险公司总是想尽办法将其巨灾保险业务控制在更为可控的水平，这样说来，这种发展趋势就不难理解了。同时，这种趋势也提出了以下问题，即当更多的飓风袭击该州时，规模较小的、业务经营在地域上高度集中的保险公司的财务状况就堪忧了。

这就凸显了以下的重要观点：佛罗里达州不能依赖小规模的、业务经营在地域上高度集中的保险公司承保高风险地区的大部分住宅保险。更加可持续的解决途径是鼓励足够数量的保险公司根据与自身的能力与风险多样化相称的策略各自在高风险地区承办合理数量的住宅保险业务。当然，说得容易做起来难。但是，如果监管部门允许保险公司在业务承办和保单条款制定中收取完全适当的、基于风险的费率，并且能做出其他合理调整的话，各家保险公司将会更愿意去承办可控数量的高风险保险业务。

3.2 保险市场的行为和绩效

各家保险公司的行为以及从根本上讲的市场绩效或产出是各方面的利益相关者最关心的内容。保险公司的主要产出是保险的价格、保险类别的可得性、保单条款和盈利性。出于显而易见的原因，财产所有者最关注的是保险的价格，因为它会显著影响他们的购房成本和预算。他们也关注各类保险的可得性，因为这将影响到他们所能购买的保险数额、他们可以购买保险的保险公司以及他们是否需要从剩余市场上获得保险保障。

保险公司与这些产出有着利害关系，但是它们的利润（或损失）以及财务生存能力才是其特别关注的因素。如果保险公司（至少从长期来看）不能赚回资本的成本，它们就很难证明自身存在的合理性并维持其在这个市场上的经营运作。同样，在这种条件下持续经营下去会从根本上威胁其财务能力及赔付能力，这都会对其所有者和所有的投保人造成不利的影响。在这一节，我们的基本着眼点在于市场绩效，但是我们也会在一定程度上论及保险公司的行为。

3.2.1 保险价格

房产业主保险的价格是我们关注的首要领域。在 2005 年飓风季节的余波中，许多保险公司申请并开始大幅度上调保险费率，以此作为对更高的风险等级和业已上涨了的再保险成本的反应（请参见本书第 7 章关于再保险市场的讨论）。测度价格和价格变化有许多种途径，但是每一种方法只能提供某一方面的信息，没有一个单独的方法可以解释大家想知道的所有信息。人们对保险的价格也有着不同的定义。经济学家倾向于使用净价（net price）标准，就是额外保险费（loading）加上预期损失，或称为纯保费（pure premium）。这里，我们使用全价（full price）来定义，全价中包括了保费或费率中的预期损失部分。消费者、监管者和其他利益相关者更倾向于关注"总价"而非"净价"。

图 3—2 提供了投保人所面临的价格上涨的某些迹象，并绘制了 2002 年第一季度至 2007 年第一季度我们在本书中研究的四个州的房产业主保险平均保费的趋势线。[7]图中数据来源于美国财产意外保险商协会/保险服务事务所快速轨迹监控系统（PCIAA/ISO Fast Track Monitoring System），这个系统汇集了占全美保险市场大约 60% 的保险公司每一季度的保费、保险品种和损失的数据。我们（按保费总额除以投保房屋年限）计算了各系列每一季度的平均保费。需要注意的一点是，这些数据是按州平均的，因此，它们会受这些州的保险业务的地理分布和对不同地区造成冲击的因素所影响。沿海地区保险业务的相对比例必然会影响到沿海住宅保险价格的上升对各州平均保费的冲击。

在我们所研究的各州中，佛罗里达州经历了平均保费的最大绝对涨幅和相对涨幅，从 2002 年初的 723 美元上涨到了 2007 年第一季度的 1 465 美元。纽约州、南卡罗来纳州和得克萨斯州并没有如此大的绝对和相对涨幅。从保险公司的观点看，佛罗里达州保险价格的显著上涨是为较高风险损失筹集必要的资金。从投保人的观点看，这种价格上涨是令人堪忧的，它已经成了一种额外的财务负担。这会促使一部分房产业主去选择更高的保险免赔额或者其他保险替代品种来降低更高费率的影响。[8]沿海地区的房产业主对保险价格快速上涨的抱怨还对立法者和监管者施加了政治压力，迫

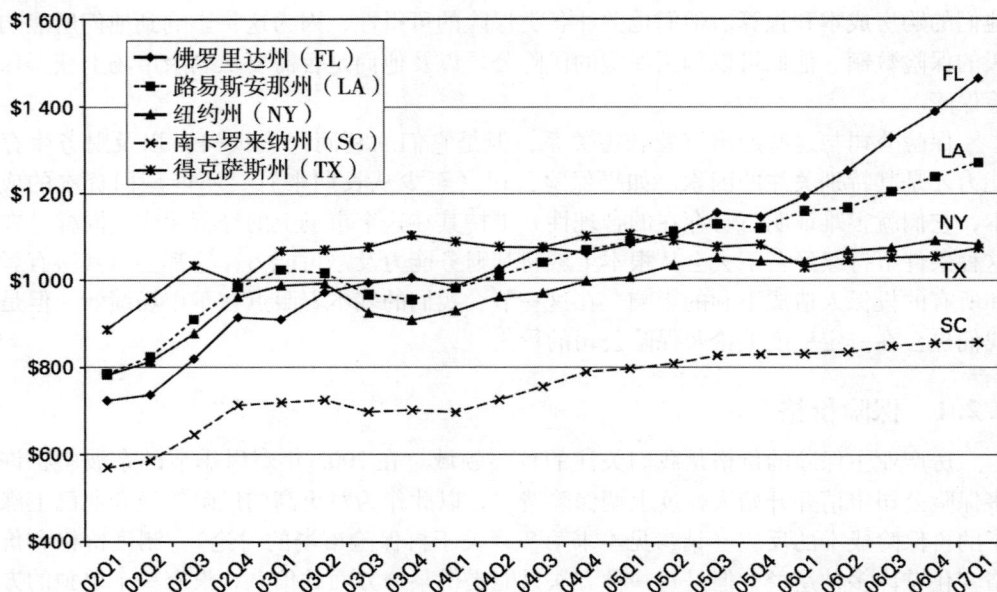

图 3—2 2002 年第一季度至 2007 年第一季度房产业主保险平均保费的趋势

Source：PCIAA/ISO Fast Track Monitoring System；authors' calculations.

使他们去努力降低保险价格或者至少是阻止价格的进一步上涨。

在解释平均保费上述变化趋势过程中的一个重要启示，是它们所反映出来的保费的增加额在现有所有保单数据中的比重分布。在这几个州中，风险最低地区和风险最高地区的费率相差巨大，而全州平均保费则包含了各州所有的地区。我们可以设想沿海地区的保费要明显高一些，并且这些地区的保费增长相对于内陆地区的增长很可能会更快一些。

其他数据提供了佛罗里达州的州以下级别的（substate level）平均保费信息。第一个数据集取自美国财产意外保险商协会提供的年度统计数据。这些数据包括 2001 年至 2005 年间标准费率区域划分下的保费额、保险承保业务量（房屋年限）、损失额和索赔案件数量。在表 3—6 中，我们列示了为房产业主 HO-3 保单计算的各地区每年的平均保费（票面保费除以房屋年限），这些地区是按照 2005 年的平均保费由高到低的次序排列的。

从表 3—6 中我们看到佛罗里达州中各地平均保费的差距非常明显。包括印第安河、马丁和圣卢西各县在内的地区在 2005 年出现了最高达 2 051 美元的平均保费，并且这期间内经历了 130.4% 的第二高的涨幅。杰克逊维尔市是平均保费最低的地区，在 2005 年仅为 509 美元。沿海其他各州的对比揭示出一个大致相同的模式，但是这些州高风险地区与低风险地区平均保费的相对差距却没有佛罗里达州那么大。[9]

表 3—6	2001 年至 2005 年佛罗里达州房产业主（HO-3）平均保费			单位：美元	
地区	2001 年	2002 年	2003 年	2004 年	2005 年
印第安河/马丁/圣卢西（Indian River/Martin/St. Lucie）	890	1 042	1 311	1 674	2 051
迈阿密（Miami）	1 059	1 207	1 444	1 653	1 799
棕榈滩县（Palm Beach County）	923	1 054	1 261	1 461	1 643
迈阿密海滩（Miami Beach）	856	754	881	1 404	1 589
布洛瓦德县（Broward County）	985	1 043	1 171	1 320	1 491
布洛瓦德/棕榈滩（Broward/Palm Beach）	715	828	958	1 170	1 373
戴德县（Dade County II）	1 104	1 088	1 137	1 258	1 366
马丁县（Martin County）	886	1 021	1 133	1 213	1 364
劳德代尔堡（佛罗里达州）/好莱坞（加利福尼亚州）（Fort Lauderdale/Hollywood）	802	838	920	1 023	1 146
坦帕（Tampa，佛罗里达州西部海港）	631	683	773	916	1 108
希尔斯伯勒/皮内拉斯（Hillsborough/Pinellas）	558	625	715	850	1 047
贝（Bay）	634	725	821	912	1 039
西屿（Key West）	351	216	290	844	1 016
海厄利亚（Hialeah）	1 091	1 117	979	935	984
圣彼得斯堡（St. Petersburg）	473	554	655	776	976
皮内拉斯县（Pinellas County）	470	451	517	729	881
贝（Bay）	516	593	654	709	807
艾斯康比亚县（Escambia County）	510	607	664	693	787
波尔克（Polk County）	533	610	680	704	776
奥兰治（Orange）	540	570	609	670	769
戴德县（Dade County I）	944	832	887	1 003	756
门罗县 Monroe County）	379	228	290	664	689
奥西欧拉/塞米诺尔（Osceola/Seminole）	561	578	564	567	640
布雷瓦德/沃卢西亚（Brevard/Volusia）	455	498	522	545	616
杜瓦尔（Duval County II）	425	451	465	507	612
杜瓦尔（Duval County I）	453	482	519	530	544
阿拉楚阿（Alachua）	511	511	477	469	523
杰克逊维尔（Jacksonville，佛罗里达州东北部海港）	446	468	469	465	509
均值	668	703	777	917	1 032
中位数	560	618	697	847	980

Source：Data from PCIAA；authors' calculations.

注释：表中数据不包括居民财产保险公司的保险。

平均保费的计算要受到包括住宅保险数额、住宅险的保单条款以及各家保险公司费率结构等若干因素的影响。因此，我们并不能从这些数据中断定平均保费的上涨中有多大比例来源于费率的变化。尽管如此，我们仍可以合理地推断费率上涨是造成各地区间平均保费差异的主要因素，同样也是不同时期保费上涨的主要动因。此外，由于我们在此所得到的最新数据是2005年的，因此并不能反映市场最新的变化。如果保险公司经核准的费率变化全部得以实施，那么我们可以预期平均保费将在2006年和2007年间持续上涨。

州以下级别保险价格差异和变化的一种替代测度方法是计算每1 000美元保险标的的平均费率。这种方法受保险业务数量之间差异的影响较小，但是仍有其他与费率相关的保险期限因素混淆其中。我们可以使用这种方法计算佛罗里达州县一级的质量补充报告数据；1997年至2006年的结果反映在表3—7中。这一结果令人惊诧不已并且很有启示意义，因为2006年费率最高的门罗县竟然高达30.7美元，而克莱县最低仅为2.35美元。门罗县还经历最大的涨幅，其1997年的费率仅为18.98美元。这反映了包括佛罗里达（珊瑚）礁岛群（Florida Keys）在内的门罗县的高风险水平。

表3—7　　1997年和2006年佛罗里达州县一级房产业主保险每1 000美元的费率　　　单位：美元

序号	县名	1997	2006	序号	县名	1997	2006
1	门罗（Monroe）	18.98	30.70	35	汉密尔顿（Hamilton）	4.14	3.78
2	戴德（Dade）	7.23	10.57	36	加兹登（Gadsden）	3.61	3.78
3	富兰克林（Franklin）	6.42	8.13	37	拉斐耶特（Lafayette）	4.36	3.71
4	海湾（Gulf）	4.90	7.36	38	华盛顿（Washington）	3.81	3.70
5	布洛瓦德（Broward）	5.35	7.20	39	高地（Highlands）	3.24	3.62
6	棕榈滩（Palm Beach）	4.45	6.48	40	吉尔克里斯特（Gilchrist）	3.89	3.57
7	沃尔顿（Walton）	4.47	6.29	41	利柏提（Liberty）	4.15	3.56
8	印第安河（Indian River）	3.80	5.67	42	卡尔霍恩（Calhoun）	3.80	3.54
9	马丁（Martin）	3.66	5.63	43	沃卢西亚（Volusia）	2.77	3.50
10	帕斯科（Pasco）	3.07	5.15	44	波尔克（Polk）	3.00	3.49
11	皮内拉斯（Pinellas）	3.25	5.13	45	犹尼昂（Union）	3.78	3.48
12	艾斯康比亚（Escambia）	3.68	5.01	46	萨旺尼（Suwannee）	3.91	3.46
13	圣卢西（St. Lucie）	3.95	4.97	47	西特拉斯（Citrus）	2.98	3.40
14	科利尔（Collier）	3.88	4.93	48	麦迪逊（Madison）	4.04	3.34
15	贝（Bay）	3.64	4.83	49	杰克逊（Jackson）	3.64	3.30
16	迪克西（Dixie）	4.70	4.72	50	普特南（Putnam）	3.60	3.22

序号	县名	1997	2006	序号	县名	1997	2006
17	奥卡卢萨（Okaloosa）	3.90	4.53	51	布拉德福（Bradford）	3.41	3.17
18	利（Lee）	3.34	4.49	52	杰斐逊（Jefferson）	3.86	3.11
19	格雷德（Glades）	3.96	4.48	53	拿骚（Nassau）	3.38	3.07
20	夏洛特（Charlotte）	3.16	4.47	54	贝克尔（Baker）	3.49	2.97
21	圣罗萨（Santa Rosa）	3.06	4.34	55	奥西欧拉（Osceola）	2.67	2.97
22	布雷瓦德（Brevard）	3.15	4.33	56	哥伦比亚（Columbia）	3.35	2.96
23	赫尔南多（Hernando）	2.84	4.32	57	弗拉格勒（Flagler）	2.76	2.95
24	欧基丘比（Okeechobee）	3.54	4.29	58	塞米诺尔（Seminole）	2.53	2.92
25	维库拉（Wakulla）	4.26	4.24	59	奥兰治（Orange）	2.66	2.91
26	亨德利（Hendry）	3.42	4.22	60	马里昂（Marion）	2.98	2.90
27	霍尔姆斯（Holmes）	3.89	4.20	61	圣约翰斯（St. Johns）	2.71	2.79
28	萨拉索塔（Sarasota）	3.30	4.14	62	阿拉楚阿（Alachua）	2.61	2.76
29	哈迪（Hardee）	3.87	4.08	63	萨姆特（Sumter）	3.36	2.72
30	利维（Levy）	3.93	4.02	64	莱克（Lake）	2.83	2.70
31	泰勒（Taylor）	3.76	3.97	65	杜瓦尔（Duval）	2.76	2.67
32	德索托（Desoto）	3.55	3.96	66	莱昂（Leon）	2.42	2.38
33	马纳提（Manatee）	3.37	3.87	67	克莱（Clay）	2.55	2.35
34	希尔斯伯勒（Hillsborough）	3.44	3.81		总计	3.87	4.73

Source：Data from FLOIR；authors' calculations.

各县分别按平均保费和每 1 000 美元费率的排名结果多少有些差别。这意味着保险平均业务量的差异可以掩盖或抵消保险价格的差异。当每 1 000 美元保险标的的费率决定着保险业务量时，我们可以预期在其他条件不变时，费率会随着保险业务量的增加而下降，因为签订和履行一份保单的固定成本可以由较大额度的保险业务量来分摊。这也许能解释各县每 1 000 美元费率之间的某些差异。[10]

总之，所有这些对比都得出了一个相似的结论：房产业主保险的价格在佛罗里达州的某些地区比其他地区要高得多，尤其是在风险最高的地区保险价格的上涨尤为明显。在其他州我们也发现了类似的模式，但是它们只经历了较小的价格上涨，而沿海地区和内陆地区的差别也没那么巨大。当然，这并不值得大惊小怪。不过，我们的计算结果揭示了这些差别和变化的具体数量级，它们还揭示了高风险地区尤其是佛罗里达州的财产所有者强烈抱怨保险费率高歌猛进，以及他们正在对立法者和监管者逐渐施加压力以促使其降低费率的原因所在。

3.2.2　保险可得性

保险品种的可得性（availability of insurance coverage）同样也是一个重要的绩效成果，同时也是财产所有者、政府官员、其他利益相关者关注的焦点。可得性在一定程度上是难以测度和量化的，并且对不同的人意义也不一样。可得性的首选定义可以是房产业主从自发保险市场上他们偏爱的保险公司处获得他们所愿意投保的保险品种的难易程度。但是获取这些信息甚或测度我们这样定义的可得性还是非常困难的。

因此，经济学家倾向于使用其他的可得性指标，比如未投保住宅的比例或者剩余市场的规模。但是，这些测度方法也存在一些问题，需要我们加倍小心。未投保住宅的比例和数量的数据是很难取得的，并且一所住宅保险不足可能部分是出于业主自己的选择。此外，一所住宅可能已经购买了保险，但是保险额度或保险覆盖面可能会远远小于该业主想要的数额。类似地，剩余市场上的住宅保险品种和保单的数量及比例会受到很多因素的影响，其中只有一个因素是保险公司提供保险的意愿。最后，这种测度方法还可能将保险价格和保险品种的可得性这两个范畴混淆起来；某些房产业主或许会选择在剩余市场上取得保险，因为这样做会比他们在自发保险市场少花些钱。这在佛罗里达州将成为一个越来越重要的因素，因为居民财产保险公司在该州所进行的费率和规则的调整已使得该公司可以与自发保险市场相抗衡。

本书第 2 章中关于剩余市场趋势的讨论证明了此类市场（尤其是在佛罗里达州）的成长。这是解释沿海地区房产业主保险可得性降低的若干指标之一。

3.2.3　保险免赔规定的分布

财产所有者所购保单的条款同样也是保单拟定者和其他利益相关者关注的重点。房产业主保单纷繁复杂的形式对于保险公司和投保人是相当标准化的。保单条款中最重要的是对免赔额的规定。为了更好地管理巨灾险种，同时也为投保人降低保费提供选择，保险公司为强风和飓风损失规定了较大的免赔额。这些较大的免赔额大多以住宅（Coverage A）限额的百分比表示，按照各州的不同情况可以达到 25% 甚至更高。

为了更好地理解免赔额水平的分布及其趋势，表 3—8 列示了 2000 年和 2004 年佛罗里达州按免赔额水平划分的（各年占整套住宅的）HO-3 保单的分布。

这些数据是从保险服务办公室（Insurance Services Office，简称 ISO）获得的，它们还反映了保险公司报告给保险服务办公室的统计数据（反映了全部市场的大约 50% 的）信息。我们还可以注意到，2004 年，获准的最高的强风或飓风免赔额为 5%。

表 3—8 中尤为明显的是，强风免赔额在佛罗里达州 HO-3 保单中适用比例很大并且在不断增长。2004 年，47.4% 的（由那些向保险服务办公室提供报告的公司发行的）HO-3 保单有 2% 的飓风免赔额，另有 11.9% 的有 2% 的强风和冰雹免赔额，这两者都分别高于 2000 年时的 43% 和 3.8%。有趣的是，2004 年时，有 5% 的强风

表 3—8　　　　　　2000 年和 2004 年佛罗里达州强风与飓风免赔额的分布

强风或飓风免赔额	各年占整套住宅的百分比（%）	
	2000 年	2004 年
1 000 美元飓风	0.46	0.10
2 000 美元飓风	0.05	0.02
500 美元飓风	7.25	4.34
1% 飓风	1.51	0.37
1% 强风／冰雹	0.07	0.00
2% 飓风	43.00	47.40
2% 强风／冰雹	3.79	11.87
5% 飓风	0.34	1.11
5% 强风／冰雹	0.01	0.04
其他全部	43.53	34.76

Source：Data from ISO；authors' calculations.

或飓风免赔额的保单只占全部保单的很小比例，但是情况好像正有所改变。我们完全有理由设想具有较高免赔额的保单比例正在持续上升，目前的水平比 2004 年数据显示的要高一些。财产所有者或许更喜欢较低的免赔额，但是保险公司可能会抬高这些低免赔额保单的价格（与洪水保险之类的联邦资助项目正好相反）。因此，现在的持续趋势是向较高的免赔额发展，最初端倪出现在 20 世纪 90 年代中后期，这是与这种市场动态相一致的。[11]

3.2.4　盈利性

企业的盈利性是市场绩效的一个重要指标。可以预期，在一个高效的竞争性市场上，长期的利润可以为企业提供与其经风险调整的资本成本相匹配的"公允的"回报率。太低的利润会迫使企业退出市场或者撤并其分支机构，这都会对消费者造成不利的影响。但是，长期的高利润也会带来与市场竞争力相关的问题。[12]

保险市场尤其是像房产业主保险这样的产品线所面临的问题是每年利润的高度不稳定性。换句话说，有些年份各家保险公司的利润可能很低甚至亏损，但是其他年份却会赚个盆满钵满。但是，从长期来看，利润有望平均到某一公允的回报率水平。这接近于遭受正常的与气候相关的危害的房产业主保险市场的情形，但是飓风易发市场上的不稳定性会更强一些，因此需要更长的回报期。保险公司要有应对突发性严重飓风（比如每 10 年遭遇一次安德鲁飓风级别的灾害事件）的准备，当然，像 2004 年和 2005 年那样经历多起事件接踵而至的年景除外。

即便是较低水平的飓风损失，比方说 50 亿到 100 亿美元的损失频繁发生在同一年份，也会使各家保险公司在州一级和地区一级陷入亏损境地，并且连续若干年都无法自拔。这就会给公司所有者（股东或互助公司的成员公司和所有者）造成相当大的忧虑，他们绝不希望这些保险公司管理者继续任由公司的任一业务板块陷入到持续的损失中去。对于那些可能对此类情形所带来的问题心存疑问的人，当倾其毕生积蓄的相当一部分投资于遭受此类损失的保险公司的时候，人们不禁会问它们是否仍会感到心安理得。

保险行业使用若干种不同的利润测度方法，比如赔付率（loss ratio）、综合赔付率（underwriting ratio）、营运比率（operating ratio）、保险业务利润（profits on insurance transaction，简称 PIT）和股本收益率估计值（estimates of the return on equity）。我们重点关注保险业务利润（PIT），该方法由国家保险监管局长协会（NAIC）分别按产品线和州分门别类印刷成册，其后还附有对其他利润测度方法的某些补充观察资料。保险业务利润测度方法包括引致损失、支出总额、损失准备金和预收保费准备金（非盈余）的投资所得以及预计的联邦收入所得税额（或亏损的税收扣除）。[13]最终得到的利润（或亏损）额除以已收取的直接保费便是我们所要计算的利润率。

图3—3 将1985年至2006年这段期间佛罗里达州和美国东南部所有各州办理房产业主保险的各家保险公司年度保险业务利润比率结合起来绘制在一张图上。从图中可以看到，这段时期内绝大多数年份各家保险公司的利润均为正值，但是佛罗里达州在1992年、1993年、2004年和2005年出现了亏损（负利润）。2004年和2005年各家保险公司的负利润分别是−172.8%和−62%。这4年的负利润源于安德鲁飓风以及2004年和2005年间袭击该州的数次飓风所带来的损失。

图3—4 绘制了1985年至2006年期间佛罗里达州和美国东南部各州房产业主保险业务的累计（cumulative）利润（或亏损）额。每一年的额度代表以前年份的累积（accumulated）利润额或亏损额。从图中可以看出，美国东南各州各家保险公司的利润额在整个这22年间都是负的，而佛罗里达州的利润额自1992年开始出现负值。累计亏损直到2004年都在不断减少。如果佛罗里达州的各家保险公司能在2004年和2005年获得盈利，那么它们就能从安德鲁飓风损失的泥沼中抽身而出。甚至即便在2004年，如果亏损不那么高的话，它们也有望最终在整个期间内获得正的利润（除非有更多的飓风损失），但是2004年和2005年狂飙式的飓风季节彻底粉碎了它们的所有幻想。

截至2006年底的累计数据显示，各家保险公司在佛罗里达州房产业主保险业务上共计损失114亿美元（表现为已收取保费累积总额的−23.8%）。因此，保险公司意识到它们已经再次深陷各自在佛罗里达州和美国东南部各州所开展的业务的泥沼之中，弥补这些亏损尚需相当一段时期的正利润。2006年，佛罗里达州的各家保险公司盈利16亿美元。不过，即便它们2007年至2011年间在该州的每年都能赚取20亿美元的利润，也都不足以弥补它们的累计亏损。即便有正的利润回报，未来年份的飓

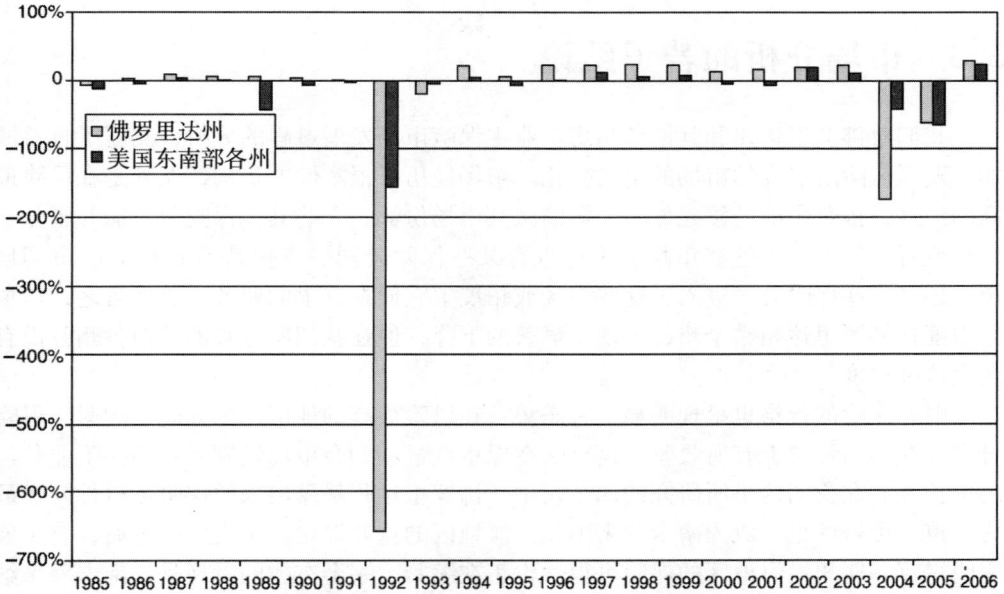

图 3—3　1985 年至 2006 年佛罗里达州和美国东南部各州房产业主保险业务的年度平均利润

Source：NAIC Report on Profitability by Line by State.

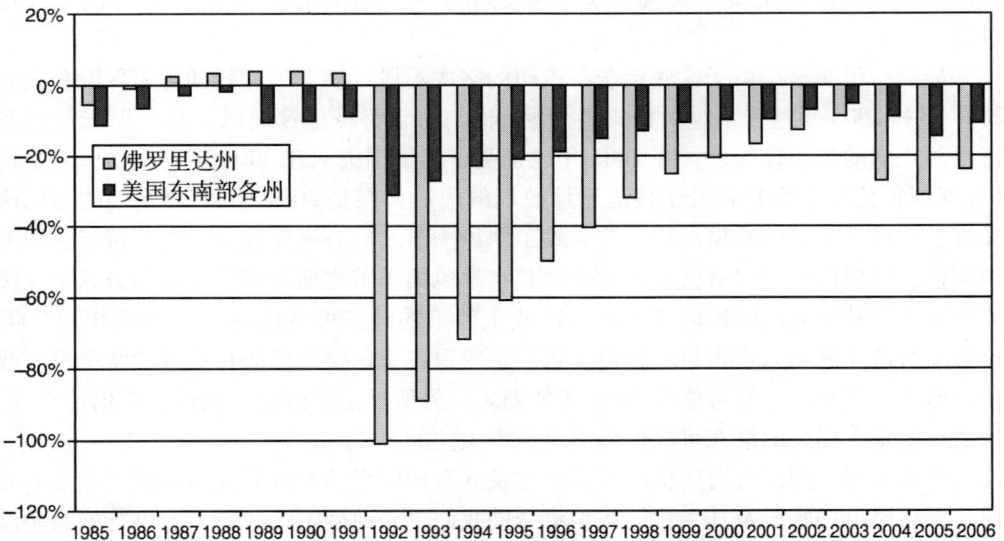

图 3—4　1985 年至 2006 年佛罗里达州和美国东南部各州房产业主保险业务的累计利润

Source：NAIC Report on Profitability by Line by State.

风仍会将这些保险公司抛回亏损的泥沼，此类威胁将持续给各家保险公司发出警示，提醒它们在高风险地区开展财产保险业务的过程中需加倍小心。

3.3 市场分析的若干结论

我们对佛罗里达州和其他各州房产业主保险市场发展过程的分析，测度了日益增加的飓风风险所引发的市场的重大变化。市场经历了根本性的重构，尤其是在风险最高的地区，排名居前的领先保险公司缩减其市场份额，一些其他保险公司撤并了分支机构或者干脆退出了这些市场。不过也有某些保险公司一直保持着其相对的市场地位，还有一些保险公司进入了这些市场或拓展了它们在这里的业务。总而言之，市场集中度在佛罗里达州整个州都出现了显著的下降，但在我们所考查的其他各州并没有达到这种程度。

财产保险的价格也呈现明显上升态势，在风险最高的地区尤为如此。同时，保险可得性在相当程度上有所收紧，这反映在保单数量和剩余市场机制承保的保险业务量的增长上。在我们这里所研究的四个州中，佛罗里达州暴露出来的保险可得性问题最为严重。可得性也已成为南卡罗来纳州沿海地区的重要课题。艾克飓风过后，有迹象表明得克萨斯州沿海地区的保险可得性也正在缩紧。一个有趣的发现是，南卡罗来纳州之外的某些沿海地区保险价格的急剧上升和保险可得性的下降。这意味着各家保险公司发现其在其他沿海地区进行大规模调整更为必要，这些都是在 2004 年之前佛罗里达州南部地区发生费率大幅上涨和剩余市场对自发市场的替代之前所没有经历过的。

最后，很明显，由于这些年袭击该州的多次飓风，佛罗里达州的各家保险公司在2004 年和 2005 年遭受了重大损失（负利润）。由于卡特里娜飓风，路易斯安那州和密西西比州的各家保险公司在 2005 年也遭受了巨额损失。在 2004 年以前，保险公司（在安德鲁飓风之后）正处于接近累计盈利的边缘，但是 2004 年和 2005 年的暴风雨又将它们抛入更深的亏损泥沼。这导致了飓风季节之后各家保险公司对其价格和业务的调整，也促使各家保险公司开始关注其在暴风雨季节之前的保险价格和条款下在佛罗里达州和其他高风险地区签发的房产业主保单的经济可行性问题。2006 年和 2007年美国所遭受的飓风损害暂时获得缓解，这使得各家保险公司的长期盈利状况有所改善，但是这些利润很有可能被 2008 年的飓风损失所抵消。因此，飓风风险仍然很高，未来年度重大损失的潜在可能性仍然是值得关注的。

毫无疑问，加深对财产保险市场变化及其影响因素的理解对我们来讲是非常必要的。提高对市场状况及其变化的认识将帮助我们更好地确定哪些经济上可行的策略既会给保险公司也会给财产所有者带来最为有利的结果。

本章小结

本章对遭受不同程度飓风风险压力的财产保险市场的市场结构和绩效进行了追踪

性的和扩展式的分析。高风险沿海地区的保险市场已经经历了重大调整，因而，分析最近这些年来它们的演变情况就显得尤为重要。我们首先聚焦于佛罗里达州，并且与纽约州、南卡罗来纳州和得克萨斯州进行了一系列对比风险。在保险公司分支机构撤并、价格上调、保险可得性下降和经营亏损等方面，佛罗里达州经历了最大的压力并出现了最大的变化。其他经历了这些问题的各州所面临的压力要小一些，其市场出现的变化要小很多。市场情况瞬息万变，而且政府政策和监管政策也是随着时间不断变化的，因而像本章这样的分析也应该是一项持续进行的长期性工作。

第4章

晴雨俱来：通过公共保险机构进行洪灾风险融资

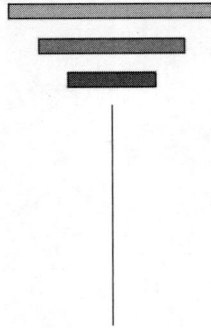

主要发现

自 1990 年以来，国民洪水保险计划（NFIP）的覆盖范围已经发生了显著的变化。从 1992 年到 2007 年底，全美洪水保险计划的保单数量从 250 万份增长到 555 万份，增长率为 122%；投保人的保险费从 8000 万美元增长到 28 亿美元，增长率为 250%；保险标的总额从 2 370 亿美元增长到 1.1 万亿美元，增长率为 364%。2008 年的数据与 2007 年大致相同。各州之间洪水保险的运作存在着巨大差异。在全美洪水保险计划的整个组合中，佛罗里达一个州就占了将近 40%。

随着时间推移，洪水保险标的选择和保险标的的单位成本均已有所改变。对于 2004 年飓风引起的洪灾，佛罗里达人的反应是选择更低的保险免赔额和更高的保险标的的额限制。我们对几百万份洪水保单的分析显示，在 2005 年，几乎 80% 的投保人都选择了最低可能的免赔额（500 美元）。从 2000 年到 2005 年，房产业主虽然增加了他们的投保总额，但是几乎 3/4 的人仍然在 25 万美元的最大保险限额之下。之所以有这么大的比例，主要是因为许多家庭的财产价值是低于此限额的。从成本方面看，佛罗里达州每份保单的平均保费几乎是全美最低的。我们还发现，尽管 2004 年佛罗里达发生了几次大的洪水灾害，但是从 2000 年到 2005 年，除了两个县之外，该州各县（用每 1 000 美元保险标的的额支付的保费来衡量）的洪水保险成本都显著地下降了。

给洪水保险标的的赔付总额中，有超过 30% 的部分支付给了参加国民洪水保险计划的为你自己投保（Write-Your-Own）的私营保险公司。这些保险公司在投保人和国民洪水保险计划之间扮演着金融中介的角色，但并不承担任何风险。从 1968 年到 2005 年这段时期，这些私营保险公司收到了超过 74 亿美元的代理费（不包括那些我们没能获取数据的损失调整费用）。对于此计划的财务运作，我们计算在遭受了将近 200 亿美元的洪灾索赔的 2005 年飓风季节之前，国民洪水保险计划在经过 37 年的经营运作之后总共产生了大约 30 亿美元的累计赤字。

4.1　洪水保险简史

国民洪水保险计划的建立源于私人保险公司不适合给洪水灾害提供保险这种普遍的观点。[1] 美国的保险公司认为洪灾之所以不能由私人部门承保主要是因为：（1）只有某些特定部分地区才面临着洪灾风险，所以逆向选择将成为一个问题；（2）必要的保费太高以至于没有人愿意购买此险种；以及（3）洪灾损失额可能是一个天文数字，保险公司所收取的保费难以对巨灾事件进行全额赔付。[2]

美国国会于 1968 年制订了国民洪水保险计划，它指出，"仅由私营保险行业在合理的条款和条件下为需要此种保障的人们提供可得的洪水保险，许多因素已使得这种做法非常不经济。"[3] 国会认为，政府项目可能会获得成功，因为风险可以得到更为广泛的分散，项目可以筹集到充足的启动资金，可以在保险公司对现有房产业主按新建房屋收取保费（经保险精算的费率）时进行补贴，还可以将保险行业与能够降低风险的国土使用方式调整联系起来。[4] 政府还有能力对损失进行分期补偿，因为该项目可以向联邦政府借款以弥补赤字，而私营保险公司通常是做不到的。

国民洪水保险计划的制订也是为了应对由于纳税人为洪水受灾者募集的减灾基金成本的不断上升。它最初被设计为联邦政府和社区之间的自愿合股形式。作为颁布泛滥平原管理规章（floodplain management regulations）的交换条件，参与国民洪水保险计划各社区内的财产所有者将有资格获得联邦洪水保险。虽然某些证据表明这些法规已经减少了损失，但是目前还没有一个关于地方政府遵守必要的房屋建筑与房地产开发法规到底达到何种程度的综合性研究。[5]

为了支持地方政府的工作，国民洪水保险计划绘制了参与计划各社区的洪灾地图，在不同的洪灾易发地区标注了洪灾风险。这些地图被称为洪灾保险费率地图（flood insurance rate maps，简称 FIRMs）。在洪灾保险费率地图之前完工的建筑物——在该地区的洪灾风险费率地图完成绘制之前——将获得费率补贴。那些在洪灾保险费率地图公布之后开工建设的新建筑物则采用精算费率。对于那些取代原有房屋的新建筑物，其预期费率补贴将越来越低。不过，仍然有大约四分之一的财产享受这种补贴。[6] 住宅的翻新速度比预想的慢很多，部分原因是由于房屋修复技术的进步使得房屋的使用寿命比预期的更长了。[7] 根据普华永道会计师事务所的估计，到 2022 年，在百年一遇洪水地区的总资产中，洪灾保险费率地图绘制之前的财产数量将从 1997 年的 64% 下降至 37%。[8] 虽然联邦紧急事务管理署（the Federal Emergency Management Agency，简称 FEMA）预测享受补贴的保单数量占全额风险保费保单总数的 35% 到 40%，但是如果向房产业主收取经保险精算费率计算的费用并促使其遵守房屋建设标准以减轻洪水损失的话，这仍然要比他们愿意支付的保费要高。[9] 针对给予特殊关照的佛罗里达州，国会预算办公室（the Congressional Budget Office，简称 CBO）发现许多享受补贴的位于沿海地区的财产（在他们的 10 000 个财产样本中占 23%）是二次建造住房、度假屋或者出租屋。[10]

本章的分析绝大部分是基于美国应急事务管理署绘制的洪灾保险费率地图的风险估计。不过，我们对于这些地图的精确性仍然心存疑虑。因为洪水风险并不是固定不变的。房地产开发、河流的渠道化，可能还包括气候的变化减少了非渗水地区的面积，从而增加了洪水发生的风险。[11] 由于洪灾保险费率地图难以及时地频繁更新，因此依照它的标注可能严重低估某些地区的风险水平。比方说，坦普尔大学（Temple University）的研究人员就曾对宾夕法尼亚州的宾夕帕克河（Pennypack Creek）流域进行过详细的研究，他们的评估结果认为该地区包含着一个更大的百年一遇的洪水区域，它比现有的洪灾保险费率地图中标注的要大很多。[12]

联邦洪水保险最初只能从保险代理人那里购买，保险代理人直接与联邦保险署（the Federal Insurance Administration，简称 FIA）联系。1979 年，联邦保险署被联邦紧急事务管理署取代。自 1983 年起，一项名曰"为你自己投保"（Write-Your-Own，简称 WYO）的计划补充了联邦紧急事务管理署的直接保单计划。"为你自己投保"计划准许参与国民洪水保险计划项目的各家财产与意外伤害保险公司承保标准的洪水保险保单，私营保险公司收取的保费与联邦政府通过直接保单计划收取的保费是一样的。共有 91 家保险公司承保了几乎所有现今市面上发行的通过"为你自己投保"计划签发的洪水保险保单。比方说，在我们所研究的 2000 年至 2005 年期间，佛罗里达州全部有效住宅保单中就有将近 99% 是"为你自己投保"计划的保单。

对于国民洪水保险计划和私营保险公司来说，"为你自己投保"计划是一种双赢的设计。国民洪水保险计划从私营保险行业的市场营销渠道和许多保险公司在洪水易发地区的业务经营中受益良多。"为你自己投保"计划中的私营保险公司负责洪水保险的理赔，并对所有由洪水保险保单所引起的索赔进行调解、支付和辩护，而国民洪水保险计划则承担保险损失的最后责任。作为回报，参加"为你自己投保"计划的私营保险公司会获得一笔预算拨款（expense allowance，参见 4.4 节），并且不用承担其相应的风险。换句话说，它们扮演着金融媒介的角色，并代表联邦政府充当着理赔管理者的重任。

尽管国民洪水保险计划和私营保险公司之间有着潜在的协作效应，但是洪水保险的认购率（take-up rate）仍然处于历史上的低位。一方面是因为私营保险代理人似乎不太愿意营销国民洪水保险计划保单，[13]另一方面则是由于对低概率评估中的行为偏见或者缺乏信息，个人对自愿购买洪水保险没有兴趣。[14]1972 年的热带风暴艾格尼丝向国会表明了当时只有很少的人参加了国民洪水保险计划，从而导致了 1973 年的《洪水灾害防御法》（the Flood Disaster Protection Act）的通过。[15]这项法案限制了联邦政府对未参加国民洪水保险计划社区的救灾援助，并且提出了一项强制购买要求：接受联邦政府监管的抵押贷款者必须要求其特别洪水灾害地区（special flood hazard areas，简称 SFHAs）的借款者在购买资产或建造房产时购买洪水保险，这里的特别洪水灾害地区是指百年一遇洪水地区。这项要求导致了有效保单的相对大幅度增长（见图 4—1）。1993 年发生在美国中西部的主要洪水灾害显示出强制购买要求并没有得到广泛的施行，对于贷款人的制裁在 1994 年时骤然生效。1994 年的法案对不遵照强制购买要求执行的贷款人制定了财务惩罚措施，规定这些义务不随这笔贷款的出售与转移而改变，如果借款人不购买洪水保险的话，法案要求贷款人代其购买。

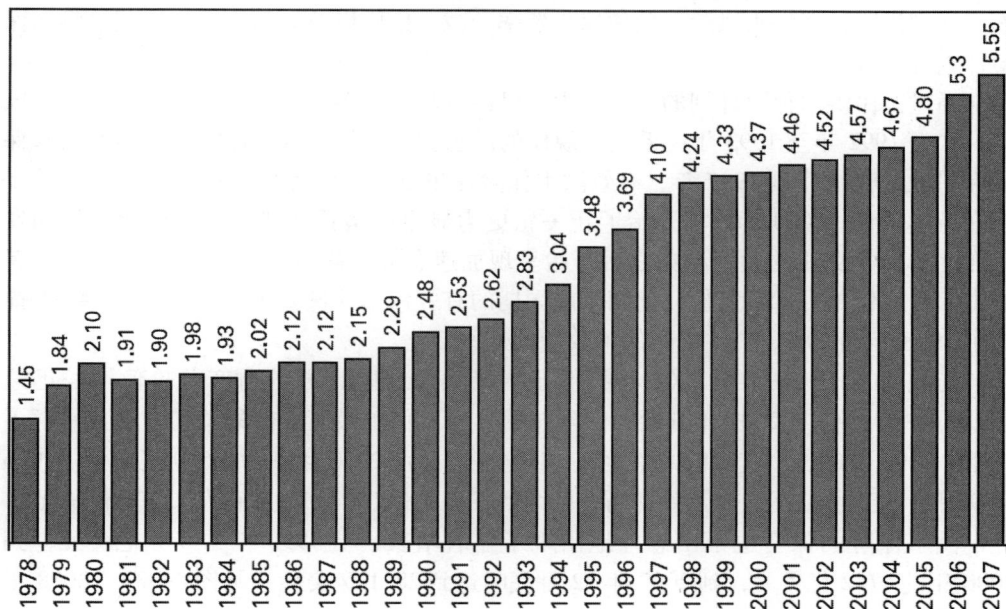

图 4—1　1978 年至 2007 年美国国民洪水保险计划各年度有效保单量（单位：百万美元）

Source：Authors' calculation；data from FEMA，Department of Homeland Security（NFIPStat，2008）．

这些法案的具体实施效果如何尚难评断。由于全美范围内缺乏特别洪水灾害地区财产数量的统计数据，我们很难建立一个完备的评估方法。在这方面，最近有两项研究非常重要。第一个发表于 2004 年，该研究揭示出在某一沿海样本地区符合条件的业主为其财产参加国民洪水保险计划的比例为 49%。[16]2006 年的兰德（RAND）报告还估计出特别洪水灾害地区有大约 49% 的财产投保了国民洪水保险计划的洪水保险，并且有 1% 的特别洪水灾害地区之外的财产也购买了洪水保险。[17]

4.2　国民洪水保险计划保险额相关统计数据

4.2.1　全美水平

国民洪水保险计划付出了令人瞩目的努力，通过地区性的和全国性的教育活动向民众普及洪水风险知识。1995 年，联邦应急管理署发起了一个名为"保险美国"（Cover America）的大规模新闻运动。据联邦应急管理署称，通过此次活动，他们收到了 50 多万份对国民洪水保险计划的咨询。1998 年又发起了一次新的运动——"保险美国第二季"（Cover America II）。最近，国民洪水保险计划发起了一个名为"洪水之痛"（FloodSmart）的综合性活动，并建立了网站（www. floodsmart. gov）用来向人们详细说明社区洪水风险、预估保险费率、减灾措施以及如何注册加入国民洪水保险计划等内容。

通过国民洪水保险计划的不懈努力，已经有越来越多的人认识到了洪水灾害的风险，加上 1992 年至 1993 年一系列大规模的洪水灾害，国民洪水保险计划签发洪水保险保单数量骤增。[18] 到 1997 年，有效洪水保险保单已达 400 万份，并且在此后的数年仍在持续增长。2004 年保单开始了新一轮更为显著的增长，并在卡特里娜飓风和发生在路易斯安那州的大型洪灾之后开始呈现加速态势。截至 2007 年 12 月 31 日，有效洪水保险保单为 555 万份，比两年前同期的有效保单数量要多 75 万份。图 4—1 描绘了 1978 年到 2007 年 30 年间保单数量的这些变化。

与此同时，1978 年至 2007 年投保于国民洪水保险计划的财产总价值增长迅速（见图 4—2）。仅从 2001 年开始，保险总额（所有保单最高限额的总和）就几乎翻了一番。1990 年时，全美保险总额为 2 140 亿美元，而 2000 年则为 5 680 亿美元。2006 年 9 月已达到了 1 万亿美元并且仍在持续增长；到 2007 年 12 月底为 1.1 万亿美元。

洪水保险的保费也不出意外地出现了显著增长，从 1990 年的 6.7 亿美元，到 2000 年的 17.2 亿美元，到 2007 年 12 月底时达到 28.1 亿美元（见图 4—3）。2008 年的保险总额与保费总额与 2007 年底类似。

4.2.2　州一级水平

国民洪水保险计划在各州扮演着不同的角色。图 4—4（a）标出了每个州在 2006 年 9 月时的有效洪水保险保单数量。图 4—4（b）标示了 2005 年 10 月 1 日到 2006 年 9 月 30 日期间的有效保单数量的增长率。增长最显著的三个州均位于洪水易发区，分别是密西西比州（+69%）、得克萨斯州（+30%）和路易斯安那州（+27%）。

表 4—1 提供了 2007 年 12 月 31 日（按有效洪水保险保单数量排序）位于前 10

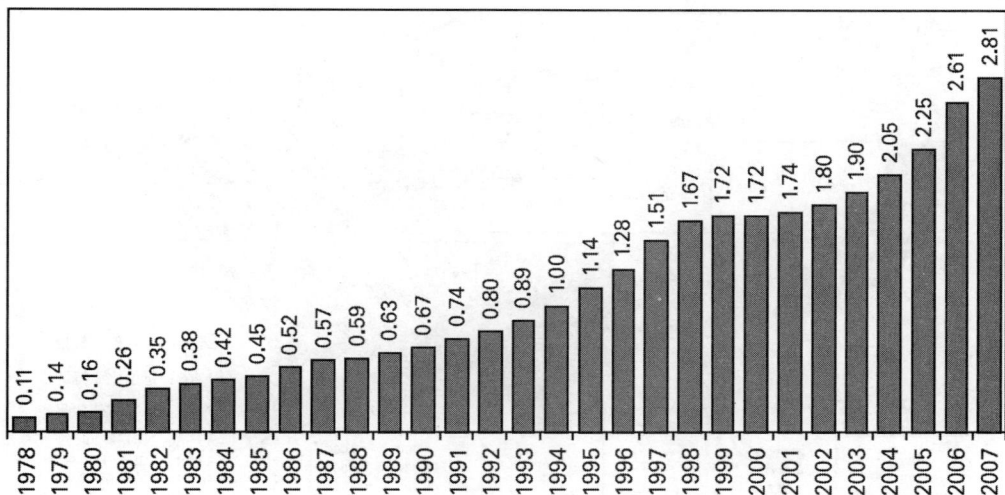

图4—2　1978年至2007年美国国家洪水保险各年度有效保险标的总额（单位：10亿美元）

Source：Authors' calculation；data from FEMA, Department of Homeland Security（NFIPStat, 2008）.

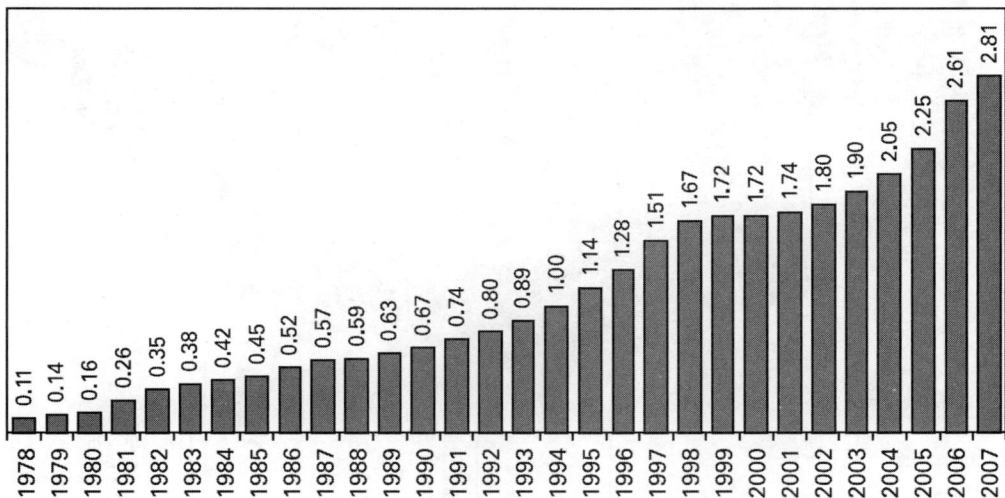

图4—3　1978年至2007年12月份各年度国民洪水保险计划收取的保费总额（单位：10亿美元）

Source：Authors' calculation；data from FEMA, Department of Homeland Security（NFIPStat, 2008）.

名的州的若干保险品种及其定价方法的概略情况。下面我们对其进行简要的分析。请注意表中的数据都是平均值；数据并没有显示出各个州内部因地理位置不同而出现重要差异、风险曝险额、房屋的价值以及房产业主的人口统计数据。在下一节分析佛罗里达州的市场情况时，我们会更加详细地讨论这些变量。

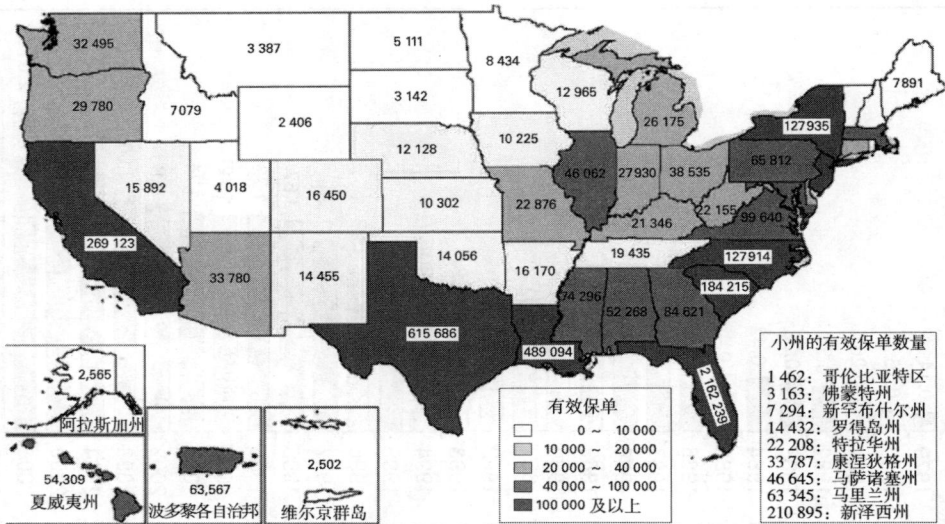

图4—4（a）　2006年9月30日美国各州国民洪水保险计划有效保单数量分布图

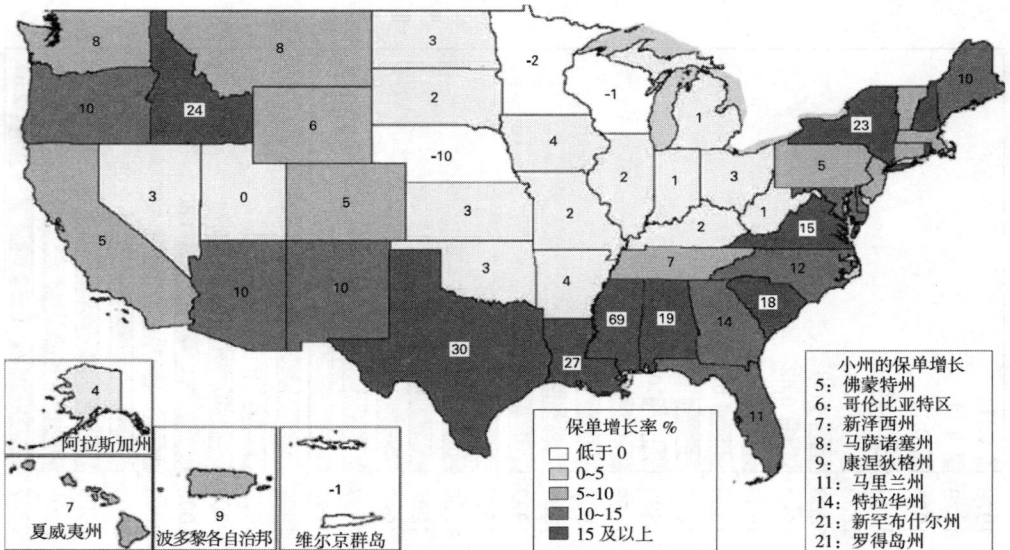

图4—4（b）　2005年10月1日至2006年9月30日美国各州国民洪水保险计划保单增长率变化

Source：FEMA.

1. 洪水保单数量

在国民洪水保险计划签发的洪水保险保单总量中，佛罗里达州几乎占据了40%，并且排名居前的两个州，佛罗里达州和得克萨斯州占国民洪水保险计划保单全部组合的50%以上。因此这是一个高度集中的市场；国民洪水保险计划大约70%的保单由以下五个州购买：佛罗里达州、得克萨斯州、路易斯安那州、加利福尼亚州和新泽西州。

表 4—1 2007 年 12 月 31 日参加国民洪水保险计划排名前 10 位的各州数据概况

	有效洪水保单数量（份）	有效保险标的数量（美元）	年度保费（美元）	每份保单平均保费（美元）	每 1 000 美元保险平均保费（美元）	每份保单平均保险标的额（美元）
美国全国总计	5 554 041	1 120 767 708 600	2 810 863 345	506	2.51	201 793
佛罗里达州	2 189 759	454 409 776 100	901 071 362	411	1.98	207 516
占全美的比例	39.43%	40.54%	32.06%			
得克萨斯州	666 920	145 170 577 200	279 895 243	420	1.93	217 673
占全美的比例	12.01%	12.95%	9.96%			
路易斯安那州	502 085	93 608 829 200	286 015 533	570	3.06	186 440
占全美的比例	9.04%	8.35%	10.18%			
加利福尼亚州	266 171	62 041 065 600	168 952 788	635	2.72	233 087
占全美的比例	4.79%	5.54%	6.01%			
新泽西州	223 650	45 945 494 500	159 123 884	711	3.46	205 435
占全美的比例	4.03%	4.10%	5.66%			
排名前 5 各州合计	3 848 585	801 175 742 600	1 795 058 810	466	2.24	208 174
占全美的比例	69.29%	71.48%	63.86%			
南卡罗来纳州	197 334	43 090 182 300	101 117 712	512	2.35	218 362
占全美的比例	3.55%	3.84%	3.60%			
纽约州	144 253	31 598 332 600	109 182 682	757	3.46	219 048
占全美的比例	2.60%	2.82%	3.88%			
北卡罗来纳州	133 955	28 618 309 100	74 043 712	553	2.59	213 641
占全美的比例	2.41%	2.55%	2.63%			
弗吉尼亚州	105 860	23 137 990 700	57 149 668	540	2.47	218 572
占全美的比例	1.91%	2.06%	2.03%			
佐治亚州	88 429	19 465 735 700	49 644 456	561	2.55	220 128
占全美的比例	1.59%	1.74%	1.77%			
排名前 10 各州合计	4 518 416	947 086 293 000	2 186 197 040	484	2.31	209 606
占全美的比例	81.35%	84.50%	77.78%			

Source：Authors' calculation from FEMA data as of December 31, 2007.

2. 有效保险总量

当我们采用有效保险金额作为保险数量的衡量标准时，那些投保量排名居前的各州的分布情况与采用保单数量作为标准得到的结果几乎是一致的。仅佛罗里达州的有效保险总额就高达 4 540 亿美元，占全美保险总额的 40% 还多。排在前 5 名的州的洪水保险总额为 8 000 亿美元，占全美的 71%；排在前 10 名的州的洪水保险总额为 9 470亿美元，占全美保险总额的将近 85%。

3. 去年收取的保费总额

2007 年，佛罗里达州的国民洪水保险计划共收取了 9 亿美元保费，占全美 28.1 亿美元的大约 1/3。排在前 5 位的各州共收取了 18 亿美元的保费，占全美保费总额的 64%。

4. 每份保单的平均保险总额

全美每份保单的平均保险标的额为 20.2 万美元，不同的州之间略微有差异。在 2007 年 12 月的时候，路易斯安那州为 18.6 万美元、加利福尼亚州为 23.3 万美元、得克萨斯州为 21.7 万美元、南卡罗来纳州为 21.8 万美元、纽约州为 21.9 万美元。

5. 每份保单的平均保费和每一美元保险标的的平均保费

在全美范围内，每份保单的平均保费为 506 美元，但是这一保费水平在各州之间存在很大差异。表 4—1 中列示了排名居前的 10 个州的主要情况，到目前为止，佛罗里达州和得克萨斯州每份保单的平均保费是最低的（分别为 411 美元和 420 美元）。路易斯安那州为 570 美元，纽约州是这 10 个州之中最高的，该州每份保单的平均保费为 757 美元，这几乎是佛罗里达州的 2 倍。

一种在某种意义上说较好的测度保险成本的方法是保费与投保人所购保险数量的比率。尽管新的保单和所有保险计划的曝险额都会随着时间的推移发生根本性的变化，但是，对于每 1 000 美元的洪水保险标的额，美国的房产业主仍然要平均支付 2.5 美元的保费（此处隐含地假设洪水每 400 年爆发一次，并假定上述价格能够充分反映保险曝险水平）。[19]这个平均比率在各州之间有所不同，当然这要取决于购买洪水保险所在地区人们的生活情况及住宅的特征。从平均值来看，我们发现佛罗里达州和得克萨斯州的保险价格较低（分别为每 1 000 美元洪水保险 1.98 美元和 1.93 美元，这意味着洪水爆发的概率低于 500 年一遇）。[20]而纽约州和新泽西州的保险价格则较高（新泽西州为每 1 000 美元洪水保险 3.46 美元，相当于 300 年一遇的洪水爆发概率）。[21]

4.3　佛罗里达州洪水保险分析

佛罗里达州占据了国民洪水保险计划保险组合的最大比例，远远超过了其他各州。由于在全美有效洪水保险保单中占到了将近 40% 的份额，佛罗里达州简直就是一个天然的研究实验室，可以更好地理解国民洪水保险计划的实施效果和那些购买洪水保险的房产业主的特征。此外，佛罗里达州还面临着非常高的飓风风险，由此带来的洪水灾害会得到国民洪水保险计划的赔付。从全美范围看，佛罗里达州高风险地区在各州中也是风险最为集中的。因此，许多政策制定者都对佛罗里达州给予了特别关注。

在本节中我们准备解决有关佛罗里达州洪水保险的 4 个问题：

- 在佛罗里达州购买洪水保险的投保人都具有哪些特征？
- 佛罗里达人到底购买了多少保险？
- 决定保险索赔款支付的因素有哪些？
- 佛罗里达州洪水保险的成本有多高？从 2000 年到 2005 年这段期间洪水保险成本是如何演变的？

4.3.1   进行本研究所收集到的数据

为了回答上述四个问题，我们从不同渠道收集了相关数据。第一个渠道是国民洪水保险计划向我们提供了超过 750 万份的洪水保险保单数据。[22]这些保单包含了佛罗里达州连续 6 年（2000 年至 2005 年）的所有有效保单：2000 年 121 万份、2001 年 124 万份、2002 年和 2003 年都是 126 万份、2004 年 129 万份、2005 年 137 万份。

为了保护隐私，数据库中不包括投保者诸如家庭住址等身份信息，这妨碍了我们对家庭这一层面的分析，但数据中包含了投保者居住地的邮政编码、所在城市和县的名称。数据库涵盖了多种与保单相关的信息，比如所购保险总额、已支付保费和已选择免赔额等。数据库还显示了保单在洪水易发地区的具体位置、社区费率评定系统（the community rating system，简称 CRS）的折扣（如果有的话）（对此下文还将有更多讨论）、保单类型（单身家庭、商用等），并且某些保单还注明了住宅的结构信息，比如房屋是否有地下室或者是否被加高了等。

我们还从国民洪水保险计划获得了佛罗里达州直到 2006 年 8 月 31 日的所有保险索赔数据。这些数据中也同样隐去了身份信息，但是仍包含索赔的以下信息：损失发生的时间、涉及的大型灾难、损害的数量、已赔付的金额等。除此之外数据中还包含了与索赔相关的房屋和室内设施与物品的信息，比如房屋的结构特征以及房屋和室内设施与物品的价值等。

最后，我们从 2000 年美国人口普查数据库中选取了部分数据。这些数据给我们提供了县一级水平的人口统计学意义上的信息，比如平均收入和业主自用住宅的平均价值。尽管这些数字只包含了 2000 年之后的信息，但已经是到目前为止我们能够获取的最新人口普查数据了。借助以上各种数据，可以使我们更好地理解驱动佛罗里达人做出保险购买决策的因素。

4.3.2   佛罗里达州洪水保险投保人的特征

正如表 4—2 中所列示的，在佛罗里达州购买洪水保险保单最多的是单身家庭财产（超过保单总量的80%）。其余的保单或者是多成员家庭保险，或者是其他类型的居民（如居住由汽车拖拉的活动房屋的家庭）保险。有大约4%的有效保单是非居民（如商用财产的所有者）购买的。由于上述原因，我们在本章以后各节的绝大部分分析主要围绕单身家庭的财产。2005年，这些财产在佛罗里达州共投保了超过115万份的保单。

表4—2　2000年至2005年佛罗里达州有效保单按购买者类型划分的比例分布（%）

保单购买者类型	2000年	2001年	2002年	2003年	2004年	2005年
单身家庭	81.27	82.01	82.51	82.82	83.09	83.50
两口至四口之家	4.94	4.81	4.69	4.66	4.58	4.45
其他类型的居民	9.69	9.01	8.56	8.27	8.03	7.82
非居民	4.11	4.18	4.24	4.26	4.29	4.22

　　2005年，在佛罗里达州的各县中单身家庭购买有效保单绝对数量最高的前五名分别是：布洛瓦德县（254 497份）、迈阿密—戴德县（197 078份）、棕榈滩县（82 408份）、利县（79 330份）、皮内拉斯县（68 048份）。这五个县的保单量之和几乎占佛罗里达州单身家庭所购有效保单总量的2/3。有效保单绝对量最低的五个县分别是：利柏提县（23份）、犹尼昂县（38份）、汉米尔顿县（56份）、杰斐逊县（60份）、麦迪逊县（73份）。这不足为奇，根据佛罗里达州的飓风风险状况，有效保单数量较高的各县都在沿海地区，而较低的往往是内陆县区。

　　除了使用保单绝对数量，我们还可以用有效保单占比（使用2000年人口普查数据估计的家庭数量）来衡量市场渗透情况。2005年，依照每户家庭投保的有效保单比例排名，位居前五名的各县分别是：富兰克林县（67%）、门罗县（66%）、夏洛特县（41%）、利县（39%）、布洛瓦德县（39%）（参见图4—5）。排在后五名的各县分别是：加兹登县（0.005%）、利柏提县（0.005%）、杰克逊县（0.006%）、麦迪逊县（0.01%）、华盛顿县（0.01%）。不出意外，有效保单占比最高的各县均位于沿海地区。

　　我们还可以使用国民洪水保险计划的在险总价值来检验各县的排名情况。2005年，单身家庭保单中有效保险标的总额（建筑物加室内设施及物品，即国民洪水保险计划的曝险额）最高的五个县分别是：布罗瓦德县（536亿美元）、迈阿密县（366亿美元）、棕榈滩县（185亿美元）、利县（147亿美元）、皮内拉斯县（116亿美元）。拥有有效保单数量最多的县与保险总额最高的县是一样的。然而，这些县的市场渗透率却不是最高的，正如上面的讨论和图4—5所示，市场渗透率最高的五个县分别是：富兰克林县（67%）、夏洛特县（41%）、利县（39%）、门罗县（66%）和布洛瓦德县（39%）。保险总额最低的五个县分别是：利柏提县（962，900美元）、犹尼昂县（338万美元）、汉密尔顿县（451万美元）、杰斐逊县（514万美元）和麦迪逊县（726万美元）。

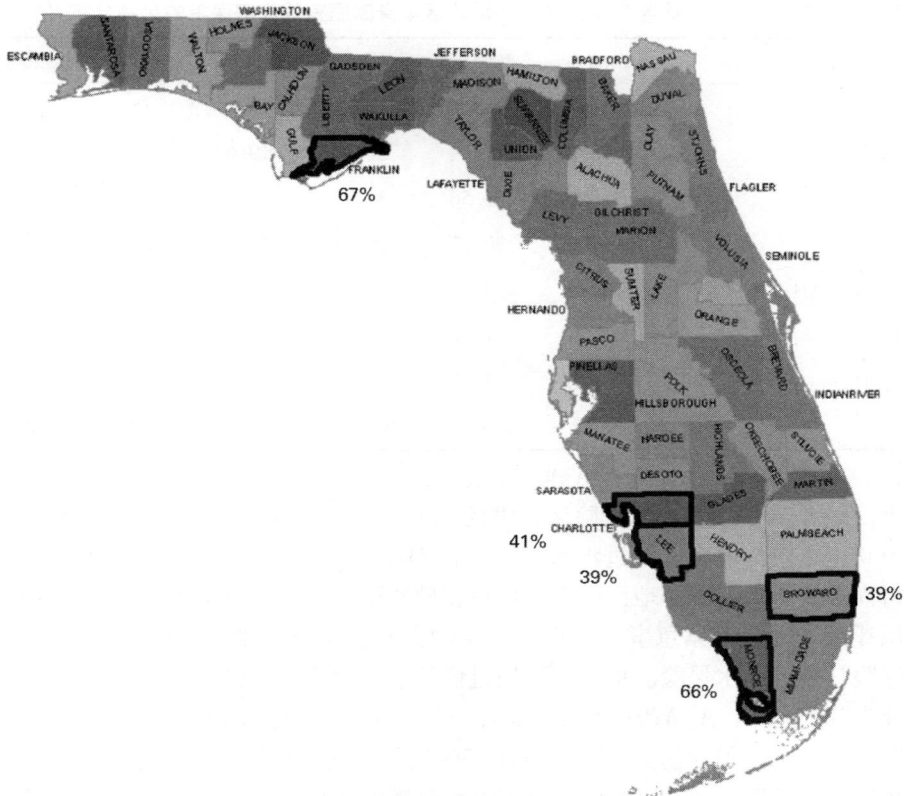

图4—5 2005年按照市场渗透率排名佛罗里达州位居前五名的各县

对于不同风险水平下（至少依照联邦紧急事务管理署界定的标准）有效保单数量的变化情况也要充分考虑。联邦紧急事务管理署已经绘制了所有参与国民洪水保险计划项目的社区的洪水风险分布图。不同洪泛区的风险程度是不一样的。此处就泛洪区情况进行分析时，我们暂且不对其风险测定的质量做出任何判断。[23]在理想情况下，我们希望可以直接采用已有的洪泛区保单认购率的统计数据。遗憾的是，数据库中没有佛罗里达州各县房产业主在各个洪泛区家庭数目的综合数据。不过，我们有所有洪泛区保单数量的统计数据。表4—3列示了各个洪泛区单身家庭持有保单数量占比的简要情况。附录4A中有国民洪水保险计划对洪泛区界定的详细信息。

洪泛区 X 所包含的地区是那些肯定在 100 年到 500 年爆发洪水的泛滥平原之外的地区，因此我们将这个区的洪水风险概率设定为最低限度。[24]这个区没有投保洪水保险的要求。不过有趣的是，尽管这个区没有投保要求并且风险最低，2000 年以来还是卖出了全部住宅单身家庭有效保单中的大约 15%，到 2005 年这一数字又增加到了大约 18%。

表4—3　2000 年至 2005 年佛罗里达州各洪泛区单身家庭有效住宅保单的比例分布（%）

	2000 年	2001 年	2002 年	2003 年	2004 年	2005 年
X	15.40	15.62	15.33	14.89	15.15	17.90
A–A99	21.70	20.9	20.3	19.64	18.74	17.36
AE	31.80	31.56	31.77	32.3	32.80	32.22
AHB	19.77	20.07	20.13	18.34	22.99	22.17
AO，AOB，AH	2.65	3.52	4.30	6.81	2.55	2.26
V–VE	1.23	1.16	1.12	1.09	1.04	0.94
B，C，D	7.45	7.17	7.05	6.93	6.73	7.15
合计	100	100	100	100	100	100

注释：表中的洪水区域在附录4A 详细讨论。

洪泛区 B 属于中度洪水风险区，洪泛区 C 属于最低限度洪水风险区。这两个地区在 100 年之内都没有爆发过洪水。洪泛区 D 虽然存在洪水爆发的可能性，但是对其分析尚未完成。这三个地区的保单数量在佛罗里达州保单总量中只占很小的比例。

洪泛区 A 是联邦紧急事务管理署界定的百年洪水泛滥地区，必须强制购买国民洪水保险计划的洪水保险。根据是否做过详细的水力情况分析，可依据洪水的特征将 A 区分为若干子区：A–A99；AE；AHB；AO，AOB，AH。意料之中的是，佛罗里达州全部单身家庭保单的购买者中大约有 75% 居住在这些百年洪水泛滥地区。

最后，洪泛区 V 和 VE 与沿海百年洪水泛滥地区是类似的，不过其洪灾风险是与风暴潮相联系的。令我们异常惊奇的是，虽然人所共知佛罗里达州暴露于极高的飓风风险之中，V 区与 VE 区售出的保单数量却非常少。

国民洪水保险计划还建立了一个社区费率评定系统（community rating system，简称 CRS），这是一个自愿性项目，通过降低保费（以反映当前的更低风险）来奖励那些参加减灾活动的社区。根据社区参与度的高低，保费减免范围可以占到现行（由联邦紧急事务管理署界定的）全额精算保险率的 0 到 45% 不等。表4—4 列示了有效保单依照社区费率评定系统进行等级划分的情况。2005 年，大约有 1/4 的有效住宅保单处在无社区费率评定系统折扣的社区中。其余 3/4 的保单通过某种类型的价格折扣获益，折扣的范围从 5% 到 25% 不等。事实上没有保单能够获得超过 25% 的折扣。表4—4 还显示了从 2000 年到 2005 年之间这些折扣比率的变化情况。在这六年期间，无折扣保单的比例逐年提高，但是获得 25% 折扣的保单数量也在不断增长。比方说，从 2000 年到 2003 年，处于这些社区中的保单只有不到 1% 获得了（由联邦紧急事务管理署界定的）保险精算价格基础上 25% 的折扣。在随后的两年内，这个比例显著上升；2005 年时这个折扣的保单超过了 13%。由于无法针对某一特定类型的保单进行跟踪研究，我们不能从上述数据中得出任何结论：我们无法判断这些数据的变化到底是因为新保单的签发所致，还是因为原有保单所在社区积极降低洪水风险的活动所致。

表4—4　按照社区费率评定系统等级划分的佛罗里达州有效住宅保单的比例（%）

社区费率评定系统折扣	2000 年	2001 年	2002 年	2003 年	2004 年	2005 年
0	22.20	23.08	23.03	22.97	23.15	26.36
5%	17.50	13.84	10.01	7.67	6.83	5.09
10%	35.81	33.10	31.62	28.15	27.57	25.24
15%	23.90	25.64	17.41	19.68	20.52	21.68
20%	0.09	3.79	17.21	18.30	8.64	8.22
25%	0.50	0.55	0.72	3.23	13.29	13.41
25% 以上[a]	0	0	0	0	0	0

[a]这样的数据中只有一小部分保单属于社区费率评定系统分类，该分类提供了一个高于 25% 的折扣：1 份 2004 年的保单（包含一个 50% 的折扣）、1 份 2002 年的保单（包含一个 30% 的折扣）、35 份 2000 年的保单（包含一个 75% 的折扣），而 2001 年、2003 年和 2005 年没有超过 25% 折扣的保单。

总之，通过我们对佛罗里达州洪水保险购买情况深入细致的分析，揭示出了该州各县之间存在的重要差异。与全美的情况相类似，佛罗里达州的国民洪水保险计划市场高度集中，这是由于个别县的保单数量和保险总额均占有较高比例。这些保单中绝大部分是单身家庭购买的。自然地，有效保险标的中的绝大部分均位于沿海地区和特别洪水灾害地区（SFHAs）。这意味着，还有差不多 20% 的非强制购买地区的房产业主也购买了洪水保险。

4.3.3　佛罗里达人购买保险标的的额度

本章的第二个问题将更多地对佛罗里达人所购买的洪水保险合同的设计给予特别关注。在这里，我们通过确定投保人对保险合同中的可减免项和保险标的上限的选择情况，来分析洪水保险的需求一方。

1. 保险标的额上限

在国民洪水保险计划中，房产业主可以购买的保险总额已经发生了变化。国民洪水保险计划一直有一个最大保险标的限制（实际上一份保单有两个最大限额：一个是对建筑物的，一个是对室内设施与物品的）。这些最高限额随着时间的推移一直在不断升高，但是自 1994 年到 2007 年 11 月却一直保持不变（参见表 4—5）。[25]随着财产强制购买保险要求的颁布，受强制的财产有一个最低保险额度。这个最低保险额度是未偿还抵押贷款的本金余额（除非此金额高于最大保险标的额上限），在贷款期内必须购买。

表4—5　参加国民洪水保险计划的单身家庭住宅保单保险标的限额（名义金额）

年份	住宅结构保险限额（美元）	室内设施与物品保险限额（美元）
1994	250 000	100 000
1977[a]	150 000	50 000
1973	35 000	10 000
1968	17 500	5 000

Source：42 U. S. C. 4013（as amended）.

[a] 1977 年以来，单身家庭住宅和多人口家庭住宅的上限是一样的。

　　为了比较这一最高限额实际价值的演变过程，我们通过将各期的这一限额数据折算为 2008 年价格（2008 年的总量最高限额为 35 万美元）指数汇编在一起。图 4—6 绘出了这些数据基于 2008 年价格的变化趋势：1968 年至 2008 年期间所有保单的保险限额数据都按 40 年来美国官方每年公布的通货膨胀率折算成了 2008 年价格水平的指数。这个指数是在 2008 年 1 月 1 日计算的。按照（扣除通货膨胀率的）实际价格水平，2008 年的洪水保单的最高限额与 20 年前大致持平，尽管这些年间已经出现了显著通货膨胀（更不用说，许多地方的房地产价格事实上已经大幅提高了，价格的上涨幅度远远超过了通货膨胀率）。

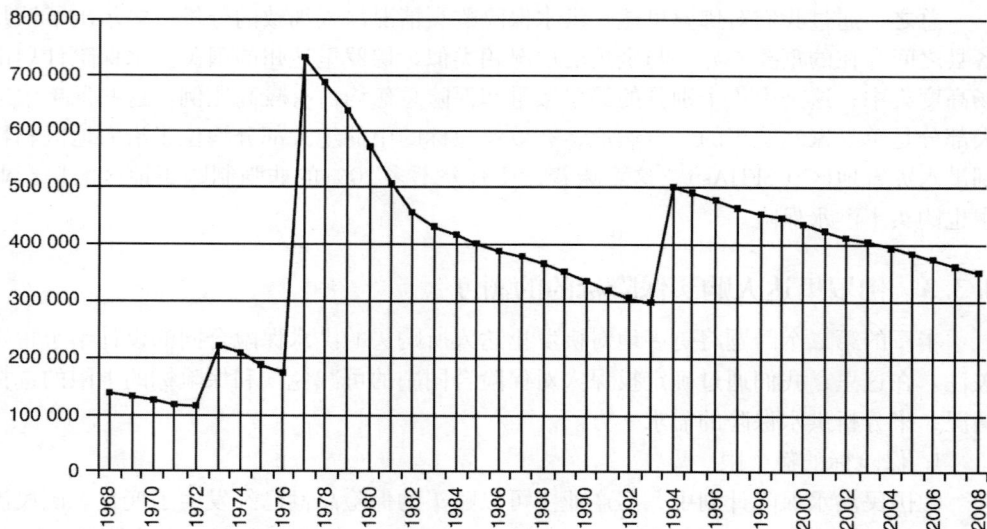

图 4—6　1968 年至 2008 年各年洪水保险标的最高限额（建筑物加上室内设施及物品）
注释：全部数字均折算为 2008 年 1 月 1 日的美元价值。
Source：Authors' calculation.

　　这些年，大量舆论认为 25 万美元的保险标的额对许多房产业主来说都有问题。对这一问题的关注在卡特里娜飓风之后再次成为焦点。根据我们对 2000 年至 2005 年

6 年间在佛罗里达州签发的 700 多万美元的洪水保险保单的数据分析，我们有可能测度 25 万美元的上限是否真的构成了对需求一方的限制因素。

根据对佛罗里达州 2005 年的所有保单的考察，我们所得到的结论是这 25 万美元的限额对于大多数房产业主来讲没有构成束缚。更具体地说，我们发现 2005 年有大约 73% 的单身家庭住宅的建筑物总造价都低于这 25 万美元的限额。结合 2000 年佛罗里达州披露的人口普查数据，私人住房拥有者住宅的单位价值的中位数（median）只有 10.5 万美元这一事实，出现上述结果就不足为奇了。虽然大量媒体总是关注那些造价上百万美元的海边别墅，但是佛罗里达州绝大多数居民的财产价值并没有超过国民洪水保险计划对居住用财产所规定的建筑物保险标的额的最高上限。

图 4—7 描绘了 2005 年 114 万洪水保险投保人所选择的建筑物及其室内设施与物品的保险标的比率分布图。从图中我们可以看出，大约有 27% 的房产业主在保险限额上购买了住宅。估计这些投保人中有许多人会欢迎能够选择更高保险上限的选择权。[26]

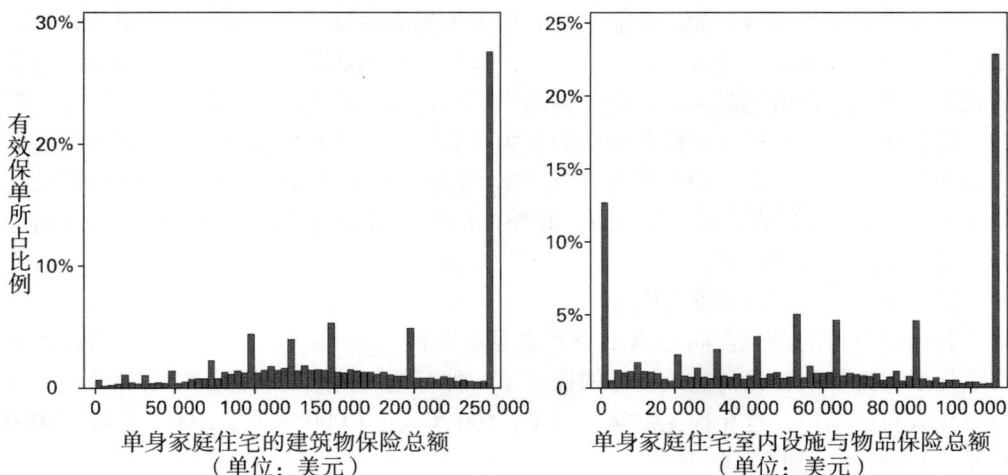

图 4—7　2005 年佛罗里达州单身家庭住宅的建筑物及其室内设施与物品保险总额的分布情况

图 4—7 中还显示了室内设施与物品保险标的最高限额的分布情况。2005 年在佛罗里达州有大约 23% 的单身家庭选择了 10 万美元的室内设施与物品保险标的最高限额的保单，这与 27% 的房屋最高限额比例非常接近。但是在 2005 年的 114 万份单身家庭有效保单中，大约有 12.5% 没有为室内设施与物品投保。不过，这一比例自 2000 年开始缓慢下降，与此同时，达到最高限额的保单数量却一直在这段期间稳步上升，从 2000 年的 7.5% 上升到 2005 年的 23%。

同样，购买 25 万美元保险限额的投保人数量和比例都在稳定增长。2000 年时只有 10% 左右的单身家庭投保人达到了最大保险标的限额。2003 年时这一数字上升到了 17%，而到 2005 年则进一步上升到了 27%。这在一定程度上反映了这段期间佛罗里达州人口的增长以及房地产价值的增加。

正如我们所预料的，投保住宅保险价值较高的那些房产业主也会投保价值较高的室内设施与物品保险。我们的数据分析显示，从佛罗里达整个州的平均水平来看，如果投保人已经购买了住宅标的最高限额的保险，那么他们大约会有 70% 的可能性去购买室内设施与物品的最高限额的保险。

在投保人是否受到最大保险标的额限制方面，这些州的平均值掩盖了各县之间存在的巨大的差异。2005 年，在诸如利柏提、拉斐耶特等县中，事实上根本就没有投保人选择最大保险标的限额，但在诸如沃尔顿、拿骚、科利尔、马丁等县中，却有超过半数甚至更多的投保人选择了最大保险标的限额。正如我们之前提所到的，随着时间的推移，更多的县有更多的投保人达到了最大保险标的限额。到 2000 年的时候，达到了最大保险标的限额的保单数量比例最高的几个县中在最大保险标的限额上购买保单的比例只有 25%（分别是印第安河县、沃尔顿县和马丁县），然而到 2005 年时这一比例已经超过了 50%。

正如我们所预料的，在最大保险标的限额上购买保险的投保人比例确实与 2000 年人口普查数据中所得到的诸如业主自有住宅价值的均值和业主收入的均值等计算结果存在正相关性关系。经过计算我们发现，这两个均值的相关系数大约为 0.6。这表明投保人的住宅价值越高或者其收入越高，那么该房产业主们达到最大保险标的上限的可能性就越大。我们分别用各个县的业主自有住宅价值的均值和业主收入的均值作为自变量，以达到最大保险标的保单所占比例为因变量进行回归（因篇幅所限此处略去），得到的两个结果都是显著的。此外，仍然不出我们所料，随着保险成本的上升，保险的购买量下降了。

2. 投保者对最低免赔额的选择

我们要分析的保险合同的第二个要素是免赔额（deductible）的选择。国民洪水保险计划为投保人投保的建筑物标的提供了 6 种可选的免赔额，低于免赔额的损失要由投保人自己承担。这 6 种免赔额分别是：500 美元、1 000 美元、2 000 美元、3 000美元、4 000 美元和 5 000 美元。

我们发现绝大多数的房产业主更愿意选择较低的免赔额。我们的这些发现进一步支持了之前发表在决策制定与保险类文献中的结论。Eldred（1980）检验了南卡罗来纳州的房产业主保险和汽车保险的抉择。他发现，在 657 名被调查者中有 20% 的人选择了汽车保险的最低免赔额，有 57% 的被调查者选择了房屋保险的最低免赔额。最近，Sydnor（2006）借助某家保险公司的数据库，研究了 5 万名房产业主对免赔额的选择情况，他发现有 83% 的业主选择了低于他们所能得到的最高上限的免赔额。Cutler 和 Zeckhauser（2004）对（波士顿和迈阿密地区的）汽车保险和（费城和奥兰多地区的）房屋保险的免赔额选择情况进行实证检验。他们发现在每一个城市均有60% 到 90% 的投保人选择了最低为 500 美元的免赔额。

此外，在一份更早的研究中，Schoemaker 和 Kunreuther（1979）报告说，从保险代理客户的人口统计数据抽取的测试样本中有 36% 的人宁愿支付 90 美元的保费以获得一份零免赔额的保单，而不愿花 20 美元购买一份 500 美元免赔额的保单，以保护他们免受发生的概率为 0.01、总额为 10 000 美元到 30 000 美元的损失。对于理性的经济学家来说，这样的结果似乎有些违背直觉。确实，这意味着这些投保者中有超过 1/3 的人显然愿意支付 70 美元甚至更多的钱（90 美元无免赔额保费和 20 美元有 500 美元免赔额保费之间的差额）来保护他们抵御 5 美元的损失（预期损失：损失 500 美元的概率为 0.01）。[27]

在一个非常大的保单样本基础上，我们所得到的结论比之前的研究结果更加显著。我们发现 2005 年的 114 万份有效洪水保险保单中有 98.3% 的客户选择了一个比可选最大额度更低的免赔额。我们还发现几乎有 80% 的投保人选择了最低的建筑物免赔额（500 美元），大约有 18% 的人选择了可获得的第二低的 1 000 美元免赔额。在我们所研究的这段期间内（2000 年至 2005 年），这些比例基本上保持不变。

关于投保人对最低免赔额的选择或许能给出若干种解释，但是由于缺乏洪水保险购买者的访谈资料，我们无法将这些相互矛盾的解释区分开来。首先，投保人希望尽可能多地弥补他们所遭受的损失（风险厌恶型）。他们对预期损失进行评估时往往并非出于理性基础，但是对风险的评估却是二元的："我可能遭受损失也可能不会；不过如果不幸受损，我希望我在保险上的投资能尽可能地弥补我的损失。"其次，有些房产业主可能不知道免赔保险额有不同的水平可供选择。再次，对于那些受制于法律或者贷款条件而必须购买洪水保险的投保人来说，低免赔额意味着保险公司要更加频繁地向投保人支付赔偿。虽然这样的赔偿支付不能完全说明保险公司可靠性的高低，但是至少提高了投保者对保险公司的信心，相信在发生大额损失时保险公司可以按约赔付。小额的保险赔款可能会帮助人们感到必需的保险支付更加实在。最后，有些人将保险更多地看做投资，他们希望通过保单能收回一些东西。最低的免赔额可以保证一旦损失发生，他们将会收到尽可能多的赔款。[28]

我们想检验以下假设：那些选择最高保险限额的投保人往往也会选较高的保单免赔额。[29] 这个假设应该与那些投保巨灾损失而忽略小额损失的投保人的选择是一致的。但是，经过分析我们发现结果并非如此。相反，我们发现购买最高保险限额的投保人中，有更高比例的人选择最低的免赔额：购买了最高 25 万美元保险限额的投保者中有将近 81% 选择了最低免赔额，而将近 73% 的建筑物保单选择低于 10 万美元的保险标的限额。表 4—6 列示了选择给定不同额度免赔额的保单持有者人数，这是按照 2005 年购买保单的建筑物标的额来划分的（前些年的结果与此非常类似）。表中数据似乎暗示着，人们试图从他们的保险中获得最大赔付，或者希望保险不仅能弥补他们的小额损失还能弥补其巨灾损失。

对于室内设施和物品的保险标的（这里没有提供完整结果），其免赔额也是类似的，大约 83% 的单身家庭保单选择了 500 美元的免赔额、15% 的保单选择了 1 000 美元的免赔额。同样地，这些比例从 2000 年到 2005 年基本保持不变，并且选择 500 美元免赔额的保单数量和比例随着较高的室内设施和物品保险标的额增加了。

表 4—6 　　　　2005 年投保人选择不同额度建筑保险标的给定免赔额的比例

	0 ~ 50 000 美元	50 000 ~ 99 999 美元	100 000 ~ 149 999 美元	150 000 ~ 199 999 美元	200 000 ~ 249 999 美元	250 000 美元	保单总数
500 美元	72.5%	72.8%	79.9%	80.9%	82.1%	81.2%	909 077
1 000 美元	25.6%	24.3%	17.9%	16.5%	15.1%	14.8%	202 714
5 000 美元	1.2%	1.9%	1.4%	1.5%	1.6%	2.4%	20 417
保单数量	58 099	153 036	270 668	209 988	138 796	313 257	1 143 844

3. 飓风对从投保人选择的影响

将我们对 2005 年投保人选择免赔额和最大保险标的限额的结论与 2000 年这两者的分布进行对比也非常有趣。请谨记这样的事实：在 2004 年经历了数次洪水灾害后，可以预料，更多的佛罗里达人开始为抵御巨灾而购买了洪水保险，而已经投保的人则希望在假使价格差距不大的情况下得到更为全面的保险保障。正如我们下面将要讨论的这样，国民洪水保险计划没有根据不同地区的具体情况上调保险费率以反映它对灾害风险水平变化的最新看法，而是在全美范围内界定了自己的费率标准。结果，2000年与 2005 年佛罗里达州的洪水保险成本基本上维持在同样的水平（参见本章上述对第四个问题的分析）。

从上下文中可以看出来，我们的分析结果毫不出人所料。首先，2000 年单身家庭住宅的有效洪水保险保单为 973 444 份，而 2005 年为 1 143 844 份（增加了 17%）。其次，在住宅建筑物的最大保险标的限额内，2005 年比 2000 年有更多的投保人选择了可能的最低免赔额。比方说，以佛罗里达州所有的单身家庭洪水保险保单为例，在最低限额范围内（[0 美元；50 000 美元]），2000 年时投保人中有 58% 选择了 500 美元的免赔额；到 2005 年时这一比例增加到了 72.5%。在 2004 年飓风季节，佛罗里达州中遭受了巨大损失的两个县（圣罗萨和艾斯康比亚），分别有 73% 和 76% 的处在这一保险标的最低限额范围之内的投保人选择了 500 美元的免赔额；在洪灾发生之后的那一年中，上述比例分别上升到了 87% 和 92%。我们注意到，即使对于那些已经在其保单中选择了最高可能保险标的限额（25 万美元）的投保人来说，我们的结果依然有效。比如，在圣罗萨县，2000 年有 85% 的投保人选择了 500 美元的免赔额；2005 年时这一人数增加到了 92%。

再次，保险标的限额选择的分布也发生了变化。虽然 2000 年佛罗里达州有 70%的洪水保单的标的限额低于或等于 15 000 美元，但是 2005 年该州内保单总量增加的部分中只有 40% 的标的限额低于这一临界值。此外，2000 年在单身家庭的 973 444份有效洪水保险住宅保单中有，10% 的部分在其保险合同中选择了 25 万美元的标的限额；在 2005 年的 1 143 844 份有效洪水保险保单中有超过 27% 的部分选择了最大标的限额。

对于这些变化可能有若干种解释：生活在受灾地区的人们和已经购买了保险的人们希望在洪灾发生之前他们已经购买了最大可能的保险总额（很遗憾他们实际上并

没有这么做）；洪水不仅对于受灾的人们而且对于他们的邻里和家庭都是一种难以忘怀的生动经历，并且他们会修正自己的信念，即认为洪水事实上比他们想象的更可能发生在他们身上；因为被看做是一种可靠的金融投资工具，购买更多保险的决策也变得更吸引人了。

4.3.4　决定索赔支付的因素

国民洪水保险计划不为强风造成的损失提供保险（此类保险由私营保险公司通过房产业主保单来承保），但是沿海各州的大型飓风通常会引起重大洪灾损失，因为暴风潮会卷起巨浪冲向陆地，国民洪水保险计划承保此类由飓风造成的风险。另外，随着飓风移向内陆，暴风雨会导致内陆地区严重的洪水灾害。基于以上原因，我们认为飓风是引起佛罗里达州洪水保险索赔的主要因素。

2004 年，在佛罗里达州的国民洪水保险计划保单索赔中，有 15% 归咎于飓风查理、17% 来自飓风佛朗西斯、36% 源于飓风伊凡、18% 出于飓风珍妮，以上总共占到洪水保险索赔的 86%。2005 年，全部投保家庭的洪水保险索赔支付中有超过 50% 的部分与飓风威尔玛有关，略低于 25% 的部分与飓风卡特里娜有关。[30]另有 13% 是由飓风丹尼斯造成的，[31]这三次飓风造成的损失共占当年索赔总额的 88%。以上分析可能解释了这样的事实，即从佛罗里达州的洪水保险索赔支付的均值来看，V 洪泛区——与巨浪活动相关联的洪水肆虐地区——显著高于其他地区。

对我们所研究的（2000 年至 2005 年）这 6 年期间洪水保险索赔量最大的县进行更进一步的考察也许会更有趣些。位于佛罗里达州西北角的圣罗萨县和艾斯康比亚县（参见图 4—5），在 2004 年的飓风季节遭受了严重损失。圣罗萨县的洪水保险索赔总额高达 3.5 亿美元，大约占到了该县洪水保险总额的 30%；艾斯康比亚县的洪水保险赔偿总额是 2.6 亿美元，占到了该县洪水保险总额的 25%。

由于每个县的洪水保单数量不同，在其他条件相同的情况下保单多的县获得的赔偿额自然会更高，所以我们用各县每份保单的平均索赔额取代赔偿总额作为数量标准。有些县的每份保单平均赔偿额相当之高：圣罗萨为 44 017 美元、艾斯康比亚为 34 954 美元、门罗为 10 259 美元。[32]排在前 10 名的另外 7 个县分别是：维库拉（8 868 美元）、奥卡卢萨（7 366 美元）、富兰克林（5 481 美元）、贝克尔（3 499 美元）、吉尔克里斯特（3 083 美元）、德索托（3 035 美元）、沃尔顿（2 640 美元）。[33]面对这样的结果，我们不禁产生这样的疑问：这些保险索赔的主要驱动因素是什么？

4.3.5　决定保险索赔支付金额的因素

为了考察佛罗里达州的保险索赔支付情况，我们从国民洪水保险计划收集了该州自 2006 年 8 月 31 日以来所有洪水保险的索赔数据。虽然我们隐去了投保者的身份信息，但是仍可以利用此数据研究其概貌。为了确定佛罗里达州洪水保险索赔的主要驱动因素，我们对当地居民的财产数据进行了一个简单的普通最小二乘法（ordinaryleast-squares，简称 OLS）回归。[34]因变量（dependent variable）是已支付（建筑物加上室内设施与物品）保险赔款总额的对数。解释变量包括以下三个哑变量（dummy variable）：投保财产是否地处特别洪水灾害地区（SFHA）、[35]建筑物是否被加高、该住宅是否是业主的主要居所。回归方程的变量还包括受灾前的建筑物和室内设施与物品价值、住宅的楼层数目、地下室类型的编码（basement code）。例如，住宅是否有地下室、地下室是否已完工，还有住宅所在各县的固定效应（county fixed effect）、造成损失的日期以及每次大型灾难的固定效应（catastrophe fixed effect）。

回归方程的具体形式如下：

$$\text{Ln（已支付保险赔款总额）} = \beta_0 + \beta_1\text{（特殊洪水灾害地区哑变量）} + \beta_2\text{（建筑物加高哑变量）}$$
$$+\beta_3\text{（建筑物的价值）} + \beta_4\text{（室内设施与物品的价值）}$$
$$+\beta_5\text{（楼层数目）} + \beta_6\text{（地下室编码）} + \beta_7\text{（造成损失的日期）}$$
$$+\beta_8\text{（业主的主要居所哑变量）} + \lambda_1\text{（各县的固定效应）}$$
$$+\lambda_2\text{（巨灾的固定效应）} + \varepsilon$$

表4—7 列出了回归的结果。虽然 R^2 比较小，但是回归结果确认了某些驱动着赔偿总额的观念是符合直觉的。百年一遇洪水地区财产——特别洪水灾害地区——的赔偿额较高（系数为+0.12453）。这是很合理的，因为这些地区的财产面临着更高的风险。如果建筑物被加高了的话，那么其赔偿额就会较低（系数为-0.77518），[36]这也是意料之中的事儿，因为建筑抵御洪水风险的能力降低了。如果建筑物为业主的主要居所，那么赔偿额就会较高。这可能是因为次要居所的价值较低并且其室内设施与物品价值也较低，或者投保者的投保额度本来就比较低。

表4—7　　解释佛罗里达州国民洪水保险计划住宅财产保险赔付总额的普通
最小二乘法回归结果

变　量	系数估计
常数	4.6655 *** （0.43181）
如果财产在特别洪水灾害地区，哑变量=1	0.12453 *** （0.02070）
如果建筑物被加高，哑变量=1	−0.77518 *** （0.01953）
建筑物的价值	−1.05e−06 （8.21e−07）
室内设施与物品的价值	0.00001 *** （2.53e−06）
楼层数目	−0.10349 *** （0.00634）
地下室编码	−0.08490 *** （0.01591）
造成损失的日期	0.00030 *** （0.00002）
如果建筑物为业主的主要居所，哑变量=1	0.14372 *** （0.01709）
各县的固定效应	Y
巨灾的固定效应	Y
R-平方	0.2832
N（研究的索赔数量）	45 374

注释：因变量是给定保险索赔支付总额（建筑物加上室内设施与物品）的自然对数。稳健性标准误差项在各系数后以圆括号标出。在10%水平上显著的系数被标以 *、在5%水平上显著的系数被标以 **、在1%水平上显著的系数被标以 ***。

　　建筑物价值和室内设施与物品价值的系数基本为零，这意味着洪水保险赔偿额成比例地影响高价值或低价值的住宅。这个结果让人感到迷惑不解，因为一般来说房屋价值较高并且其室内设施与物品价值也较高的话，当灾难发生时（在其他条件相同的情况下）应该会遭受更大损失。一种可能的解释是，造价较高的住宅抵御洪水灾害的能力也更强（比方说，高价房屋的业主往往更富裕，因此他们愿意在减灾方面做更多的投资）。

4.3.6　2000 年至 2005 年佛罗里达州洪水保险成本的发展变化

　　现在转向我们的最后一个问题，即确定佛罗里达州不同地区洪水保险成本。我们还将讨论在我们的整个研究期间内，在经历过特大洪灾之后洪水保险定价的演变情况，并推断出：虽然每份保单的平均保费只有略微上涨，但是（用每 1 000 美元保险标的额的保费来测量的）保险成本却显著增加了。

　　1. 佛罗里达各县的洪水保险成本

　　正如我们在 4.2 节讨论过的，在构成国民洪水保险计划组合最大部分的排名前10 位的各州之中，佛罗里达是每 1 000 美元保险标的额洪水保险平均成本最低的州之一。表 4—8 列示了佛罗里达州 67 个县每 1 000 美元保险标的额的平均保费、每份保单的平均保费（此处使用名义金额，不再扣除通货膨胀因素）以及 2000 年到 2005年特殊洪水灾害地区保单所占比例。

表 4—8　　　　　2000 年和 2005 年佛罗里达州各县单身家庭住宅保单

每 1 000 美元标的、每份保单的洪水保险费率和特别洪水灾害地区中的保单比例

县名	每 1 000 美元保险标的平均保费		每份保单平均保费		特别洪水灾害地区中的保单比例	
	2005 年（美元/％）	2000 年（美元）	2005 年（美元）	2000 年（美元）	2005 年（％）	2000 年（％）
阿拉楚阿（Alachua）	2.02（-26）	2.75	339	337	45	31
贝克尔（Baker）	2.50（-28）	3.48	353	337	47	43
贝（Bay）	1.72（-19）	2.13	382	326	34	36
布拉德福（Bradford）	3.07（-21）	3.90	406	346	74	74
布雷瓦德（Brevard）	1.46（-25）	1.95	322	294	37	35
布洛瓦德（Broward）	1.62（-16）	1.94	372	328	95	96
卡尔霍恩（Calhoun）	4.73（-14）	5.49	478	328	81	82
夏洛特（Charlotte）	2.62（-30）	3.76	523	499	94	88
西特拉斯（Citrus）	3.64（-27）	4.97	527	487	91	87
克莱（Clay）	1.64（-22）	2.09	369	338	46	38

续表

县名	每1 000 美元保险标的平均保费		每份保单平均保费		特别洪水灾害地区中的保单比例	
	2005 年（美元/%）	2000 年（美元）	2005 年（美元）	2000 年（美元）	2005 年（%）	2000 年（%）
科利尔（Collier）	2.35（-15）	2.75	590	528	78	73
哥伦比亚（Columbia）	2.99（-35）	4.62	401	385	79	55
德索托（Desoto）	2.71（-15）	3.20	417	328	55	56
迪克西（Dixie）	7.46（-11）	8.38	734	506	88	88
杜瓦尔（Duval）	1.38（-22）	1.76	334	305	23	23
艾斯康比亚（Escambia）	1.91（-33）	2.85	443	478	64	40
弗拉格勒（Flagler）	1.30（-28）	1.80	317	288	20	17
富兰克林（Franklin）	4.50（+2）	4.40	985	702	93	92
加兹登（Gadsden）	2.29（-23）	2.97	356	277	41	49
吉尔克里斯特（Gilchrist）	3.65（-35）	5.61	451	428	82	72
格雷德（Glades）	3.34（-16）	3.98	363	300	91	92
海湾（Gulf）	3.01（-4）	3.15	557	398	61	62
汉密尔顿（Hamilton）	3.72（-15）	4.39	405	323	77	75
哈迪（Hardee）	3.01（-9）	3.29	396	295	43	52
亨德利（Hendry）	3.73（-12）	4.23	388	337	72	83
赫尔南多（Hernando）	3.99（-35）	4.57	683	517	74	63
高地（Highlands）	1.93（-21）	2.45	318	266	55	58
希尔斯伯勒（Hillsborough）	2.58（-21）	3.28	517	475	80	69
霍尔姆斯（Holmes）	3.02（-39）	4.94	358	329	71	63
印第安河（Indian River）	1.80（-18）	2.21	440	433	58	66
杰克逊（Jackson）	2.46（-25）	3.28	331	386	50	44
杰斐逊（Jefferson）	3.17（-16）	3.76	360	308	72	77
拉斐耶特（Lafayette）	5.08（-18）	6.19	494	377	91	95
莱克（Lake）	1.94（-24）	2.57	340	308	63	58
利（Lee）	2.53（-18）	3.08	548	478	85	84
莱昂（Leon）	2.26（-20）	2.82	384	319	69	57
利维（Levy）	6.10（-7）	6.53	808	573	92	88
利柏提（Liberty）	5.97（+1）	5.90	440	275	87	70
麦迪逊（Madison）	3.19（-29）	4.48	391	452	60	58

县名	每 1 000 美元保险标的 平均保费		每份保单 平均保费		特别洪水灾害地区 中的保单比例	
	2005 年 （美元/%）	2000 年 （美元）	2005 年 （美元）	2000 年 （美元）	2005 年 （%）	2000 年 （%）
马纳提（Manatee）	2.75（-22）	3.52	569	501	75	70
马里昂（Marion）	1.95（-29）	2.76	314	289	37	31
马丁（Martin）	1.70（-22）	2.19	447	441	43	43
迈阿密—戴德（Miami-Dade）	1.89（-19）	2.33	395	355	93	93
门罗（Monroe）	3.72（-7）	3.99	760	594	93	94
拿骚（Nassau）	1.48（-19）	1.82	396	361	35	33
奥卡卢萨（Okaloosa）	1.66（-20）	2.08	415	375	30	28
欧基丘比（Okeechobee）	2.30（-20）	2.87	299	273	75	77
奥兰治（Orange）	1.73（-21）	2.18	342	301	50	53
奥西欧拉（Osceola）	1.78（-25）	2.39	325	276	65	68
棕榈滩（Palm Beach）	1.42（-22）	1.82	368	364	51	48
帕斯科（Pasco）	3.59（-24）	4.70	549	477	82	76
皮内拉斯（Pinellas）	3.49（-10）	3.89	686	560	78	76
波尔克（Polk）	2.10（-25）	2.80	335	298	62	60
普特南（Putnam）	2.88（-25）	3.81	396	366	82	79
圣罗萨（Santa Rosa）	1.60（-29）	2.27	411	406	53	35
萨拉索塔（Sarasota）	2.41（-22）	3.10	524	480	62	58
塞米诺尔（Seminole）	1.52（-21）	1.93	335	299	40	39
圣约翰斯（St. Johns）	1.62（-19）	2.01	417	395	53	54
圣卢西（St. Lucie）	1.72（-32）	2.54	339	303	61	52
萨姆特（Sumter）	1.95（-38）	3.14	326	283	58	39
萨旺尼（Suwannee）	3.24（-33）	4.87	355	352	76	75
泰勒（Taylor）	6.36（-3）	6.54	759	517	89	87
犹尼昂（Union）	3.30（-27）	4.51	354	377	59	53
沃卢西亚（Volusia）	1.83（-22）	2.36	358	308	41	46
维库拉（Wakulla）	6.23（-2）	6.38	961	628	94	89
沃尔顿（Walton）	1.76（-22）	2.25	476	444	29	40
华盛顿（Washington）	2.63（-48）	5.12	330	276	70	45

Source：Authors' calculation.

首先看保险成本的第一种测度方法，在我们分析的佛罗里达州的 67 个县中，2005 年保险成本均值为 2.79 美元、中位数为 2.50 美元。保险成本最低的是弗拉格勒县（1.3 美元）、最高的是迪克西县（7.46 美元），尽管数据证实了 100 年一遇洪水地区的保单比例确实是一个县洪水保险平均成本的指示器，但是我们也注意到这两者的关系并不总是那么清晰。比方说，在特别洪水灾害地区，保险成本最高的县未必就是该区内保单比例最高的：位于高风险地区的棕榈滩、布洛瓦德和圣罗萨县的洪水保险保单比例都超过了 50%，但是这几个县的洪水保险平均成本其实是最低的。处于极端情况的迈阿密—戴德县其洪水保险保单总数中有超过 90% 的部分位于特别洪水灾害地区。该县的洪水爆发概率为至少 100 年一遇，但是其保险成本还不足每 1 000 美元保险标的额 2 美元——这意味着该县洪水爆发的概率仅为 500 年一遇。只有在一个比我们现有数据库所涉及的时间更长的时期内（比如 50 年）追踪洪水理赔，才能对保险费率做出更为可观、准确的评价。

测度保险成本的另一种方法是确定每份保单的平均保费。我们发现在 2005 年，保费从欧基丘比县最低的 299 美元到富兰克林县最高的 985 美元不等，均值为 450 美元、中位数为 395 美元。

2. 私营保险公司与公立保险公司：价格调整方面的差异

国民洪水保险计划实行全美范围内统一的保险费率，显然此费率没有将 2004 年的飓风信息包含其中。在表 4—8 中，我们列示了 2000 年到 2005 年间佛罗里达州各县保险成本的变化情况（适用与上述两种测度相同的方法）。我们发现，不仅保险成本没有上升，而且该州 67 个县中除了两个县（富兰克林县和利柏提县）之外，其他各县的保险成本反而都出现了显著的降低。这种情况在圣罗萨县和艾斯康比亚县表现得尤为极端。这两个县在 2004 年遭受了最大的洪水灾害损失。而且，两县高风险地区（特别洪水灾害地区）的洪水保险保单的比例还出现了大幅增加。但是，圣罗萨县的洪水保险平均成本却从 2000 年的每 1 000 美元保险标的额 2.27 美元下降到了 2005 年的 1.60 美元（降幅为 29%）；在艾斯康比亚县，洪水保险平均成本则从 2000 年的每 1 000 美元保险标的额 2.85 美元下降到了 2005 年的 1.91 美元（降幅为 33%）。[37]

这主要与联邦紧急事务管理署的洪水区标注没有得到及时更新有关，并且这也不是一个足够有效的解决方法。况且在国民洪水保险计划的运营中，保险费率在全国范围内的制定是按照区域来划分的，而不是像通常那样根据各地洪水爆发情况因地制宜地做出修正。国民洪水保险计划的保险费率每年 5 月都会进行修改。依照法律规定，保费总体水平的增加每年不得超过 10%。尽管如此，人们还是希望在经历过 2004 年和 2005 年的洪水灾害理赔之后，国民洪水保险计划能够修改其洪水保险成本。但是，2004 年度的《保险精算率评论》（*Actuarial Rate Review*，参见 http：//www.fema.gov/library/viewRecord.do？id=2377）中建议不要对 V 洪泛区（那些与海浪活动相关联的地区）的保险费进行调整，其他地区的保费增加总额也仅为 1.4%。联邦政府认为该计划的根本目标是保证随着时间的推移实现全国范围内的财务平衡，而不是在微观层次上保持处处精确（然后再利用某些地区的结余去弥补那些入不敷出地区的亏空）。

在下一节中，我们将分析国民洪水保险计划的财务平衡状况。我们发现，在卡特里娜飓风来袭之前，联邦政府的这一目标总是或多或少地超出了国民洪水保险计划的运营能力。

4.4 国民洪水保险计划经营期间的历年财务状况

在经历了卡特里娜飓风和新奥尔良洪水之后，国民洪水保险计划备受各方批评，因为其储备金要远远低于保险索赔付款，所以它不得不向联邦政府借款 200 多亿美元。我们首先分析自此项目 1968 年创建以来的财务收支情况，以确定它除了支付洪水保险赔款之外的其他主要支出去向。

由国民洪水保险计划保单所收取的保费和数目不大的手续费都存在国家洪水保险基金，用以支付保险损失赔款和行政管理费用。国民洪水保险计划还拥有在美国财政部借款的特权。最初的借款特权为 10 亿美元，到 1996 年时升至 15 亿美元。由于洪水的灾难性和维持保费承担能力的必要性，加上需要对许多财产进行补贴，这一基金根本就不足以支付 2005 年飓风季节的损失。在经历了卡特里娜飓风和新奥尔良洪水决堤之后，借款特权提高到了 200 亿美元，以支付 2005 年的保险赔款。[38]这显然会对该计划长期的财务稳定性造成很大问题，要想对该计划这些年的实施效果做出评断，我们还需考察一下前些年的具体情况。

4.4.1 保费与赔款

图 4—8 显示了 1978 年到 2006 年期间国民洪水保险计划每年（非累积）收取的保费总额减去赔付总额之后的结果。正如该图所示，在 2004 年和 2005 年的飓风之前，该计划每年收取的保费大致上足以支付投保人的索赔款。[39]请注意，图 4—8 中不包括管理费用和国民洪水保险计划支付给参与"为你自己投保"计划保险公司的费用。因此，图中对国民洪水保险计划每年财务状况的描述恐怕是过于乐观了。为了给国民洪水保险计划随着时间推移的资产负债表提供一个更为现实的描述，我们必须考察一下国民洪水保险计划自 1968 年创立之初到可获得信息的最近时点（年度结算日为 2006 年 9 月 30 日）之间的财务记录。[40]虽然在计算国民洪水保险计划的财务状况时通常有很多因素需要整合进去，但是某些预算线却尤为关键。

在收益方面，国民洪水保险计划已收保费之外的主要收入来源是向其所有保单持有者收取的 30 美元的保单手续费，这部分额外费用通常占已收保费的 6% 或 7%。国民洪水保险计划还有一些投资收益。从总额来看，从 1968 年到（在卡特里娜飓风和新奥尔良洪水发生之前的）2005 年 9 月这段期间，国民洪水保险计划共收取了 221.5 亿美元的保费、11.6 亿美元的联邦保单手续费，还有 2.58 亿美元的投资收益。20 世纪 80 年代它还收到了 12 亿美元的联邦拨款，以偿还计划早些年的借款，因为最初并

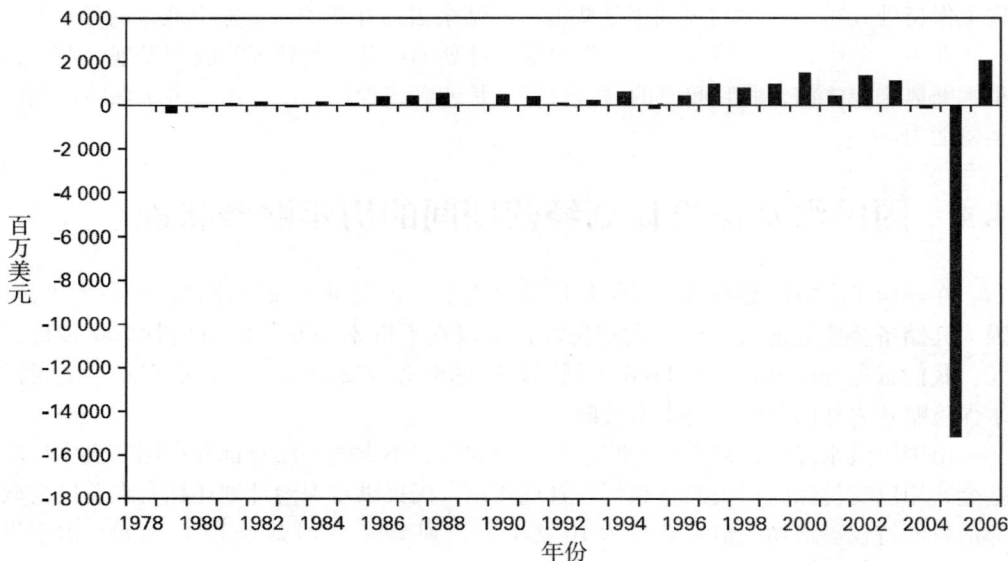

图4—8　1978年至2006年 国民洪水保险计划保费减去赔款余额表

Source：Authors' calculation；data from FEMA，Department of Homeland Security.

没有成立基金为计划注资。[41]

在支出方面，国民洪水保险计划在支付了保险索赔款项之后，其主要支出是代表联邦政府支付给参与"为你自己投保"计划的保险公司和代理人的款项。国民洪水保险计划在支付这些款项的时候是基于核保费用、保单签发费用、广告费用以及税收和一般行政管理费用的平均成本。平均来讲，这部分支出占已收保费的15.6%左右。此外，不管代理人和经纪人是否收取佣金，保险公司均收取15%的佣金补贴。国民洪水保险计划的另一项支出是向参加"为你自己投保"计划的保险公司付款（如果参加"为你自己投保"计划的保险公司达到"业绩"目标最高可以获得已收保费2%的奖励）。

此外，在洪水爆发后，联邦紧急事务管理署要向参与"为你自己投保"计划的保险公司支付索赔调解费用（比方说律师费和调解费）以及占每项索赔结算总额3.3%的费用以补贴它们在处理这些索赔中所发生的开支。比如，联邦紧急事务管理署向参与"为你自己投保"计划的保险公司所支付的卡特里娜飓风索赔处理费用就增长了10多倍，从2004财政年度的3 000万美元激增到了2005财政年度的3.85亿美元。[42]图4—9提供了这些年来这三项费用支出占国民洪水保险计划收取保费比例的概况。

总体来看，实收保险费总额中有超过30%的部分付给了参加"为你自己投保"计划的保险公司，这些公司没有承担任何风险。[43]2006年，由于处理由卡特里娜飓风、丽塔飓风和威尔玛飓风造成的破历史纪录的保险索赔案而增加的额外成本，使得以上

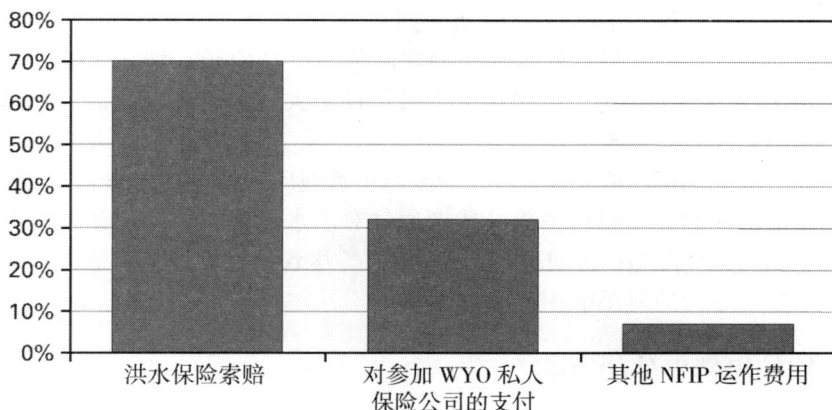

图 4—9　1968 年至 2005 年 9 月国民洪水保险计划保费主要支出占比分布图

注释：由于该计划存在赤字，所以三项费用占比之和大于 100%。

比例变得更高。在 1968 年到 2005 年之间，参加计划的保险公司收了超过 74 亿美元的费用（这还不包括那些我们没有拿到数据的损失调解费用）。这些费用到底是否过高仍是个尚未解决的问题。一方面，除非对私营保险公司作为中介机构来管理洪水保单而产生的真正成本有更好的理解，否则很难给其贴上价格标签。另一方面，人们也很想知道联邦政府建立并维持一个可以管理 500 多万份保单的公共机构的成本到底应该有多高。国民洪水保险计划的运营费用中还包括其他一些费用以及洪泛区的管理成本（洪水研究与调查、减灾津贴、社区费率评定系统运作等成本）。[44] 这些费用总共占已收保费的 7%。在 1968 年到 2005 年之间，该计划的这些其他费用高达 22 亿美元。[45]

我们在 2007 年夏天所做的研究发现了与美国政府审计署（the U. S. Government Accountability Office，简称 GAO）的调查结果高度一致的结果。该研究成果发表于 2007 年 9 月。在向国会提交的报告中，美国政府审计署明确指出了该计划的发展形势，并建议"联邦紧急事务管理署采取措施，以确保对于参加'为你自己投保'计划的保险公司的实际支出有一个合理的估计以帮助确定对其服务的支付，并且应该进行财务审计。国土安全部审阅了本报告的草案并原则上同意了我们的建议。"[46]

综上所述，从 1968 年到 2005 年国民洪水保险计划的总收入为 236 亿美元、总支出为 243 亿美元（包括 165 亿美元用于向遭受洪水灾害的投保者支付的索赔款项、74 亿美元支付给了参加"为你自己投保"计划的保险公司）。此外，国民洪水保险计划还支出了 22 亿美元的行政管理费用。经过 37 年的运营，国民洪水保险计划累计经营结果为赤字 30 亿美元。

如果国民洪水保险计划能够完成以下两件事之一或者两件事都完成的话，它就可以平衡其当前的赤字：将每份联邦保单的手续费从 25 美元增加到 100 美元，和/或将其向投保者收取的保费上调 15%。如果综合运用这些调整的话，就可以做出更为平滑的决策：如果联邦保单手续费是 50 美元而非 25 美元、保费上调 5%，并且（如果财务审计结果显示当前支付给保险公司的实际款项过高的话）把向保险公司的支付降低 10%，那么，只要不遇上美国历史上破坏性最大的自然灾害的话，国民洪水保险计划就可以做到收支平衡了。

从以上分析我们可以清楚地看到，在卡特里娜飓风灾难爆发之前，国民洪水保险计划基本上能够做到收支相对平衡（或者通过对洪水保费或参与该计划的保险公司的支付条款做出某些细微的修改也可达到平衡），尽管这些年来全美范围内的保险行业增加了数以百万计的新保单。

4.4.2 纯粹极端事件的影响

2005 年的飓风季节彻底打破了国民洪水保险计划的财政收支平衡。这至少引起了两个重要的问题：国民洪水保险计划到底应该如何处理洪灾受害者提出的数目庞大的索赔？国民洪水保险计划是否应该建立充足的储备以应对如此大规模的灾难，或者在灾难事件发生后通过联邦基金为额外的真实损失进行融资会不会更好些？

在理赔管理方面，尽管灾害的规模巨大，但是通过参与国民洪水保险计划的保险公司与联邦紧急事务管理署的密切协作，它们还是在卡特里娜飓风过后的数月里处理了绝大部分的损失赔偿。到 2006 年 5 月的时候，联邦紧急事务管理署报告的索赔案中已有超过 95% 得到了解决，国民洪水保险计划则支付了由卡特里娜飓风袭击的阿拉巴马州、佛罗里达州、路易斯安那州和密西西比州所造成的大约 16.2 万件洪灾损失索赔案。与此形成对比的是，国民洪水保险计划在卡特里娜飓风之前的 1995 年路易斯安那州洪水和 2001 年的热带风暴艾莉森（Allison）这两起最大的单一洪水灾害事件中，每起只处理了大约 3 万件索赔案。在卡特里娜飓风造成的洪灾中，每件索赔案的平均赔付额为 9.48 万美元，这大概是先前在 2004 年度所报告的每件索赔案平均赔付额的 3 倍。[47]

在融资方面，由于卡特里娜飓风造成的损失程度严重并且数额庞大，再加上 2004 年和 2005 年的其他飓风，这迫使国民洪水保险计划从美国财政部获得了 208 亿美元的借款特权。许多人认定，虽然该计划目前每年可以收取大约 28 亿美元的保费，但是它很可能无力承担如此高水平的赤字。[48]这促使我们质疑该计划的结构，并质疑该计划是否能够或者是否应该设计成处理如此量级的巨型灾难。

一个政策性的问题是国民洪水保险计划是否应该建立一个大型储备以应对未来的灾难性的巨型灾难事件，或者此类极端事件是否应该由美国财政部埋单——其本质是由普通纳税人承担。如果只依赖于国民洪水保险计划这一唯一的保障来源，那么洪水易发地区的居民为了确保其家庭财产免受洪水带来的水患灾害就不得不付出更高的代价。在多年未经历重大灾害损失之后，许多人可能会质疑联邦紧急事务管理署，因为它将坐拥高达数十亿美元的储备。在国民洪水保险计划成立之前，人们就清楚，即使国民洪水保险计划对那些受补贴的部分（占所有保单的 25%）按照全额保险精算率收取保费，它也没有能力应对规模异常庞大的巨灾事件。据报道，在国民洪水保险计划尚处于前期讨论的时候，一个私营保险公司的代表就曾经宣称，"它将成为一个灾害赔偿计划，无论你什么时候遭遇严重的灾难都将对美国财政部造成打击。"[49]

国民洪水保险计划到底应不应该承担巨灾的成本，这一问题必须在该计划的目标设定中得到解决。这是为了降低未来洪灾损失的风险、减少洪灾成本、减少洪灾过后的救灾需求、保护和恢复洪水泛滥地区的自然价值。[50]另一个隐含的目标是政治上的可行性。比如，在国民洪水保险计划创立之时即决定对现有的建筑物进行补贴，以提高其政治可行性并维持财产的价值，[51]但是其代价是建立一个财务独立的保险计划。1981 年的时候就建立过一个能使该计划可以在平均损失的年份里实现自给自足的目标。Pasterick（1998）曾经指出这不会像保险精算结果那样稳健。国民洪水保险计划当前遇到的一个问题是，该计划是否应该像保险精算结果那样稳健以及投保人到底应该考虑多长的时间。

要降低国民洪水保险计划的成本并增加其收入，还需走很长的路。在国民洪水保险计划建立将近 40 年的今天，对洪灾保险费率地图绘制之前既已存在的资产的补贴可以减少或取消了。在实施强制购买要求方面也要付出更多的努力。当前位于堤坝之后的财产可以请求从特别洪水灾害地区搬走，从而可以免除强制购买要求。正如我们在新奥尔良市所看到的，位于堤坝之后的财产是不安全的，也许不应该获得强制购买的免除权。新奥尔良市的惨剧主要是源于其堤坝系统给当地居民造成的感觉，即人们觉得自己得到了完全的保护，但事实并非如此。此外，如果一栋建筑物不论是由于地形原因还是由于垫高所致被加高至基准洪水线之上，该财产所有者都可以请求免除购买洪水保险强制的要求。最后，国民洪水保险计划可以致力于改善保险、减轻灾害损失和土地使用法规之间的关系。以前曾经开发过的泛洪区中至少有 6 000 英亩已经恢复为开放区域，大部分处于洪灾风险的地区仍然在开发之中。[52]

本章小结

本章通过聚焦在位的保单数量、收取的保费以及在全美及其各州水平上的在险价值这三个关键因素描述了国民洪水保险计划自 1968 年创建之后的演变情况。我们针对（按其在国民洪水保险计划组合中所占比例排名）排在前 10 位的各州运用若干种价格测度方法对这些变量进行了具体的探讨。

仅仅佛罗里达一个州就占到了整个国民洪水保险计划组合的 40%；本章的第二部分提供了对佛罗里达州洪水保险的详细分析。利用国民洪水保险计划中 2000 年至 2005 年期间佛罗里达州的数据库和美国人口普查数据库，我们提出并回答了以下四个问题：

- 在佛罗里达州购买洪水保险的投保人有哪些特征？
- 佛罗里达人购买的保险总额是多少？

- 决定保险索赔款项支付的因素有哪些?
- 佛罗里达州洪水保险的成本是多少? 2000 年到 2005 年期间洪水保险成本发生了哪些变化?

本章接下来还分析了自 1968 年以来国民洪水保险计划的财务稳定性以及洪水保险保费的支出情况。我们发现，尽管私营保险公司无须承担任何风险，但是它们平均起来却收取了洪水保险保费总额的 1/3，并且仅仅是代表联邦政府管理了项目而已。

附录 4A：国民洪水保险计划对各洪泛区的定义

洪泛区 A　此类洪水保险费率地区对应年度洪水爆发概率 1% 的地区，这是由洪水保险研究通过近似的分析方法确定的。[53] 因为对此类地区不适于进行详细的水利分析，所以这里没有基本洪水水位（Base Flood Elevation，简称 BFE）或者水位深度。强制洪水保险购买要求适用于此类地区。

洪泛区 AE 和 A1–A30　此类洪水保险费率地区对应年度洪水爆发概率 1% 的地区，这是由洪水保险研究通过详细分析方法确定的。在大多数情况下，其基本洪水水位来源于详细的水利分析，并在该地区按选定的水位间隔显示。强制洪水保险购买要求适用于此类地区。

洪泛区 AH　此类洪水保险费率地区对应年度洪水爆发概率 1% 的浅层洪水地区，这些地区的水位持续升高（通常是洼地），平均深度是 1 英尺到 3 英尺。其基本洪水水位来自详细的水利分析，并在该地区按选定的水位间隔显示。此类地区需强制购买洪水保险。

洪泛区 AO　此类洪水保险费率地区对应年度洪水爆发概率 1% 的浅层洪水（通常是斜坡地带的坡面漫流）地区，这些地区洪水的平均深度是 1 英尺到 3 英尺。平均水深来自详细的水利分析。此外，洪水保险费率地图上显示此类地区存在冲积扇形洪水危险。强制洪水保险购买要求适用于此类地区。

洪泛区 AR　此类洪水保险费率地区以前常用于描述那些由正在修复的防水控制结构（例如防洪堤）保护免受洪灾危险的地区。如果联邦的代理机构与地方项目主办者经过磋商后认为防洪控制系统可以修复，该系统仍可以对这一社区提供最低水平的洪水保护，那么联邦紧急事务管理署将考虑对该社区使用洪泛区 AR 的名称，并且防洪系统的修复将依照预定进度在指定时间内开始，依照社区与联邦紧急事务管理署协商制订的计划循序推进。强制购买洪水保险的要求适用于洪泛区 AR，但是，如果建筑物的建设符合洪泛区 AR 的泛滥平原管理法规规定，其费率将不会超过无法确定数量的洪泛区 A。

为了便于对洪泛区 AR 的洪灾管理，在对建筑物进行改造时，财产所有者不需要对既有建筑物进行加高处理。不过，新建建筑物必须加高（或者对非住宅建筑进行防洪处理），所以，如果拟开发地点的基本洪水水位深度没有超过 5 英尺的话，其最低楼层，包括地下室，比现有的相邻的最高水平至少还要高出 3 英尺。对于那些垫高的地点，不管项目地点的基本洪水水位是多高，对原有建筑物的复原或者对先前的已发展地区的再发开都必须加高 3 英尺。

在修复工程结束并且向联邦紧急事务管理署提交了所有必需的资料之后，可以在洪水保险计划地图上去掉洪泛区 AR 的标注，并且在该图中显示为可以抵御每年 1% 洪水爆发概率的经过修复的洪水控制系统。

洪泛区 A99　此类洪水保险费率地区对应年度洪水爆发概率 1% 的地区，这些地区由联邦洪水防护系统保护，建筑物达到法令规定的范围。此类地区没有基本洪水水位或者基准洪水深度。强制洪水保险购买要求适用于此类地区。

洪泛区 D　这些地区存在洪水爆发的可能性，但是尚未确定洪灾危险。在标注为洪泛区 D 的地区中，洪水危险的分析尚未实施。洪水保险强制购买要求在此不适用，但是可以购买。洪泛区 D 财产的洪水保险费率与其洪水风险的不确定性相匹配。

洪泛区 V　此类洪水保险费率地区对应沿海泛滥平原的年度洪水爆发概率 1% 的地区，这些地区有与风暴潮相关的额外危险。因为对这些地区进行粗略的水利分析后，没有显示基本洪水水位。强制洪水保险购买要求适用于此类地区。

洪泛区 VE　此类洪水保险费率地区对应沿海泛滥平原的年度洪水爆发概率 1% 的地区，这些地区有与风暴潮相关的额外危险。经过详细的水利分析后基本洪水水位以一定的间隔在此地区分布。强制洪水保险购买要求适用于此类地区。

洪泛区 B、C 和 X　这些洪水保险费率地区分别对应年度洪水爆发概率 1% 以外的地区、坡面漫流洪水年度爆发概率 1% 的平均水深不到 1 英尺的地区、河流洪水年度爆发概率 1% 的有效排水区域不足 1 平方英里的地区，或者有堤坝保护洪水年度爆发概率 1% 的地区。此地区没有显示基本洪水水位或水深。这三类地区没有购买洪水保险的要求。

附录 4B：2005 年佛罗里达州各县的有效住宅保单

下表列示了 2005 年内佛罗里达州位于百年一遇洪泛区各县包括单身家庭住宅保单在内的有效住宅保单占比，在这些县中洪水保险都是强制购买的。

县名	占比(%)	县名	占比(%)	县名	占比(%)
弗拉格勒（Flagler）	17.42	犹尼昂（Union）	52.63	萨旺尼（Suwannee）	74.81
杜瓦尔（Duval）	23.25	奥兰治（Orange）	53.09	汉密尔顿（Hamilton）	75.00
奥卡卢萨（Okaloosa）	27.59	圣约翰斯（St. Johns）	54.41	皮内拉斯（Pinellas）	75.92
马里昂（Marion）	31.18	哥伦比亚（Columbia）	55.45	帕斯科（Pasco）	76.49
阿拉楚阿（Alachua）	31.19	德索托（Desoto）	55.53	杰斐逊（Jefferson）	76.67
拿骚（Nassau）	33.30	莱昂（Leon）	56.81	欧基丘比（Okeechobee）	77.24
圣罗萨（Santa Rosa）	34.82	麦迪逊（Madison）	57.53	普特南（Putnam）	78.79
布雷瓦德（Brevard）	35.44	高地（Highlands）	57.63	卡尔霍恩（Calhoun）	81.94
贝（Bay）	36.04	莱克（Lake）	57.88	亨德利（Hendry）	82.72
克莱（Clay）	37.96	萨拉索塔（Sarasota）	58.49	利（Lee）	83.81
萨姆特（Sumter）	39.43	波尔克（Polk）	59.63	泰勒（Taylor）	87.26
塞米诺尔（Seminole）	39.49	海湾（Gulf）	61.54	西特拉斯（Citrus）	87.34
沃尔顿（Walton）	39.54	霍尔姆斯（Holmes）	63.16	迪克西（Dixie）	88.07
艾斯康比亚（Escambia）	39.80	赫尔南多（Hernando）	63.19	利维（Levy）	88.15
马丁（Martin）	42.69	印第安河(Indian River)	65.65	夏洛特（Charlotte）	88.35
贝克尔（Baker）	43.43	奥西欧拉（Osceola）	67.68	维库拉（Wakulla）	89.21
杰克逊（Jackson）	44.44	希尔斯伯勒（Hillsborough）	68.56	格雷德（Glades）	91.55
华盛顿（Washington）	45.00	利柏提（Liberty）	69.57	富兰克林（Franklin）	92.29
沃卢西亚（Volusia）	46.35	马纳提（Manatee）	70.18	迈阿密—戴德(Miami-Dade)	93.43
棕榈滩（Palm Beach）	48.12	吉尔克里斯特（Gilchrist）	72.20	门罗（Monroe）	93.67
加兹登（Gadsden）	49.38	科利尔（Collier）	73.40	拉斐耶特（Lafayette）	94.81
哈迪（Hardee）	51.69	布拉德福（Bradford）	74.43	布洛瓦德（Broward）	96.15
圣卢西（St. Lucie）	52.07				

第二部分

理解灾害保险的需求和供给

第 5 章

房产业主购买保险的决策过程

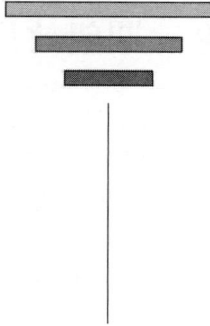

主要发现

经验证据显示，大多数人在他们制定购买保险的决策时，并不进行成本—收益权衡。许多人可能对风险有一个正确的评估，并购买了足够的保险，但是其他人却可能相反。对于解释人们做出不去购买保险或没有购买足额保险决策的一个关键因素是他们对风险的低估。事实上，某些居住在灾难多发地区的房产业主相信灾难不会降临到他们身上。还有一些家庭由于预算限制致使他们没有兴趣和能力去主动购买充足的保险以弥补他们可能遭受到的巨额损失。这种行为在那些财富迅速增值的地区尤其可能发生。

自从 1965 年以来，各位总统任期间的灾难宣布次数呈现显著增长态势。在 1955 年至 1965 年的总统任期内，共宣布了 162 件灾难，而在 1996 年至 2005 年间，宣布的数目高达 545 次，并且在选举年份宣布数目往往达到顶点。尽管这一趋势一直是上升的，但是没有经验证据表明人们并未保险或者是保险不足的，因为他们期望可以获得紧随灾害而来的联邦灾难救济。

房产业主与购买保险相关的决策会被财务保障以外的其他形形色色的目标所驱动。这其中可能包括减轻内心的焦虑（获得内心的平静）、满足借款抵押要求以及符合社会规范（例如，因为朋友和邻居已经购买了保险而去购买保险）。

本章提出了一种投保者制定保险购买决策的规范性理论，这将基于不包含行为方面描述的期望效用理论。[1] 我们会给出一个说明性的例子，说明一个典型的房产业主如何决定应该购买多少保险（如果决定购买的话）应对自然灾害所带来的损失以最大化其期望效用。

这一模型还具有某些预测能力，但在实际决策过程中还需要确定一些微妙之处。人们通常并不能获得完美的数据，即便可以，他们处理数据的方法也存在一定的差异。我们在本章中回顾了这些行为和信息因素可能会以何等方式影响保险购买的经验证据。

5.1 选择的规范性理论：期望效用理论

沃特曼（Waterman）一家是我们假想的一个住在新奥尔良市的家庭，他们拥有其住宅的完全产权并持有财富（W）。他们正在考虑来年应该购买多高额度的保险（I）以应对由于未来的飓风给其住宅带来的水患损害。为使分析简单化并且不失一般性，我们假设只存在两种自然状态（state of nature）——发洪水和不发洪水——各自概率分别为 p 和 1－p。如果洪水发生，沃特曼家的住宅将遭受 L 美元的损失。每一美元保险标的的费用是 c。

我们假设并不存在道德风险问题，因此沃特曼家并不会因为购买保险而变得粗心大意抑或用某种有害方式处理物品（例如，把不想要的家具扔进地下室）。同时，我们还假设保险公司对于风险拥有和沃特曼家相同的信息，并收取与风险相匹配的保费，以确保自身从长期来看不致亏损。

保险的最优数额由最大化沃特曼家期望效用 E[U(I)] 的下式决定：

$$E[U(I)] = p \cdot U[W-L+I(1-c)] + (1-p) U(W-cI)$$

式中，$0 \leqslant I \leqslant L$。

根据上述模型，沃特曼一家应该依据每一美元的保费（c）来确定购买保险的金额。如果 c 等于洪水发生的概率（p），那么这个家庭就应该购买全额保险，以覆盖所有可能的财产价值损失而无半点缩减，但这种保费是不符合实际的。因为更为现实的保费被保险的附加费用抬高了，所以这个家庭应该按比例缩减其投保金额。

政府的介入会改变保险的购买模式。根据美国联邦所得税法，任何由于自然灾害引起的未购买保险的损失，都可以以沃特曼一家的当期收入为基础按照边际税率 t 来冲抵绝大部分的联邦所得税。如果他们购买了 I 美元的保险并遭受了 L 美元的损失，那么这个家庭将获得 D（I，L）美元的灾难援助。[2] 这样，新的效用函数将会变成下式：

$$E[U(I)] = p \cdot U[W-L+I(1-c)+t(L-I)+D(I, L)](1-p) U(W-cI)$$

税收的冲抵和获得灾害救济的预期这两方面的综合效应可能会抑制投保者对保险的需求——甚至可能会达到使某些房产业主决定不购买任何额度保险的程度。

5.2　影响保险购买决策的因素

在这一节中，我们假设投保者个人采用期望效用模型，以此来检验可能影响其保险购买的几个因素的经验证据。

5.2.1　对风险的错觉

人们通常以年度为基础来购买保险，这样他们每年就必须决定到底是续保还是撤销他们的保单，当然假定他们拥有这么做的自由决定权。在灾害频发地区居民的例子中，他们的住宅每年被灾害毁坏的概率并不高，这一概率在十五分之一到百分之五之间。因此尽管灾害发生时的财产损失非常严重，但是近年来绝大多数人并不觉得这种事迫在眉睫。人们在这些低概率事件的不确定情况下制定决策的证据显示，正如我们在上例中所勾勒的，多数投保者并不使用期望效用模型去决定到底应该购买多高额度的保险。

首先，人们在估计不经常发生事件的概率上存在困难，因为他们在评估数据时需要一个背景作为参照。在一项研究中，人们在面临着一个假想的有毒化学品——高温氟润滑脂（Syntox）——泄露的相关风险的时候被赋予一个概率或经过精算的公允保险费率。[3] 这种化学品具有导致居住在新泽西州中心城市外围假想的 ABC 化学工厂附近的人们死亡的潜在危险。为了给出某种参照系，研究人员还向参与调查者提供了汽车交通事故的死亡概率。最后，研究人员将向参与调查者询问一系列关于他们觉得居住在该工厂附近有多危险的问题。

人们在判断工厂潜在风险的时候并不能分辨处在万分之一和百万分之一之间不等的概率。令人惊奇的是，这项研究还发现，参与调查者对作为风险信号的保险费率也同样没有做出反应。尽管人们或许弄不明白十万分之一的死亡概率意味着什么，但是他们应该清楚 15 美元的含义。然而，人们确实无法区分关于 ABC 化学工厂在风险感知上的差别，以及为应对高温氟润滑脂泄露致死的风险，每年到底应该支付 15 美元、1.5 美元还是 15 美分的保费。

至于独立获得这些数据的问题，很多潜在的灾难受害者觉得获取这些风险信息和获得保护的成本相对于期望收益而言是如此之高，以至于他们根本不考虑购买保险。[4] 研究发现，保险购买决策的制定者采用的是门槛模型（threshold model）：如果一项灾难发生的概率低于某一预先设定的水平，他们将不考虑此类事件。[5] 在一项在实验室内进行的保险购买实验中，很多人给保险的出价为零，显然他们认为损失的概率已经小到了他们没兴趣为此而保护自己的地步。[6]

5.2.2　负担能力问题

这种为获取保护而主动投资的不情愿因负担能力问题而变得雪上加霜。对于一些收入相对较低的房产业主来讲，灾难保险被认为是一种斟酌而定的支出，只有在个人或家庭认为生活必需品得到满足以后仍有剩余资金可用的情况下才发生。在本专题聚焦的受访者组群中，一个生活在灾害频发地区的房产业主对"你为什么没有购买洪水保险或者地震保险"的典型回答是，"我的薪水仅够维持到下次发薪日。"[7] 这一回答暗示着，由于可自由支配的支出极其有限，保费的上升将会导致人们购买更少的保险。此外，其他因素也可能阻碍人们的保险购买行为，如损失的不确定性、保险在经济上的利益发生在未来这一事实以及个人财务保护只能在房产业主宣布破产时获得等。

5.2.3　赈灾的角色

关于人们为什么在灾难来临之前不采取保护措施，之前已被提出的一个论据将其解释为，是因为他们认为如果他们因地震、飓风或者洪水而遭受损失，政府的慷慨援助将会很快到来。联邦的灾难援助有可能造成一种撒玛利亚两难困境（Samaritan's dilemma）：灾后提供援助可能减少了保险当事人在灾前采取降低损失措施的激励。[8] 在保险购买过程中，如果一个家庭预期着他们将在灾后获得政府援助，那么他们在灾前购买保险的经济激励就会更小。由于处于灾害频发地区的居民缺少保险保护，由此增加的损失增大了政府向灾民提供救助的压力。

尽管如此，关于赈灾（disaster relief）作用的经验证据还是表明，个人或团体并没有把灾前保护的决策焦点建立在对政府援助的预期上。Kunreuther 等人（1978）发现，地震和飓风多发地区的绝大部分房产业主并没有期望在灾后获得联邦政府的救助。Burby 等人（1991）发现，获得灾害救助地区的地方政府反而比未获得救助地区付出了更大的努力去减少未来灾难可能造成的损失。这种行为看似违背直觉，但其成因尚不完全清楚。事实上，人们关注的将是灾害频发地区的房产业主如果蒙受损失，那么他们期望从灾难中获得的救助比他们实际应得的要多。

无论人们是否将对政府救助的期望纳入其灾前保险购买计划过程中，在政府援助规定中的驱动力确实是发生的大规模损失。[9] 在目前的灾害救助系统下，如果灾害足够严重，发生灾害的州的州长可以请求总统宣布此为"重大灾难"并提供特别救助。尽管总统不能指定明确的援助金额（这要由众议院和参议院决定），但他仍是这一过程中极其关键的一步。正如我们在第 1 章中简要讨论的那样，这显然会使人质疑做出这一决定的关键驱动力以及在此类情形下是否会使某些州比其他各州更容易获得益处，果真如此的话，它会发生在什么时候。

最近的研究表明，在其他情况相同的情形下，灾难援助在总统大选年份会更为普遍。3 个突出的例子是 1964 年 3 月的阿拉斯加州地震、1972 年 6 月的热带风暴艾格尼丝和 1992 年 9 月的安德鲁飓风。这 3 起灾难均发生于总统大选年间，并导致了美国国会以极其慷慨的救灾援助形式批准的专门立法。例如，继 1964 年阿拉斯加州地震之后，在只有相对很少的家庭和企业购买了保险的地区，美国小企业管理局通过它的灾难贷款项目，提供了 1% 的贷款用于受灾房屋重建和再融资抵押借款。事实上，在经历了大地震以后，阿拉斯加州未参保的受灾者的财务状况反而比那些参保的受灾者更好了。[10]最近，一个拥有 20 张选票的民主与共和两党争夺激烈的州在总统任职期间收到的灾难宣布数量，竟然比一个只有 3 张选票的州收到的这一数量高出两倍还要多。[11]

整体来看，总统大选年间的灾难宣布数量自 1965 年以来一直在急剧上升：1955年至 1965 年期间有 162 次、1966 年至 1975 年期间有 282 次、1986 年至 1995 年期间有 319 次、1996 年至 2005 年期间有 545 次。[12]图 5—1 描绘了 1955 年至 2005 年期间灾难宣布数量的演变情况。图中还特别标出了高峰年份，大致与总统大选年份相对应。2008 年有 75 次灾难宣布，是自 1996 年以来数目最大的一次，同时也是一个总统大选年份。

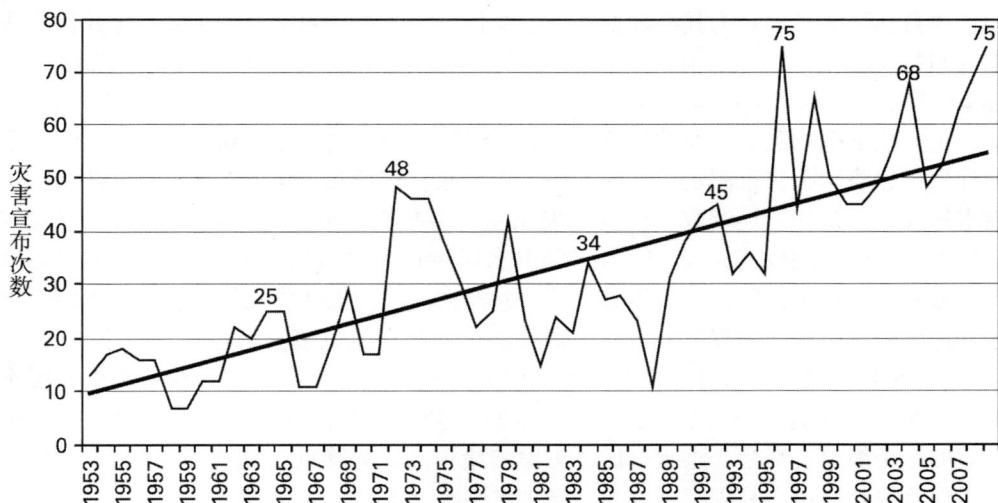

图 5—1　1953 年至 2008 年美国总统任职期间每年的灾害宣布次数

Source：FEMA.

在卡特里娜飓风一例中，路易斯安那州州长凯瑟琳·布兰科（Kathleen Blanco）于 2005 年 8 月 26 日宣布全州进入紧急状态，并于 8 月 28 日向联邦政府请求救灾。布什总统于当天宣布全国进入紧急状态，同时采取行动，拨付了总额为 500 万美元的联邦政府基金，并在联邦主导下采取了紧急响应行动、清除残骸、个人救助及住房规划。[13]

作为对布兰科州长请求的响应，布什总统于 8 月 29 日宣布了"重大灾难"，拨付了更多的联邦基金用于灾后救援和重建。到 9 月 8 日，国会批准了 520 亿美元资金救助卡特里娜飓风的灾民。灾难发生两年后，国会拨给受 2005 年飓风季节损毁地区的重建资金总额已经接近 1 250 亿美元。

5.3　目标和计划在保险决策制定中的角色

期望效用模型假设，财务上的考虑决定着一个人是否购买保险的决策。[14]在实践中，人们在制定保险购买决策的过程中，是通过构建或选择那些可以实现多重目标的计划来完成的。例如，一份购买房产业主保险的计划需要同时满足7个目标：（1）降低灾难性损失的可能性；（2）减轻对火灾和被盗风险的焦虑；（3）损失万一发生可以避免遗憾或者提供慰藉；（4）满足银行提出的条件；（5）向其他想了解保险购买情况的人表明自己的审慎态度；（6）维持与保险代理人的关系；（7）避免高额保费支付负担。

上述这些目标的重要性显然会因决策制定者的不同而有所差别，但是也可能受随着时间变化的情景变量所影响。当反映在需要每月支付的账单上时，保险购买者关注的首要目标可能是满足为其办理抵押贷款的银行的要求（目标4）并最小化其保险成本（目标7）。当同一个人顾虑到她的珍贵艺术品时，她想到的可能是降低焦虑（目标2）和避免后悔（目标3）。

正如接下来的建立在经验数据上的例子所描述的那样，对计划和目标的描述似乎捕捉到了保险购买决策制定过程的本质。人们通常只是在遭受洪水灾害之后才会购买洪水保险，但是如果连续数年没有爆发洪水，多数人便取消了保险。[15]在洪水保险的事例中，这个发现极其惊人，因为国民洪水保险计划（规定居住在特别洪水灾害地区的家庭必须购买保险作为获得有联邦政府财力支持的抵押贷款的条件。为确定灾害频发地区的居民在多大程度上遵守了这项法律，联邦紧急事务管理署检查了1998年8月在佛蒙特州北部水灾中受灾的1 549例灾民救助申请，检查发现在特别洪水灾害地区有84%的申请人没有购买保险，而他们中45%的人曾被要求购买保险。[16]对这种现象的一个简单解释是，洪水过后，焦虑情绪很高，而降低它就成了一个突出目标；购买保险也就变得容易理解，因为一场洪水刚刚发生过。

因此，购买保险主要是基于对感觉合理和避免焦虑的强烈渴望。几年过后，很多人可能发现爆发洪灾的担忧不再搅扰他们内心的平静了，这时避免焦虑（目标2）也就只剩下很低的价值了。同时，投保者感觉继续支付保费已无合理性，也就不再购买保单了；感觉合理的目标无法实现并且变得更加突出了。这两个目标在权重上的差异可能导致房产业主决定不再购买保险，甚至取消他或她已经持有的保单。

请注意，期望效用理论预计如果成本适中的话，那些赋予避免灾难性损失和消除遗憾以较大权重的保险购买决策制定者，将可能年复一年地持续购买洪水保险。当面对这样一种观点时，决策顾问很可能会询问其客户有充足的理由购买保险的重要性，以及是否有针对灾难性损失的保护可以使其所支付的保费显得更为合理。

我们接下来讨论购买保险所要满足的四大主要目标：共担财务风险、与情绪相关的目标（担心或后悔）、满足法律或其他官方要求、符合社会或认知规范（与自己信任的保险代理人或决策顾问维持某种关系或者拥有保费的负担能力则是题中应有之义）。

5.3.1　共担财务风险

如果我们所讨论的此类负面事件即便很多但是如果发生的概率很低，或者事件的发生在统计上是独立的，那么，人们就能够以相对较低的成本购买保险并可以获得对灾难性损失的财务保障。对于低概率、高损害事件，人们可以从购买保险中获得的收益是免受大额财务损失风险的保护。

5.3.2　与情绪相关的目标

关于情感和情绪目标如何影响人们在风险下制定决策的文献正在不断增多。[17]此类文献中关于保险的三个目标是减少焦虑（内心平静）、避免预期的遗憾[18]以及避免失望。[19]人们或许还会预期那些害怕某一特定事件（例如，他们的汽车或油画被偷；他们的住宅被飓风摧毁）的投保人将比那些对此类事件发生与否漠不关心的投保人支付更多的保费。关于某一特定情形的负面感受，实验结果表明，当人们在某类事件上附加了强烈的情绪感受时，他们关注的将是事件结果令人不愉快的特性而非事件发生的概率。[20]

人们也可能把购买保险当做他们一旦遭受损失时的一种安慰形式。尤其是在一个人对某物品——如一件艺术品——有特殊的感情时，当得知他可以在该物品被损毁或被盗时提出索赔，这将给他带来特别的安慰。Hsee 和 Kunreuther（2000）发现，人们之所以愿意为那些喜欢的东西比那些他们没有特殊感情的东西支付更高的保费，是出于获得心理安慰的需要，尽管这些东西在保险金额上是相同的。这种行为与亚当·斯密在《道德情操论》（*The Theory of Moral Sentiments*）中所观察到的人类的本性是一致的。

一个人对他使用的鼻烟壶、削笔刀、手杖，随着日久天长，便会逐渐增添爱意，并对它们产生真切的迷恋和深切的钟情。如果他一旦损坏或丢失了它们，他将由此产生与实际损失价值不成比例的无尽烦恼。对于我们久居的房屋，对于长久以来使我们尽享其绿荫庇护的树木，我们都怀抱敬意、奉为恩公、翘首以视。前者的断壁残垣，后者的连根拔起，如此的由荣转衰虽然不至于使我们蒙受损失，但却会令我们郁郁寡欢、不忍离去。（亚当·斯密，1759）

5.3.3　满足法律或其他官方要求

保险额度通常是强制性的。购买房产业主保险通常是抵押贷款债权人的要求，而在特别水灾危险地区，购买洪水保险则是申请联邦保险抵押贷款的条件。在这些事例中，购买保险可以被视为满足诸如获得一辆汽车、一处住宅或个人职业发展等最终目标的子目标。

5.3.4　符合社会或认知规范

许多保险决策是建立在其他人正在做的或想的事情是恰当的行为这一基础之上

的。也有经验证据表明像购买新产品一样，购买保险是基于知道朋友们或邻居们已经这样做了。这种行为的一个例证来自于一次关于地震的调查问卷之前的预备性访谈。当一个房产业主听说他的邻居已经购买了地震保险后，他表示也将购买此类保险，尽管他对自己所面临的风险的信念或对实际保险成本的了解并没有改变。[21]

在对洪水保险的讨论中，我们将感觉合理作为 7 个重要目标之一。那些在遭受了洪水灾害后旋即购买洪水灾险的人可能会这样做，部分的原因是因为面对着刚刚发生的洪水，为此而支付保费就容易理解。而投保数年后取消保险可能源于这样一个社会规范，即没有回报的保费支付是很难说得通的。事实上，人们关注的是让他们的决定在自己或者旁人看起来名正言顺。[22] 在这个过程中，人们经常用到的论据与保险成本和期望损失二者之间的权衡几乎没有什么关系，而这里的期望损失是构成保险或担保交易的经济分析基础。[23]

5.4 结论

经验数据表明，人们并不像建立在期望效用最大化基础之上的经济理论所预测的那样会在期望收益和购买保险的成本之间做出权衡。事实上，许多没有主动购买保险的人拒绝这样做的理由是因为他们低估了风险，并且面临着预算约束。那些购买房产业主保险的人通常被要求以此保险作为申请抵押借款的条件。其他人购买保险则可能是为了减轻他们的焦虑，以求睡个安稳觉。在本书第 14 章中我们还将探讨为那些居住在灾害频发地区的人们提供更好的保险替代方案的设计，这一设计是为了避免通常在大规模灾难爆发后政府提供的慷慨灾难救助。

本章小结

期望效用理论是用来描述房产业主如何制定保险购买决策选择的规范模型。这一模型没有刻画出绝大多数投保人的行为特征，他们并不像该理论推断的那样会进行成本—收益分析。

实际生活中，许多人误判了风险，他们在飓风、洪水或地震发生前并不相信灾难真的会降临到他们身上，也只有灾难真的降临时他们才想到要购买保险。同时，还有相当数量的人会在灾难数年不再发生的情况下取消保险。某些房产业主可能面临着预算约束，这会限制他们自愿购买保险的兴趣或能力，或者二者兼而有之。

我们的研究表明，人们在制定自己的保险决策时，关注的通常是它们能在多大程度上满足一系列目标。这些目标包括财务保护、情感相关目标（担心或后悔）、满足法律或其他官方要求以及满足社会和认知准则（朋友们、家庭成员、邻居们）。

第6章

私人保险公司的保险
供给决策制定过程

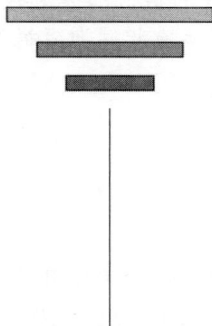

主要发现

当对风险发生的可能性和结果相关的估计存在模棱两可的地方时，保险公司通常会收取较高的保费。作为本项目的一个组成部分，最近沃顿风险管理中心对保险精算师和保险从业者所做的一项调查显示，不明确风险的保费比那些确定性风险的保费要高出25%。

由于巨型灾难的不可预测性和损失的大规模性，保险公司需要分配更多的资金来弥补处于概率分布尾部的损失。然而，确保充足的资本回报的必要性问题尚未被充分理解。尤其是对于巨灾保险，对其收取的价格必须足够高，以使其不仅能弥补预期的索赔成本和其他费用，还足以抵消分配给承保这些风险的资金成本。对于真正的极端风险，因此收取的保费必须比期望损失（结果乘以概率）高出5到10倍，以足够向投资者提供一个公允的权益回报率并维持保险公司的信用等级。在美国2004年和2005年的飓风过后，评级机构为向在巨灾风险提供保险的行为制定了更加严格的标准。这导致保险公司需要比以往拨出更多的资金去冲抵处于分布尾部的损失。

虽然巨型灾难通常被描述为低概率、高额损失的事件，但数据表明，它们将以比过去更高的频率发生。保险公司近些年来把巨灾模型和超越概率（exceedance probability，简称EP）曲线运用在自然灾害风险评估和投资组合管理中。在与风险管理解决方案（Risk Management Solutions）这家风险建模公司的合作过程中，我们确定了我们关注的 4 个州的住宅损失总额。以佛罗里达州为例，我们用特定的超越概率曲线揭示出，该州的投保人每年损失 100 亿美元的概率为 15%，每年损失 250 亿美元的概率为 5%。

为了评估保险公司和再保险公司承保巨型灾难的资本成本，测量风险的期望损失和标准差是最为关键的一步。我们利用邮政编码对迈阿密—戴德县与佛罗里达州北部地区 46 个县的投保人所遭受的飓风保险损失进行了比较。总体来看，这 46 个县的投保人的期望年度损失和迈阿密—戴德县是相同的；但是，迈阿密—戴德县的损失标准差为 42 亿美元，而北部的 46 个县的标准差仅为 28 亿美元。因此，如果保险公司拥有根据风险水平收取保费的自主权的话，那么为弥补迈阿密—戴德县损失的资本成本，在该县收取的保费将远远高于具有相同期望损失但标准差却要低得多的佛罗里达北部地区。

6.1　可保性的概念

在本章及下一章，我们将分析保险公司和再保险公司如何决定是否承保某一类风险以及到底应该收取多高的保费。由于最近巨型灾难频发，保险公司和再保险公司正在重新审视它们为应对飓风灾害所提供的保护能力，并在思索这些事件是否是可保的。

为了更好地理解可保性（insurability）的概念，我们考虑一份标准保单，在一段给定的时间（通常是一年）内，保费在期初支付，并用于弥补本期发生的损失。在保险提供者愿意为一种不确定性事情提供保险之前，有两个条件必须满足：一是该事件可以识别并被量化，或者至少可以部分地估计出该事件发生的概率及损失发生的可能程度。二是可以向一个或一类潜在的客户收取保费，保险价格足以为该假设的风险水平提供一份竞争性的收益。

如果上述两个条件都得到满足，我们就认为该风险是可保的。但是它仍然可能无法盈利。换句话说，判断某一保费是否有足够的需求量和收入来支付包括研发、市场营销、经营运作、持有资金的成本以及保险公司处理索赔的费用，并在一个预先设定的时间范围内产生净利润，通常是不可能的。在这种情况下，保险公司将不愿提供针对此种风险的保险。

6.2　决定是否提供保险

除非法律规定保险公司必须承保外（参看第 2 章和第 3 章），保险公司必须凭借对风险的可能性及其结果的了解，决定是否承保此种风险。在 Stone（1973）关于保险公司做出何时承保某种特定风险决策的研究中，他提出了一个公司可以最大化期望利润的模型。该模型满足一系列与公司生存相关的限制条件。[1] 保险公司通常选取数额比某预先设定的数量（L*）大、可能性比阈值概率 p_1 小的经验索赔支付总额（experiencing total claim payments）的风险组合，来满足其生存限制条件。

L* 的数值由保险公司所关注的破产或足够使评级机构下调该公司信用评级的大额损失所决定。阈值概率 p_1 反映的是在签发另一份保单上的期望收益和减少保险公司 L* 或更多盈余的公司巨灾损失成本之间的权衡。

我们可以利用一个简单的例子说明一家保险公司如何应用生存限制来确定某一特殊的飓风风险组合是否是可保的。假设飓风多发地区的所有家庭都是同质的，并且采取同样的方式对抗灾害，他们为每栋住宅支付的保费总额均为 P。此外，假设保险公司在目前的盈余为 S，并且在满足其生存限制的条件下，想要确定其可以承保的保单数量。那么，满足生存限制的最大保单数量 n，可由公式 6.1 给出：

$$概率 \ L^* > (n \cdot P + S) < p_1 \tag{6.1}$$

保险公司将使用生存限制条件来确定它愿意承保的最大数量保单。当然它也可以通过减少每张保单的承保金额或将一些风险转移给其他私营部门（如再保险公司或资本市场）来发行更多的保单。它还可以依靠州或联邦项目来冲抵自己的巨灾损失。

随着 20 世纪 80 年代末期和 90 年代一系列自然灾害的发生，许多保险公司将其关注的焦点放在生存限制条件下它们愿意提供多少巨灾保险，因为它们关心某一特定风险的风险敞口总额不能超过某一特定水平。诸如贝氏（A. M. Best）等评级机构把保险公司的巨灾损失风险敞口作为评定其信用等级的一个关键要素。

6.3 确定保费

如果一家保险公司决定提供保险，那么它就需要确定一个能够产生利润并且满足公式 6.1 给出的生存限制条件的保险费率。正如第 2 章中讨论的那样，各州的规章制度常常在保险公司制定保费的过程中施加限制。竞争也为保险公司在特定市场确定应该收取多少保费的过程中发挥作用。即使没有这些因素的影响，保险公司在保费的确定过程中也必须考虑风险的模糊性、信息的不对称性（逆向选择和道德风险）以及风险的相关程度等相关问题。下面我们来简单地检验一下这些因素。

6.3.1 风险的模糊性

图 6—1 列示了 1950 年到 2000 年间发生在美国的地震、飓风和洪水三类自然灾害的损失事件的总体数量。选取的事件都是造成了至少 10 亿美元经济损失或死亡人数超过 50 人的灾害事件。纵观这 50 年中所有特定类型的（地震、飓风和洪水）灾难，它们损失的中位数较低但是最大损失额却很高。给定了这一波动广泛的损失分布，保险公司如此关注在保费确定过程中甚或向某一灾害频发地区提供保险过程中的损失不确定性就不足为怪了。

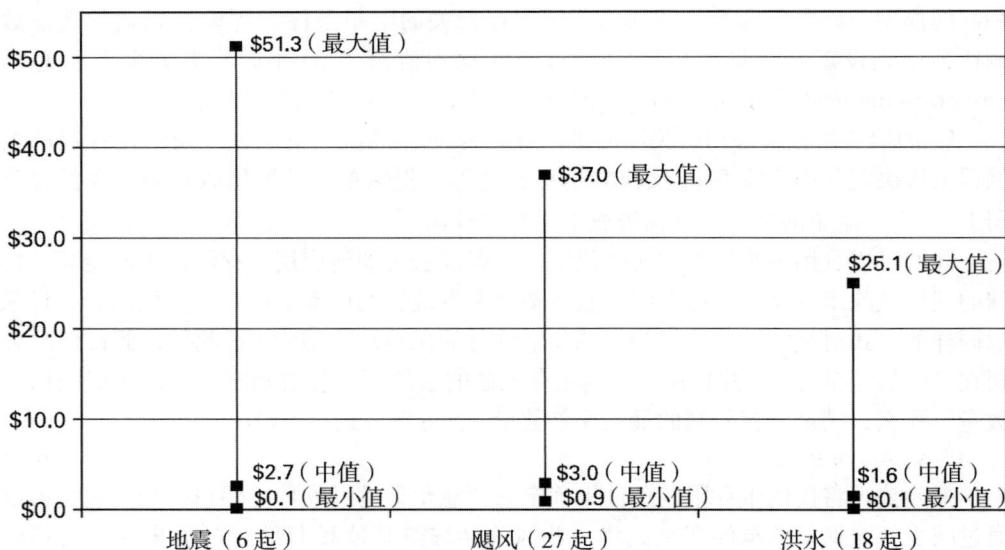

图6—1 1995年至2000年间美国历史上重大自然灾害的经济损失与类型对照（单位：10亿美元）

Source：American Re（2002）. Reprinted in Grossi and Kunreuther（2005）.

2004年至2005年飓风季节急剧改变了图6—1的上限。据估计，卡特里娜飓风造成的经济损失达到1 500亿到1 700亿美元，是1950年至2000年间最大飓风损失的4倍多。尽管据预测的2006年和2007年间的飓风活动将高于正常水平，然而这两年来登陆美国的只有一类（Category 1）飓风。但是，2008年却爆发了袭击墨西哥湾地区的具有极大破坏性的飓风。

单一地点的大型飓风并不多见，这意味着损失分布尚未被很好地确定。极端事件发生的概率和结果具有模糊性，使得保险公司为此类保单定价面临着许多挑战。正如Ellsberg（1961）关于模糊性问题的经典研究所引出的一系列经验研究中揭示的那样，保险精算师和保险从业者都是厌恶模糊性的，而且一旦某种风险的可能性或结果比那些已经非常明确的风险具有更高的不确定性时，它们都会试图收取更高的保费用。[2]

由于我们对大多数巨灾风险缺乏科学的认识，保险公司只拥有对某种特定风险不精确的概率估计，比如一个概率区间（$p \in [p_{low}; p_{high}]$）。在某些情况下，专家们在这一概率的估计上很难达成一致。例如，一群专家可能自信满满地估计出这一风险的概率是p_{low}，而另一群专家却可能踌躇满志地估计这一风险的概率应该为p_{high}。

被这些估计推动的保险公司将做出怎样的反应呢？它们又将如何综合风险模型公司提供给它们的不同概率估计呢？在估计结果存在相互冲突的事例中，保险公司应该取两个估计值的算术平均数还是某种其他的线性组合呢？这些争议对保险保费风险的概率估计会产生什么样的影响呢？

近来的研究表明，保险公司对模糊性的类型也是敏感的。在一项针对法国78位保险精算师的调查中，Cabantous（2007）发现，当模糊性来自于损失概率的相互冲突和数值分歧时，精算师们提出的保费要比不精确估计导致的模糊性高出很多。平均来看，当模糊性来于不精确的预计时，年平均保费要比风险被透彻了解时的保费高出 32%；而当不确定性来于冲突时，上述比例则是更高的 40%。这项调查还表明，不确定性的来源也是很重要的。（更为详细的情景描述请参见表 6—1）

表 6—1 　　　　　　　　　三种风险情景的描述

无模糊性：精确概率	模糊性来源：不精确概率	模糊性来源：相互冲突的概率
两家模型公司的估计均显示，今年洪水严重破坏该地区房屋的概率是百年一遇（年度概率是 1%）。两公司对它们自己的估计都充满信心	两家模型公司均认为很难给出一个精确的概率估计。两家模型公司一致认为今年飓风严重破坏该地区房屋的概率在 1/200 到 1/50 之间	一家模型公司自信地估计今年将有 1/200 的概率发生大火并严重毁坏该地区的房屋（年度概率为 0.5%）。另一家公司却自信地估计，大火严重损害该地区房屋的概率要高得多，为 1/50（年概率为 2%）

为了进行本次研究，沃顿风险管理中心推出了一项网上调查，针对的是美国的保险精算师和保险从业者在风险、不存在相互冲突信息的不确定性和存在相互冲突信息的不确定性等情形下如何做出风险估计的决策制定过程。

在这项调查中，沿用了表 6—1 中描述的、与法国精算师们所做过的调查相同类型的问题：假定有一份 1 年期的合同，要求参与调查者做出为应对某一房产业主所面对的风险他们每年将收取多少保费的决定。通过组合（火灾、洪水和飓风）3 种不同类型的自然灾害和 3 种损失达 10 万美元的灾难概率信息类型（精确概率、不精确概率和相互冲突的概率）共演变出 9 种情形。倘若各家保险公司有机会提供一个长期（比方说 20 年）的、保费固定的并与房产业主抵押借款挂钩的合同，那么我们感兴趣的仍然是它们在此情形下将如何行事。[3]

当不存在模糊性时，年度损失概率是 1/100，因此期望损失是 1 000 美元。而在存在模糊性的两个例子中，年损失概率的最小和最大估计值分别是 1/200 和 1/50，概率的几何均值等于 1/100。这两个模糊性案例的期望损失分别为 500 美元和 2 000 美元，几何均值为 1 000 美元。

风险类型对保费均值没有显著影响。但是，图 6—2 中的结论表明概率信息的质量会显著改变保费。

在 1 年期合同下，保险公司平均收取 1 521 美元的保费，这反映了它们对期望损失加上营运要素（loading factor，管理费用和资本成本）的估计。在同样的 1 年期合同内，当概率是模糊的时候，保费的年度均值比概率是精确给定的情况下要高出 25%。不过，不确定性的来源对保险公司并没有什么影响，冲突下的保费与不精确状况下的保费差异也并不明显。与 Cabantous（2007）的结论相反的是，在美国保险公司这一群体中，不精确性受到的关注要略大于概率之间相互冲突的情形。不精确状况下的年度保费均值比冲突下的保费均值要高出 5%。

在 20 年期合同下，精确概率下的保费是 1 589 美元（或者说高出保险公司对精

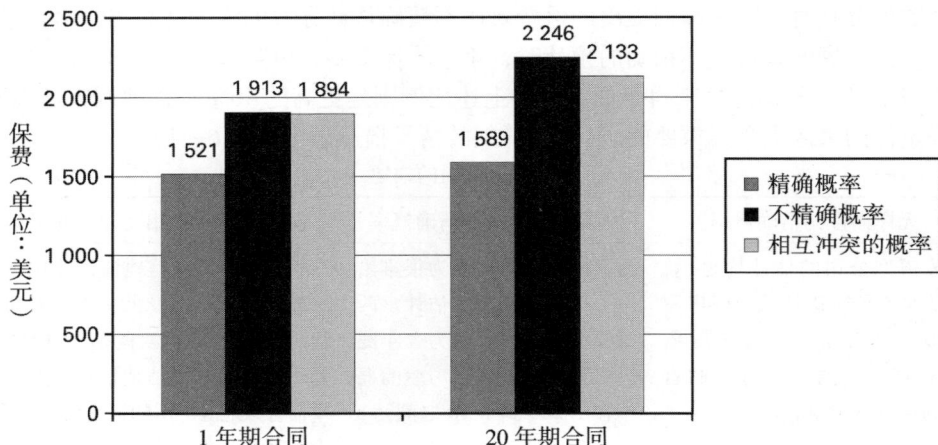

图6—2　综合了各种自然灾害的年度保费均值（单位：美元（N=78））

确概率下的1年期合同所收取保费1 521美元的5%），但是对模糊性的厌恶会随着保险合同期限的延长而显著增加。同时，分别基于概率估计是不精确的或是相互冲突的，年度保费均值将比不存在模糊性时高出41%和34%（2 246美元和2 133美元）。当概率为精确的时候，20年期保险合同收取的保费仅比1年期合同的保费略微高一点儿。

6.3.2　逆向选择

虽然保险公司不能区分两类潜在保险购买者所面对的风险，但所有保险购买者却知道自身的风险，然后，如果保险公司以两类人群的整体作为风险估计的基础，并据此对两类人群设定等额的保费，那么保险公司将蒙受损失。如果只有最高风险群体可能针对该风险购买保险，那么保费将低于其期望损失，保险公司将拥有一个高风险组合。这种情况在经济学中被称为逆向选择（adverse selection），保险公司可以通过制定足够高的保费来弥补由较高风险导致的损失，纠正这种情况。如果保险公司真的这样做了，风险较低的人群可能仅会购买部分保险或者根本不参保，因为他们觉得保险的价格相对于风险来说太贵了。[4]

这是私营保险公司认为洪水灾害不可保的论据之一，其结果导致了国民洪水保险计划的创建。确实，除非能够收取高额的风险性保费，保险公司认为在特定的水灾频发地区居住多年的家庭对风险的了解比任何保险公司所能获得的知识都要多得多。

尽管如此，在飓风情形下，我们并不清楚是否存在逆向选择。确实，并无证据表明那些面临风险的人比保险公司拥有信息优势。实际上，事实可能刚好相反：如果保险公司（正像它们今天做的这样）花费大量资源去评估风险，它们可能比那些无力承担获取数据的时间或者成本的保单持有者拥有信息优势。近些年来，关于保险公司比投保人拥有更多风险知识的文献一直在增加。这个领域的研究显示，保险公司可能希望利用这一点来扭转信息不对称的情形，这将使得低风险的人群获得最优的保护，尽管高风险人群可能并不尽然。[5]

6.3.3 道德风险

道德风险（moral hazard）是指因投保者购买保险而导致的期望损失（以某事件发生为条件的损失概率或数量）的增加。拥有保险保护可能导致保单持有人改变他或她的行为方式，这种行为方式的改变会使得这些人比没购买保险时的行为方式所带来的期望损失更高。如果保险公司不能预计到这种行为，而只是凭借未保险人群过去的损失数据来估计索赔支付分布的话，那么如此得出的保费可能会因太低而无法弥补其期望损失。免赔额、共同保险或者保险上限的引入可能成为减少道德风险的有用工具，它们可以鼓励投保人从事降低风险的行为，因为他们知道当不利事件发生的时候他们自己也将蒙受部分损失。

6.3.4 相关风险

对于极端事件，风险之间潜在的高相关性将影响分布的尾部。换句话说，在一个预先确定的概率 p_i 下，分布的尾部区域可能因保险公司承保更高的相关风险而大为扩张。而这将需要保险公司额外的资本来应对巨大损失以保护自己。保险公司通常会因大规模自然灾害而面临与空间相关的损失。由于房产业主的保单高度集中于佛罗里达州的迈阿密—戴德县地区，在 1992 年的安德鲁飓风之后，州际农场和好事达两家保险公司在索赔中分别支付了 36 亿美元和 23 亿美元。这些没能预期到的高额损失发生后，两家公司开始重新评估它们在飓风多发地区提供应对强风灾害保险的策略。[6]

2005 年 8 月和 9 月间肆虐美国墨西哥湾的卡特里娜飓风和丽塔飓风对保险公司的几条保险业务线造成了剧烈冲击，财产损毁和业务中断这两方面遭受的损失尤为惨重。在卡特里娜飓风过后不久，《华尔街日报》援引了共向路易斯安那州、密西西比州和阿拉巴马州 35 万户房产业主提供了保险的好事达公司总裁爱德华·利迪（Edward Liddy）的话，"泛滥的洪水使得灾害计划的编制更加复杂，而更高的水位已经从根本上抹煞了我们在灾害评估上所付出的努力。目前，我们有 1 100 名调解人员正在事发现场，一旦可以进入损毁最为严重的地区，另外 500 名人员也将整装待发。所有可靠的评估方法都应在几周，甚至几个月之前就准备稳妥。"[7]

6.4 资本成本的重要性

确保资本有一个充足回报率的重要性常常得不到充分的理解。[8]尤其是针对巨灾保险收取的价格必须足以支付预期的索赔成本以及其他费用开支，同时还必须弥补分担这些风险责任的保险公司的资本成本。此外，由于承担与预期偿债义务相关的巨灾风险保险需要巨额的风险资本，由此产生的保费相对于其损失费用自然要高些，这只是为了赚取公平的权益回报率，从而能维持保险公司的信用级别。

对于某些团体来讲，确实存在向公众灌输公平保费的观念从而服务于自身利益的诱惑。比方说，精算公平保费（actuarially fair premiums）这一术语就有着精确的定义：它是等于期望损失的保费。许多公开辩论都围绕着巨灾保险的公平价格隐含地使用了精算公平保费概念这一说法，因为它很简单并且由它得出的保单持有者成本很低。虽然精算公平是一个有用的统计概念，但其隐含的保费在经济上却是不可持续的；为了存活并吸引资本，除了支付其预期的索赔款之外，各家保险公司还必须弥补它们的固定成本和市场营销费用。

公平保费的一个扩展概念源于一个公平的资本回报率概念。公平的回报是指为投资者提供一个竞争性的资本回报，使得投资者愿意把他们的资金放在保险公司而不是其他地方。那么公平保费就是指能为投资者提供一个公平回报率的价格。为了提供一个公平回报，保费必须足以支付所有的成本（预期索赔、各种费用和税费），并能为投资者提供一个等于资本成本或公平回报的期望收益。保费可能会带来一些利润，但只有必要的正常水平利润才能吸引和维持保险公司的资本基础。

尽管可持续的保费必须提供一份与资本成本一致的回报，我们还需关注保险公司为了能够在可以接受的低违约概率下承诺支付索赔，到底愿意持有多少资本。保险公司如此行事所必需的资本数额取决于其负债组合、资产组合和风险管理策略效果的风险特性。可以接受的低风险将由可能的投保者、监管者以及在名义上代表投保者利益将这些准则强加给保险公司的评级机构给出不同的解释。出于本研究当前的需要，我们可以把经济资本看作是要求用来维持保险公司信用评级的资本，或者倘若这一资本额度已高于评级机构的要求，我们就把它看作是满足监管要求的必要资本。

保险公司卖出的每一份保单都会加重其资本负担。如果另外多卖出一份保单却没有增加保险公司的整体资本，那么保险公司违约的可能性通常会提高一点儿。至于变化会有多大，则要取决于保单的风险，以及这份保单与保险公司的其他保单和持有资产的协方差。给每一份保单分配适当的资本额度是维持保险公司信用状况所要求的数额；额外售出的保单以及与其匹配的资本增加额将使保险公司得以维持与以前相同的信用级别。

有鉴于此，我们将公平的保险价格定义为能给权益投资提供某一公平回报率的保费。为了便于说明，我们构造了一个忽略税收和监管限制、略显保守的假想例子。考虑一个期望损失为 1 000 美元的投资组合 E（L）。用 k 来表示保险公司为维持其信用评级而需保持的资本与期望损失的比率。例如，k = 1，它是许多财产责任保险公司用在综合业务手册中的指标。[9]

除了支付索赔外，保险公司还需预留资本用来支付代理人和经纪人的佣金等额外费用（X），以及承保和理赔评估等费用。在本例中，X = 200 美元。给定组合的风险特性，投资者要求 15% 的权益回报率（return on equity，简称 ROE）来补偿其风险。保险公司将其资金投资在风险较低的金融产品上，该产品产生 5% 的期望收益 r。那么，保险公司必须向保单持有者收取多高的保费 π，才能使其既为自然灾难提供保障又确保为其投资者提供 15% 的收益呢？

保费的计算公式如下：

$$\pi = \frac{E(L) + X(1+r)}{(1+r) - k(ROE-r)},$$

根据上式可以计算出在这个假设的例子中 π = 1 274 美元。现在我们可以把这一保费看做是 1 000 美元的期望损失加上一个比例 λ、数值为 0.274 的营运要素。因此，保费是：(1+λ) E (L) = (1+0.274) × \$1 000 = \$1 274。

这一计算过程对资本与需计入贷方的预期债务比率 k 非常敏感。在本例中，比率 k 是 1 美元资本对应 1 美元期望损失。这一比率对于许多财产责任保险公司的综合业务手册来讲是大致正确的。不过，对于具有很大尾部风险（会严重影响保险公司信用风险）的巨灾风险，资本—债务比率应该更高。事实上，该比率取决于巨灾责任（catastrophe liability）的波动性以及它与保险公司持有的其他组合的相关性。对于个人房产业主的巨灾风险保费来讲，它可以转换成一笔大约为 0.5 的营运成本 λ。因此，保费将是期望损失的 150%。这并不能说明保险公司的利润率过高了，简单地讲，保险公司需要数目可观的资本提供这份保险，并且保费里已经包含了资本成本。

当涉及巨灾风险的再保险时，相关的资本成本还会更高些。对于较高层次的巨灾风险再保险，其期望损失通常很低但波动性却相当高。这些层次中必要的资本—债务比会大大高于上例中所使用的 1 比 1。这一比率的提高会推高产生公平权益回报率所需的保费。

与巨灾风险有关的第二个问题是它的承保可能是费用高昂的，因为它的建模费用是极其高昂的。许多公司购买了商业模型或者利用公司内部的建模能力。我们将 X = 600 美元、k = 5 带入模型重新计算保费。现在所需的保费将是 2 965 美元，比上面计算的 π 值多了 2 倍还多，接近于期望损失的 3 倍。注意，这里转换为一个取值为 1.965 的营运要素 λ，因此保费是：

(1+λ) E (L) = (1+1.965) × \$1 000 = \$2 965

还有一些其他的考虑会显著增加资本成本，尤其是双重征税的影响。哈林顿（Harrington）和尼豪斯（Niehaus）（2001）模拟了许多参数下的税务负担，结果显示仅税收成本一项就能达到索赔成本的数额，并将导致保费的进一步增长。当我们将所有（高资本投入、交易费用和税负）这些因素考虑在内的时候，巨灾保费常常高达期望索赔成本的数倍。

6.5 信用评级机构的角色

在过去的几年中，信用评级机构已经越来越重视自然灾害可能给保险公司和再保险公司财务稳定性造成的影响。为保险公司评定的信用级别将会影响到它吸引业务的能力，并因此影响到其对定价和承保范围的决策。

为了说明信用级别是如何确定的，考虑贝氏评级机构对保险公司的资产负债表实力（balance sheet strength）、经营绩效和业务概况所进行的定量分析过程。评估巨灾风险曝险额对于确定保险公司的信用级别起着重要作用，因为这些事件威胁着一家保险公司的赔付能力。保险公司需要填写的评级调查问卷包括两项重要内容：一是在特定重现期（100 年一遇的风暴或飓风或 250 年一遇的地震）发生的灾难导致的预计损失；二是弥补这些损失的相关再保险方案。

几年来，贝氏一直要求获得自然灾害的这些信息。其做法已促使将巨灾风险纳入保险公司资本充足率的要求向前迈进了重要的一步。直到最近，评级机构才仅仅把这些严重事件（100 年一遇的风暴或 250 年一遇的地震，这要取决于保险公司面临的主要风险的特征）中的一种的最大可能损失（probable maximum loss，简称 PML）纳入到它对一家公司风险调整资本总额的计算之中。2006 年，贝氏将第二类事件引入了额外压力测试。第二类事件中所使用的最大可能损失与在飓风（100 年一遇的事件；一次飓风的发生与另一次飓风的发生被看作是相互独立的）情形下所使用的第一类事件是相同的。如果保险公司面临的主要风险是地震，那么第二类事件就从 250 年一遇的事件降低到 100 年一遇的事件。[10]这些新的要求提高了保险公司为承保此类风险而必须分配给它的风险资本数额，使得保险公司更加不愿意为此类风险提供保险，除非它们能够充分提高保费，直到将其提高到足以反映这些额外成本的水平。

另一家评级机构标准普尔公司也修订了其测量巨灾风险的标准，这些标准在传统上都是建立在保费要价的基础之上的。但是新标准是以保险公司风险曝险额为基础来测量巨灾风险的。过去，只有再保险公司收取过特定的巨灾费用。它包含了保险公司以风险曝险额为基础的资本收费，类似于再保险公司将其建立在所有 250 年一遇危险的年度财产总损失的期望净额基础之上的做法。[11]穆迪公司也调整了其行业损失超额累进曲线（exceedance curve），它过去是用在针对美国的保险公司用以反映最近暴风活动的风险调整资本模型之上的。[12]附录 6A 提供了评级机构最近要求变化的汇总表。

风险评估中的变化和评级机构的新要求已经显著影响了保险公司管理其风险曝险额的方式。正如图 6—3 所示，该图绘出了两个假想的概率分布。

X 轴测度的是给定一个单位资本的损失。左侧较细的这条曲线代表着保险公司 A 在 2004 年和 2005 年飓风季节到来之前的保险业务组合，而评级机构尚未要求保险公司为极端事件进行更加严格的压力测试。平均来看，保险公司每年需要在保费中筹集 30 个单位的资本以应对它的索赔和其他管理费用支付（曲线以下区域的一半）。但是保险公司同时也意识到它有可能支付更多的索赔。出于这一原因，它需要有能力筹集额外的资本（内部或外部的）用于支付它的所有索赔。在这张图中，我们看到在一个非常糟糕的年份，保险公司需要 120 个单位的资本以使其能够在 99.5% 的概率下

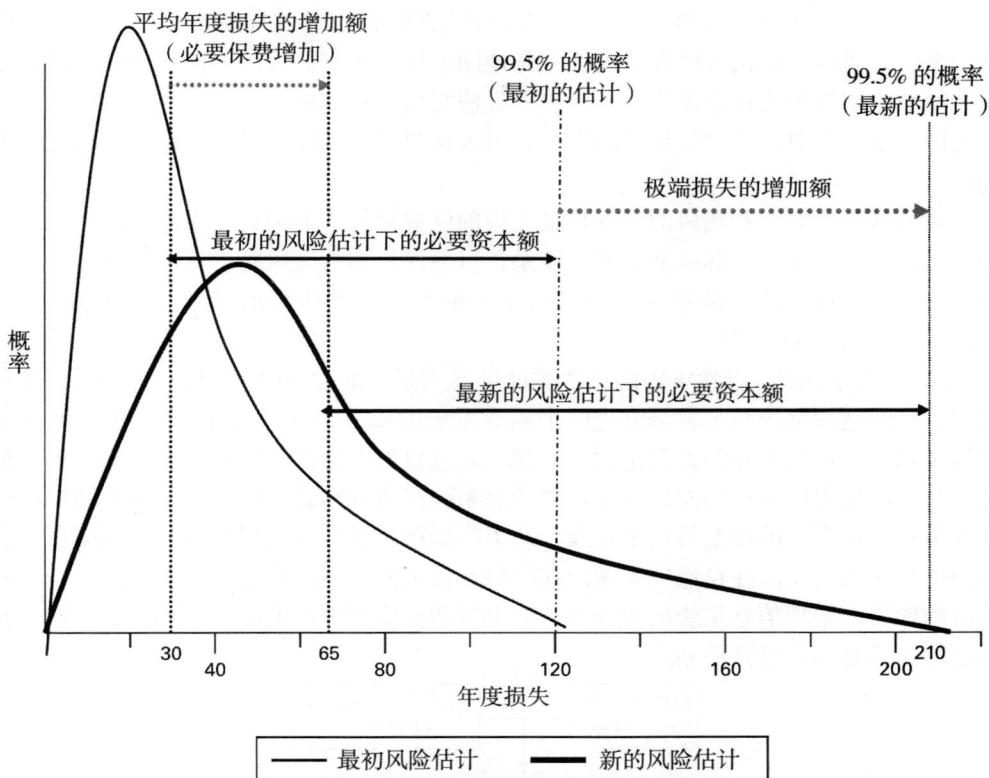

图 6—3　风险估计增加时对资本的需求

支付所有针对它的索赔。

　　如果概率分布向右平移，将发生两件事情。首先，保险公司需收取更高的保费以应对更高的年均索赔（图 6—3 中是 65 起）。其次，由于新的分布比原来的分布有着更肥的尾部（fatter tail），保险公司必须比以前筹集更多的资本。在本例中，当一个非常糟糕的年份来临时，保险公司需要 210 个单位的资本去支付其 99.5% 的索赔，而在 2004 年和 2005 年飓风季节之前的原有损失概率分布中，它只需 120 个单位的资本去满足这一标准。

6.6　测度自然灾害的风险曝险额：灾难模型的角色

　　为了充分地管理它们的投资组合，各家保险公司必须对不同规模和强度的飓风所导致的损毁和发生在全美特定地区的此类事件的可能性进行系统分析。[13]

6.6.1　巨灾建模的历史

　　巨灾建模并非植根于某一单一的领域或学科。评估和管理巨灾风险的科学源于财产保险领域和自然灾害科学。在 19 世纪，住宅保险公司通过描绘出它们承保的结构地图来管理风险。它们习惯在墙上挂一张地图来标注出它们关注的潜在风险敞口。这项原始技术很好地为各家保险公司所用并且使它们得以控制了风险。但是，广泛使用的地图标注法在 20 世纪 60 年代消失了，因为在当时它已经变得太过繁琐和耗时而被淘汰了。[14]

测度地震的规模和飓风的强度是最先进的巨灾建模中的关键因素之一。对于某一给定风险，必须建立一套标准的测度体系，以便评估和管理风险。这种测度方法肇端于第一架现代地震仪（测量地震地表运动）的发明和现代版的风速仪（测量风速）得到广泛应用的 19 世纪。

20 世纪的初期，自然灾害的科学测度进展迅猛。而在 20 世纪 80 年代末和 90 年代初，风险地图标绘和灾害测度这两个独立发展的部分，通过如图 6—4 所示的巨灾建模，以一种毅然决然的方式走到了一起。通过自然灾害测度的科学研究、伴随信息技术进步的历史性事件的发生以及地理信息系统三者的结合，以计算机为基础的用于测度潜在巨灾损失的模型得到了发展。此类模型所提供的巨灾损失估计，是通过涵盖不同地理区域间的潜在自然灾害源的在险财产实现的。凭借存储和管理大量空间参考信息的能力，地理信息系统成为管理未来灾害和实施损失研究的理想环境，并使其变得更加简单易行而且经济划算。

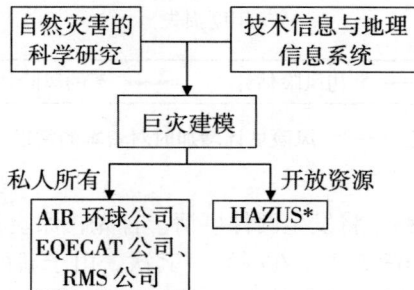

图 6—4　巨灾建模的发展

几乎在同一时间，几家新公司研发出了分析潜在自然灾害风险的电脑软件。有 3 家主要的建模公司横空出世，它们是 1987 年在波士顿创立的 AIR 环球公司、1988 年在斯坦福大学组建的风险管理解决方案公司，而 EQECAT 公司（公司的名称是地震 earthquake 和飓风 catastrophe 两个词的缩写组合——译者注）是 1994 年在旧金山作为 EQE 国际公司（EQEI nternational）的子公司起步的。2001 年，EQE 国际公司并入 ABS 咨询公司（ABS Consulting。ABS 是美国船级社 American Bureau of Shipping 的简称，网址：http：//www. absconsulting. com/——译者注），成为后者的一部分。

6.6.2 巨灾模型的特性

巨灾风险评估通常依赖于建立在过去数据（例如在某一特定地区损失历史）和科学家运用巨灾模型了解到的关于特定风险的数据等基础之上的。正如图6—5中所描绘的，巨灾模型包括4个基本组成部分：灾害、财产存量、易损性和损失，这可以用飓风等自然灾害为例加以说明。首先，该模型确定了灾害现象的风险，在飓风的情形下是以它的预计路径和风速为特征的。其次，模型尽可能精确地刻画了在险财产存量（或者其组合）的特征。这是通过分派某一财产的地理坐标并进而确定保险公司的资产组合中有多少建筑物面临着不同风速和预计路径的飓风风险来完成的。对于每一财产在具体时间期间的坐落地点，描绘其在险存量特征的其他因素是建筑类型、建筑物的层数以及它的使用年限。

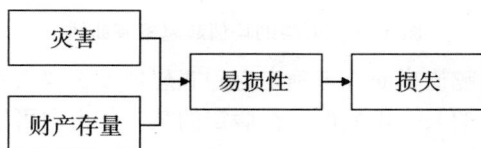

图6—5 巨灾模型的结构

灾害和财产存量模块使人们得以计算在险建筑物遭受灾害时容易受到损害或者容易受到影响（susceptibility）的具体情况。从本质上讲，巨灾模型的这一步骤量化了自然灾害对在险财产所造成的物理损害。如何量化这种易损性在不同的模型中是有所不同的。以这种易损性测度为基础，财产存量的损失就可以评估了。在一个巨灾模型中，损失按其本质可以分为直接损失和间接损失。直接损失包括修复或翻盖原有建筑物的成本，在其计算中还要预计到重大灾害后由于需求激增导致的材料和劳动力成本的增加。间接成本则包括由于业务中断所带来的影响和居民被迫撤离其家园的搬迁费用。

6.6.3 构建超越概率曲线

基于巨灾模型的结果，保险公司可以构造一条超越概率曲线，这一曲线详细指明了在某一特定地点（或者其全部组合）、某一特定时间期间（比如说1年、10年）内，损失可能超过某一特定水平的概率。[15]这些损失可以根据灾害的金额、死亡、疾病或其他分析单位来测度。

假设某人有兴趣为一家保险公司构造一条超越概率曲线，假定这家保险公司承保了佛罗里达州迈阿密—戴德县的强风灾害保单组合。通过合并那些可能导致某一给定数量金额损失的事件集，我们就可以确定因此而发生的超出不同数额损失的概率。在图6—6假想的均值超越概率曲线中，x轴以美元为单位衡量保险公司的损失，y轴则描绘了损失可能超过某一特定水平的概率。假设保险公司关注某一特定损失金额 L_i。

投保者的损失超过 L_i 的可能性假定为 p_i。

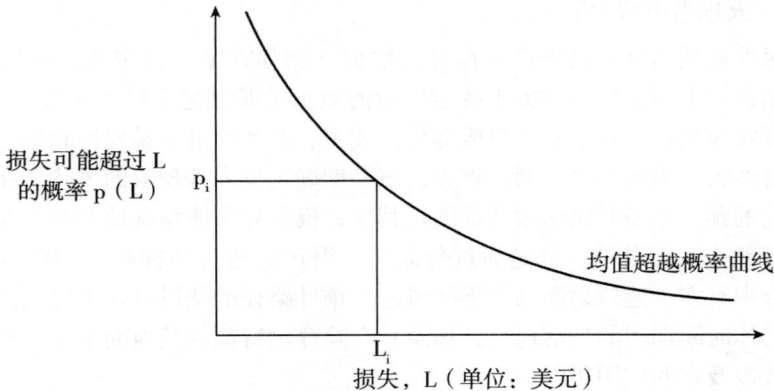

图6—6　假想的均值超越概率曲线

保险公司运用其超越概率曲线来确定它到底想把多少建筑物纳入到它的投资组合中。假设存在飓风发生的某一可能性，在假定的某一年份内可能导致其部分保单遭受损失。与某一事件发生的概率相关的不确定性以及某条超越概率曲线上损失额度的大小，均可以反映在均值超越曲线周围的置信区间内。

超越概率曲线作为评估风险管理工具的重要部分，它要求专家们给出明确的假设，这些假设是他们估计某些事件的发生及后续结果的可能性的基础。在构建超越概率曲线的过程中，需要解决的一个关键问题是相关概率和结果的不确定性程度。保险公司为反映特定区域（如迈阿密—戴德县）的损失而构建超越概率曲线时，要面临着比一个更大范围的地区（如佛罗里达州）多得多的不确定性。

6.6.4　应用于佛罗里达州：聚焦飓风风险

风险管理解决方案公司已经为我们提供了一份数据分析资料，其数据来源于截至2005年的佛罗里达飓风巨灾基金业务手册。[16]因为佛罗里达飓风巨灾基金是该州的强制性再保险计划（更多细节请参阅本书第2章），它拥有由私人保险公司以及国营保险公司和公民财产保险公司（Citizens Property Insurance Corporation，简称CPIC）在该州范围内承保的每一份住宅保险保单。本次模拟收集的数据包括佛罗里达飓风巨灾基金各条业务线上的保险品种。据估计，到2005年末佛罗里达全州在该基金的投保总价值（total insured value，简称TIV）已达到1.7万亿美元。我们仅聚焦其中的风灾保险。[17]

表6—2列示了飓风造成的风灾损失等于或超过18个不同大小阈值的年度概率估计，这些阈值的范围从10亿美元到3 500亿美元不等。具体来讲，佛罗里达州的下一年存在42.5%的概率有至少10亿美元的住宅保险损失，而飓风在下一年给该州住宅造成100亿美元及以上损失的概率是15%，保险损失超过750亿美元的概率

是 0.81% 。

表 6—2　　　　　佛罗里达住宅保险损失的超越概率（单位：亿美元）

10	42.5%
20	35.9%
50	24.5%
100	15.0%
150	10.1%
200	6.9%
250	5.0%
300	3.9%
400	2.5%
500	1.7%
600	1.3%
750	0.81%
1 000	0.41%
1 250	0.22%
1 500	0.11%
2 000	0.028%
2 500	0.005%
3 500	0.00012%

Source：Wharton Risk Center, FHCF Data 2005；simulation by RMS.

超越概率随着损失阈值水平的上升呈现显著下降的趋势。对于非常高的保险损失水平（1 000 亿美元或者更高），超越概率将低于 0.5%。换句话说，飓风在每 200 年间发生的次数少于一次。当然，一个可能性如此之低的大型灾难事件可能会在下个飓风季节发生。通过对飓风保险所有可能损失水平的分析，我们可以得出佛罗里达飓风巨灾基金的整条超越概率曲线。图 6—7 给出了损失在 1 000 亿美元以下的此类曲线。

测度这些估计周围的不确定性时，要用到年度平均期望损失和佛罗里达州内每一个邮政编码范围内的标准离差上的数据。把所有的邮政编码合并起来，佛罗里达州住宅保险的年度平均期望损失是 54 亿美元、标准差是 139 亿美元（方差系数为 2.55）。[18] 即使两个地区的平均期望损失是一致的，它们的标准差也会出现显著不同。为了说明这一点，如图 6—8 所描绘的那样，我们用邮政编码的形式比较了迈阿密—戴德县和佛罗里达州北部地区 46 个县的飓风引起的保险损失。将这些县合并在一起之后和迈阿密—戴德县有着相同的预期年度保险损失。图 6—9 描绘了这两个地区的两条超越概率曲线。尽管这两个地区的超越概率曲线看起来相似，但是它们的标准差却相差很大。对于佛罗里达州的迈阿密—戴德县和该州的 46 个北部县，年度平均期望损失均为 9 亿美元左右。但是，迈阿密—戴德县的损失标准差是 42 亿美元（方差系数接近 5），而 46 个北部县是 28 亿美元（方差系数接近 3）。无论是对保险公司来说还是对再保险公司来说，这种损失的不确定性都会造成严重的可保性问题。第 7 章

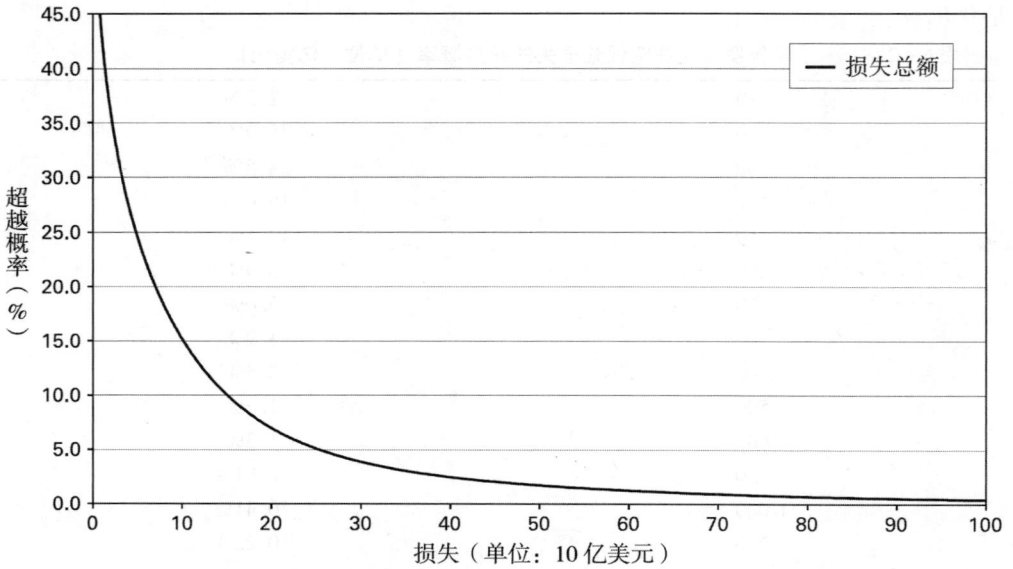

图6—7　佛罗里达（整个 FHCF 资产组合）飓风保险损失在 1 000 亿美元以下的超越概率曲线

Source：Wharton Risk Management Center，FHCF Data 2005；simulation by RMS.

我们将转向再保险公司的讨论。

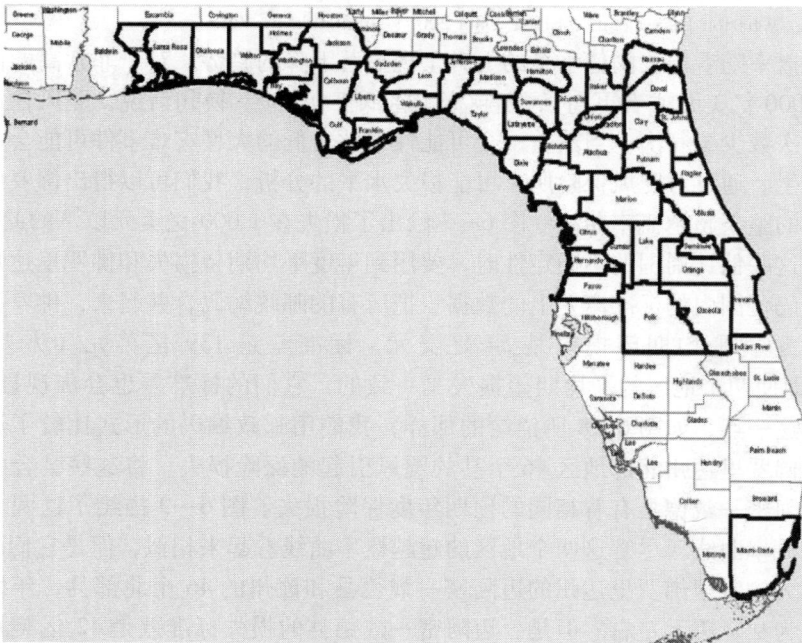

图6—8　佛罗里达州北部合并年度平均期望损失等于迈阿密—戴德县一个地区的损失

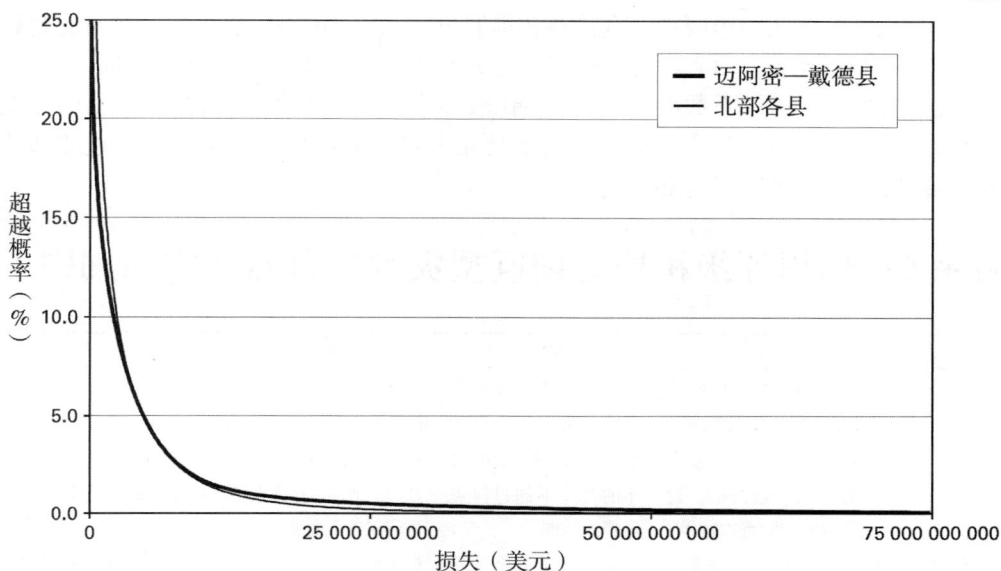

图 6—9　两个地区的超越概率曲线

本章小结

　　鉴于我们已经进入了大灾难的新时代，各家保险公司正在重新审视它们提供应对飓风风灾损害保护的能力，并一直在追问这些事件是否可保。某一种风险，当人们有能力确认和量化它，并且能在某一可获得竞争性回报的价格上设定保费的时候，就认为它是可保的。

　　为了确定是否针对某一特定风险提供保险时，各家保险公司都试图在满足与其生存相关的限制下最大化它们的期望收益。保险公司意欲收取的保费不仅反映了期望损失，而且也反映了风险的不确定性程度、是否存在逆向选择和道德风险等潜在问题，以及各种损失在一起严重的灾难事件中的相互关系又如何等。向巨灾保险索要的价格必须足够高，以使其不仅能够支付期望索赔损失和其他费用，而且还能支付分配资本的成本使得投资者可以获取一个公平回报率。因为承保与保险公司预期债务息息相关的巨灾风险需要巨额资本，保费内含的资本成本也必然很高。

　　近些年来，信用评级机构更加关注巨灾风险可能对保险公司财务稳定性造成的冲击。各家保险公司因此已经将其关注的焦点放在它们愿意提供的应对飓风导致的风灾损失和地震引起的损毁的保险数额上，因为承保此类风险需要配置更多的资本。

　　本章最后一部分展示了巨灾模型是如何帮助保险公司和再保险公司评估风险的。巨灾模型有助于测度自然灾难的风险。运用佛罗里达飓风巨灾基金提供的佛罗里达州住宅保险的完整数据集，风险管理方案公司开发出了该州范围内的飓风保险损失的超越概率曲线。我们还对迈阿密—戴德县和佛罗里达州北部的 46 个县二者之间的超越概率曲线进行了比较，后者由飓风造成的合并年度期望保险损失与前者相同。但是，迈阿密—戴德县的方差系数大约是 5，相比较而言，佛罗里达州北部 46 个县的方差系数仅为 3 左右。这意味着迈阿密—戴德县在未来可能比那些位于佛罗里达北部的 46 个县更容易遭受飓风带来的大型灾难损失。

附录 6：信用评级机构处理巨型灾难性自然灾害的细则

条 目	贝氏[a,g]	标准普尔[b,c,g]	惠誉[d,e,g]	穆迪[f,g]
资本调整	为 1/100 的风灾或 1/250 的地震二者净最大可能损失（以发生为准）较高的，调整后的实际资本减少	目标资本增加净最大可能损失（以合计数基础）的净1/250，1年的费用不超过巨灾保费的30%	目标资本包括以巨灾损失总额超越曲线尾部在险价值（TVaR）为基础的数额。尾部在险价值阈值尚未确定	反复模拟中的目标资本包括从 7 个美国巨型灾难的超越曲线中随机抽取的数额
巨灾模型假设	5 年期间（中期或短期取决于巨灾建模者的选择）	5 年期间（中期或短期取决于巨灾建模者的选择）	尚未确定	5 年期间（中期或短期取决于巨灾建模者的选择）
承保范围	建筑物财产和室内设施及物品、额外生活开支、业务中断、洪水、汽车/发动机的物理损害、工人补偿、能源、海洋运输业、内陆海运业、农作物	全球财产	财产	财产（包括工人的地震灾害补偿）
危害	飓风、地震、龙卷风、冰雹	所有	飓风（风）和地震	飓风（风）和地震
损失构成	需求高涨，暴风潮、地震后的火灾，次级不确定性和损失调整费用	需求高涨，暴风潮、地震后的火灾，喷灌器泄露和次级不确定性	所有开关已打开（需求高涨，暴风潮，次级不确定性和尾随火灾）	所有开关已打开（需求高涨，暴风潮，次级不确定性和尾随火灾）
再保险	再保险净值、加上重申和共同参保	再保险净值、加上重申和共同参保	通用的或特定公司的再保险净值（如果公司提供信息）	假设损失的90%分保在1/25 和 1/100 水平之间
税	税后	税前	税前的建模模拟和随后的范围调整	税前
信用风险	通过对从第一类事件中放弃储备的80%应用信用因数，并假设下降一级，压力测试调高信用风险负担	潜在物质增加再保险中的可再保险性，由此增加的再保险风险应考虑在内（分析师斟酌）	正在开发	放弃的损失被考虑到再保险的可再保险并计入再保险风险

条目	贝氏[a,g]	标准普尔[b,c,g]	惠誉[d,e,g]	穆迪[f,g]
第二类事件压力测试	计算一个承载压力的 BCAR，包括一个第二类的净巨灾最大可能损失，以 1/100 的风灾和 1/100 的地震中的较高者计算	不使用	不使用	加上在 7 个地区随机生成的巨灾，因此这包括多个事件，但是同一地区或同一类灾害的第二事件则不是必需的

[a] 贝氏：《贝氏评级机构中的巨灾分析》，2005 年 11 月，2006 年 4 月修订。

[b] 标准普尔：《保险行业标准：巨灾的特定资本开支即将扩展到主要保险公司，但再保险行业标准不变》，2005 年 11 月 7 日。

[c] 标准普尔：《再保险行业标准：财产巨灾标准的巨额损失和更优建模的迅速调整》，2005 年 6 月 27 日。

[d] 惠誉评级：《特别报道：巨灾风险和资本要求的新思维》，2005 年 9 月 9 日。

[e] 惠誉：《标准报告征求意见稿：资本评估方法和模型（棱镜）——执行官总结》，2006 年 6 月。

[f] 穆迪：《评级方法：财产与灾害保险公司的风险调整资本模型》，2004 年 9 月。

[g] 与评级机构的交谈。

Source：The Review Pedant's Guide to Renewals 2006.

第 7 章

私人再保险公司保险供给
决策的制定过程

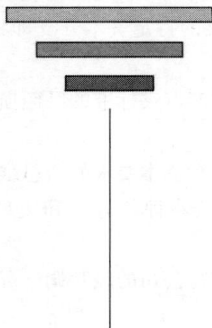

主要发现

各家再保险公司在为不同层级的保险业务定价时，会同时考虑预期损失和损失在其保险业务组合中的方差。坚挺市场中的保险价格通常要比疲软市场的保险价格高出很多，这反映出在反映资金成本的时候，在计算方差的过程中为不同的市场赋予了不同的权重。在一份对佛罗里达州以房产业主保单构建的不同层级再保险组合的分析中，我们发现，较高层级保险的年度平均亏损在减少，但是亏损的方差却在增加。利用这个组合，我们计算出了以下不同层级再保险业务的年度平均损失：[100 亿美元；200 亿美元] 层级的平均损失为 13.5 亿美元、[200 亿美元；400 亿美元] 层级的平均损失为 9.9 亿美元、[400 亿美元；800 亿美元] 层级的平均损失为 6.3 亿美元。第一层级的标准离差为 45.2 亿美元，第二层级为 53.7 亿美元，第三层级为 56.5 亿美元。

由于 2004 年和 2005 年猛烈的飓风，再保险市场在 2006 年得到了强化，在 2005 年 7 月 1 日至 2007 年 6 月 30 日这一年间，按照每条保险业务线上的费率测度的保费平均上涨了 76%。保费的涨幅远远超过了只在佛罗里达一个州开展业务的各家保险公司。保费的大幅上涨吸引了大批新加入者进入该市场，这一期间新进资本大约在 260 亿美元至 270 亿美元之间。

在 2006 年 7 月 1 日至 2007 年 6 月 30 日这一年的时间里，保险价格略有下降，但是仍远高于 2005 年的水平。保险价格在 2008 年 1 月份的续保期间继续下跌，但是在 2009 年的 1 月份的重建期间上涨了 8%。再保险项目的容量和上限在 2007 年和 2008 年间一直在持续上升。

7.1 再保险业务的本质

私人保险公司为投保人提供保险服务，再保险公司以大致相同的方式为私人保险公司提供保护。

对于巨型灾难，各家保险公司并不愿意承担这份儿财务责任，但是再保险公司则愿意为巨灾损失部分提供保险。在这种类型的安排中，保险公司通过向再保险公司缴纳保费的方式来获得再保险公司对巨型灾难所造成的这一层级损失的保险服务，如果没有再保险公司的话，保险公司将单独承担赔付这些损失的责任。

再保险业务主要有两种类型：一种是比例（共同保险或配额分担保险）再保险（*pro rata* reinsurance），保费和损失在一定比例的基础上进行分配；另一种是超额损失分保（*excess of loss* reinsurance。或称"超额损失合约再保险"），保险公司为分出保险份额向再保险公司支付保费，再保险公司则需承担两个起赔点（attachment point）之间的赔付责任。例如，得克萨斯州的一份飓风保险合同总额为 7 亿美元，保险公司以 2 亿美元作为起赔点向再保险公司投保。又如，得克萨斯州的一份为超过 5 亿美元的飓风损失提供 2 亿美元的再保险合同，意味着一家为其 2 亿美元到 5 亿美元损失部分购买了再保险的保险公司，可以将其 5 亿美元到 7 亿美元这一层级的得克萨斯州飓风保险曝险额的索赔责任分保给再保险公司。再保险公司需确定是否将这一层级添加到它的组合中。图 7—1 说明了这种类型的再保险合同的整个风险转移过程。尽管有一定数量的比例再保险合同用于巨灾再保险，但是实际应用中超额损失分保这种形式更为盛行。

7.2 如何确定再保险覆盖范围和再保险保费

由于再保险保费价格不受监管（保险费用也是如此），所以我们无法获得再保险市场系统的公开数据资料。不过，根据与经纪人、保险公司和再保险公司的讨论，我们还是可以比较清晰地理解再保险公司到底是如何分配其资本以应对巨灾风险的以及再保险的价格到底是如何确定的等问题。

7.2.1 决定是否提供保险

面对潜在的巨灾风险，各家保险公司总是试图限制其保险业务范围，因为它们总想避免因巨灾赔付而使其盈余遭受巨额削减。出于同样的原因，使各家再保险公司难以释怀的也是每一个地区风险的高度集中。因此，各家再保险公司限制它们在灾害多

在某一损失水平之上，
风险不可保

共同保险：
保险公司维持 5%~10% 的超额层级，
这可以减轻道德风险关注

资本市场已然参与
到较高的层级之中

超额损失分保：
保险公司对超过起赔点
的超额损失投保再保险

损失的额度

60%　　40%

配额分担再保险：
保险公司将比方说 40% 的损失
分保给再保险公司 + 保费

免保额： 低于免保额的
损失由投保者自行承担

损失所占比例

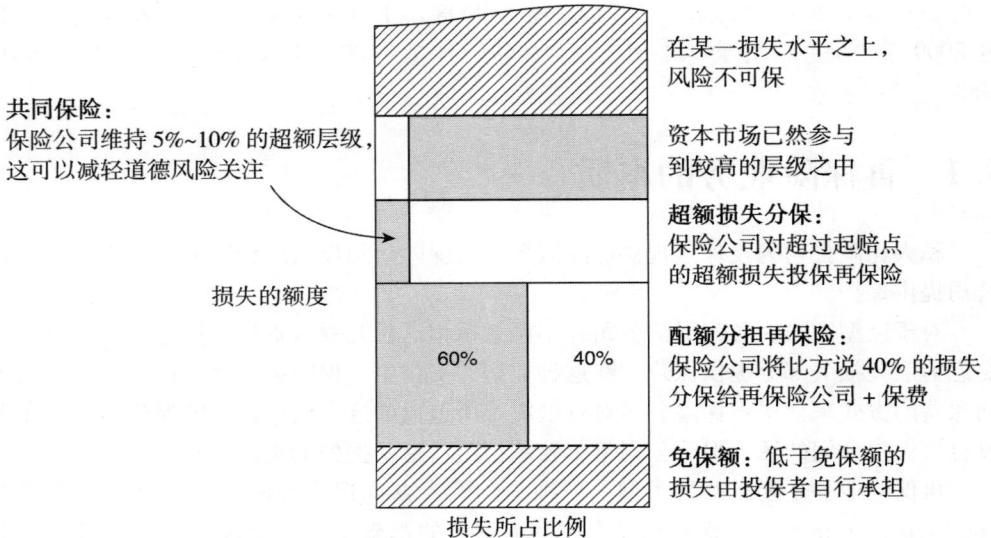

图 7—1　风险转嫁概览：投保人、保险公司、再保险公司和资本市场

Source：Lalonde（2005）．

发地区的再保险提供，以此保证将其遭受严重损失的可能性维持在可以承受的水平上。

设想有一家再保险公司，本期盈余为 S 美元，这些盈余既反映着其内部资本量也反映着它能从投资者那里融到的资本量。S 的值包含了这家再保险公司收到的其当前业务组合风险上的保费。保险公司想要决定是否应该将某一层级的超额损失（Δ）分保给在得克萨斯州沿海地区承办与飓风相关损失业务的再保险公司。再保险公司需要决定是否接受这一层级的超额损失的再保险，以及如果接受的话，还需要决定对于这些风险应该向投保保险公司收取多高的价格。再保险公司将基于以下考虑来做出决策：

- 必须对这个层级进行保险赔付的概率（p）；
- 这个层级在遭受飓风侵袭时的保险索赔支付的分布；
- 与这个层级相关的期望损失 E（L）；
- 这个层级对再保险公司业务组合损失方差的增量影响（incremental impact）（σ_Δ^2）；
- 再保险公司在决定提供再保险时意欲向保险公司收取的保费（P_Δ）；
- 投资者向再保险公司提供资金时所要求的最低股东权益报酬率（return on equity）（ROE*）。

在考虑这些因素的基础上，再保险公司将首先确定股东权益报酬率（ROE_Δ）是多少，然后决定是否对这一层级 Δ 进行再保险。如果 $ROE_\Delta > ROE^*$，再保险公司将会为这一层级提供再保险，前提是它要满足一个"生存性约束"，这个约束与保险公司在决定是否提供额外的保险时所面临的约束是类似的。更具体地讲，基于当前的风险业务组合，如果业务手册（book of business）里包含这一层级，那么再保险公司就要计算索赔支付总额的分布，因此须将 P_Δ 添加到其当前的盈余中并确定是否有下式成立：

概率［索赔支付总额>z（P_Δ+S）］<p_1 (7.1)

式中，0<z≤1，z 的取值反映了再保险公司所考虑的盈余部分的大小，它对于再保险的持续经营是至关重要的。如果 z=1，则在临界值（P_Δ+S）处再保险公司将面临破产清算的危险。公式 7.1 相当于各家保险公司在决定是否提供保险时所使用的生存约束（参见第 6 章公式 6.1）。阈值的概率 p_1，在再保险公司和保险公司决策中有着相同的作用。它反映了再保险公司为获得一个特定的股东权益报酬率与其所付出成本之间的权衡，其中获得特定的收益率，需要添加 Δ 到投资组合中。而成本的增加有可能使保险公司的盈余降到盈亏平衡点以下。再保险公司也是基于一个特定约束来决定提供多大额度的保险。它们担心保险公司的盈余是否会降到盈亏平衡点以下，评级机构也会据此降低对它们的评级。如果这些情形真的发生了，那么再保险公司将要被迫为投资者提供更高的回报率来吸引新的资本。它也将不得不针对同样的保险范围向保险公司收取更加低的保险费。[1]

通过这一简化了的描述性模型，我们可以更清楚地理解再保险公司既有业务手册的各个组成部分在做出是否接受某一特定合同以及如何收取保费的决定时扮演着关键角色。再保险公司认为一个与其既有业务手册高度不相关的层级跟一个处于灾害多发地区的层级具有同样的吸引力，再保险公司已经在这些地区获取了巨额的在险盈余。

总体来讲，再保险公司在做出是否提供巨灾风险保险业务的决策时要依据以下四大要素：

• 当前的保险业务组合与正在考虑的层级（Δ）的波动性。飓风损失比火灾或者风灾损失的波动性更大。在给定价格下，Δ 的波动性越大，这一层级对再保险公司的吸引力越小。

• 想给再保险公司提供资金的投资者所要求的最低股东权益报酬率（ROE*）。

• 保险价格（P_Δ）。为 Δ 提供保险的价格越高，股东权益报酬率（ROE_Δ）越高，再保险公司为 Δ 提供保险的可能性也越大。[2]

• 再保险公司从内部或外部所能获得的资本的数额。

7.2.2 为特定层级设定保险费率

对于某一再保险层级所制定的价格必须足以支付预期的索赔额度（E（L））以及营销费用、经纪费用、索赔处置费用，同时还须确保这些保险业务能够赚到足够高的期望股东权益报酬（ROE）以吸引投资者。[3] 再保险公司同样关注政策对其保险组合方差的影响，因为这一方差会影响到由公式 7.1 所确定的生存约束。因此，再保险公司将会对某一特定的层级收取较高的价格，保险组合的方差越高，这一层级与再保险公司既有手册业务的相关性越高。[4] 对于一个预先给定的层级 Δ，我们假定政策对于投资组合标准离差的增量影响为 σ_Δ。

对于某一有着超额损失保险的特定层级（Δ），绝大多数再保险公司用以确定保费（P_Δ），并且涵盖了再保险公司上述关切的模型可由下面这个简单的公式给出：

$$P_\Delta = E(L_\Delta)(1+\lambda) + c \cdot \sigma_\Delta \qquad\qquad (7.2)$$

式中，λ＝负荷系数，c＝再保险公司的风险厌恶程度。

σ_Δ 的值越高，再保险公司对于为 Δ 提供的保险想要收取的保费也就会更高。一家高度风险厌恶的再保险公司将会为 c 赋予一个更高的值来反映它对于任何新业务的关注。[5]

7.3　巨灾模型在再保险定价上的应用：在佛罗里达州的应用

为了说明各家再保险公司如何在一个竞争性的市场上为保险定价，风险管理解决方案公司（RMS）为我们提供了一个数据分析。这些数据来自佛罗里达州飓风保险基金（FHCF）截至 2005 年的业务手册（更确切地说，这些数据包含了这一年在该州签发的所有保单）。数据分析的目的是确定不同层级强风保险的再保险价格。[6] 在这里，我们假设这个保险业务组合是由一家专门在佛罗里达州开展业务的再保险公司打理的。这家再保险公司想要决定如何对分别位于佛罗里达州两个不同地区——（潜在风险高度集中的）迈阿密—戴德县和（风险分散的）佛罗里达州北部的 46 个县——的不同额度的再保险制定收费标准。两个地区再保险标的的期望损失相同，但风险集中程度不同。

基于 7.2 节所详细讨论的再保险定价的具体方法，我们可以分析在两种独立的定价结构下，再保险价格到底应该定为多高才是合适的。为了简化起见，我们假设 λ＝0。在第一种定价结构中，再保险业务成本较低（比方说，c＝0.4），因为这种再保险比较容易获得（也就是说，这是一个"疲软的"市场）。在第二种定价结构中，保险成本较高（比方说，c＝0.7），因为获得再保险非常困难（也就是说，这是一个"坚挺的"市场）。c 的取值反映了疲软市场与坚挺市场状况的不同，同时也反映了再保险公司对于风险的厌恶程度。

在实践中需恪守两个操作原则。首先，与期望损失相关的，较高的再保险层级收费要比较低的再保险层级略高些，这是因为前者具有更大的波动性。其次，对于期望损失相同的两个地区，风险集中程度较高的地区相对于风险较为分散的地区来讲，将会对较高的再保险层级产生更大影响。

事实上，再保险公司在世界上很多地方都开展业务，所以它们在做出定价决策时都须评估诸如佛罗里达州的飓风、纽约州的飓风、日本的地震和加利福尼亚州的地震等不同风险类型之间的相关性。

接下来的方法是风险管理解决方案公司在进行再保险分析时所使用的。[7] 首先，佛罗里达飓风巨灾基金的保险组合定义了 4 个再保险层级，在这一保险组合中沿着超越概率曲线来定义起赔点和终赔点。在这个例子中，我们用 50 亿美元至 100 亿美元代表层级 1，用 100 亿美元至 200 亿美元代表层级 2，用 200 亿美元至 400 亿美元代表层级 3，用 400 亿美元至 800 亿美元代表层级 4。根据这些层级的定义，我们使用风险管理解决方案公司的美国飓风模型（the RMS U. S. Hurricane Model）来运行佛罗里达飓风巨灾基金的保险组合，从而连同该组合损失的不确定性，来确定每一层级损失的期望值（E(L)）或每年损失的平均值（average annual loss，简称 AAL）。图 7—2 中列举的数据包括了与起赔点和终赔点联系在一起的回报期，以及每一层级的年均损失额及其标准离差。举例来说，对于层级 4，它承保的损失范围是从 400 亿美元到 800 亿美元（超过 400 亿美元的 400 亿美元），起赔点的年度损失概率为 40 年一遇、终赔点的年度损失概率为 145 年一遇。由于它比层级 1 每年发生的概率要小很多，所以每年损失的平均值也要低很多（6.2 亿美元），但是该层级对于投资组合标准离差的增量影响 σ_Δ 却更高些（56.5 亿美元）。

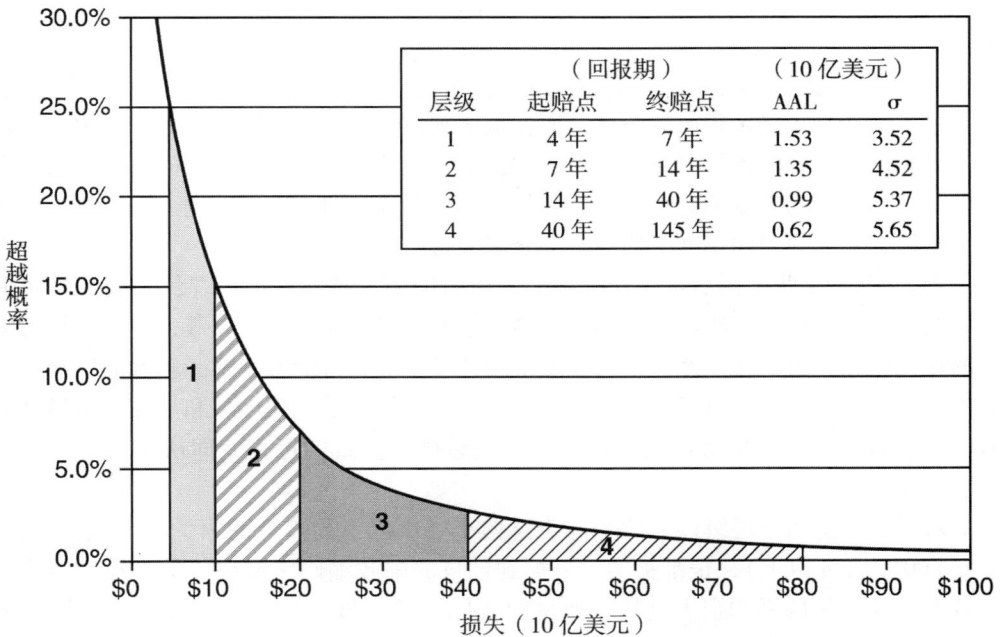

层级	（回报期）		（10 亿美元）	
	起赔点	终赔点	AAL	σ
1	4 年	7 年	1.53	3.52
2	7 年	14 年	1.35	4.52
3	14 年	40 年	0.99	5.37
4	40 年	145 年	0.62	5.65

图 7—2　与每一再保险层级相关的技术风险（AAL）和不确定性（σ_Δ）

Source：Simulation by RMS.

现在我们就可以对这 4 个层级的每一层级选用一套定价方案。对于每个层级来说，我们都使用 $P_\Delta = E(L_\Delta)(1+\lambda) + c \cdot \sigma_\Delta$。这里，我们的兴趣在于真正的风险融资成本。因此我们假设没有负荷要素（loading factor）来承担管理费用（$\lambda = 0$），所

以 $P_\Delta = AAL + c \cdot \sigma_\Delta$。如前所述，我们将要研究两种不同的市场情况：一个疲软的市场，这时候 $P_\Delta = AAL + 0.4 \cdot \sigma_\Delta$；一个坚挺的市场，$P_\Delta = AAL + 0.7 \cdot \sigma_\Delta$。表7—1 概略地描述了在这两种不同的市场情况下对于不同层级再保险的定价情况。

表7—1 疲软和坚挺市场状况下再保险的价格（$P_\Delta = AAL + c \cdot \sigma_\Delta$）（单位：10亿美元）

	层级1 [5；10]	层级2 [10；20]	层级3 [20；40]	层级4 [40；80]
疲软市场（c = 0.4）	2.9	3.16	3.14	2.88
坚挺市场（c = 0.7）	4.00	4.51	4.75	4.57

通过计算比率 $c \cdot \sigma_\Delta / AAL$ 也可以测度波动性对再保险价格的影响。正如表7—2所描述的，跟我们事先预计的一样，与较低的再保险层级相比，由于较高再保险层级的波动性会更高些，因此相对于其期望损失来讲，这些层级的收费也会更高些。

表7—2 不同的再保险层级对（$c \cdot \sigma_\Delta / AAL$）比率的收费 （单位：10亿美元）

	层级1 [5；10]	层级2 [10；20]	层级3 [20；40]	层级4 [40；80]
疲软市场（c = 0.4）	0.92	1.34	2.17	3.65
坚挺市场（c = 0.7）	1.61	2.34	3.80	6.38

接下来，为了确定每一层级按其所在地区邮政编码计算的再保险成本，须将年均损失总额按比例分配给佛罗里达州之内的佛罗里达飓风巨灾基金组合的每一层级。举例来讲，在给定的邮政编码地区内，我们把造成整个行业范围内高于50亿美元但低于100亿美元的损失的年度平均损失部分定义为层级1。

图7—3 的4张地图展示了这些结果。地图中颜色越深的地区，代表被分配到那一层级邮政编码地区的年度平均损失越高。毫不奇怪，对于第一层级，有几个损失集中的深色区域，由于在概然性飓风模型中的许多事件都可能影响这一较低的层级。因为损失影响较高层级，所以这些深色的区域集中在风险最高的地区和潜在风险最高的地区（也就是说，这是由于我们移动到了超越概率曲线的尾部，即从层级1移动到了层级4）。

对于高于这四个层级以上的和低于这四个层级以下的其余的损失（50亿美元以下和800亿美元以上），也都被酌情分配到各自的邮政编码区域内。就这样，沿着超越概率曲线（年度平均损失是超越概率曲线以下的区域）所有的损失都被交错着分配到佛罗里达州的所有邮政编码区域之内了。

最后一步是计算在疲软的和坚挺的市场情况下，每个邮政编码区域对于全部再保险成本的贡献。我们用一个具体的邮政编码区域作为例子来说明这一点。假设被选定的邮政编码区域给没有投保再保险的层级1贡献了2 590万美元的损失。对于再保险的第一层级来说，这个邮政编码区域的年度平均损失贡献额是1 460万美元。在疲软的市场条件下，假定层级1的 $c \cdot \sigma_\Delta / AAL = 0.92$，那么这个邮政编码区域对于那个层

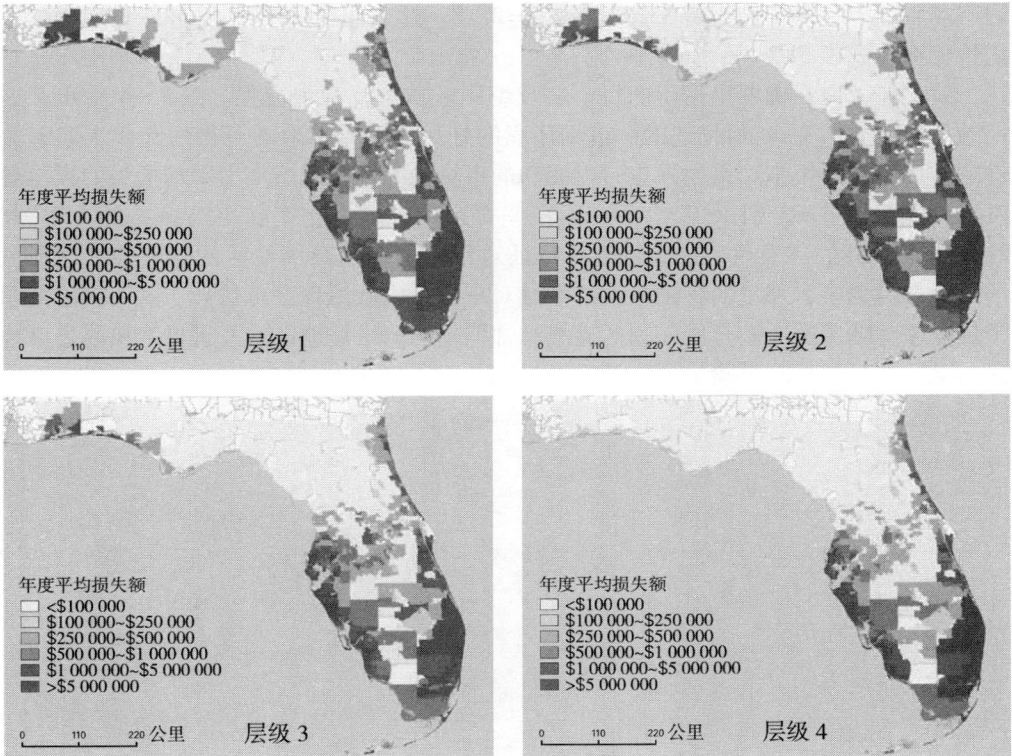

图 7—3 4 个再保险层级相应邮政编码区域的年度平均损失额

级的再保险成本贡献额将是 1 310 万美元。表 7—3 给出了这个描述性例子的结果。

表 7—3 一个给定邮政编码区域对于再保险价格的贡献 （单位：10 亿美元）

	年度平均损失额（AAL）	疲软市场	坚挺市场
低于层级 1	25.9	25.9	25.9
层级 1	14.6	31.1	23.5
层级 2	19.1	25.6	44.7
层级 3	16.9	36.7	64.2
层级 4	24.2	88.3	154.4
高于层级 4	18.6	18.6	18.6
合计	119.3	208.2	331.3

通过对每一层级重复这个流程，我们能够确定那一层级的邮政编码区域对于再保险成本的贡献额，包括低于层级 1 和高于层级 4 的保留部分：在疲软的市场状况下，它的贡献额是 2.082 亿美元，而在坚挺的市场状况下则是 3.313 亿美元。在疲软的市场状况下，再保险的总成本与年度平均损失额之比是 208.2/119.3 = 1.75。而在坚挺

的市场状况下，这个比值是 331.3/119.3 = 2.78。这表明在这两种不同的市场状况下，定价比率提高了 59%。

我们还可以在佛罗里达州的每个邮政编码区域重复这个流程。图 7—4 给出了这一结果。正如图 7—4 所描述的，市场环境的好坏对于再保险的可得性和成本起着关键的作用。这个模拟结果揭示出，在疲软的市场情况下，基于年度平均损失的风险融资比率通常在 1.03 到 1.78 之间，而在坚挺市场，这个比率在更高一些的 1.16 到 2.88 之间。我们还发现，再保险市场特征对佛罗里达州南部地区的影响最大，那里的风险最为集中，那里的各邮政编码区域对于定价的敏感程度也最高。这个例子阐明了佛罗里达飓风巨灾基金所面临的挑战和佛罗里达州沿海地区这一世界上风险最高地区与飓风相关的极端风险。

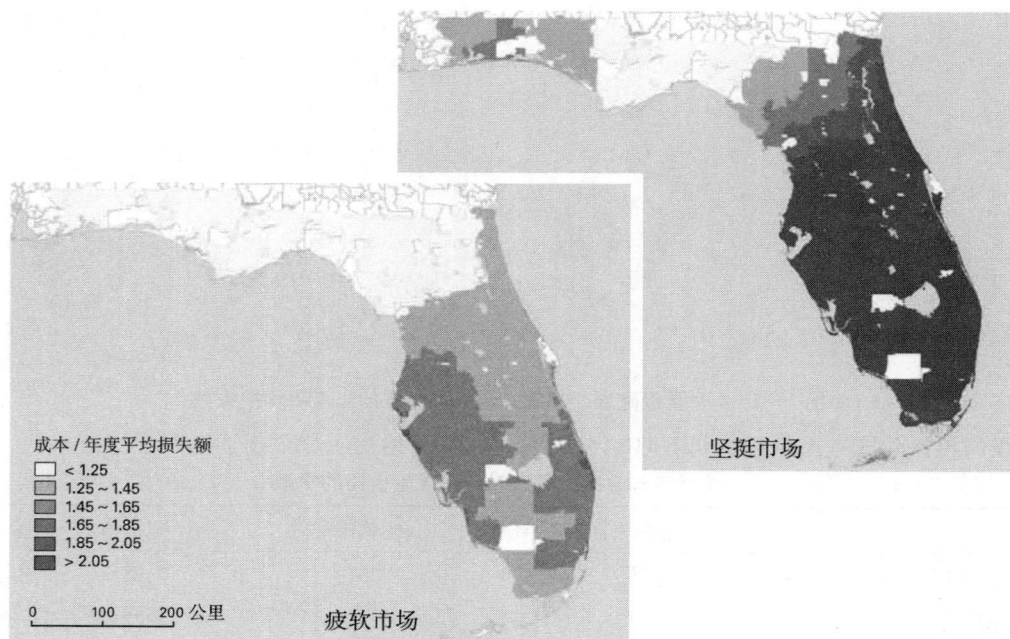

坚挺市场

成本 / 年度平均损失额
- [ ] < 1.25
- [ ] 1.25 ~ 1.45
- [ ] 1.45 ~ 1.65
- [ ] 1.65 ~ 1.85
- [ ] 1.85 ~ 2.05
- [ ] > 2.05

0   100   200 公里

疲软市场

图 7—4   在疲软市场和坚挺市场情况下年度平均损失额的真实风险融资成本比率

Source：Simulation by RMS.

7.4   关于再保险合同的更多经验数据

以上再保险公司的定价模型得到了来自于 Froot 和 O'Connell 的经验支持，Froot 和 O'Connell（1999）详细分析了 1970 年到 1994 年期间佳达公司（Guy Carpenter）的巨灾风险再保险合同。佳达公司是一家全球领先的再保险经纪人。它的合同保险范围非常广泛，涵盖了诸如地震、火灾、暴风雪和飓风等各种自然灾害。特别需要指出的是，Froot 和 O'Connell 还检验了由超额损失分保再保险合同承保保险的价格和数量。

在他们对这些资料的分析中，Froot 和 O'Connell（1999）发现在一个地区出现一笔 100 亿美元的损失后，下一年的盈利将会平均减少 5.2%。再保险盈利的降低导致了所有再保险合同的平均价格提高了 19%。虽然在受灾难影响的地区，再保险公司会因为更高的风险而提高价格，但是价格的提高和再保险公司是否有合同受到灾难的影响之间却是相互独立的。这种价格行为意味着，在遭受巨灾损失后，再保险公司的盈利并没有立即消失；它还暗示着再保险公司在决定是否要提供新的超额再保险的时候会认真考虑生存约束。这种损失延缓（post-loss）现象被称为能力约束理论（capacity constraint theory），我们将在下一章详细检验这一理论。

更为一般地，Froot 和 O'Connell 发现当时再保险公司收取的保费远远高于期望损失，有时竟高出 7 倍之多。此外，在期望损失相同的情况下，某一层级的起赔点越高，平均的保费倍数（premium multiple）越高。这些结果反映着与提供巨灾风险再保险所必需的巨额资本相关的成本。他们还发现，再保险公司业务的方差每上升 10%，再保险产品的价格就会提高 6.8%。再保险公司的这种行为与公式 7.2 所给出的保费设定模型（premium-setting model）是一致的，该式反映了风险负荷在决定再保险价格时所起到的关键作用。

Froot 和 O'Connell 分析的巨灾再保险合同的供给弹性大约为 7。这意味着在超过期望损失的水平之后，保费每提高 10%，再保险的供给就会增加 70%。Froot 和 O'Connell 指出，从资本市场所能提供的流动性工具的期望水平来说，这一增加的幅度是很小的。再保险公司的这个行为暗示了公式 7.1 所给出的生存约束在再保险公司决定提供多少再保险数量时的重要程度。两位作者的结论是资本市场的不完美性阻碍了资本流入再保险领域，从而导致在严重的灾难损失发生之后，再保险价格的飙升和再保险供给的收缩。

正如我们在第 1 章中所注意到的，在过去 10 年间，越来越多的极端事件正以递增的速度袭击美国，带来了严重的后果，灾难保险环境已经随之发生了根本性变化。我们对再保险公司的讨论，加上下一节提供的来自再保险市场的数据，都暗示着信用评级机构正在给资本的一般配置施加更多的额外压力。这种额外的压力对于再保险公司尤为沉重，因为这会严重约束其巨灾损失保险的供给。目前这种压力比 Froot 和 O'Connell 的研究期间还要大很多。

我们接下来讨论再保险市场对 2005 年飓风季节反应的演变状况、巨灾保险模型的修改情况以及信用评级机构对巨灾保险风险管理日益增加的关注状况。然后我们将转向 2005 年 1 月 1 日的再保险市场与 2006 年到 2008 年期间的再保险市场的比较。

7.5 2005 年至 2006 年间的再保险市场

根据佳达公司在 2006 年出具的一份关于 2005 年 7 月 1 日到 2006 年 6 月 30 日期

间世界再保险市场状况的报告（Guy Carpenter，2006），与本章7.2节的模型所刻画
的再保险公司在业务受理和保费定价等方面的决策相比，再保险公司在这一阶段的行
为方式在很大程度上都是与其吻合的。佳达报告是以佳达公司巨灾分析数据库里超过
200个层级的持续追踪巨灾数据样本为基础的，这一数据追踪从1989年开始，一直
持续到了2006年。我们将讨论这个报告及相关研究的一些关键性发现。

7.5.1　再保险损失在再保险定价、覆盖范围和再保险收益率方面的影响

2005年的风暴给再保险行业造成了不成比例的负担。各家再保险公司估计它们
在2005年遭受的损失是400亿美元，大约是卡特里娜飓风所造成损失的一半。这一
损失立刻将再保险市场转为坚挺市场。作为7.3节所描述的定价过程的直接应用，在
美国使用保费责任比率（rate on line，简称ROL；再保险公司对保险公司向其投保的
某一层级的保险所收取的保费）测度的再保险保费呈现显著上升势头。如图7—5所
示，保费责任比率指数在2005年7月1日到2006年6月30日期间上涨了76%。

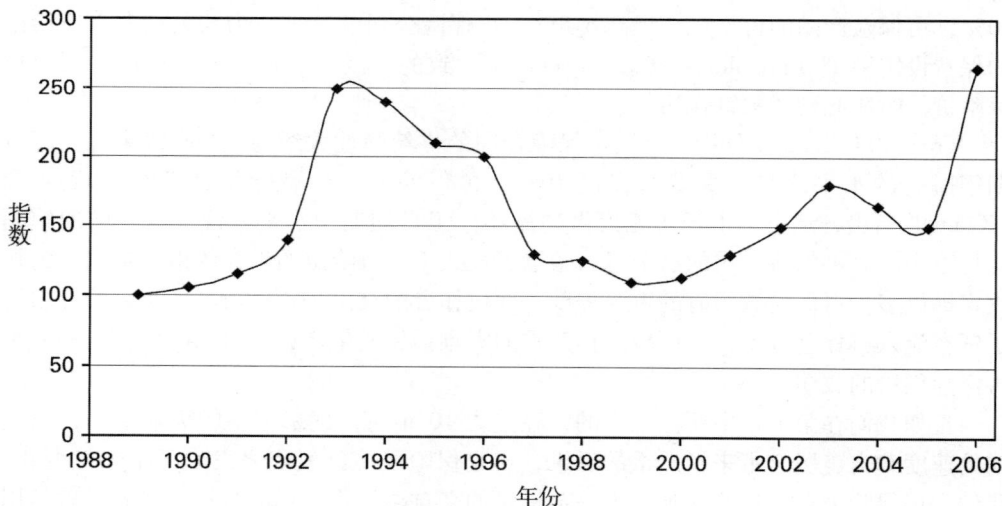

图7—5　1989年至2006年期间美国巨灾财产的保费责任比率指数

Source：Data from Guy Carpenter.

注释：指数化为1989年水平。

再保险保费的大幅增长吸引了新的资本，有8家主要的保险公司进入再保险市
场。佳达公司的报告（Guy Carpenter，2006）指出，"许多投资者预期再保险价格将
会上升、资金将会短缺，因而极大地促进了他们进入这一市场。"从卡特里娜飓风来
袭到2006年6月30日这段期间，估计有260亿到270亿美元的资本通过新开办再保
险公司和其他风险转移工具流入既有的再保险公司。[8]尽管有新的资本流入再保险市
场，但是那些有着高飓风风险的区域，尤其是佛罗里达州和墨西哥湾地区，飓风再保
险市场形势仍非常严峻，导致了按照保费责任比率计算的再保险保费大幅上涨。图

7—6 显示的是基于对选取的一组公司从 1989 年至 2006 年的持续追踪得到的平均留存额指数。我们可以看到，由于卡特里娜飓风所带来的资金紧张，2006 年美国的私人保险公司在前一年的基础上将保险留存限额（retention limit）提高了 40%。

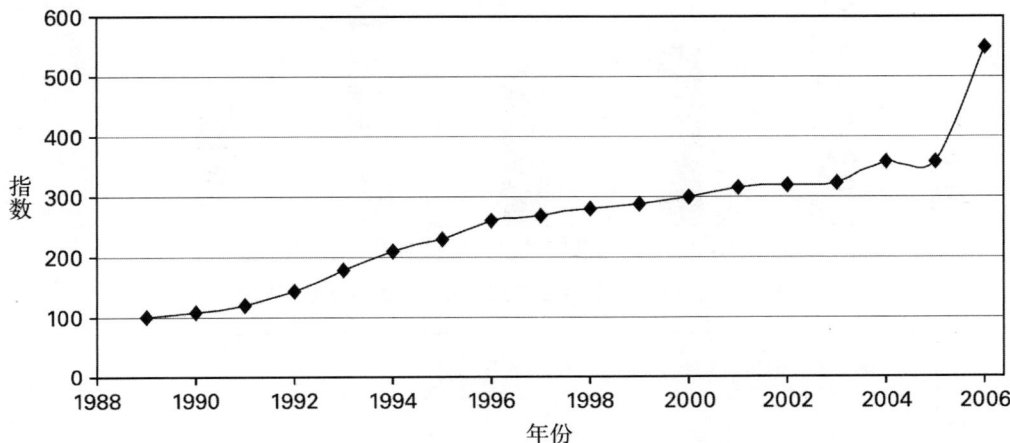

图 7—6　1989 年至 2006 年美国每个项目的平均留存额指数

Source：Data from Guy Carpenter.

注释：指数化为 1989 年水平。

这些保险公司还将再保险的平均限额提高了 11.4%。正像建模公司所预示的那样，这个提高反映了各家保险公司对于飓风损失激增的可能性的关注，以及来自信用评级机构对资本充足率和潜在巨灾保险管理给予的持续压力（关于这些问题更为详细的讨论请参见本书 6.5 节）。此外，灾害易发区人口的快速增长以及 2004 年和 2005 年巨额的飓风损失强化了保险公司对于巨灾损失潜在可能性的防范意识。佳达公司的报告还预计，如果巨灾保险的保费责任比率不能得到明显提高，风险承受能力也不能进一步扩大，那么已然提高的再保险限额还将会进一步显著提高。

正如图 7—7 至图 7—9 所描绘的，2005 年到 2006 年间，在美国的高风险地区，针对巨灾保险的再保险业务的匮乏现象更为突出了。这是因为对于给定的再保险项目来讲，在全美开展业务的保险公司、地区性保险公司和只在佛罗里达州开办业务的保险公司都提高了起赔点，期望损失有所降低，收取了更高的保费，承担的风险也更高了。图 7—7 至图 7—9 这三张图显示，在 2005 年到 2006 年间巨灾再保险公司对所有保险公司所收取的保费出现了显著提高，尤其是对那些只在佛罗里达州开展业务的保险公司所收取的保费明显还要更高些。当然，再保险公司所承担的风险比往年也要高很多。这反映出再保险公司已经意识到现在飓风的预期风险更高了，这也暗合了建模公司调高其对飓风发生频率的估计值以及信用评级机构使用更加严格的评判要求的做法。结果，由于再保险公司在高风险地区仅提供了较少的保险，它们今天可能只面临着较小的风险（较低的期望损失）。

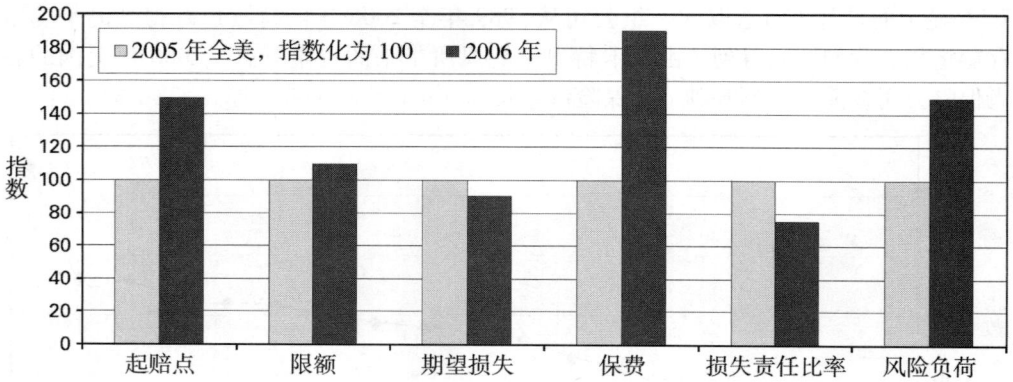

图 7—7　2005 年至 2006 年跨国公司关键更新数据比较

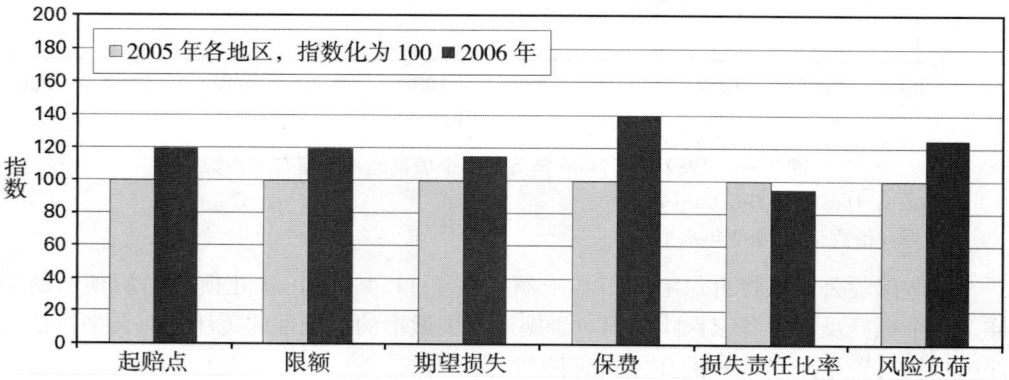

图 7—8　2005 年至 2006 年地区企业关键更新数据比较

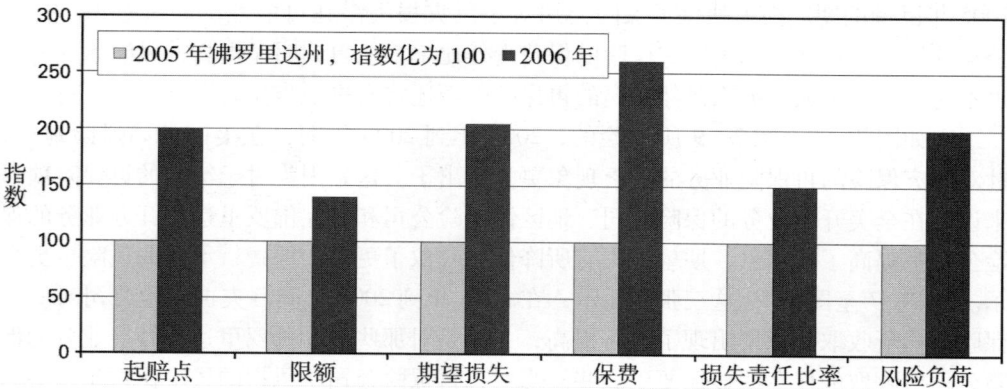

图 7—9　2005 年至 2006 年佛罗里达州企业关键更新数据比较

Source：Data from Guy Carpenter.

对于任意给定期间的不同保险层级，再保险公司在确定期望收益率时需要计算以下几个指标：

- 每一层级 J 的保费责任比率（ROL_J）。这是对超过保险金额的保险层级所收取的保费费率

- 每一层级 J 的损失责任比率（Loss on Line，简称 LOL_J）。这是对超过保险金额的保险层级的期望损失所收取的保费费率。层级 J 的期望损失由给定层级 J 之内的每一笔损失额（L_{iJ}）乘上这笔损失发生的概率（p_{iJ}）得到。其计算公式为：$LOL_J = \sum_i p_{iJ} L_{iJ}$

- 每一层级 J 的期望承保收益率。其计算公式为：$E(\prod_J) = ROL_J - LOL_J$

对于一个固定的保险层级，起赔点越高，损失责任比率就会越低，因为起赔点越高其发生的频率也越低。比方说，如果一家再保险公司给一家保险公司超过 1 亿美元之上的 5 000 万美元提供超额损失再保险（损失介于 5 000 万美元到 1 亿美元之间），它必须意识到这个层级的损失责任比率比超过 5 亿美元之上的 5 000 万美元的损失责任比率更高。

图 7—10 表明，对于所有的再保险层级来讲，2006 年（图中上方的细线）的保费责任比率（y 轴）都要比 2005 年（图中下方的粗线）的保费责任比率高很多（大约为 10%）；损失责任比率（x 轴）所反映出来的情形也是一样的。在这两年间，这两条线几乎都是平行的，这说明 2006 年保费责任比率的提高与处于较低水平的损失责任比率的提高是成比例的，这和较高的再保险起赔水平是一致的，这暗示了再保险公司对于一个固定再保险层级的期望利润随着起赔点的提高而增加了。对于再保险公司的这些行为可能有以下几种解释：

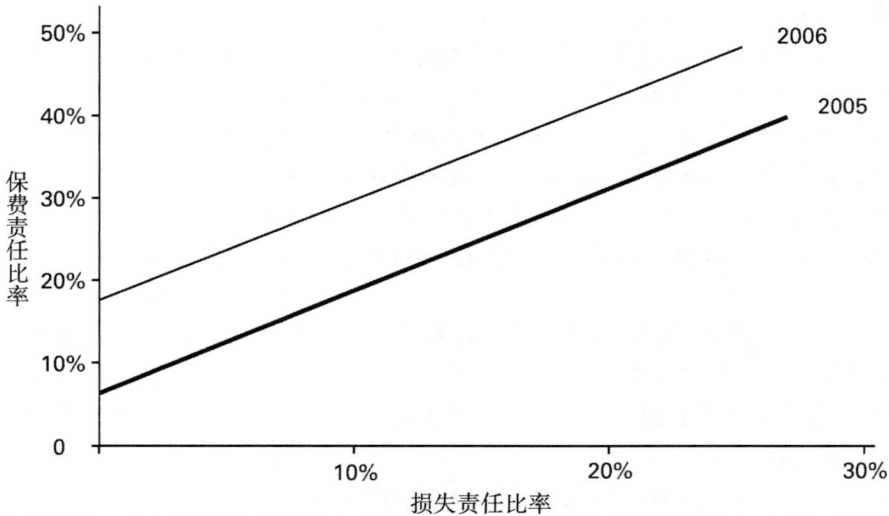

图 7—10 2005 年和 2006 年功能损失的线性比率

Source：Data from Guy Carpenter（2006）.

- 在图 7—10 中，损失责任比率的值可能并没有反映基于 2006 年春季建模公司向上修正的期望损失的当前估计。

● 由于信用评级机构更为严苛的要求，为了保护自己免受巨灾损失之苦而持有更多的盈余，以及与此相关的更高的资本成本，再保险公司现在变得更加保守了。

● 如果一家再保险公司将一个给定层级的期望收益率定义为 E（$\prod_J$）= ROL_J – LOL_J，那么这个收益率就被高估了。在确定 E（$\prod_J$）时还有一些其他的费用（比如资本成本）也需要考虑在内。

7.5.2　灾难性自然灾害损失的再保险容量

现在，再保险行业到底有多大的能力为自然灾害所造成的巨灾损失提供保险这个问题尚存在若干争议。在和各家大型再保险公司和若干家大型经纪人公司就这一问题进行过多次深入讨论后，我们得出如下结论：很难准确地定义再保险的具体能力。关于私人和公共部门在为高层级巨灾风险提供保险方面所扮演的具体角色，当前的政策辩论可谓数量繁多、花样迭出，所以各色人等对再保险的定义也莫衷一是，甚至提供一个价值区间都可能产生误导，原因如下：

● 任何公司提供的再保险业务数量部分地取决于它能够从再保险业务中获得的保费收入。对于一个给定的层级，它收到的保费越高，再保险公司意欲提供的再保险数量就越多。换句话说，可以接受的再保险数量取决于保险公司愿意为特定潜在损失支付数额的大小。

● 美国市场只是全球众多再保险市场中的一个。时刻关注国际保险和再保险市场状况非常重要。确实，一家再保险公司在不同地区（例如美国或日本的地震带、欧洲的风暴区、美国的飓风区、亚洲的台风区）的风险间对其有限承保能力的配置，以及在这些地区中的某些地区增加或者减少承保业务数量，将依赖于其自身保险业务组合的具体特征、这些灾难性风险发生的相对可能性、这些不同的地区对再保险的需求，以及能够扩展其承保能力的其他资本来源的可得性和价格等众多因素。

● 一家再保险公司的承保业务数量还将依赖于其过去的亏损记录以及它曾经获得过的盈余数额。举例来讲，在 2006 年的飓风季节，美国并未遭到飓风侵袭，这意味着 2007 年将有更多的盈余投入到自然灾害风险的再保险之中，因此，再保险公司的承保能力得以扩大。

● 建模公司调高对期望损失的估计以及信用评级机构对于处理灾难性风险更加严格的标准，都会使得再保险公司在为某些保险层级提供保障以应对此类损失的意愿方面更趋保守。

● 由于并不存在标准的再保险定义，也没有衡量再保险承受能力的统一标准，所以不同的再保险公司对其定义和标准也是千差万别、花样迭出。

7.5.3 2006 年的佛罗里达州再保险市场

佛罗里达州的财产保险市场严重依赖佛罗里达飓风巨灾基金（FHCF）和私人再保险市场的保护。通常大约要有 50% 的优先住宅保险保费分保给再保险公司，而在全美的平均水平上，这个比例大约为 33%。[9] 根据 V. J. 道林（Dowling，2006a）的研究，佛罗里达州私人保险市场直接承保的保费（direct premiums written，简称 DPW）总额为 56 亿美元，其中保险公司仅在佛罗里达一个州签出的保险业务总额就高达 41 亿美元。通过比较图 7—7 到图 7—9 我们就可以发现，只在佛罗里达一个州开展业务的保险公司在巨灾再保险保费上经历了最为剧烈的上涨（大约为 150%）。许多保险公司无力扩充其保险能力，或拒绝在偏高的价位上购买再保险。因此，它们今天承担了更多的风险。现在还不确定如果在来年另一个严重的飓风袭击佛罗里达州的话，它们该如何面对。

我们一直在探索的关键问题之一是到底多高的保费才能反映风险。根据道林（Dowling，2006b）的研究，佛罗里达州保费总额需要达到 106 亿美元，或者说要在原有费率的基础上上调 56%，才能保证 12% 的股东权益报酬率。换句话说，如果保险公司被强制以如今受管制的保费价格为佛罗里达州的高风险地区提供保险业务，那么，它们的股东权益报酬率将会低于其承保其他保险业务所能获得的股东权益报酬率。道林估计，假如所有提高保费费率的请求都能获得批准，那么保费将会比 2006 年 10 月的费率水平再提高 22%。

我们还获得了佛罗里达州居民财产保险公司再保险项目的资料，这使得我们得以比较其 2005 年和 2006 年的项目。如果居民财产保险公司选择在 2006 年春季放弃 5 亿美元的私人再保险，那么它将会因为与这些保险业务（1.37 亿美元）相关的高成本而遭受超过 50 亿美元的损失（保费责任比率为 1.37 亿美元/5 亿美元 = 27.4%）。居民财产保险公司没有这么做，相反，它花费 2.5 亿美元向佛罗里达飓风巨灾基金为其超过 13.5 亿美元以上的 50 亿美元保险购买了再保险（保费责任比率为 2.5 亿美元/50 亿美元 = 5%，或者说它能将截止到 2006 年 6 月在私人保险市场可能遭受的损失降低至 1/6）。[10]

2007 年佛罗里达州通过的法律（参见本书第 3 章）可能对该州的再保险市场产生巨大影响。这个法律的一个重要特征是佛罗里达飓风巨灾基金提供给保险公司的再保险得到了显著扩展。佛罗里达飓风巨灾基金对各家保险公司收取的再保险业务价格将基于长期平均年度损失额。这些价格因此可能比当时私人再保险公司的要价要低一些。不过，在 2007 年 7 月的续保期间，（与 2007 年 1 月相比）私人再保险公司并没有大幅降低它们的再保险保费。

7.5.4 再保险行业在 2006 年的盈利能力

2006 年并没有发生巨大的灾难性损失，再加上良好的巨灾保险管理以及再保价格的显著提高，再保险公司这一年的利润创了纪录。根据佳达公司的说法，"不管怎么说，这帮助资本从 2004 年和 2005 年的市场流失中获得了快速的补充。"[11]此外，由于在 2006 年有 170 亿美元的新资本进入了再保险市场，这强力地支撑了该市场的风险承受能力。加上 2005 年秋季的 250 亿美元新资本的流入（参见本书第 8 章），再保险行业自从卡特里娜飓风以来已经获得了大约 400 亿美元的注资。

7.6　2007 年和 2008 年再保险市场的重振

从再保险经纪人处得到的数据为我们提供了从 2006 年 1 月 1 日到 2007 年 7 月 1 日再保险市场变化的图景。据本菲尔德（Benfield，2007）的一份报告称，2007 年 1 月 1 日，全国性再保险公司和跨地区再保险公司的定价比 2006 年 7 月 1 日有所下降，但是仍然比 2006 年 1 月 1 日续保期间的价格要高出 30% 到 50%，也明显高于 2005 年 1 月 1 日的价格水平。佳达公司在 2007 年 9 月出版的一份报告，描述了全国性的和区域性再保险公司（不包括只在佛罗里达一个州营业的公司）在 2005 年 1 月 1 日到 2007 年 1 月 1 日期间较低层级和较高层级再保险项目定价（各种保费责任比率）的演变情况。

图 7—11 显示，从 2006 年 7 月 1 日到 2007 年 1 月 1 日这段时间，全国性再保险公司较低层级再保险项目的再保险价格降低了 17%，较高层级再保险项目的再保险价格降低了 14%。不过，与 2006 年 1 月 1 日的价格相比，2007 年 1 月 1 日较低层级的再保险价格上涨了 28%（较高层级的再保险价格则上涨了 9%）。这个图还揭示出，不管是较高层级的再保险业务还是较低层级的再保险业务，2007 年 1 月 1 日全国性再保险公司的价格要比 2005 年 1 月 1 日续保期间的价格高出 2 倍还多。正如图 7—12 所示，从 2006 年 1 月到 2006 年 7 月再到 2007 年 1 月，区域性再保险公司的价格变化也遵循了同样的路径。

为了更为透彻地观察巨灾再保险市场过去 24 个月的价格运动，佳达公司使用了一个 1% 损失责任比率（LOL）的基准（带有百年一遇触发概率的再保险部分）。图 7—13 描绘了从 2005 年 1 月 1 日的续保期间到 2007 年 7 月 1 日之间的价格走势。这些 1% 损失责任比率层级的保险费率已经大致回到了 2006 年 1 月间的水平，但是仍然是 2005 年初的两倍。

2007 年全年，美国再保险市场持续疲软。到 2008 年 1 月 1 日的续保期间，再保险价格已经比 2007 年 7 月 1 日下降了大约 10%。[12]根据佳达公司发布的消息（Guy Carpenter，2009），2008 年严重的巨灾损失和国际信贷危机将 2009 年 1 月再保险续保期间的财产巨灾保险费率推高了 8%。尽管再保险价格出现了小幅下调，但是再保险项目的保留额度和限额在 2007 年却一直在持续增加，不过脚步却比上一年明显放缓了。更为特别的是，在 2006 年大幅跳高 40% 之后（见图 7—6），保留额度在 2007 年提高了大约 5.6%（按 1989 年指数大约从 540 上升到了 570）。再保险项目的平均回

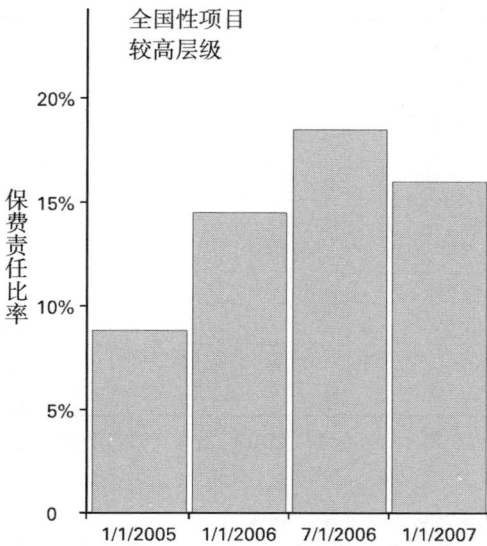

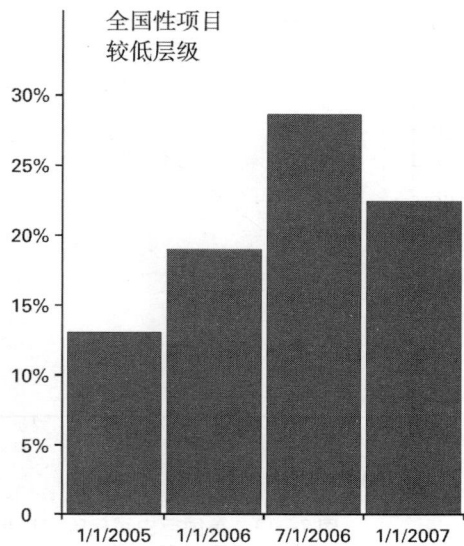

图 7—11　2005 年 1 月至 2007 年 1 月间美国全国性再保险公司保费责任比率的比较
Source：Guy Carpenter（2007a）.

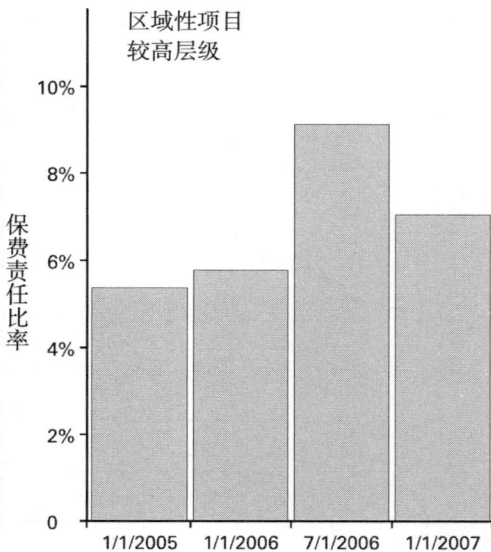

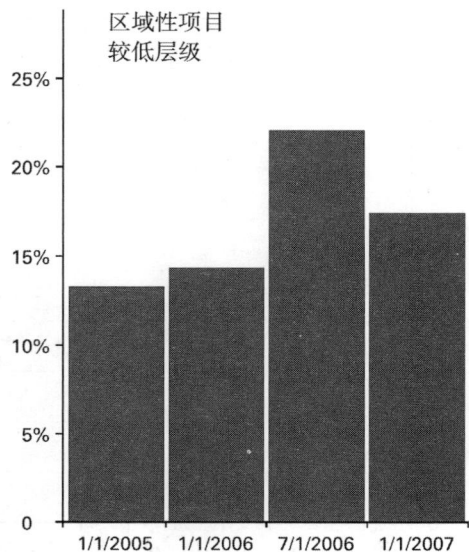

图 7—12　2005 年 1 月至 2007 年 1 月间美国区域性再保险公司保费责任比率的比较
Source：Guy Carpenter（2007a）.

报期维持在大致 15 年的水平。正如图 7—14 所示，在 2007 年和 2008 年，再保险的平均限额一直在持续上升。[13]

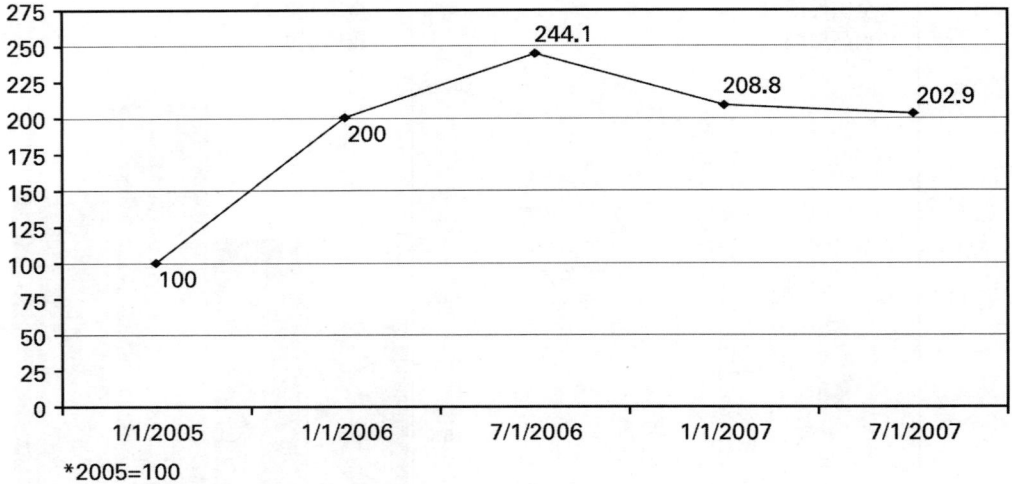

图 7—13　美国巨灾再保险定价指数：百分之一损失责任比率（LOL）的
保费责任比率（ROL）基准定价

注释：期间为 2005 年 1 月 1 日至 2007 年 1 月 1 日；指数 100：2005 年 1 月。

Source：Data from Guy Carpenter.

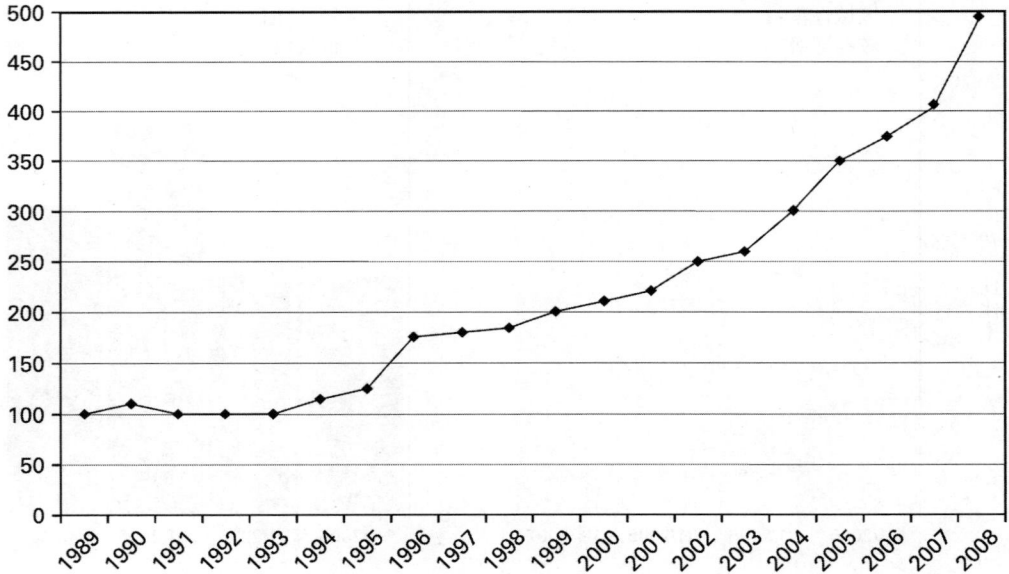

图 7—14　1989 年至 2008 年美国每一项目指数的平均限额

注释：指数 100：1989 年。

本章小结

本章关注的焦点是再保险行业在为各家保险公司提供融资保护，以帮助其抵御来自自然灾害的巨灾损失的过程中所扮演的角色。我们首先构建了用于刻画再保险公司在确定其再保险业务品种，以及如何为其对不同层级提供保护定价的决策模型。为某一再保险层级制定的价格，除了足以支付预期的索赔额，还应该能够承担市场营销费用、经纪费用和理赔费用，同时，这些保险业务还应确保能够赚到足够高的期望股本收益，只有这样对投资者才有吸引力。再保险公司同时也非常关注在给定的资本成本水平上，其业务组合的方差分别在疲软市场和坚挺市场状况下对其盈利能力的影响。

2005 年的飓风季节带来了一个和 1992 年到 1993 年安德鲁飓风之后的环境有着近似特征的坚挺市场。由佳达这家大型保险和再保险经纪公司所收集的数据资料显示，在 2006 年，尽管有 260 亿到 270 亿美元的新资本进入了再保险市场，但是佛罗里达州（上涨了 50% 到 100% 不等）和美国的其他一些地区的再保险价格仍然出现了显著上涨。在 2006 年 7 月 1 日到 2008 年 1 月期间，再保险价格曾经出现小幅回落，但是到 2009 年 1 月的续保期间价格再度上扬，这使得再保险价格仍然要比 2005 年 1 月时高出很多。2007 年到 2008 年期间，再保险项目的平均保留额度和平均限额也一直在持续上升。

第8章

为极端事件融资的创新型
保险联结证券

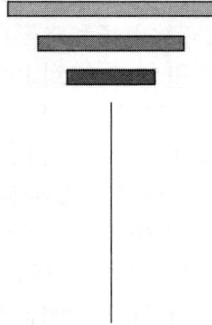

主要发现

在美国 2005 年的飓风季节之后，再保险价格出现了显著的上涨，随之而来的是信用评级机构对提供巨灾风险保护的保险机构制定了更为严苛的评级条件，这些都已经导致了保险联结证券市场的急剧膨胀。不过，资产证券化仍然只占当今全球保险市场资本的一小部分。

基准：信用与天气衍生产品。与过去 10 年间创造的诸如全球信用衍生产品和全球天气衍生产品等其他衍生工具相比，保险联结证券市场可能有更加重要的机会。

展望未来：金融创新。将保险联结证券的本金进行分组（把若干种截然不同的风险与由此而形成的风险组合混合在一起，并根据不同的期望回报把它们分成多个层级），通过延揽投资者而非通过传统的套期保值和巨灾基金构成了市场膨胀的自然途径。诸如在 2007 年引入纽约商品交易所和芝加哥商品交易所的与巨灾相关的期货和期权等标准化了的、以指数为基础的衍生产品也向投资者展现出了极富吸引力的特性。利用互换（通过控制保险行业和资产管理行业的波动性）来分散权益证券波动性的观念也可能成为一种为巨灾风险提供保护的途径，尤其是在 2008 年金融危机之后。

8.1　选择性风险转移工具的涌现

正如我们在上一章所讨论过的，美国巨灾风险的再保险价格在 2005 年的飓风季节之后出现了显著的上涨。[1]尤其是转分保市场（retrocession market：给再保险公司提供再保险的市场）规模的急剧缩减，引起了各家再保险公司之间更大的不确定性，这种不确定性在于这些保险保障从长期来说它们是否总是可以得到的。

上述这些发展变化极大地促进了作为传统保险业务和再保险业务补充的选择性风险转移工具（alternative risk transfer，又译作"新型风险转移工具"，简称 ART）的膨胀。选择性风险转移工具领域的成长始于 20 世纪 70 年代至 20 世纪 90 年代的一系列保险承保能力危机时期，这些危机导致传统再保险的购买者们去试图寻找一种更为稳健的购买保护的方式。尽管选择性风险转移工具能够包含广泛的可供选择的方案（包括创立专属公司（captive）或风险留存集团（risk-retention group）），然而我们更关注这些工具将投资者们的部分巨灾损失转移给金融市场投资者们的能力。绝大多数风险转移技术使得资本市场中的投资者们在提供保险和再保险保护中发挥着更为直接的作用。投资者们把这些产品视为通过将资金配置到与其他金融风险（例如利率的波动）并不高度相关的金融工具中来提高其收益的一种途径。

我们对保险联结证券（insurance-linked securities，简称 ILS）在灾难资产证券化市场过程中所能扮演的角色兴趣盎然。行业损失担保（industry loss warranty）和巨灾债券（catastrophe bonds，简称 cat bonds）市场在 2004 年和 2005 年的美国飓风季节之后到底是如何发展演变的？保险联结证券市场近期有什么创新？在美国，2006 年和 2007 年大型飓风的暂时缓解已然带来了哪些影响？

从 10 多年前诞生之日起，保险联结证券就经常被视为面临着潜在巨灾风险的公司保全其必要资本的一种前景美好的措施。从相对意义上说，2005 年至 2007 年期间已经被当做新兴投资机会的号角吹响时期，[2]并且我们也已经目睹了巨灾债券发行和其他创新型金融工具数十亿美元市场的发展等历史性的记录。但是从绝对量上讲，该市场仍然微不足道。证券化资产只占据着当今全球保险市场很小的资本份额。

但是，选择性风险转移工具近年来的发展却显示了其美好的前景。2005 年至 2007 年这段时间是否可以看作是该市场的反转点（tipping point）？换句话说，我们是否已经到达从投资者和潜在的风险套期保值者身上获取足够利润的保险临界业务量（所有类型的公司，包括但不仅限于保险公司和再保险公司）？如果答案是否定的，那么需要什么条件才能使得保险联结证券市场凭借其自身而做大做强？本章介绍了若干应对某些局限性的途径和某些拓展这一市场的创新性方法。

8.2　保险联结证券所能提供的融资能力：过去与现在

这一节我们讨论资本市场提供的三类保险联结证券工具：行业损失担保、巨灾债券和侧挂车（sidecar）。[3]前两种和超额损失再保险（excess of loss reinsurance）类似，但侧挂车通常更像是限额分担风险的保险（quota-share-like coverage），因而更接近比例再保险（pro rata reinsurance）（参见第 7 章）。

8.2.1　行业损失担保

第一份行业损失担保（industry loss warranty，简称 ILW）是在 20 世纪 80 年代签发的，用于为航空业亏损提供保护，而后在 20 世纪 90 年代早期发生大型自然灾害之后，发展到财产和灾害保险行业。正如其名称所指明的那样，行业损失担保（也就是人们所熟知的"原始损失担保"，original loss warranty）是一种用来保护保险公司和再保险公司免受因自然灾害等极端事件而造成的严重损失的金融工具。行业损失担保市场现如今几乎只关注巨灾风险，在卡特里娜飓风、威尔玛飓风和丽塔飓风过后，增长迅猛。

行业损失担保是这样进行运作的：想要对风险进行套期保值的购买者在合同初期向销售者支付一笔保费。作为回报，购买者可以在遭受重大行业损失时向保险销售者提出索赔。行业损失担保的支出可以用这样一种简化的方式来构造：如果在某一特定的州或地区内，一个预先确定的行业损失指数（industry loss index，简称 IL）超过了被称作触发条件（trigger，记作 T）的阈值，购买者可以向销售者提出额度等于行业损失担保限额（L）的索赔，而无须考虑购买者所蒙受损失的实际数额：[4]

如果 IL≥T，索赔额 = L

如果 IL<T，索赔额 = 0

比方说，2009 年纽约的一份起赔点为 200 亿美元、限额为 2 亿美元的美国强风行业损失担保（wind ILW）的购买者需要向为其提供此种保护的担保人（例如，某个充当再保险公司的对冲基金）支付一笔费用，作为其回报，倘若保险行业在 2009 年袭击纽约的一次飓风中所遭受的损失总额超过了 200 亿美元，那么，损失担保的购买者就可以获得 2 亿美元的赔偿。

在这种情形下，行业损失担保很像超额损失再保险，但这时保险公司仍面临着一些基本的风险：投保者的业务手册中已然购得了保险的损失，并不必然地完全符合从以指数为基础的合同（index-based contract）中聚集而来的索赔数额。[5]还应注意到，由于行业损失担保很像没有赔偿责任的（nonindemnity）巨灾债券，所以它也会呈现出与后者相同的基本风险问题。迄今为止，绝大多数行业损失担保的购买者已经都是大公司了，它们只是把这些金融工具看做分散其所面临的潜在风险的另一种途径而已。对于那些占有庞大市场份额的公司来说，其基本风险也可能会降低，因为它们的损失很可能代表着整个行业在大型自然灾害之后的损失水平。对于那些只在一个州经营的保险公司和再保险公司，或者那些只在少数特定区域经营的、业务集中度较高的公司来讲，行业损失担保尤其具有吸引力，因为这能使它们在其开展业务的主要区域获得更大的市场份额。

如此说来，在灾难过后对行业亏损的估算就显得尤为关键。在美国，保险服务事务所（Insurance Services Office，简称 ISO）就是一个测算大型灾难过后行业保险损失总额的机构，它所测得的数据将被用作参考指标（reference index）。但是在欧洲，没有中央一级的机构来专门测算行业亏损。不过近来已经有人呼吁创建类似的欧洲组织来为套期保值者和投资者提供更大的透明度，并进一步培育这一市场。

行业损失担保的主要优势之一是对买（保险公司和再保险公司）卖（例如对冲基金）双方来讲交易成本都比较低。行业损失担保的卖方不必估算具体某一家公司的保险/再保险业务组合在某一触发条件中预期所遭受的损失，通常只有整个行业的超越概率曲线才能削减不确定性从而削减与较高波动性相关的成本。

在 2006 年春季，雷恩金融公司（Lane Financial）发布了 2005 年（卡特里娜飓风来袭之前）到 2006 年 4 月 1 日之间的行业损失担保费用的演变数据分析，该分析针对的是不同的触发条件等级（从 50 亿美元到 500 亿美元的保险行业损失）和不同类型的风险（佛罗里达州的飓风、全美范围内的强风、加利福尼亚州的地震）。该研究基于从专业经销商处获得的 2001 年到 2006 年期间的信息。尽管这些信息并不十分详尽，但是表 8—1 还是提供了对这些变化较为精确合理的描述。[6]

表 8—1　　　　行业损失担保费用演变过程：2006 年 4 月与 2005 年
卡特里娜飓风来袭之前的对比

行业损失担保触发条件（10 亿美元）	佛罗里达州的飓风（％）	全美所有自然灾害*（％）	加利福尼亚州的地震（％）
5.0	54	NA	43
10.0	83	85	75
12.5	87	105	76
15.0	92	111	8‡
20.0	132	133	100
25.0	164	124	89
30.0	76	130	49
40.0	178	157	44
50.0	113	160	42
平均	120	126	66

Source：Lane Financial（2006）.

＊这里的标注与正文的叙述不符，原文如此——译者注。

正如表 8—1 所列示的那样，对于 50 亿美元的触发条件来说，评估价格上涨了 54%，而对于 500 亿美元的触发条件来说，由于遭遇了佛罗里达州的主要飓风，与卡特里娜飓风来袭之前相比，价格上涨则高达 113%。尽管价格出现了如此涨幅，卡特里娜飓风过后市场还是获得了显著增长，这表明现在的保险公司和再保险公司摄取其他资本来源的胃口远远地超过了传统的再保险或转分保。据估计，2005 年 9 月至 2006 年 9 月期间，共发行了将近 40 亿美元的行业损失担保。[7] 2008 年行业损失担保的总量大约为 50 亿美元。因为绝大部分此类交易是在公司与公司间（company-to-company）达成的，所以很难精确地获知其总量和价格。

8.2.2　巨灾债券

如果一场严重的灾难造成了大规模损毁，巨灾债券能使保险公司和再保险公司获得基金支持，这在某种意义上与行业损失担保非常类似。典型的巨灾债券通常只以超额损失为基础向定义非常狭窄的风险提供保护；其发行则采取高息债券的形式。

下面试举一例来说明巨灾债券的原理：假设有一家名为"安全公司"（SafeCompany）的保险公司或再保险公司，它想要弥补部分由灾难性损失带来的潜在风险。为此，它创立了一家名为"大飓风"（BigCat）的新公司，创立这家公司的唯一目的就是保护安全公司。从这种意义上来说，大飓风公司是一家单一目的的再保险公司（single-purpose reinsurer，或者称为"特别用途公司"，special-purpose vehicle，简称 SPV）。当再保险合同签订之后，发起人（安全公司）向大飓风公司支付费用。另一方面，投资人把他们的基金和大飓风公司这家特别用途公司的资金放在一起，这些基金便构成了大飓风公司即将发行债券的初始本金。从安全公司募集到的再保险保费将被用于为投资者提供债券利息。为了补偿一旦灾害发生所造成的可能损失，债券利息还应该足够高。

设想受巨灾债券保护的灾害所造成的损失超过了预先指定的触发条件，债券或本金的利息将根据已发行巨灾债券的具体规定而有所减免。这笔基金就可以帮助安全公司用于支付此次事件的索赔。除了巨灾债券利率问题之外，投资人至少还要考虑其他四个要素：对本金的保护、触发条件、债券的规模和债券的期限。

1. 对本金的保护

一项巨灾债券的本金（principal）通常是由多个不同的部分（tranche）组成的，有的可能受到保护，有的则不一定。受到保护的部分（protected tranche）保证投资人能够在债券到期时拿到这部分本金。对这部分本金来说，如果受保护的事件发生，特别用途公司将中止支付利息并能够将借款期限延长数年。不受保护的部分（unprotected tranche）其本金和利息在受保事件发生时都面临着风险。[8]

2. 触发条件

各种债券触发条件（trigger）的性质是不尽相同的。触发条件可以是以损失补偿为基础的（indemnity based），这意味着交易是建立在发起人的实际损失基础之上的。这就削除了发起人的基本风险，但这同时也降低了交易对投资者的透明度。触发条件也可以建立在使用某一预先确定的行业损失指数（industry index of losses，比如由美国的财产索赔服务机构计算的指数）的行业损失基础之上。触发条件还可以通过某一参考指数（parametric index）来确定，此类指数包括发生在旧金山海湾的里氏 7 级或 7 级以上的地震，或者袭击佛罗里达州的 4 级飓风。参考指数向投资者提供了透明度，但是发起人可能要承受较大的基本风险（详见上文关于行业损失担保基本风险的讨论）。

3. 债券的规模

近些年来债券发行的规模一直在不断增长。比方说在 1997 年发行的 5 种债券中，只有一种债券的资本总额超过 2 亿美元；而到了 2000 年，这一数字就已经变成了两种；2005 年则变成了 4 种（这一年总共发行了 10 种债券）。同样，1997 年时有两种债券的资本低于 5 000 万美元（这一年总共发行了 5 种债券），但是在 2003 年至 2007 年间新发行的 70 种债券中，没有一种债券的资本低于 5 000 万美元。[9] 与这些金融工具（相对于传统再保险业务来讲）复杂的履行相关的交易成本使得此类债券的资本规模越来越大。

州际农场保险公司在 2007 年发行了一笔巨额的巨灾债券：12 亿美元的风险资本债券。这是有史以来发行的规模最大的债券（原计划发行 40 亿美元债券，但是后来规模缩减到 12 亿美元的票据和定期借款）。该债券的创新在于它是累积性的：公司在该债券的 3 年期限内，保护其保险业务组合免受在一系列预先确定的事件（譬如美国的飓风、日本的地震等等）中所遭受的累积性的损失。

4. 债券的期限，或者如何稳定保险与再保险价格

债券的期限就是特别用途公司能给安全公司提供保护的持续期间。相对于传统的 1 年期再保险合同，巨灾债券的一大优势就是它通常能够提供为期 1 到 5 年的期限更长的保护。随着时间的推移，期限较长的巨灾债券的比例会不断上升，有迹象表明此类金融工具已经在再保险业界和金融业界赢得了信任。表 8—2 列出了 1997 年至 2007 年间发行的巨灾债券的期限。这些债券的平均期限大约为 3 年，有些巨灾债券只有 1 年的期限而有些则长达 5 年甚至更久。

假设债券总资本未被触发（在这种情形下不得不在可能有所不同的条件下发行某种新的债券），在大型灾难发生后经常出现的高度不稳定的再保险价格的环境中，巨灾债券能够通过在多年之内为某一预先确定的价格提供保证的方式来为保险公司提供某种重要的稳定性元素。

由于许多公司对 2005 年飓风季节过后巨灾保险价格暴涨的抱怨，以及来自信用评级机构对于巨灾风险管理提出的更为严苛的评级要求所带来的更大的压力，多年期巨灾债券所能提供的价格稳定性对于保险公司和其他发行者来说就显得更为重要了。我们认为直到今天这种稳定性仍然被大大地低估了。

表 8—2   1997 年至 2007 年发行的巨灾债券的期限

到期日	1 年	2 年	3 年	4 年	5 年	10 年
1997	2	1	1	0	0	1
1998	7	0	0	0	1	0
1999	5	0	3	0	2	0
2000	3	1	4	0	1	0
2001	2	1	3	1	0	0
2002	0	1	4	2	0	0
2003	0	1	3	1	2	0
2004	1	2	1	1	2	0
2005	1	2	7	0	1	0
2006	2	4	12	1	1	0
2007	4	5	12	3	5	0
总计（91 种）	27	18	50	9	15	1

资料来源：作者根据佳达再保险经纪有限公司数据计算。

　　债券并非只能为自然灾害提供保护。它们的发行通常也用于为工商业企业提供风险保护。比方说，2003 年 8 月就在欧洲发行了世界上第一份防范恐怖主义风险的债券。当 2006 年国际足球联合会（法语：Fédération Internationale de Football Association，简称 FIFA）在德国举办世界杯的时候，为了保护其投资，这家国际性的足球管理组织就曾发行了 2.62 亿美元的债券。在极特殊的情况下，巨灾债券既能为因自然原因所导致的损失提供保护，也能为可能致使世界杯决赛由于无法延期到 2007 年而被迫取消的恐怖主义极端事件导致的损失提供保护。[10]此外，墨西哥政府还在 2006 年 5 月通过其自然灾害基金（FONDEN）的特设机构作为发起人主持了 1.6 亿美元的墨西哥巨灾（CAT-Mex）债券交易，该国政府也是第一个发行巨灾债券的政府。[11]

　　巨灾债券的发起人也不一定非得是一家保险公司。比方说，在 2002 年的时候威望迪环球公司（Vivendi Universal，具体讲是其旗下的环球影视公司，Universal Studios）就曾发行过 1.75 亿美元的债券——影视回报（Studio Re）——用来保护其影视工作室免遭南加利福尼亚州地震的危害。沃特·迪士尼公司则发行了债券来保护其在日本的大型主题公园免受地震的危害。第一份欧洲公司债券是由法国电力公司（the French electrical company，法文原文为 Électricité de France，简称 EDF）在 2003 年发行的。这笔 2.3 亿美元的债券——"派兰"（法文原文是 Pylon，意为"高压电线铁塔"等——译者注），为这家公司免受法国风暴的损害提供了保护。2006 年，还有其他一些企业发行了巨灾债券：美国电力能源生产商道明尼资源公司（Dominion

Resources），通过发行 5 000 万美元的债券"德鲁凯特"，获得了对其坐落于路易斯安那州和得克萨斯州海上石油钻井资产的保护。

巨灾债券日益增加了对多重事件（multiple event）的保护。事实上，在 2005 年、2006 年和 2007 年 3 年间，超过一半的受到巨灾债券保护的风险资本都是多重事件债券而非单一事件债券。在未清偿的资本中，美国的地震和飓风就占到 2006 年和 2007 年间在险巨灾债券中的最大规模，其次是欧洲风暴，然后是日本的台风和地震。是否能有更多的公司、行业协会以及州和联邦政府与这一领域的专家精诚合作，通过保险联结证券全力促进保险业务的多样化，将成为发展此类金融工具的关键因素。

巨灾债券的期限使得已发行债券（issued bond）和未清偿债券（outstanding bond）清晰地区分开来。考虑一下这个例子。如果一份 2 亿美元的债券于 2007 年 1 月 1 日发行、期限 1 年，那么，2007 年的风险资本发行总额就是 2 亿美元，并且这一年的未清偿资本也是 2 亿美元。现在假设这份债券的期限是 5 年，那么其到期日将是 2011 年 12 月 31 日。对 2007 年来说，资本发行量是 2 亿美元，但是接下来的 4 年，资本发行量为 0。由于债券将在 5 年后清偿，2007 年到 2011 年间的每一年，其未清偿资本数量均为 2 亿美元（假设债券在这一期间没有达到触发条件）。换句话说，债券发行告诉我们的是新的卖出交易及其额度，而未清偿资本则向我们揭示了现在和过去的债券发行情况。

巨灾债券在 1997 年就已经面市了，这使我们得以对债券发行和未清偿资本的发展演变情况进行某些对比研究。在 2004 年末的时候，有将近 40 亿美元的未清偿巨灾债券本金（包括当年新发行的 11.4 亿美元债券）。到 2005 年末的时候，未清偿风险资本增长到将近 50 亿美元，其中当年新发行的债券为 21 亿美元。

图 8—1 说明了风险资本发行和清偿资本的发展过程，以及 1997 年至 2007 年间债券的发行数量。[12] 据市场记录，2006 年总发行量近 47 亿美元（20 种新发行债券，几乎是 2005 年的两倍），超出 2005 年的 21 亿美元达 125%。这是创纪录的高点，2005 年相比 2004 年的 11.4 亿美元增长 75%，相比 2003 年的 17.3 亿美元（先前的记录）增长 20%。2005 年至 2006 年间发行的风险资本等于前 5 年发行的总量。债券清偿同样增长显著，反映了前些年债券的发行情况。

到 2006 年末的时候，未清偿风险资金持续快速增长，达到 87 亿美元的水平，同期新发行的债券则高达 47 亿美元。在 2007 年，新发行了总额为 70 亿美元的 27 种巨灾债券，未清偿资本进一步上升到 140 亿美元。2008 年金融危机对该市场造成了冲击，这一年的 9 月到 12 月间没有发行新的巨灾债券。2008 年巨灾债券的发行总量是 270 亿美元。

8.2.3 侧挂车

后卡特里娜飓风市场环境的现象之一就是所谓的侧挂车的发展。侧挂车是一种通

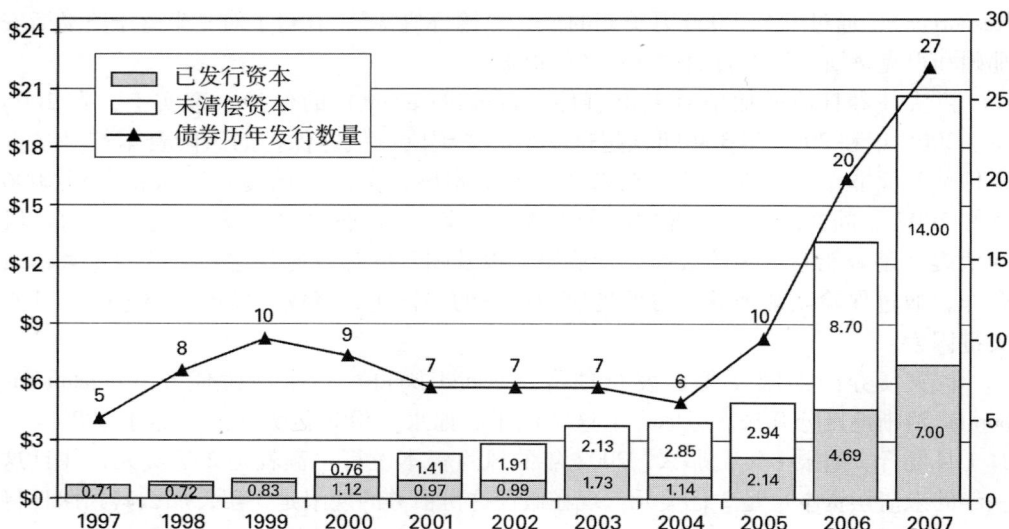

图 8—1　大型自然灾难巨灾债券：1997 年至 2007 年已发行资本与未清偿资本（单位：10 亿美元）

Source：Data from Swiss Re Capital Markets，Goldman Sachs，and Guy Carpenter.

过向投资人发行有价证券来唯一地为其发起人（一家再保险公司或大型保险公司）提供的再保险覆盖的特殊目的的公司。提供侧挂车的公司需要注册申请以获得再保险公司的执照。与那些通常提供超额损失再保险的行业损失担保或者巨灾债券不同，侧挂车通常基于限额分担再保险。侧挂车公司与保险公司分担某些特定保险或者再保险保单的风险，并按其所占股份交换部分保费（通常不超过 50%）和股息。图 8—2 用一个简单的图示说明了与侧挂车相关的各方利益群体（stakeholder）。

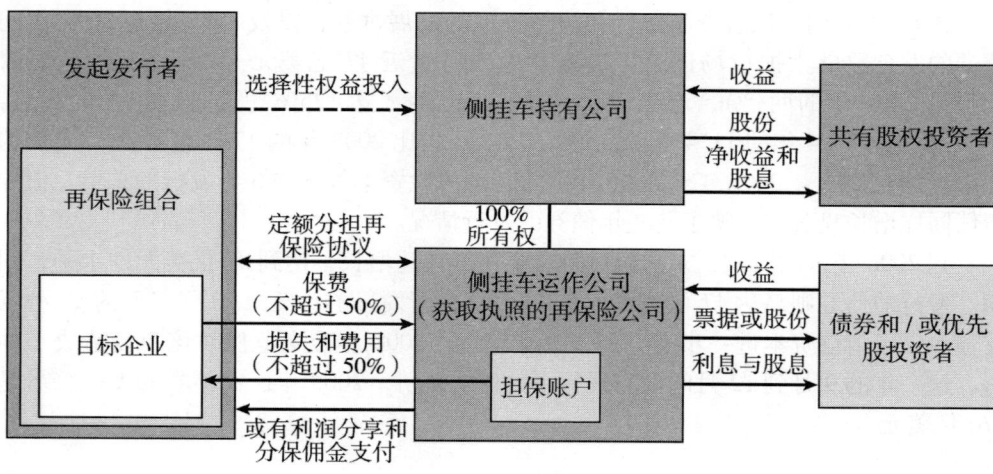

图 8—2　侧挂车的运作

Source：Goldman Sachs.

与巨灾债券相类似，侧挂车也是一种复杂的金融交易。它们通常需要比巨灾债券更大的投资（一般在 2 亿到 3 亿美元的范围之内，不过也有个别侧挂车的投资低于 1 亿美元）。一家侧挂车公司一般仅仅运营两年甚至更短的时间，然后依据市场状况自行清算或者延期，而巨灾债券的期限要长达 5 年甚至更久的时间。另一个区别在于巨灾债券通常是为低概率、高损害事件而设计的套期保值工具，而侧挂车则允许投资人获得整个再保险项目的一小部分。

图 8—3 是由高盛投资公司编制的。该图给出了部分侧挂车公司的名称、资本和发起人，这些公司创建于 2005 年 4 月至 2007 年 12 月间。在 2005 年，其总规模是 22 亿美元，2006 年达到 42 亿美元，2007 年是 17 亿美元，2008 年则是 7 亿美元。[13]

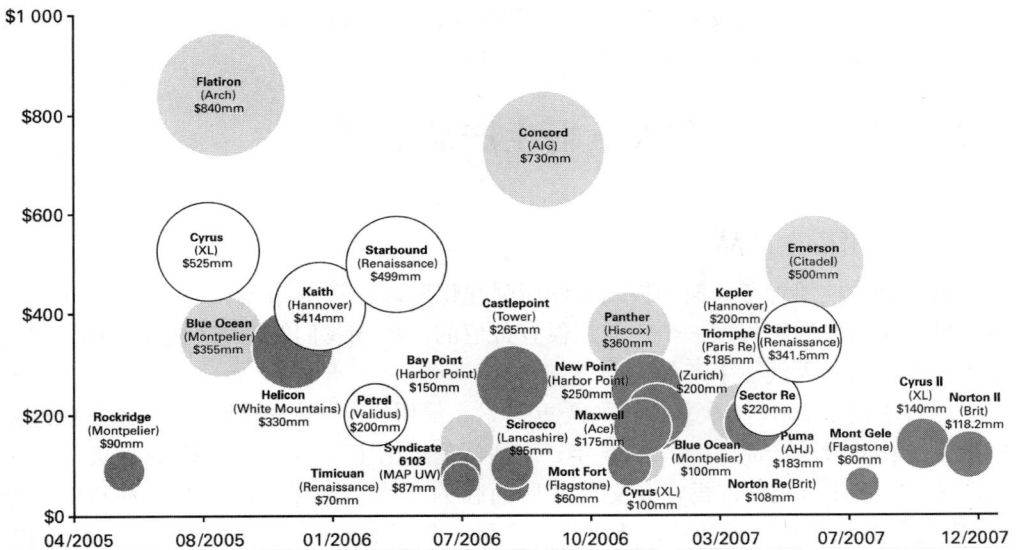

图 8—3　再保险公司的侧挂车：2005 年 4 月到 2007 年 12 月对 2005 年飓风季节的反应

Source：Goldman Sachs.

所有在 2005 年飓风季节后创建的侧挂车公司都是由再保险公司发起的，2006 年 8 月，美国国际集团（AIG）的成员公司列克星敦保险公司（Lexington Insurance Company）创立了自己的侧挂车康克德再保险公司（Concord Re，见图 8—3 中上部），以限额分担的方式来对其业务进行再保险。这是为初级保险公司构建的第一家侧挂车。康克德公司 7.3 亿美元的资本金来自于其控股母公司——康克德控股公司（Concord Re Holdings）——发行的权益证券。

总而言之，2005 年的飓风季节使得保险公司和再保险公司以及其他一些发行者以史无前例的水平使用着选择性风险转移工具，并且这种趋势一直在延续。在这里不得不提的一个重大事件是被卡特里娜飓风摧毁的坎普再保险公司（Kamp Re），该公司 1.9 亿美元的巨灾债券是由苏黎世瑞士再保险公司（Swiss Re for Zurich）安排发行的。这是第一份完全由投资人出资募集的巨灾债券。[14]2005 年的飓风季节还拖垮了

6.5亿美元的侧挂车奥林匹斯再保险公司（Olympus Re）。[15]这些事件事实上可能会对市场产生积极影响。首先，这些损失并没有阻挡住投资者2006年在这些新型金融工具上的投资。那些打赌在2006年和2007年间不会爆发破坏性大西洋飓风的投资人赚了个盆满钵满，因为出乎专家们的预料，这两个飓风季节事实上是多年来天气最温和的两年。其次，发起人第一次从保险联结证券上获得了回报，这使得这些金融工具从金融保护的角度看来显得更为"真实可信"。

由此我们也看到了进一步拓展这一市场的潜力。在过去10年间，保险联结证券市场的活动主要都是由重大灾难事件的发生而触发的，随之而来的是再保险价格的显著增长，这创造了市场想要获得价格更为低廉的金融保护的需求。尽管数据表明未来几年内此类损失惨重的极端灾害事件会有所增加，但是这还不大可能足以产生一个大规模、高流动性和可持续的保险联结证券市场。

8.3 基准：信用和天气衍生产品市场

8.3.1 信用衍生产品

为了创造性地思考如何为极端事件而强化保险联结证券市场，对过去10年间其他金融产品的发展历程做一个比较是很有价值的。现在我们转向它们中的两类产品：信用衍生产品和天气衍生产品。

尽管受到了2007年次贷危机的严重拖累，信用衍生产品仍是资本市场发展过程中最为成功的金融产品之一。2006年，未清偿信用衍生产品总量为20万亿美元（参见图8—4），该市场允许投资者交易其所面临的、独立于其他风险的某种特定证券（通常是债务或借款）的违约风险。为了全面、公正地观察这一数字，我们用英国的数据加以对比。根据英国银行家协会（the British Bankers Association）的统计，1996年该国信用衍生产品市场的名义价值"仅"为400亿美元，而到1997年这一数字则上升到了1 800亿美元。[16]

信用衍生产品可以使用多种方式来构造，但是最主要的两种产品类型分别是信用违约互换和债务抵押债券。信用违约互换（credit default swap，简称CDS）是互换的买卖双方用以转移某种类型标的资产的债务违约风险的合约，互换的买方需支付一定的费用，如果发生了合约载明的某一违约事项，互换的卖方就需按合约的面值进行赔付。由于国际互换和衍生产品协会（the International Swaps and Derivatives Association，简称ISDA，成立于1985年，目前有来自53个国家、超过830家的会员机构）的努力，违约事件已经日趋标准化。债务抵押债券（collateralized debt obligation，简称CDO）则是一种新型证券（或者证券组合，因为每次发行的证券都有许多"部分"），它是将一个债务工具池（pool of debt instruments）组合在一起通过证券化而构造的金融工具。债务抵押债券的债务工具池通常包含数百种个人债务工具。各种债务抵押债

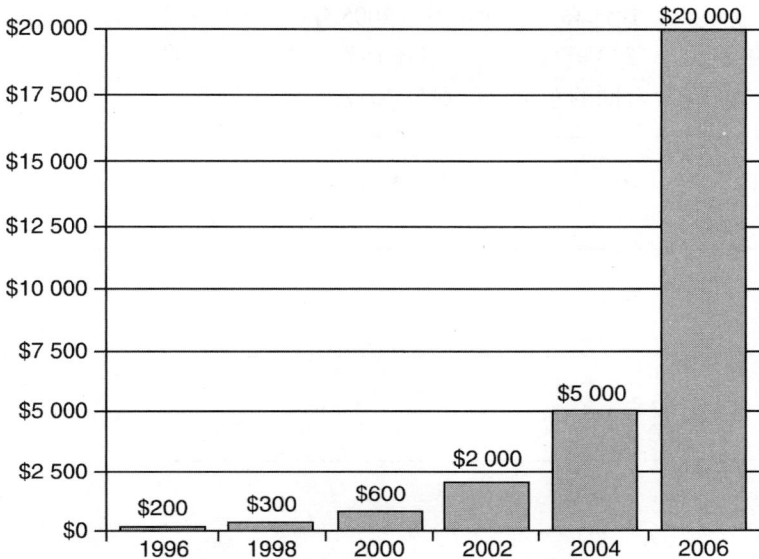

图 8—4　1996 年至 2006 年的全球信用衍生产品市场（单位：10 亿美元）

券是在若干部分内发行的，这些"部分"（tranche）将债务池分成了信用风险程度
各异的债券。人们可以购买不同的部分以获得对不同损失水平的风险保护。尽管资产
证券化在 2008 年的金融危机期间饱受非议，但我们还是相信它是一种有用的风险转
移工具。

信用衍生产品和保险联结证券之间的比较是非常有意义的，因为二者具有若干共
同的特征，比如与其标的资产风险相关的非流动性和极高的损失可能性。

8.3.2　天气衍生产品

第一份天气衍生产品合约是 1996 年开发的，几乎在同一时间，诞生了第一份巨
灾债券。[17] 天气衍生产品市场的增长是在 1997 年。随着这种产品市场的成长，芝加哥
商品交易所（the Chicago Mercantile Exchange，简称 CME）在 1999 年引进了第一份可
在交易所交易的天气衍生产品期货合约（以及相应的期权）。

近些年来这一市场获得了显著的增长。根据 2006 年 6 月公布的、由天气风险管
理协会（the Weather Risk Management Association，简称 WRMA）和普华永道会计师
事务所（PricewaterhouseCoopers）联合进行的调查显示，天气衍生产品市场的总额已
经比两年前增长了近 10 倍（见图 8—5）。

天气风险管理协会 2007 年的行业调查显示，2006 年 4 月到 2007 年 3 月期间，世
界范围内通过场外交易（over-the-counter，简称 OTC）和通过芝加哥商品交易所交易
的合约总量为 730 087 份。这反映了 2006 年合约总交易量刚好超过 100 万份以来的下
降，但事实上明显高于早期年份。同样，2006 年 4 月至 2007 年 3 月间交易合同的总

价值为 192 亿美元，远远高于其他年份（2005 年至 2006 年需要被看作是特例，因为美国 2005 年飓风季节后极其罕见的市场环境导致了对这些工具需求的激增）：在 2004 年和 2005 年，合同的总价值分别是 46 亿美元和 84 亿美元。[18]

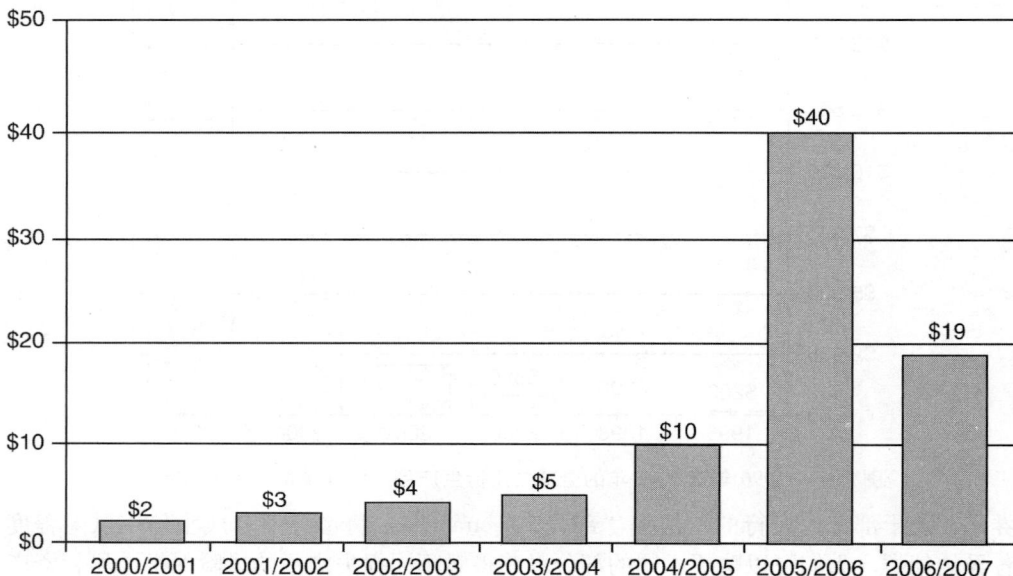

图 8—5　2000 年至 2006 年的全球天气衍生产品市场（单位：10 亿美元）

　　与气温相关的合约不论是在芝加哥商品交易所还是在场外交易中所占市场份额都极其庞大，其名义价值高达 189 亿美元。与雨和雪相关的合约名义价值分别只稳定在 1.42 亿美元和 0.36 亿美元。迄今为止，绝大部分有关天气衍生产品的交易活动都发生在美国。不过，随着泛欧交易所（Euronext）和法国气象局（Meteo France）为帮助企业理解和设计天气套期保值工具而联合为客户定制开发的天气指数的投放，这种状况可能会有所改变。

8.4　强化资本市场的解决方案：妥善处理各利益相关方关心的问题的必要性

　　尽管近期出现了诸多新的市场动向，资本市场解决方案仍然处在全球风险转移市场的边缘地带。但是这种描述可能会产生误导。在此我们将讨论一些阻碍其显著增长的因素。如果这些因素都能获得妥善处理，那么保险联结证券就很可能在保护与天气相关的事件和其他极端灾难的金融后果方面扮演着更为重要的角色。[19]

8.4.1　发行者关心的问题

　　因为对由近期的灾难所带来的潜在巨灾损失越来越清醒的认识，以及由此带来的信用评级机构对改进风险管理的压力和监管规则的改变，发行者往往会转向行业损失担保。

直到最近，监管压力在美国仍是最为显而易见的，但是在欧洲情况正在发生变化。随着偿付能力指令 II（Solvency II）中一系列新规定的出台，经营前景正在演变成更为重要的监管压力。比方说，在偿付能力指令 II 下，现在保险公司应有足够的能力承担一起 200 年一遇事件的赔付责任。有趣的是，由于欧盟保险及职业养老金监管委员会（the Committee of European Insurance and Occupational Pensions Supervisors，简称 CEIOPS）的目标是将具有偿付能力的资本和以风险为基础的经济资本结合起来，因此资本救济将通过再保险或者资产证券化这两类风险转移工具来获得。[20]可以预见，再保险项目和配置在财产与灾害（property and casualty，简称 P&C）业务线上的资本将会受到偿付能力指令 II 的影响，因为它已经出现在信用评级机构的资本充足性模型中了。这些因素应该能对保险连结证券市场产生积极影响。

潜在发行者关心的一个重要问题涉及保险连结证券的设计。触发条件的定义是其重中之重，因为它既决定着风险转移到资本市场的投资组合，也决定着对发行人投资回报目标的影响（例如，触发条件会对偿付准备金、经济资本或者信用评级资本产生怎样的影响，以及预期利润和损失的分布状况）。发行者通常更喜欢损失补偿型触发条件（indemnity trigger），因为它相对于参数型触发条件（parametric trigger）或者基于指数的解决方案（index-based solution）来讲能够减少公司的基础风险。相对应地，投资者则更喜欢后面的解决方案，因为他们通常依赖于由第三方（比如建模公司）提供的定义明确的指数来测度触发条件。

不足为怪，保险联结证券的定价仍然面临挑战。一方面，从单一保费责任比率的角度看，除了像转分保业务或者发生在例如佛罗里达州那样的风险多发地区的顶级风险之类的较高部分的非常特殊的风险，保险联结证券通常对传统再保险提供商构不成竞争。[21]因为保险联结证券通常是高度结构化、定制化的产品。另一方面，尽管它们可能比较难以量化和定价，但是保险联结证券仍然具有多种吸引人的重要特征。作为已获得了（大部分或完全）抵押的或者多年期的项目，保险联结证券主要用于处理信用风险和价格波动问题。它们还允许发行者从可供选择的资本来源和调节其与传统风险融资提供商（保险公司和再保险公司）的讨价还价能力的杠杆机制中提取。上述优势也应当整合到这些金融工具的价格之中。

8. 4. 2　投资者关心的问题

投资者为什么需要保险联结证券呢？在过去的几年中，投资者群体不仅在规模上激增，而且其结构也发生了变化。保险联结证券曾经被熟悉风险并渴望将其风险多元化的保险公司和再保险公司视作为其提供金融保护的可供选择的来源，但是现在保险联结证券已经变成了诸如对冲基金、专用巨灾证券和私募股本基金等投资人可以选择的另一个投资产品类别。这三类投资者在 1999 年占到了新发行的巨灾债券总量的

40%；在 2006 年这一比例则超过 90%。[22]这些投资者都是高度专业化的，市场经验非常丰富，都为保险联结证券的高夏普比率以及与传统资本市场的低相关度等特征所吸引。[23]在政府和企业债券利率低迷、收益水平连创历史新低的大背景下，共同基金和货币的管理者在这个市场中也变得越来越活跃，他们都渴望从这个高收益的金融工具上获利。

为了调动投资者的兴趣，需要先处理好以下几个问题。首先，使得风险/回报的组合更为明晰是非常重要的，因为这对面对着股权、债券、信贷、商品以及其他可供选择的投资机会的投资者来说是一个非常关键的要素。在这种环境下，虽然对保险风险进行投资极具吸引力，但是这些产品的进一步发展要取决于更为标准化的定量模型的开发能力、投资者对于这些产品的信心以及巨灾模式的可靠性。

其次，新进入该市场的投资者通常是收益敏感性的（对于对冲基金和巨灾债券的投资来说都有着最低门槛限制，并且通常需要杠杆的力量来实现足够的回报率）。结果是直到最近这些年，投资者仍旧只对高收益的分组部分感兴趣，这些部分转换成债券也就是每年的第一损失概率（probability of first loss）只有1%到2%的那些债券。这种水平的附加条件使得保险联结证券并不适合于传统投资者，因为这会使他们的本金蒙受损失。与此同时，我们也需要付出高水平的努力来限制这些产品在短期资金管理者中间的渗透。最近发行的保险联结证券的收益分组部分范围就更宽泛了。

此外，尽管信用评级机构通常并不会因为单一事件触发条件来评定巨灾债券分组部分的投资等级，但是标准普尔公司还是决定在 2007 年初将单一事件巨灾债券的评级升为 BBB+，条件是第一损失要足够小（低于 20 个基准点）。这对于那些被迫仅仅持有投资等级证券的投资者来说是一个关键的变化。随着此类金融产品变得越来越标准化，加之发行者和项目范围的扩大，传统投资者的选择将有更大的灵活性。比方说，资产管理公司先锋（Pioneer）公司在 2007 年 7 月投放了一份固定收入基金，其中就加入了相当数量的巨灾债券来提高收益。[24]

投资者需要详细审查的另一个要点是投资的流动性。保险和再保险的风险可以在多种形式下获得保障，从转分保合约到行业损失担保、从巨灾债券和巨灾互换到参股侧挂车等。由于某些对冲基金和私募股权在非流动资产管理方面拥有专业知识并且秉持着购买并持有的策略，它们渴望持有侧挂车的股权，在侧挂车解散清算之前在完全的非流动性下获得高回报。在另一个极端，共同基金和巨灾基金则专注于能够在二级市场中交易的巨灾债券。

8.5 展望未来：到达选择性市场临界点的解决方案与创新措施

保险联结证券市场仍处在发展之中，毋庸置疑，五年之后这个市场定将大有不同。我们将借助四条发展轴线来刻画这一市场不远的未来的结构，并以此作为本章的总结。

8.5.1　通过本金分组来提高投资者对保险联结产品的兴趣

为了进一步的发展，保险联结证券市场必须吸引对冲基金和私募股权公司之外更多的投资者。资产证券化在发行者中间日益提升的受欢迎程度会使市场中可利用的风险范围不断扩大，不过也有其他解决方案。对保险联结证券本金进行分组就很可能对此有所帮助：这是通过将数种截然不同的风险合并在一起，由此产生的组合再依据不同的预期收益分为多个层级来实现的。分组技术使得结构化公司（structuring firm）能够通过把风险集中在来源于从属和过度抵押的低质量分组上，将低信用等级的债券改造成投资级别的证券。这些被称作次级或者股本的高风险分组部分，通常由那些被潜在利润吸引的选择性投资者所购买的，如果没有触发事件发生，他们就将会获利。一些具有开创性的、引人瞩目的交易已经出现在市场上，其参与者包括荷兰银行（ABN Amro）和佳达公司（2006 年的避风塘再保险（Bay Haven Re）公司以及 2007 年 6 月的弗里曼特尔再保险（Fremantle Re）公司）。

现如今，投资者已经能够设想发行方入市之际可能给他们带来的风险。将来，投资者将能够接近保险公司并能界定他们所寻求的风险；结构化公司或者风险转移中心将会出现，去寻找这些风险或者通过分组技术来创造它们。

8.5.2　通过基于指数的衍生工具应对基本风险的挑战

由于参数化的保险联结证券总会保留基础风险，应对此类关注的解决之道终将在其他领域得以发现。像德意志银行（Deutsche Bank）发起的损失互换和基于指数的衍生产品之类的标准化金融产品就对投资人呈现了极具吸引力的特性。10 多年前，投放市场的基于指数（1995 年芝加哥交易所的巨灾指数）的金融产品的首次尝试并没有吸引更多的关注和流动资金。资本市场自那时之后已经经历了天翻地覆的演变，而今天的投资者基础也更加雄厚了。最近，纽约商品交易所和芝加哥商品交易所都新增了与大型自然灾难相关的期货和期权交易。[25]衍生产品都将会编入这些指数，并且将在未来的几年中进一步向资本市场投资者展现出保险风险巨大的吸引力。

8.5.3　通过新产品开发进行创新

直到 2005 年，保险联结证券的范围仍被限定在巨灾债券和行业损失担保等几种屈指可数的产品上。2005 年和 2006 年，侧挂车被开发了出来。其他创新型产品的开发将致力于更好地弥合发行者的需求和投资者的偏好，此外还要有助于降低金融保护的价格。第二代或然事件资本产品（contingent capital product）和"适时型资本"（just-in-time capital）最近被开发出来并且已经成功地推向了市场。比如，高盛在 2006 年 11 月为 XL 资本公司开发了 Stoneheath 侧挂车，其中也嵌入了一旦预先确定事件发生的资本或然性问题。其他可转换证券解决方案也正在讨论之中，不过还没有公开发布。

8.5.4 基于权益证券波动离差的衍生产品解决方案

可选择的解决方案可以扩大到债务和权益证券以外的形式，甚至是可交易证券的形式。现如今的资本市场提供了广泛的工具和产品，尤其是在衍生产品领域。

我们相信可以创造巨大价值的一项创新是开发基于权益证券波动离差的投资策略，它将能够提供另一种前景广阔的解决方案。其思路是通过购买一种产品来降低给定权益证券投资组合的波动性：在某一预先确定的时间期限内，如果给定行业投资组合的波动性超过了某一约定的指数（比如标准普尔 500），即对该产品进行清偿。我们所谓的权益证券波动离差（equity volatility dispersion），是指投资组合或称"篮子"（basket）的波动性减去基础指数（比如标准普尔 500 或者其他预先确定的指数）的波动性所得到的差额。公司通常都希望能够降低它们的波动性，因此需要有一个市场来为过度的波动性提供保护。既然没有特定的保险机构从事这项业务，权益证券波动离差也能够在我们面对巨灾风险时有所帮助。

对其所面临的最高等级的潜在风险（自然灾害、流行病、恐怖活动风险）进行过深入分析的各家保险公司都已经认识到，这些最高等级风险发生的概率通常是难以确切量化的。[26]此类大规模事件既会影响到保险业务的经营成果（巨额理赔），也会影响到股权投资（保险公司的股票价格通常会在主要的巨型灾难之后的数日之内下跌，然后再反弹，以此来反映由增加的保险费用所带来的预期未来收益）。当充分的结构化和潜在地基于股票的投资组合受到此等极端事件（比如代表在美国运营的保险公司和再保险公司的某种投资组合）深刻影响的时候，衍生产品解决方案已经通过提供广泛的金融保护证明了其自身的高效率。

那么这又是如何发挥作用的呢？如果保险行业投资组合的波动幅度超过给定指数的波动幅度 X 点，那么购买了某一特定产品（如互换）的公司将会获得清偿。例如，公司 A 对于其投资组合波动与既定指数波动每一个点的差异，都将会获得 1000 万美元的赔偿；如果在该产品的到期日内（比如说 1 年），已实现的离差（上述两种波动幅度之间的差额）为 5 点，那么该公司将获得 5 000 万美元。在某一行业投资组合（而非某一具体公司的证券投资组合）给予投资者更高透明度优势的同时，发起者将会承受巨大的基础风险。

图 8—6（a）以一种简化的方式说明了这样一种策略的赔付状况，这是为流行性疾病的爆发而设计的套期保值策略。在流行病事件或者金融市场崩盘的情况下，在这里所检验的投资将偏离其正常的收益水平，它使得投资者可以通过在这些金融工具上获得的收益来弥补其索赔损失或者财产损失。我们确实在图 8—6（a）中看到了篮子（basket）的波动性（位置最高的那条曲线）远高于指数的波动性（位置居中的那条曲线）。离差曲线（位置最低的那条曲线）代表的是二者之间的差异。图 8—6（b）关注的是波动性离差曲线并且描绘了 1990 年 11 月 23 日至 2007 年 4 月 28 日期间的

一些主要事件。我们可以看到，直到 2001 年 9 月 11 日恐怖事件之前，离差一直都相对较为稳定，但是在 9·11 事件之后离差呈现了显著而且稳定的增长，而且由于伊拉克战争的不确定性，这一增长仍然在持续攀升。

已实现的离差（12 个月）

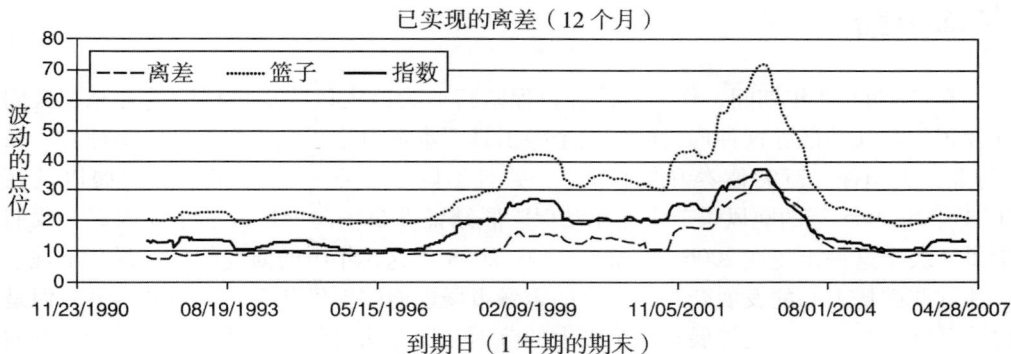

图 8—6（a）　篮子和指数的波动性，以及二者之间的离差

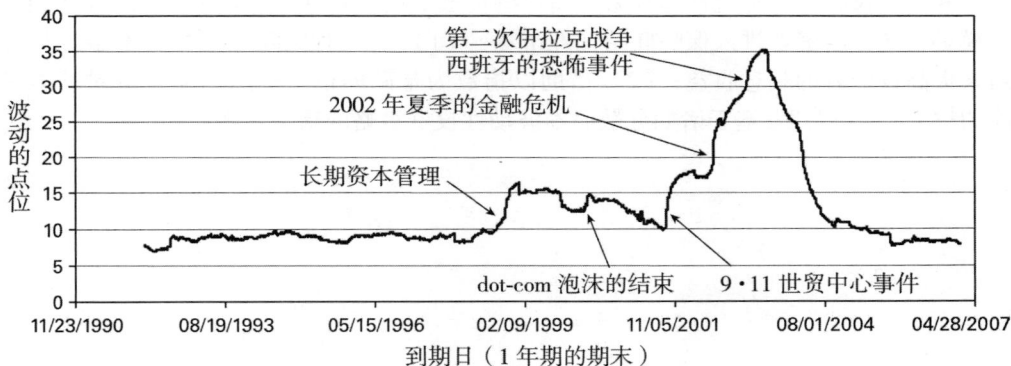

图 8—6（b）　基于重大事件冲击的离差解决方案曲线图

注：模拟赔付的范围从不到 10 点到 30 多点不等。每一点能得到数百万美元的赔付。

幸运的是，在本研究期间并没有爆发流行疾病事件，但是这一赔付策略说明了由于存在这些金融工具，保险行业事件和金融市场事件都得到了保护。资本市场解决方案的最后一个例子清楚地表明了风险转移行业中出现了一种新的方法，这种方法超越了纯粹的传统保险业管理方法以及纯粹的资产管理方法。[27] 因而，像权益证券波动离差这种基于二阶风险、利用新型资产类别进行杠杆经营的创新的和简单的避险途径成为可能。这种新方法在对巨灾风险进行套期保值方面的潜力仍有待于进一步深刻挖掘。

尽管证券化仅仅代表了全球范围内保险市场中资本的一小部分，但是在过去的 3 年间我们已经看到了保险联结证券运用的显著增长和多种创新性金融产品的发展演变。2007 年，（包括巨灾债券、侧挂车和行业损失担保在内的）财产与灾害保险的在位未清偿资本总计超过了 250 亿美元。我们已经见证了其最近几年的年度增长率，尽管在 2008 年的时候速度有所放缓，但我们仍然相信，在未来的 5 年内未清偿资本将高达 500 亿美元至 750 亿美元的水平。

本章小结

在过去的 10 年期间，作为对传统再保险行业为巨灾风险提供保险的补充，人们开发了保险联结证券这种形式的新型金融工具。本章讨论了主要的保险联结证券产品（行业损失担保、巨灾债券和侧挂车），并且追踪了这些产品多年来的发展以及在 2004 年和 2005 年的飓风季节之后驱动保险联结证券市场向上攀升的主要因素。我们提供了关于这一市场在 2006 年、2007 年和 2008 年这 3 年中的演变信息。尽管出现了上述这些鼓舞人心的发展变化，当今的金融市场也能够提供几乎是无限的容量，但是保险联结证券仍然没能扩展到一个更大的范围。证券化仅仅给全球范围的保险市场的资本提供了小得不成比例的保护。

我们建议从三个补充性途径来提高这些金融工具的利息水平，以有效地促使美国规模更为庞大的资本进入保险联结证券市场：（1）通过对保险联结证券本金进行分组来提高投资者的利息收益；（2）借助以指数为基础的衍生金融产品来应对基本风险的挑战；（3）开发基于诸如分散股本波动性投资策略的新型金融产品。

第9章

联结灾难保险供求的
一个框架

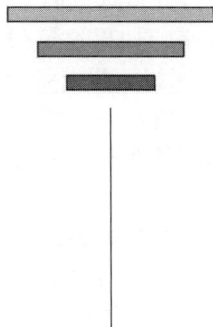

主要发现

巨灾保险的供给主要是由保险公司和再保险公司承保能力以及保险联结证券的可得性决定的。

巨灾保险的价格通常是与预期索赔高度相关的,因为损失之间的方差越大,就意味着风险越大。这就要求保险公司须分配出额外的资本针对这一风险提供保护。

保险价格的周期是由严重灾难造成的损失从而导致承保能力下降而触发的。新资本的流入通常可以在相对较短的时间期间内扩大保险公司和再保险公司的承保能力。

配给保险行业承保能力的途径之一是促使投保者接受更高的免赔额,以使保险公司可以提供更多的保险产品。因为如果投保者在潜在损失上的利害关系越高,那么他们就应该更倾向于接受这一保护措施。

为了评估当前通用的和可供选择的灾难保险项目的有效性,我们不仅需要理解房产业主对保险保护的需求和保险产品的供给,而且还需要理解这两个方面如何通过相互作用进而形成某一具体的市场均衡。作为本书以前各章分析的补充,本章在概念水平上开发了一个分析框架,以理解自然危害发生之前和巨灾发生之后保险供给和需求之间的相互关系。

假定在现存监管体系下所形成的市场力量的角色是既定的,在此前提下我们的目的是研究保险市场是否可以有效地发挥作用。为了达到这一目的，我们需要某些规范性的基准，用来检验市场是否能够在消费者对适当保险产品的需求和投资者提供这种保护从而确保其获得某一适当投资收益的需求之间提供一种恰当的平衡。我们将分别考察决定保险行业需求和供给相交的条件，并讨论市场是否能够在可接受的价格下实现出清。

9.1 供给方面

投资者如果坚信他们的投资可以获得远远高于其所获风险补偿的预期收益率，他们就会为保险公司提供资本。反过来，如果这笔投资的增值部分可以改善（或者至少能够维持）现有投资组合的风险回报水平，那么保险公司就会分配一部分资本用来承保巨灾风险。换句话说，额外的资本一定要带来一定的收益，该收益至少可以弥补保险公司或再保险公司由于承担额外业务产生的风险而造成的额外成本，进而这笔额外的资本才会承保巨灾风险。

保险产品的供给深受巨灾损失概率的影响，由于任何特定地区内的风险都是高度相关的，所以会极大地增加尾部风险。为了处理这种在某一地区巨灾风险相似的问题，签出保单的保险公司需要提高资本化比例以应对这些潜在的巨额损失。正如之前所讨论的，这意味着资本成本是决定保险供给的一个重要因素。作为替代方案，保险公司可以通过保险联结证券对其巨灾风险进行再保险（或者其他的套期保值方式）来节省资本。在这种情况下，保险的供给主要是以再保险和其他可供选择的风险转移工具的价格和可获得性等为条件的。

保险学提出在坚挺市场（承保能力稀缺且价格居高不下）和疲软市场（承保能力充盈从而价格相对较低）交替出现的情况下，保险市场将呈现出周期性特征。对于保险市场的周期性问题有着数目可观的研究，并且其结论已经清晰地表明市场确实有的时候是坚挺的、有的时候是疲软的。不过，周期这一概念也意味着在市场发生变化时是有章可循的和可以预测的，尽管人们对这种有章可循的规律性尚存诸多质疑。

关于保险市场周期性的主流理论公推格隆—温特（Gron-Winter）的承保能力约束模型（capacity constraint model）。[1] 每一家公司从而市场的短期保险供给是由必需的资本水平决定的。给定额外的债务水平，直到监管机构、信用评级机构和消费者认为现有资本将出现不足的那一点之前，短期保险供给都是具有价格弹性的。这就是大家熟知的资本约束模型。为了吸引投资者提供更多的资本，要求有更高的风险升水。此外，提供额外的资本是需要时间的，因为各家保险公司和绝大多数其他公司一样都更愿意通过内部积累资本而不是到资本市场发行新股票去募集资本。[2]保险供给函数和需求函数如图9—1所示。短期均衡出现在价格 P^* 和数量 Q^* 上，供给和需求相交在行业内部资本供给数量之内。保险行业的承保能力约束用 Q^C 表示。

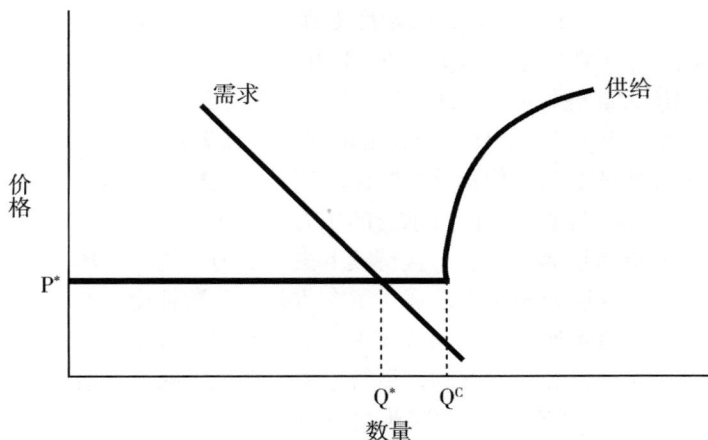

图 9—1 需求函数和带有资本约束的供给函数

当行业遭受到资本冲击，不论是由诸如卡特里娜飓风、艾克飓风还是 2001 年 9 月 11 日的恐怖袭击造成的突然损失，或者是由例如在 2000 年大牛市结束时发生的资产损失，该模型都将进入动态运行状态。

正如图 9—2 中所示，资本的损失将使供给函数曲线向左上方移动。依据损失的情况，需求曲线也可能会向右上方移动。比方说，在发生重大灾难之后，会有更多的人购买保险来确保这种灾害再次发生时他们有所保障。

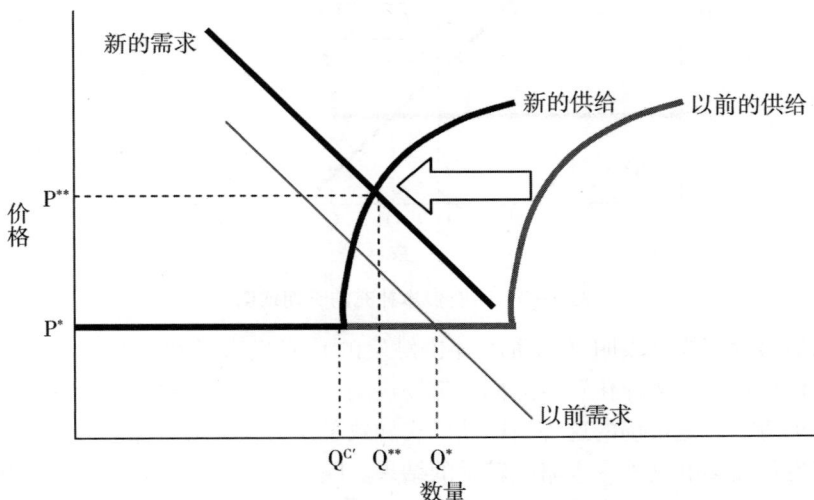

图 9—2 Gron-Winter 资本约束模型

新的均衡价格和数量在图 9—2 中分别为 P^{**} 和 Q^{**}。我们注意到，均衡价格显著地上升了，因此，在经历了这样的资本冲击之后，我们通常面对的是后损失阶段的坚挺市场（the post-loss hard market）。图 9—2 也显示了新的均衡数量 Q^{**}，它超过了新

的资本约束 $Q^{C'}$，因此，只有当价格大幅度提高并足以抵消保险公司信贷质量方面的恶果时，保险供给才可能发生。例如，在 21 世纪初的几年里资产泡沫破裂的集中爆发（这对欧洲的绝大部分保险公司构成了冲击，因为它们倾向于将更多的财富投资于股票），以及 2001 年 9 月 11 日恐怖袭击事件给投保者造成的损失成本，使得所有的再保险公司都开始感受到了信贷质量方面的压力。这样，后损失阶段的坚挺市场有趣地将较高的价格和信贷质量方面所承受的压力结合在了一起。

当然，这种坚挺市场通常不会一直持续下去。因为在坚挺市场中内部资本要比外部资本更便宜，所以保险公司更喜欢通过留存收益来逐渐补充资本。但是，如果价格的上涨足以弥补外部资本所造成的额外成本，那么新资本可能真的会流入。例如，正如我们在本书第 7 章中已经讨论过的，尽管单单卡特里娜飓风就给投保者造成了超过460 亿美元的损失，但是在这起巨型灾难过后的 10 个月之内，流入保险行业的新资本据估计就高达 260 亿到 270 亿美元。[3]

正如图 9—3 所示，留存收益和新资本的结合将开始推动供给函数再次向外移动。最终，在新补充资本（replenished capital）的额度内市场出清的某一产出水平上将建立起一个新的均衡。

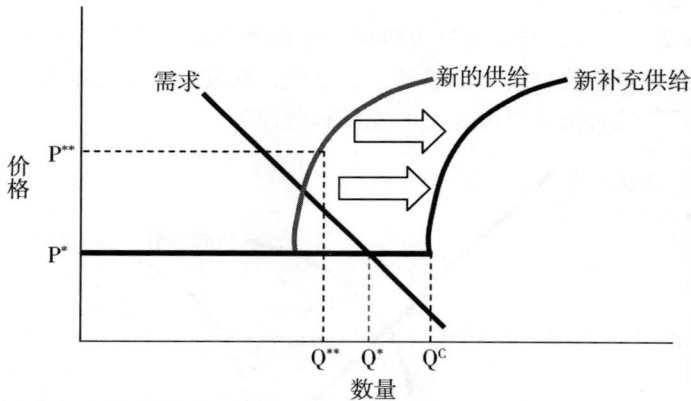

图 9—3　带有资本补充的长期均衡

承保能力约束模型表明（由资本冲击触发的）坚挺市场和疲软市场周期通常是一种配置稀缺资源和多样化资本的标准市场机制。尽管在某一更高的价格水平上，市场仍然会出清，但是市场的这种周期性确实导致了巨灾损失会对保险品种的价格和可获得性产生负面影响这种令人略感棘手的结果。随着新资本的流入，保险市场将会及时地进行自我修正。在这个模型下，保险不是配给的。

进一步的经验证据表明这种破坏可能更为严重。价格通常会在巨大的损失之后上涨，仅仅这一因素（不存在像需求函数增加等其他影响因素）就会抑制保险的购买。然而，即使在较高的价格水平上，保险公司有的时候也希望对其承保的产品进行定量配给（ration）。这可能有多方面的原因。原因之一是保险公司需要保持其投资组合中地理位置多样性的平衡。如果某一地区的一次灾害导致的风险重估表明本地的风险概率或者严重性出现了显著提高，那么各家保险公司就可能需要缩减其在该地区的承保业务量。这就使得各家保险公司必须重新平衡其风险范围，从而维持其信用状况。不过，在一次损失之后，对保险产品进行定量配给可能出于多方面的原因。当资本被消耗殆尽时，如果保险公司仍然可以在损失发生后保有撤销这些承保能力的机动性，那么它们会更愿意将承保能力配置到这些地区。[4] 这一模型暗示着，在后损失情形下监管者任何维持承保能力的尝试都可能阻止资本在未来流入这一地区，这一点是有经验支持的。

9.2　需求方面与免赔额的角色

人们对保险的需求源于许多因素，包括各种各样的金融关注和某种潜在的对于风险的厌恶，因此将风险转移到能够更加有效地吸收这些风险的另外一方的愿望就产生了。这种需求也会受到消费者对风险的知识和感觉的影响。在一个完美的理性世界中，消费者完全知晓他们面对的风险，并且可以最大化他们的期望效用。由于完全知晓这些风险，所以就会有保险公司愿意在没有交易成本负担的情况下承担这些风险，消费者则愿意购买完全保险。

消费者希望避免他们可能面对的所有代价高昂的风险，因为保险公司可以很容易地将其风险多样化，所以这对于保险公司来说没有增加任何实际成本。实际上，消费者可能被潜在风险的信息误导，甚至保险公司也不能将这种风险很精确地模型化，而且这种风险本身并不容易多样化，因此，要求保险公司持有大量的资本来支撑巨灾风险保险业务。

如果给所有人提供不受任何限制的和免费的医疗和教育那就太好了，果真如此，可以获得不受任何限制的、免费的风险转移对于保险公司来说也是再好不过的了。更确切地说，这时的保费刚好等于预期的索赔成本，保险公司的风险转移行为并不能获得报酬。但是，当然这里存在着机会成本，那么我们最优的做法就是以一种能够平衡成本和收益的方式来配置保险业务（以及医疗保健和教育）。事实上，这意味着全额保险并不是最理想的。相反，对于投保者来说在他们的保单上附带一定的免赔额是有道理的。

对于小额损失的支付通常不会给人们的预算增加太多的压力或者大幅度地增加他们的风险（因为小额损失是人们承受得起的而且其发生是相当频繁的）。此外，由于可以避免处理小额索赔的交易成本（这些也将构成保费的组成部分），免赔额可以显著地节约保险费用。免赔额也会将部分投保者推入"拿自己的钱玩儿游戏"（skin in the game）的境地，因而，这会为减轻损失和缓解潜在的道德风险问题提供一定的激励。这些都会强化降低潜在巨灾总量风险的社会目标。

保险给投保者带来的好处不仅仅在于将预期损失转移给保险公司，而且还包括围绕着预期损失的不确定性和风险的转移。在图9—4中，我们可以看到随着免赔额水平的提高，保险的好处会逐渐下降。因为小额损失是经常发生的而且是可以预计的，而其对于投保者来说承担这种损失几乎不会增加不确定性，所以在免赔额很小的情况下，保险收益下降得也很少。当免赔额显著增加的时候，保险收益也会随之急剧下降，因为投保者现在与发生频率很低、后果很严重的损失有着重大的利害关系。与此相映成趣的是，保险费用也会急剧下降，因为保险公司可以避免处理频繁发生的小额索赔的交易费用。由于投保者现在与损失有着利害关系，他们将更愿意投资于例如安装防暴风雨的窗户等各种保护措施以减少飓风所带来的损失，所以保险费用可以进一步减少。正如图9—4中所示，最优免赔额最大化了期望收益和期望成本之间的差异。

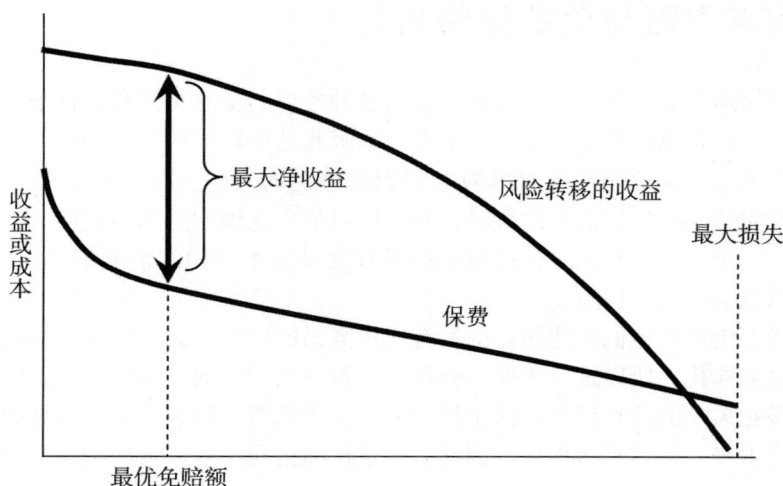

图9—4　当保险存在交易成本时的最优免赔额

9.3　均衡的市场出清价格与数量

和其他市场相类似，保险市场供给和需求的相互作用也会产生一个能使市场出清的价格。既有研究表明，巨灾保险的市场出清价格可能与期望损失高度相关。但是这并没有反映出保险公司的超额利润，只不过反映了与为可能的巨灾损失提供保护相关的资本的高成本。

9.3.1　监管的影响

监管者能够影响保险供给的途径之一是通过价格限制。就监管者来说，他们可以将价格控制在其正常的市场出清水平以下，这时会出现对保险的超额需求（供给不足）。监管者为了应对这一超额需求所采用的标准机制是建立一个剩余市场机制（参见本书第2章中对佛罗里达居民财产保险公司的讨论）。正如图9—5中所描绘的，这可以导致在一个比没有监管的市场更低的价格水平上的更高的保险交易量。

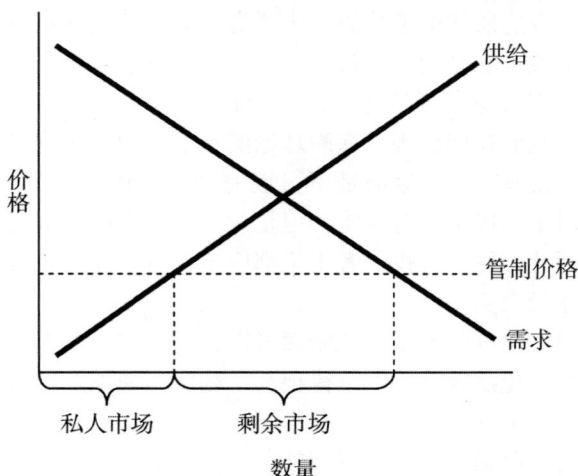

图 9—5　存在剩余市场条件下受到抑制的市场出清价格

9.3.2　不可多样化的巨灾风险与保单设计

正如我们上文中已经说明的，基本的经济学理论认为当保险业务遭遇交易成本时（因此竞争性保费将超过期望损失），对于投保者来说以免赔额的形式承担某些风险是值得的。换句话说，投保者们应该分担他们自身的风险，吸收那些对他们自己来讲通常是有能力支付的、比较小的损失，并因此而节省昂贵的保险费用。接下来我们对供给方面做进一步的讨论，用以解释为什么对于投保者来讲分担其自身一定的损失是值得的原因所在。

巨灾的特征是它的风险与人口分布高度相关。同一场飓风会在同一沿海地区袭击许多财产拥有者，而同一次地震则会在同一地区毁坏成千上万人的房屋。这就意味着保险公司不能通过仅仅在它的业务组合中持有更多的保单来多样化其风险。当然，保险公司可以而且能够进行再保险，而再保险公司将持有地理位置上多样化的组合。这有助于通过市场将巨灾风险广泛地分散化，但这种多样化是很不完全的。因此，当巨大的灾难发生的时候，保险公司可能而且确实会在它的盈利能力方面遭遇突然的阻碍，并且其资本也可能而且确实会遭遇突然的冲击。

由于这一原因，巨灾保险会不同于汽车保险或者人寿保险。汽车保险或者人寿保险可以在保险市场上组合起来运用，从而可以有效地化解风险。[5] 无论巨灾保险的风险能扩散多远，总有一些不可避免的、必须由某处吸收的剩余风险成本。如果这些风险应该是由投资者来承担的，那么保险公司就要收取一定的风险溢价，而投保者如果能够通过接受一个像免赔额这样的风险共同分担条件来节省保费的话，他们的境况将会变得更好些。

作为备选方案，政府可以承担剩余风险。政府可以作为最后再保险人或是可以像飓风卡特里娜发生后政府所作的那样给受灾者提供事后补偿。不过，政府的援助当然最终还是要来源于纳税人和公司，通过额外的税收或是削减其他的财政支持项目，纳税人和公司将成为它们自身（或是他人）风险的最终承担者。

这一推论过程将我们拉回到现代保险理论的基本原理——鲍尔奇定理（the Borch theorem）。[6] 就目前情况来讲，风险仍是不可能完全分散的（undiversifiable），那么最优的社会安排就是对个人风险进行保险，但是对于那些不可分散的风险部分应该由全体居民共同分担。因此，每一位投保者手里都应该保有一部分社会风险。实际上，这可以通过以下几种途径来实现：

首先，依据总损失额度的大小，免赔额可以有所不同。如果是由像卡特里娜飓风引起的那种大额损失，免赔额就应该定得很高；相反，如果发生的只是相对较小的灾害，免赔额就可以定得很低。

其次，投保者的全部损失都可以得到补偿，但是他们需要向保险公司支付一个事后核定的付款额（ex post assessment），因为只有这样保险行业才能弥补它们的部分资本。这种核定付款额所面临的实际问题是有人可能不会支付，尤其是那些低收入的或是遭受严重损失的受害者。

最后，投保者可以支付一个相对较高的初期保费来形成保险池的资本，并且获得代表保险池中一定所有权的股份。换句话说，保险行业可以互助化（mutualize）。这样一来，投保者就可以收到股息，同时，根据保险池中总体资金结果的不同，股息也将有所差别。由此，当一场巨型灾难发生时，这部分股息可能下降为零（或者可能为负——一笔核定付款额）。

保单的任务在于识别出在应用于巨灾风险的时候保险并不能为我们提供全面的保护，以及我们每一个人不得不承担的不可分散的风险。那么，对于这种笼罩在投保者或者更为宽泛的全社会头上的大大小小的风险，什么样的分配方式是最有效的呢？要回答这个问题并不容易，但是它为理解减轻损失的重要性和公共—私人参与应对这些风险的必要性提供了一个基础。在下一章中，我们将通过佛罗里达、纽约、南卡罗来纳和得克萨斯这四个州房产业主保险市场均衡的经验性分析，来检验保险需求和供给的地位。

本章小结

巨灾保险业务的供给主要取决于保险公司可以并且希望分配用以保护它们自身免受巨额损失的资本额，以及再保险和保险联结证券的可获得性。反过来，再保险行业的承保能力则要取决于再保险公司的资本基础。然而，由于基础资本将依据保险公司和再保险公司的索赔经历和投资经历而发生变化，因此会引起价格和保险承保能力方面的周期性变化。紧随巨额损失之后的坚挺市场（资本稀缺和价格较高）确实已经引起了政策层面的关注，尽管这些情况经过一段时期通常会随着新资本的流入实现自我修正。巨灾保险的价格通常是与期望索赔额高度相关的，从根本上讲，这是因为支持这种保险类型需要极高的资本成本。同时，对投保者接受免赔额的要求也是一种配给昂贵保险承保能力的有效途径。

尽管我们期望一个不受监管的市场能够在某种以免赔额的形式实现的风险共担条件下，并且在反映了各种索赔和各种交易成本的价格上实现出清，但是这种均衡终将被监管所打破。监管部门的价格抑制和保险公司在风险基本保费制定上的无能为力都会影响到保险行业的承保能力、减轻风险的激励和保险市场上不同风险集团的参与程度。

第 *10* 章

房产业主保险的跨州经验分析

主要发现

在县级水平上对保险业务的需求接近于单位弹性。单位弹性意味着给定价格每上升一个百分点将导致需求减少相同的百分点。比方说，我们的研究结果表明，平均保费每上升 10% 将导致保险购买数量减少 8.9%。因为房屋通常是一个家庭最重要的资产，而且除了保险之外又没有其他的方式来对冲火灾或者强风的风险，所以保险价格的这种敏感程度并不会让感到人惊奇。在佛罗里达州，私人保险和由州政府作为本州所有保险公司最后保险人的居民财产保险公司提供的保险之间的交叉弹性是 0.159。这一交叉弹性意味着，居民财产保险公司的保费每上升 10%，那么由各家私人保险公司提供的房产业主保险的需求数量只会相应有 1.59% 的增长。

如果使用保单数量作为保险业务需求量的代理变量，那么在县一级水平上，供给弹性是非常高的。这一弹性表明，房产业主所愿意购买的保险业务的价格每上涨（或是下降）10%，那么由各家保险公司所提供的保单数量将会增长（或是减少）27%。这么高的供给弹性对于费率监管来说有着重要的意义。如果保险费率被压制得太厉害，那么由各家私人保险公司提供的保单数量就会出现大幅减少，这可能会造成严重的保险可得性问题。

相对于纽约州来说，佛罗里达州、得克萨斯州和南卡罗来纳州的保费是比较高的。相对于其他州来说，佛罗里达州和南卡罗来纳州的保险价格是比较高的。在我们所选取的样本公司中，各家公司的平均保费在佛罗里达州是 6 164 美元、在南卡罗来纳州大约是 5 000 美元。相应地，平均保费在得克萨斯州和纽约州分别为 2 375 美元和 761 美元。我们的研究发现，对于每 1 000 美元的保险覆盖额来讲，平均费率最高的是佛罗里达州，有 8.13 美元，接下来是得克萨斯州（7.89 美元）、南卡罗来纳州（5.14 美元）和纽约州（3.94 美元）。佛罗里达州面临着最高的飓风损失风险，因此它拥有最高的平均费率也就不足为怪了。南卡罗来纳州面临的飓风风险水平相对于佛罗里达州来说要低一些，但是仍然是很高的。在这四个州中，纽约州面临的飓风损失是最低的。因此，在这三个州中我们所看到的平均保费的模式与我们的预期是一致的。应该指出，在此番分析中我们所使用的数据是 2001 年至 2005 年期间的。以 2004 年和 2005 年暴风雨季之后的最新数据为基础的风险分析表明，各家保险公司都提高了它们的保险费率。

佛罗里达州的需求是不稳定的。在佛罗里达州，2001 年至 2005 年期间需求的价格弹性和收入弹性的估计值是不稳定的。需求价格弹性的波动范围在 0.06～0.50 之间。在众多的因素中，这可能是由于消费者对于风险感觉的变化以及他们对于拥有充足保险保障重要性感觉的变化。对于同样的四年期间，南卡罗来纳州和纽约州的检验结果则要稳定得多。在南卡罗来纳州，价格弹性介于 1 和 1.5 之间，这意味着价格每上升 10%，保险的需求数量将下降 10% 到 15% 的。在纽约州，价格弹性大约是 0.60，这意味着价格每上升 10%，保险的需求数量将下降 6.0%。

许多人对于其房产业主保单都选择了很低的免赔额。在我们样本中有很大一部分保单都有一个相对来讲很低的免赔额。在佛罗里达州，有超过 50% 的房产业主选择的是 500 美元的风灾免赔额，然而平均的风灾免赔额是 1565 美元。风灾免赔额中位数和平均值之间的这种差异暗示着有一些房产业主选择了更高的免赔额。我们可以预期在最高风险的沿海地区这一情况是真实存在的，在这些地区选择较高的免赔额将最大限度地节省保费。此外，我们认为自从 2005 年以来免赔额的中位数和平均值水平已经有所上升了。在南卡罗来纳州，风灾的平均免赔额为 531 美元，但有超过 50% 的投保者选择的是 500 美元或者更低的风灾免赔额。对于纽约州来说，平均的风灾免赔额是 508 美元，但是有 75% 的房产业主选择的是 500 美元或者更低的风灾免赔额。

10.1 构造保险需求和供给模型

对于房产业主来说基本的需求问题就是从市场上提供的保险菜单中选择最佳的保单。[1] 给定每个房产业主的个人特性和他或她居住的社区（使用同一邮政编码的地区）的经济和人口特征，对于保险的需求将来自消费者对于捆绑在一起的产品组合和公司特性的最优选择。对这种需求分析和市场均衡相互作用的理论基础是建立在价格—质量竞争模型之上的。[2] 在一个完全竞争的市场中，房产业主对于各种特征的产品所愿意支付的价格之间的差异，将会反映在具有这些特征的不同的捆绑产品的销售价格之上。

因此，在对飓风多发地区财产保险需求和供给的分析中，我们建立一个模型对市场中所观察到的价格和这一市场上所销售的产品和销售这些产品的企业的不同特征进行了回归。我们感兴趣的是那些似乎会影响需求的因素。我们确定这些因素在理论基础上是否显示出其合理性，如果确实合理的话，我们将定量分析这些因素的个别影响。由于有大量的证据表明许多房产业主在选择最佳的报价时并没有进行深入细致的调查，所以我们对于似乎源于行为考虑的市场的某些方面也十分感兴趣。市场上考虑到行为的方面包括在相同的地理区域或者"费率评定范围"（rating territory）[3] 所提供的相似保单的价格的差异性。我们应该注意到价格差异性的来源之一是各家保险公司通过其条款的严格程度将其自身与其他保险公司区别开来。保险标准较为严格的保险公司被称为"首选保险公司"（preferred insurer），此类保险公司倾向于最低的价格，而"标准的"（standard）和"非标准的"（nonstandard）保险公司倾向于更高的价格。某些投保人如果想获得首选保险公司的青睐而具有享受由其所提供的保险的资格，那么他们可能支付比必要的价格更高的价格，但是他们也可能有意地或者不经意地从一家标准的或者非标准的保险公司购买保险产品。

我们依据房产业主保险市场的以下特征来构造保险供给和需求的模型。尽管这个市场在结构上可能具有一定的竞争性，但是它是一个受管制的市场。[4] 在需求方面，这并没有造成任何理论上的难题，因为我们所建立的模型只是试图用来解释，对于市场中所实际提供的保单来讲，其各种特征是如何估值的。我们检验了内在特征的各种变化（例如，不同的免赔额水平）和各种交叉特征之间的权衡（例如，免赔额水平与保险业务类型）。牢记以下原则是极其重要的：由于监管的存在，市场上所提供的各种保单，尤其是它们的价格，并不是完全竞争市场的结果。换句话说，保险价格、保险产品以及保险交易的其他方面都要受到监管约束和要求的支配。

保险公司基本的供给决策是由人们对资本将会产生一个足够高的回报率这一承诺的预期来支配的。相应地，这要求保险公司能够提供一个风险足够分散的组合（或是它们能够获得充足的再保险），并且保险公司可以通过为其保单定价以弥补那些带有一定风险保证金（margin）的索赔的期望成本和公司的资本成本。在美国的绝大多数州，保险公司并不是在一个完全自由的市场上运作，尽管每个州监管的影响力和形式各不相同（请参见第 2 章对保险监管的讨论）。在设计其保单和制定保险业务决策的过程中，我们假定每一家保险公司都在服从监管约束的前提下寻求最大化其期望利润。这意味着保险公司认为强加给它们的监管约束并没有那么繁重以至于迫使它们离开这个州。然而，由于存在这种约束，在一些地区巨灾保险可能需要来自像非巨灾保险和低风险地区的巨灾保险等其他经营业务的交叉补贴（cross-subsidy）。如果所有这些业务使得各家保险公司能够在其所有的经营业务中赚取一个可以接受的回报率，那么这些交叉补贴就可能得以持续。与此同时，我们务必要认识到对于交叉补贴的额度一定要有所限制，以使得当消费者能够在众多保险公司之间做出选择的时候，这种交叉补贴可以在一个私人的、竞争性的市场上得以持续。随着时间的推移，这种交叉补贴的持续进一步暗示着保险公司（和投保人）的惯性，保险公司（投保人）可能至少部分地是由于对即将到期保单的监管约束以及出于对其他保险公司和消费者的考虑，从而造成了这种惯性。[5] 除了对于理解费率适当性和精确性的明显暗示之外，这也暗示着查明在需求和供给分析中跨市场的协同作用的重要性，以及查明具体的各家保险公司在提高其保单组合多样化的过程中所带来的保险总供给趋势的重要性。

10.2　研究 1：县级层面的供给和需求分析

我们从佛罗里达州保险监管办公室获得了一个县级水平（county level）的数据集，这一数据集囊括了 2006 年佛罗里达州全部的房产业主保险市场信息（既包括私营保险公司也包括由州政府运营的国营保险公司）。从这一数据集中，我们获得了每个县以公司为基础的关于有效保单和平均保费的信息。这使得我们得以估计佛罗里达州的供给和需求函数。需要说明的一个重要问题是，因为数据的总和是在县级水平上的，这可能并不能提供足够的变量来检验所有的假设。不过，这确实为我们提供了一个探究佛罗里达州房产业主保险市场的机会，而在这之前是没有这方面的相关研究的。与在本章后面我们通过邮区水平（postal zone-level）的分析相比较而言，这种分析的优势在于它反映了在佛罗里达州提供房产业主保险的所有保险公司的情况。我们对邮区水平的数据分析使用了更为详细的信息，但是其局限在于它只选择了在佛罗里达州提供房产业主保险的主要保险公司的数据。因此，我们使用了两个数据集来进行分析，期望获得关于需求和供给条件可能的最好的洞见。

除了佛罗里达州保险监管办公室提供的数据，我们还使用了其他三个数据来源。从美国人口调查局 2000 年的统计中，我们获得了佛罗里达州各县的人口统计和住房特征的信息。从美国国家保险监管局长协会的金融数据库（基于保险监管部门的年度金融报告），我们获得了在佛罗里达州开展保险业务的每一家保险公司的信息。而从贝氏这家全球知名的保险行业信用评级机构，我们获得了在佛罗里达州开展保险业务的绝大多数保险公司的某些方面的信息。

我们使用了两阶段最小二乘法（two-stage least-squares methodology，简称 2sls methodology）来估计佛罗里达州县级水平上的需求和供给函数。表 10—1 描述了我们在分析中所使用的各种变量。为了进行需求分析，我们把数据分成以下 6 种：价格、收入、住宅特征、区位特征、保险公司特征以及其他因素。

为了便于进行供给分析，我们将各种变量分成以下 4 组：保险价格、再保险、保险公司特征和政府。这几组变量与我们所估计的需求方程中的因素大体上是一致的。

表 10—1   供给和需求分析中所使用变量的描述统计

变量	均值	SD	最大值
保险公司的特征			
贝氏信用评级 A	0.168	0.374	1.000
贝氏信用评级 A–	0.155	0.362	1.000
贝氏信用评级 B+、B、B–	0.161	0.367	1.000
贝氏信用评级 C+、C、C–和 NR	0.258	0.438	1.000
公司的存续期（单位：年）	37	42	196
信用评级机构市场体系的独立性	0.552	0.497	1.000
分入再保险（直接承保保费的分入部分）	0.645	2.324	18.730
分出再保险（直接承保保费的分出部分）	0.911	1.449	12.311
2005 年度贝氏信用评级下调	0.869	0.338	1.000
住所地在佛罗里达州的公司	0.409	0.492	1.000
住所地在佛罗里达州的集团公司的一部分	0.252	0.434	1.000
集团内的公司数目	0.808	0.394	1.000
县一级水平集中度的赫芬达尔—赫希曼指数	1.447	41.533	2 578.00
公开上市交易的公司	0.057	0.231	1.000
股份公司	0.904	0.295	1.000
南佛罗里达州强风风险指标	0.099	0.299	1.000
住宅特征与区位特征：住宅编号（1—4）单位	86 221	111 065	503 864
住宅在本县使用年限的中位数	1 982	3.614	1 989
自用住宅价值的中位数	97 141	29 274	241 200
人口密度	346	524	3 291
沿海县区指标	0.572	0.495	1.000
总体流动比率（%）	234	226	999.900
城市地区的 HH 百分比	0.649	0.317	0.999
带有抵押的住宅所占百分比	0.641	0.101	0.829
水毁县所占百分比	0.153	0.125	0.733
价格与收入			
县区公司的平均保费	1 667	1 806	37 877
有效保单	615	2 623	61 688
收入的中位数	38 351	6 728	55 712
N=5 277（流动性比率除外 N=5 089）			

注：住宅使用年限从施工日期起算。

在保险部门中，进行需求和供给的分析所面临的主要问题之一就是难以定义需求（或者供给）的数量。[6] 与此相类似，构建一个在理论上被证明是合理的适当的关于保险价格的定义也是很困难的。在此我们使用有效保单作为我们对于数量的度量（Q）。这些资料来源于佛罗里达州保险监管办公室县级水平的季度增补报告（Quarterly Supplementary Report，简称 QUASR）的 2006 年度数据。在每一个县，每一家保险公司都报告了有效保单的数量和全部的签单保费（written premium）。对于价格，我们则使用了平均保费（average premium），这里的保费指的是一个县中的所有保险公司的保费收入或者是一个县中各家公司的所有有效保单。

10.2.1 对需求方程的估计

这里的需求模型是一个两阶段模型。第一阶段是关于价格的回归，用来确定哪些变量会影响到价格。[7] 第二阶段是使用由第一阶段回归所得到的关于价格的估计以及其他解释变量，来估计 c 县对保险公司 i 的业务需求数量 c（$Q_{i,c}^d$），如（10.1）式所示：

$$Q_{i,c}^{d^*} = f（价格、收入、住宅特征、保险公司特征、其他）+e \qquad (10.1)$$

上式中，星号 * 代表需求数量的均衡价值。

对于价格来说，我们包括了企业特有的保费、这个县的居民财产保险公司保单平均保费和这个县在（除了居民财产保险公司之外的）各家保险公司所有保单的平均保费。这三种保险价格都影响着对房产业主保险的需求。在此我们应指出的是，这些都是保险公司实际收取的保费，因为我们并没有一个关于损失成本的明确分级，所以这一实际保费没有提供测度风险转移成本的最佳方法。除了预期损失之外，保费还包括损失控制服务、预期索赔支付成本、营销及其他费用。相应地，在本章的后面所进行的合同水平的需求分析中，我们将把价格作为附加保费（premium loading）来测度，附加保费测度的是在期望损失基础之上的加成比例（markup）。我们将在以下部分对此进行更为深入的讨论，说明为什么价格加成是价格更为精确的表述方式。不过，对于初步的分析，最佳的可获得数据还是基于市场上的实际保费。

正如表 10—1 所示，我们从美国人口调查局获得了县级范围内中等收入水平的信息和关于房屋特征的信息。这些信息包括诸如在县级水平上符合房产业主保险资格的住宅数量（独户式或多户式独栋住宅，或者四户或四户以下的联排住宅）、城市区域内家用房屋所占百分比、一套在用住宅价值的中位数、带有抵押的家用公寓所占的百分比、该县建筑许可证的数量以及该县业主自用住宅年限的中位数。

我们还获得了关于保险公司的企业专有信息。正如表 10—1 中所示的，比方说我们使用一个指标来判断保险公司是否使用一个独立的代理营销系统。各家代理机构向消费者提供信息和损失调整服务。最后，我们还要判断一家保险公司到底是一家股份制公司、互助公司还是集团公司成员的指标。股份公司是由股票持有人拥有的公司，这些股票持有人并不必然是保单持有人。而互助公司是由保单持有人所排他地拥有的。互助公司对于消费者来说可能有着不同的关系，因此我们使用股票或者互助变量来控制这种关系。除此之外，许多在佛罗里达州的保险公司只出售房产业主保险。如果保险公司是一个关联保险公司集团中的一家成员公司，那么它更有可能经办跨市场的人寿或是其他非人寿的保单类型，例如汽车或是船舶所有者的保单。各家独立的保险公司和那些从属于各集团的各家保险公司相比可能还有一些其他的差异，例如在重大损失事件中获得集团注资的潜在机会（一个关于风险和地理与产品多样化的更宽泛的资金池）。[8]

因为价格是内生的，所以我们在估计需求方程时使用了前面已经描述过的两阶段方法。我们的第一阶段回归（这里并没有给出）提供了具有合理解释能力的证据，因此在第二阶段中我们可以使用这些经过预测所获得的价格，并在一定程度上对我们正在估计的需求方程充满信心。

10.2.2 需求：对于结果的讨论

表 10—2 给出了我们的估计结果。在表中的第二栏，标题是"系数"，是我们分析的主要关注点。

表 10—2 县级水平的两阶段最小二乘需求方程——因变量：县区保险公司有效保单的对数

变量	系数	标准误（SE）	T 统计量	概率>0
截距	−1.522	3.078	−0.490	0.623
价格				
＊平均保费的对数	−0.893	0.145	−6.150	0.000
＊县区平均保费的对数	0.226	0.137	1.650	0.104
＊居民财产保险公司平均保费的对数	0.159	0.085	1.860	0.067
收入				
收入中位数的对数	0.025	0.461	0.050	0.958
住宅特征				
住宅单元（1—4）数目的对数	0.850	0.065	13.160	0.000
城市地区的 HH 百分比	−0.139	0.204	−0.680	0.499
带有抵押的住宅所占百分比	0.188	0.258	0.730	0.467
建筑许可证数目的对数	0.028	0.044	0.640	0.526
县区住宅价值中位数的对数	0.272	0.300	0.910	0.368
住宅使用年限中位数的对数	−0.895	0.310	−2.890	0.005
公司特征				
信用评级市场体系的独立性	−0.434	0.047	−9.280	0.000
股份公司	0.151	0.055	2.740	0.008
集团内的成员公司	−0.145	0.064	−2.260	0.027

注：报告的稳健性标准误差。N=5 121；R^2=0.245。

＊ 内生变量。

这个系数是需求数量与我们感兴趣的各变量之间弹性的估计值。[9] 这个弹性定义为当我们所讨论的变量发生百分之一的变化时，保险的需求数量会发生百分之几的变化。例如，第三行中县区保险公司的平均保费的弹性是-0.893。这就意味着当保险公司的平均保费上升 10% 时，这家保险公司出售的保单数量就会减少 8.93%（10%×0.893），即需求是缺乏弹性的（经济学中关于弹性的定义是以 1 为界限的，大于 1 的弹性称为富有弹性的、小于 1 的弹性称为缺乏弹性的、等于 1 的弹性则称为单位弹性的——译者注）。一个相对较大的弹性数值意味着对价格的变化更为敏感，这时的需求就应该被划入富有弹性之列。除了检验单个公司价格的影响（即所谓的自身价格弹性），我们还可以考察其他价格是如何影响对保险公司产品的需求的。我们可以检验交叉价格弹性，也就是说，一个竞争者的价格和本公司需求数量之间的敏感性。特别地，了解居民财产保险公司的合同价格是如何影响私人保险公司需求数量是一件有趣的事情，居民财产保险公司的合同价格是由县级居民财产保险公司合同的平均保费来衡量的。这一交叉弹性是 0.159。这意味着当居民财产保险公司的保费增加 10% 时，房产业主对私人保险公司的保险业务的需求数量将上升 1.59%。这种关系反过来也是成立的：居民财产保险公司价格的下降将会减少私人市场上的需求数量。由于允许居民财产保险公司和私人市场上的公司展开竞争，所以对于今天的保险市场需求来讲，这一特点尤为重要。早在 2007 年之前，居民财产保险公司就被要求在不低于私人市场价格的某一水平上制定价格。正如在本书第 2 章和其他章节中讨论的那样，居民财产保险公司（也就是说由州政府）承保的风险越多，那么可能最终被转移到本州内其他保险购买者（甚至是纳税人）身上的风险就会越多。

最后，我们看到县级私人市场的各家保险公司的平均保费与需求数量之间也存在着正（但是并不显著）的相关关系。这与竞争者的保单是对保险公司自己产品的替代品这一事实相一致的。尽管这个弹性并不显著，但是它与统计学上的显著性的标准水平（10%）是非常接近的，而且与经济学理论是一致的。

更为一般地讲，表 10—2 揭示了（基于有效保单的）保险需求相对于保险价格来说并不敏感。收入弹性也不显著，这意味着购买保险的数量对于房产业主的收入来说并不敏感。这一结果与 Grace，Klein，and Kleindorfer（2004）的发现形成了对比，他们发现佛罗里达州的房产业主保险存在一个很小的正的收入弹性，不过他们使用了与我们在本书中所使用的不同的价格和数量定义。[10] 此外，在跨县研究中可能并没有足够多的收入方面的变量，从而难以在这些差异上提供一个足够强的统计检验。

在房屋特征方面，有两个变量特别显著。第一，符合保险资格的住宅（eligible residence，指独栋住宅和四户及四户以下的联排住宅）数量与有效保单是显著相关的，与一个县之内每一住宅使用年限的中位数也是显著相关的。[11] 一个县之内符合保险资格的住宅的数量每增加 10% 将会导致保单需求增加 8.5%。类似地，一个县之内的存量住宅的使用年限每上升 10% 就会使得保险需求下降大约 8.95%。第二，尽管可能有人期望找到需求数量和住宅价值之间的关系，但是对于住宅价值的中位数来说我们没有发现显著的关系。

有两个原因导致我们可能并没有注意到这些数据之间的关系。其一，住宅价值和收入之间可能存在多重共线性（multicollinearity）。这意味着多个变量从本质上讲解释的是同一件事情（拥有较高收入的人们倾向于居住更昂贵的住宅）。我们使用多种技术进行了检验，并且发现估计的结果与表10—2所显示的极其相似。其二，我们关于数量的定义是保单。但就保单购买本身来讲，似乎受住宅价值的影响并不大。我们手里的县级水平的数据并不足以使我们检验已购买保单的类型。比方说，某些保单包含着多种选项，这些选项对于拥有较高价值住宅的人们来说可能是有价值的，但是对于那些只拥有较低价值住宅的人们来说恐怕就太昂贵了。

公司的特征也与保险需求存在着相关性。使用代理机构的保险公司可能也会影响到从这些保险公司选择购买房产业主保险的消费者的偏好。保险代理机构可以是某一保险集团中的成员公司，或者是有着特殊组织形式（股份制或者互助形式）的公司。在传统上，代理机构被看作是信息的提供者，在其他情况相同的条件下，它们会对需求存在负面影响。由于我们正在检验关于是否购买一份保单的决策（而非所有可供选择的保险合同条款的细节），代理机构并没有明显地创造出对于保险的额外需求。事实上，在其他情况保持不变的前提下，保险公司独立代理营销系统的存在确实与对保险公司产品的较低需求紧密相关。这一结果有些令人困惑，但是仍存在某些可能的解释。其中之一就是在保险公司被看作是独家代理的保险公司或是直接的保险经销商的时候，由于这两者广泛的广告效应，可能产生一种较强的品牌声誉；而这则可能引起消费者产生对于其产品更高的需求。

保险公司的企业组织形式似乎也会影响到保险需求。人们也许会假设那些同时也是公司所有者（正如互助公司的情形那样）的保单持有者与那些仅仅是消费者的保单持有者相比较而言，可能会与保险公司存在着一种不同的关系。我们的研究发现，在其他情况保持不变的前提下，人们对股份制保险公司的产品有着更高的需求。最后，人们可能从一个集团的一家成员公司那里购买保险产品。由于与所有成员公司中的专家们有着更为广泛的接触，各家保险集团通常可以提供更多类型的保险产品。因此，一家保险公司可能既可以提供人寿产品也可以提供非人寿产品。在佛罗里达州，许多提供房产业主保单的保险公司只专注于某一特定经营范围的产品线。因此，如果一家保险公司是一个集团的成员公司时，它就可能获得有更多机会销售跨越经营范围的保险产品线。事实上，我们的研究发现保险集团的成员公司与保险需求之间存在着负相关的关系，这意味着消费者在购买房产业主保险时对这种潜在交叉机会的评价并不高。[12]

10.2.3 对供给的估计

我们现在使用在某种意义上与需求方程类似的方法对供给方程做出估计。我们仍然使用两阶段方法，而且第一阶段的分析与需求分析是一样的。这里的供给数量

（$Q_{i,c}^*$）仍是有效保单的数量，并且价格也是在 c 县的保险公司 i 签出的所有保单的平均保费。我们所得到的第一阶段的基本结果，尽管不如第一阶段需求方程中的结果那样有力，但是仍然为供给方程提供了恰当的符号。

$$Q_{i,c}^{*^*} = f（价格、再保险、风险、保险公司成本特征、政府）+v \tag{10.2}$$

上式中，星号＊代表供给数量的均衡价值。

10.2.4 对结果的讨论

表 10—3 详细地列示了两阶段最小二乘法的回归结果。第一个引人关注的变量就是价格变量。反映价格弹性的平均保费的系数为正的 2.754。这一弹性值意味着当价格上涨（下跌）10% 时，保单供给数量的增加（减少）就会超过 27%。这一价格弹性对于保险费率监管具有某种重要的含义。如果费率受到压制，那么如此之高的价格弹性就意味着由私人保险公司提供的保单将会出现巨额下降，这将导致严重的保险可得性问题。如果费率压制主要集中在高风险地区，那么保险可得性问题在这个州的这些地区就会特别严重。我们确实发现在高风险地区居民财产保险公司签出保单的比例明显会更高一些，但是我们不能推断出这其中多大比例是由于费率压制（rate suppression）或者压缩（rate compression）还是由于其他因素造成的。这个供给弹性的结果同时还暗示着，如果佛罗里达州能够撤销这些引起各家保险公司完全退出该州或者迫使各家保险公司尽量避免在该州高风险地区出售保单的政策的话，那么将会刺激保险在这些地区的进入和营销行为。

我们还控制了保险公司的再保险组合。我们不仅计算了分出保费（ceded premiums）与直接承保保费（direct premiums written）的比率，而且也计算了分入保费（assumed premiums）与直接保费的比率。如果一家保险公司对其较大比例的风险投保了再保险，那么它就会有一个较高的分出保费与直接保费比率。如果一家保险公司分入了再保险，那么它就要承担相应的风险。通过对佛罗里达州保险市场的研究，我们发现那些将保费分给再保险公司的保险公司更可能增加它们对保单的供给，而那些分保了其他保险公司风险的保险公司不大可能增加保单的供给。这与我们的预期是一致的，因为各家保险公司可以通过将一定的风险分给其他保险公司，从而提高它们的承保能力。事实上，我们的结果显示，分出保费与直接承保保费比率每提高 10%，由此所增加的保单销售数量只有不足 1%。与此形成对比的是，分入保费与保费总额的比率每提高 10%，保险供给将下降 1.85%（"分入保费"指的是一家保险公司由于分入了由其他保险公司所承担的一部分风险以及由其他保险公司分出的保费而收到的再保险保费）。

我们还尝试着对区位进行了简单的控制。通过使用沿海县级指标和佛罗里达州南部指标，我们分析了区位和与飓风相关的风灾风险之间的关系，但是这两个变量都不显著。这种显著性的缺乏可能是由于数据的高聚合水平，因此我们难以轻易地把高风险地区与该县的其他地区区分开来。

表10—3　供给函数的两阶段最小二乘估计——因变量：县区保险公司有效保单的对数

	系数	标准误	T统计量	概率>0
截距	−14.645	5.881	−2.490	0.015
价格				
平均保费的对数	2.754	0.903	3.050	0.003
再保险				
分出保费与总保费比率的对数	0.097	0.032	3.000	0.004
分入保费与总保费比率的对数	−0.185	0.061	−3.030	0.003
风险				
沿海县区指标	0.081	0.448	0.180	0.858
佛罗里达州南部的风灾指标	−0.641	0.589	−1.090	0.280
公司特征				
股份公司	−1.837	0.218	−8.410	0.000
公开上市交易的公司	−0.662	0.176	−3.770	0.000
集团内的成员公司	1.161	0.319	3.640	0.001
住所地在佛罗里达州的公司	1.561	0.427	3.650	0.001
住所地在佛罗里达州的集团公司的一部分	−0.379	0.435	−0.870	0.387
信用评级市场体系的独立性	−0.906	0.093	−9.760	0.000
贝氏信用评级A	0.183	0.149	1.230	0.223
贝氏信用评级A−	0.642	0.216	2.970	0.004
贝氏信用评级B+、B、B−	0.977	0.079	12.370	0.000
贝氏信用评级C+、C、C−和NR	−0.489	0.127	−3.850	0.000
2005年度贝氏信用评级下调	−0.018	0.072	−0.250	0.800
总体流动性比率（%）	−0.0005	0.000	−3.090	0.003
政府				
居民财产保险公司市场份额的对数	−0.068	0.130	−0.520	0.605

注：N=5 089；R^2=0.26。

我们的回归估计结果还包括可能影响各家保险公司经营成本的许多公司指标。最为显著的变量是保险公司是否是公开上市交易这一指标。该指标在统计上是显著的而且是一个负值。这里存在以下争议：公开上市交易保险公司的股东如果可以在保险行业的其他部分或者其他业务经营上赚取更高的或许更为安全的收益，那么他们就不会愿意冒险将其资金投入到类似于佛罗里达州这样的市场上。这一假设意味着这个系数应当取负号，而这也正是我们所观察到的。

　　一家保险公司，如果是某集团中的一个成员公司，那么在统计上与一家集团外的保险公司相比，它可能会提供一个更高的保险供给水平。作为集团的成员公司，一家保险公司可能获得较低成本的内部资金从而增加供给。一家保险公司，如果并非某一集团的成员公司，那么它在筹集资本方面可能会更加困难，因为它必须提高融资价格或者从市场上寻求其他资本来源。这也与我们在表 10—3 中所观察到的相符。

　　根据我们的回归结果，住所地在佛罗里达州的保险公司（包括一个集团的各家成员公司和各家独立的公司）更有可能提供保险供给。这可能是由于近年来佛罗里达州国内初创企业数量的增加以及风灾风险的上升，这都促使美国公司重新下调了它们的房产业主保险组合。此外，该州还鼓励佛罗里达州的保险公司进入该市场，并且从佛罗里达飓风巨灾基金（FHCF）这一由州政府作为后盾的最后保险人手中获得保单。美国国内的许多家保险公司都在佛罗里达州建立了子公司，以此作为其风险管理策略。一旦发生"重大事件"，一家在佛罗里达州拥有子公司的保险公司可以选择对其佛罗里达州的子公司进行资本调整，因此可以避免对其股权的强制性的和直接性的收费。[13]我们发现这种做法对保险供给似乎没有显著的影响，但是它确实通过强制资本调整为保险公司提供了保护，从而给持股公司提供了价值。与独家代理或者直接经营保险业务相比，独立代理分销系统的成本确实会更高一些。作为一家保险公司的"独家代理机构"，代理商只为这家保险公司销售保险产品。独立代理商通常可以代表多家保险公司或者销售来自不同保险公司的保险产品。采取直接经营方式的保险公司则使用本公司职员来分销保险产品，并且更多地利用电子邮件、电话和国际互联网设备来与消费者和保险客户保持联系。回归分析显示，在所有其他情况不变的条件下，那些拥有独立代理系统的保险公司所提供的保险供给数量会更低一些。

　　根据贝氏信用评级，我们注意到与被评为 A++ 和 A+ 的保险公司相比（这些都是省略掉的变量），被评为 A- 到 B 这几个等级的保险公司要比所有其他等级的保险公司提供的保单数量还要多。这与委托—代理理论是一致的，该理论断定由于较多的低层次的违约风险来自于既有保单持有人（在本例中，他们是委托人），所以风险较高的公司的股东（在本例中，他们是代理人）就会更愿意增加保险供给。[14]为了使这一策略取得成功，新保单的价格应该不受违约风险的影响。因此，有人可能得出这样的结论，即相比较而言新保单持有人对 A 等级和 B 等级之间的差异并不关心，或者根本就没有意识到这两者之间的差异。不过，当保险公司的信用评级处于 C 类时，与 A++ 和 A+ 等级的公司相比，其供给将会下降。这意味着各家保险公司预期保单持有人将不会容忍如此之低的信用评级，而只会降低他们的市场参与程度。最后，我们看到近来信用评级下降的保险公司其保险供给并没有受到影响。

　　我们还检验了贝氏流动性比率对供给的影响。这一比率指的是总资产与总负债之比，从本质上讲它是杠杆比率的倒数。供给能力与在市场上能够支撑财务风险的总资产有关。人们可能认为流动性高的公司会拥有充足的现金来支持其所增加的供给。与此同时，人们也可以设想管理层（其行为代表着股东的利益）和保单持有者可能有着不同的利益诉求。因为从破产的可能性中管理层几乎不会增加跌价风险，所以他们可以通过降低流动性（杠杆作用会更大）来承担更高的风险。从本质上讲，作为股东利益代表的管理层在由保单持有者为其冒险行为埋单的情况下会提高违约的可能性。

　　关于我们的研究结果可以通过两种方式来解读。首先，在佛罗里达州，公司的流动性水平越高，其保险供给就越低。相反，杠杆水平越高，其保险供给的水平就越高。因此，拥有"过度"流动性的公司将不会在佛罗里达州投资。这个结果认为，风险较高的保险公司在保单持有者为其冒险行为埋单的情况下，会通过增加供给来利用其违约潜力为自己谋利，这与委托—代理理论是一致的。其次，这个战略的成功依赖于费率对于业已增强的杠杆风险的非敏感性。通常来讲，如果风险增加的话，公司会试图提高价格。不过，如果价格是固定的，业已增强的杠杆作用会加大保险公司的风险。

　　信用评级和杠杆作用的结果在很大程度是符合委托—代理理论的。同时，这些结果还可以由监管因素来解释或者强化。首先，高风险保险公司价格变动的失败可能是由于价格监管的控制。在这种价格监管中，那些受到抑制的费率没有能给那些随保险公司信用质量而变化的保费提供任何灵活性。其次，监管环境可能鼓励了或者促进了低风险保险公司的涌现。[15]无论出于上述原因中的哪一种，这些低下的信用评级结果对于保险公司在遭受严重飓风灾害时的索赔支付能力都意味着显著的压力。一旦某家保险公司违约，其在索赔支付能力方面的任何不足就会由仍在市场上的各家保险公司经核定的追加保费来补偿。这种追加保费是监管部门以市场上现有各家保险公司的市场份额为基础来核定的。

　　供给方程中的最后一个变量是居民财产保险公司在市场上的业务开展状况。在表10—3中我们可以看到，居民财产保险公司市场份额的系数是不显著的，这意味着居民财产保险公司对于市场并没有显著的影响。在2006年的时候，不允许居民财产保险公司直接和私人市场保险公司竞争。直到2007年佛罗里达州才允许居民财产保险公司在与私人市场参与者竞争（或者在低于这一水平）的水平上为其保费制定价格。

10.2.5　县级水平的保险供给与需求小结

　　作为我们对县级水平数据分析的结果，我们可以对佛罗里达州保险市场上的行为得出以下几点结论。

　　（1）需求的价格弹性为单位弹性。这标志着消费者对其当前的保险公司具有一定程度的忠诚。

（2）居民财产保险公司保单的交叉弹性明显较高。这意味着消费者只要可以这样做，他们都愿意在价格比较的基础上将私人保险公司的保单转换成居民财产保险公司的保单。这暗示着只要居民财产保险公司可以推出比私人市场更低的价格，那么它就会吸引到大批的新业务。由于居民财产保险公司是本州最大的保险公司，所以这与我们在佛罗里达州近来观察到的结果是一致的。

（3）供给具有很高的价格弹性。如果保险公司可以提高价格的话，它们将供给更多的保险。这意味着即便是适度的价格抑制也将对私人市场上的保险可得性造成严重的影响。更进一步地讲，在高风险地区价格抑制也是最高的情况下，这些地区的可得性困境也将尤为严重。

（4）再保险的可得性会提高初级保险市场的承保能力。风险较高的保险公司（正如杠杆作用和信贷质量显示的那样）更愿意供给保单。这可能是因为它们能够在不受价格惩罚的情况下，将不断增加的违约风险转移给其他的保单持有者。除此之外，各家高风险保险公司供给的越多，那么通过鼓励其增长的监管策略，它们就可以获得更多直接的便利。这与（第 3 章中所讨论的）实际经历是吻合的：佛罗里达州五家高杠杆保险公司将其业务过分地集中在了高风险险种上，随后由于 2004 年到 2005 年暴风雨季的损失，这五家公司悉数陷入了破产境地。

我们对县级水平的研究，集中考察了佛罗里达这个州的保险供给和需求。在本研究中，价格由各县在房产业主保险上所支付的平均保费来测度的，而数量指的则是在各县销售的保单数量。因此，当我们谈及需求弹性的时候，我们指的是保单需求数量对保险公司索要保费的敏感程度。而当我们称需求是缺乏弹性的时候，我们指的是在一个县范围之内的各家保险公司和跨县经营的各家保险公司保费之间的差别与保险需求之间的巨大差别似乎没有什么联系。同样，我们关于供给是富有弹性的这一结论意味着，当保费变动的时候，保险公司似乎相当乐于增加（减少）其出售保单的数量。这种分析并没有调查保费对房产业主购买保险数量的影响，因为在这一节我们专注的是保单销售的决策，而非承保范围的提供水平。

关于这种分析有两个主要问题。其一，这种分析对于检验保单的供给和需求数量如何随着价格变化而变化是很有用的，但是这并没有考虑投保者到底购买了多少保险（这最好由一个期望损失的测度作为代理变量）。其二，作为价格测度的实际保费（actual premium）并不是投保者转移风险的经济价格的最佳测度。当平均保费超过保险业务组合的时候，绝大多数保费将以索赔支付的方式返还给保单持有者。对于消费者来讲，一个更为通俗的经济价格测度是保费和期望损失之间的差额。这与经济学理论中关于保险供给和需求的说法更为接近。[16] 为了阐明这些问题，我们接下来使用保险公司的合同数据，开始第二阶段关于佛罗里达、南卡罗来纳、纽约和得克萨斯这四个州的跨州保险需求分析。

10.3 研究2:使用保险公司合同数据进行的保险需求跨州分析

10.3.1 定义价格和为房产业主保单建立需求模型

假设某一特定的具有特征 Z(收入、家庭地位、住宅结构或者公寓大楼的类型等等)的房产业主,在考虑为其住宅进行投保时,他面临着在不同保单中选择,在这里集合 H 给出了房产业主保险市场可以获得的保单选择。集合 H 中一个典型的此类选择 h 可能是由保险公司 i 提供的,公司 i 的特征是 X_i(诸如基于盈利水平的隐含质量水平、市场中的规模和可见性、分销系统的类型——本公司直接营销还是经由独立代理机构分销)。或者,集合 H 中一个典型的此类选择 h 可能是由保险公司 i 提供的,公司 i 的特征是 X_i(包括索赔支付能力、组织形式、营销方式和提供例如汽车保险等互补性产品的能力),其保单具有一定的特征(诸如免赔额水平、损失解决备付金、实际现金价值以及重置成本),其保费为 P(h)。房产业主只能在 H 中选择一份保单,并且假设通过最大化其在这些风险之上的期望效用或者每一个选择 h 所暗含的赌注之上的期望效用,他们一定会这样做。在此,我们用以下拟线性形式(quasi-linear form)的函数代表这个期望效用 U(h, P(h))[17]:

$$U(h, P(h), Z) = V(F(h), Z) - P(F(h), Z) \qquad (10.3)$$

式中的 V 代表消费者对于一份保单不同类型的承保范围或者特征的支付意愿,F(h)代表这些特征的向量,在这些特征中包含了那些为消费者提供可能给他们带来某种差异的保单的保险公司的特征。

请注意 V 和 P 仅仅依赖于特征向量 F 和房产业主的各种特征(可能仅仅是结构的类型,但是也可能依赖于诸如社区风险级别或者与其距离最近的消防队的位置等区位特征)。这些特征之一可以是保费水平 P(h)自身。那么房产业主可以在集合 H 上最大化其方程 U(h, P(h), Z)。

假设在市场上可以获得一个内容丰富的保单菜单以供选择,我们可以把这个选择问题表示为通过选择保单的各种最优特征来选择某一份保单。当保单各种特征的边际收益等于其边际成本时,我们就可以得到这个问题的解。这引出了接下来的关于一般类型的估计问题,在这里我们暂时忽略方程形式的各个细节:

$$P(F, X, Z) = aF + bX + cZ + \varepsilon \qquad (10.4)$$

我们将保单特征分成了几种类型:包括关于保单自身的(用向量 F 表示)、关于公司的(用向量 X 表示)、关于投保住宅附近地区特征的(用向量 Z 表示)。在这个模型中,P(F, X, Z)既可以表示给定保单的总保费,也可以近似地表示为使用所有单位保险覆盖范围(比如期望损失成本或者显示损失成本)标准化之后所得到的每单位保险覆盖范围的平均保费。

与其他产品和服务的价格一样，保险产品的价格可以定义为每一美元产出的价值增值。在保单水平上，价格的这一价值增值的测度可以表示为在保费中扣减由这份保单所承保的期望损失的折现价值。[18]由 L（F，Z）代表带有特征 F 的保单 h 的期望损失，由 P（F，X，Z）代表保单 h 的保费，我们得到以下关于房产业主保单 h =（F，X，Z）的价格 p（F，X，Z）的定义（在这里，房产业主保单 h =（F，X，Z）的特征是由参数（F，X）来描述的，并且经过了消费者特征和损失特征 Z 的指数化处理）：

$$p（F，X，Z）= \frac{P（F，X，Z）-PV（L（F，Z））}{PV（L（F，Z））} = \frac{(1+r)P（F，X，Z）-L（F，Z）}{L（F，Z）} \quad (10.5)$$

式中，PV（L（F，Z））= L（F，Z）／（1+r），表示在这份保单的有效期间，该保单期望损失的现值；而（r）表示在同一期间这家保险公司的股权回报，它在这里用作了计算现值的折现因子。L（F，Z）表示我们正在讨论的保单特征（F）和结构（Z）的每单位保险覆盖范围的显示损失成本。这是 Grace et al.（2004）所使用的基本方法。

L（F，Z）的值是用我们的样本数据运用国际标准化组织程序（ISO procedures）计算的。在进行跨样本公司数据检验的过程中（见以下描述），我们对某一具体的公司赋予了许多独特的变量。这是因为每一家公司对它所收集的数据有不同的需求。不过，我们可以使用一系列普通的变量来计算每一份合同的显示损失成本。我们使用 ISO 程序来逐步展示保险限额 A（或者住所）、保单的免赔额、风灾的免赔额和（由 ISO 标准版图界定的）区位等的相关性。房产业主保单中的保险限额 A 指的是投保在主要住所和联排建筑物上的保险数量。这一限额通常是设定在住所的估计重置成本之上的。其他保险品种（例如室内设施及物品、非联排建筑物、使用价值的损失等）通常设定为保险限额 A 的某一百分比。通常情况下，消费者会为这些其他保险品种选择若干标准的比例，但是也可以根据他们的意愿选择较高的或者较低的比例。

10.3.2 需求数量

在前面的讨论中，我们使用显示损失成本（indicated loss cost，简称 ILC）测度了通过保险合同转移给保险公司的风险。[19]我们假设显示损失成本为保单合同的期望损失提供了一个良好的代理变量（proxy）。在我们当前的数据集中，并没有关于损失的指标。因此，我们使用保险限额 A（住所）作为一个关于需求的替代性测度。因为这是一个最大化或然损失而不是期望损失，所以我们使用保险限额 A 作为保险业务需求数量的代理变量。

我们的数据来自州际农场保险、好事达、利宝互助、旅行者、美国全国保险这 5 家作为发起者的保险公司和消防员基金（Fireman's Fund）以及居民财产保险公司。2005 年这些保险公司大约占到了佛罗里达州房产业主保险市场份额的 50%。它们在纽约州所占的保险市场份额大约是 20%、在南卡罗来纳州大约占 30%、在得克萨斯州大约占40%。数据提供了涵盖2000年至2005年期间多个年度的信息。并不是每一家保险公司都能为每一个州提供所有年度的数据。非常有必要指出的是，尽管这并不是一个涵盖了这四个州所有保单的随机样本，但是它已经是一个相对来说较大的市场样本了。

我们的数据与来自佛罗里达、南卡罗来纳、纽约和得克萨斯这四个州不同保险公司个别合同的信息是一致的。表10—4显示了各州数据库的概要统计分析。佛罗里达州平均签单保费（在这四个州中是最高的，之后分别是南卡罗来纳州、得克萨斯州和纽约州）。但是，此类平均保费并不必然是一个好的价格指标。同时我们还利用保险限额A（或者住所限额）计算了每1 000美元保险覆盖的平均保费。可以看到，佛罗里达州每一美元保险覆盖的价格仍然是最高的，为8.13美元。得克萨斯州以7.89美元紧随其后，是第二高的价格。其他两个州的价格相对较低，纽约州的价格是3.94美元、南卡罗来纳州的价格是5.14美元。尽管这些价格表明了各州保险市场上的差异，但是它们并没说明保单的期望损失或者显示损失。

表10—4　在邮政区域水平上测度的各家提供数据的保险公司2005年数据的描述统计

	数量	均值（美元）	中位数（美元）	SD	最小值（美元）	最大值（美元）
佛罗里达州						
签单保费	2 009 576	6 164	1 696	8 642	101	482 014
强风免赔额	2 009 576	1 850	500	6 884		894 852
保单免赔额	2 009 576	1 998	500	6 858		894 852
保险限额A的每1 000美元保费	2 009 573	8.13	7.10	4.634	0.407	788.00
南卡罗来纳州						
签单保费	423 818	4 977	4 185	5 616	100	187 684
强风免赔额	423 818	2 517	500	8 737	—	490 688
保单免赔额	423 818	2 754	500	8 678	—	490 688
保险限额A的每1 000美元保费	423 818	5.14	4.64	2.10		74.33
纽约州						
签单保费	1 033 066	761	656	756	101	85 588
强风免赔额	1 033 066	508	500	433		25 000
保单免赔额	1 033 066	508	500	433		25 000
保险限额A的每1 000美元保费	1 033 066	3.94	3.42	3.72	0.32	791.40
得克萨斯州						
签单保费	834 520.00	2 376	974	4 172	101	170 364
强风免赔额	834 520.00	3 136	1 082	7 363	—	1 201 392
保单免赔额	834 520.00	1 165	1 000	1 255	—	391 250
保险限额A的每1 000美元保费	834 520.00	7.89	7.24	3.31	0.72	71.75

在这四个州中，还有一些其他的不同之处。其部分原因在于我们没能取得每个州所有保单的全部数据，所以这种不同就更加凸显。不过，我们已经获取了各家样本公司的实际签约保单。此外，在每一个州由保险公司承保的财产价值也存在着显著的差异。例如，样本公司在南卡罗来纳州所制定的保险限额 A 就略高于它们在纽约州所制定的这一限额。保险限额 A 的 平均值可能受到人数众多的外部人的影响，因此，我们还考虑了保险限额 A 的中位数。但是，我们仍然可以看到南卡罗来纳州保险限额 A 的中位数比纽约州的要高一些。除了每个州各家保险公司中的混合差异之外，我们还可能得出这样的结论，即在每一个州每一家样本公司可能有着不同的经营模式，而且它们是在不同的相关风险领域承办保险业务。

10.3.3　方　法

我们使用两阶段最小二乘法对每个州的需求模型进行了估计。这个过程类似于 10.2 节中所描述过的县级水平的数据分析。为了控制价格的内生性问题，我们在邮政区域水平上估计了价格方程，并且将免赔额作为内生变量对其进行了估计。

在第一阶段的回归中，我们所使用的工具包括由水灾保险承保的邮区所占的百分比、由美国人口调查局将邮区划分为城市地区的区域所占的百分比、各邮区中住宅价值的中位数、各邮区中单元住宅的数量、各邮区中住宅已建成年限的中位数、各邮区中已办理贷款抵押住宅所占的百分比、不带供暖设备住宅的数量、不带下水管线或者整体厨房住宅的数量、超过海平面的高度以及国际标准化组织地域标准等。依据各州的数据，第一阶段回归 R^2 的范围在 0.2 ~ 0.6 之间。[20] 表 10—6 至表 10—8 概括了我们对每个州的最初回归结果。

10.3.4　对结果的讨论

我们有两个主要任务：一个是揭示保险需求对价格、收入和免赔额水平等方面变动的敏感程度，另一个是对这些结果在具有不同监管水平的各州之间进行跨州比较。为了完成这一阶段的回归分析，在表 10—5 中，我们给出了跨州的和每个州内跨越风险集团的价格比较。

在已经构建了模型的风灾损失与显示损失总额之比的基础上，我们首先将数据划分为 4 个四分位数（quartile）。我们根据这一比率将所有的合同进行排序，然后把样本分为四个相等规模的组。第一个四分位数包含了数据库中第一个四分之一的合同，这组数据的风灾风险水平是最低的，只占总风险的 1%。第二个四分位数包含了接下来的四分之一的合同，它们代表了以风灾风险为基础的接下来 25% 的合同。第三个和第四个四分位数的定义与之前的类似。通过将保险合同分成这些风灾风险的四分位数，我们得以检验风险对于价格的影响。

表 10—5 列示了佛罗里达、南卡罗来纳和纽约这三个州不同风险四分位数的保险价格。由于国际标准化组织（ISO）还没有给得克萨斯州创建损失评级程序，所以我

们没能为该州计算出与其他三个州类似的保险价格。[21]在每一个州，第一个四分位数指的都是带有最低巨灾风险（这一风险是由风灾损失成本与损失成本总额的比率测度的）等级的保单，接下来的各四分位数都有着相对更高的巨灾风险。这里的价格是一个指数，它是保费中价格相对于成本的宽展率（percentage price-cost spread）。这些结果在佛罗里达州显示出了一个非常清晰的模式。价格在低风险的四分位数中比较高，而在较高风险的四分位数中比较低。这反映了一种 Grace et al.（2004）先前观察到的模式：高风险地区的保费得到了低风险地区的保费的补贴。这种交叉补贴熨平了各种保费的风险敏感性。相反，在南卡罗来纳州和纽约州，保费指数表明在各四分位数之间几乎没有变化。这一发现与基于各种保费的风险研究是吻合的。[22]

表 10—5　通过风灾损失成本占损失成本总额百分比测度的各类风险的价格检验结果

变量	价格	数量	均值	SD	1 个百分点 最小值	99 个百分点 最大值
佛罗里达州	四分位数 1	157 207	1.871	3.570	−0.726	13.522
	四分位数 2	157 192	1.233	0.877	−0.486	3.653
	四分位数 3	157 311	1.037	0.817	−0.329	3.712
	四分位数 4	157 118	0.672	0.701	−0.477	2.871
	合计	628 828	1.203	1.964	−0.595	5.730
南卡罗来纳州[a]	四分位数 1	78 267	1.956	0.994	0.319	4.962
	四分位数 2、3	104 655	1.835	1.122	0.168	5.496
	四分位数 4	61 144	1.902	1.509	−0.368	5.977
	合计	244 066	1.891	1.135	−0.029	5.518
纽约州	四分位数 1	81 904	2.148	1.098	−0.127	5.103
	四分位数 2	81 520	1.850	1.002	−0.141	4.584
	四分位数 3	84 480	1.739	1.239	−0.315	5.398
	四分位数 4	76 119	1.9109	1.054	−0.251	4.417
	合计	324 023	1.9106	1.104	−0.232	4.885

　　a 南卡罗来纳州的四分位数 2 和 3 有着相同的风灾风险水平。

　　表 10—6 至表 10—8 包含了对每个州保险需求的估计结果。在每张表中均包含两组面板数据。第一个面板数据是对每个州 2001 年至 2005 年期间需求方程弹性的估计结果。第二个面板数据列示了在不同风灾风险水平下的各种弹性估计，在 2005 年的时候，这种风灾风险占风险总额的 1%。正如表 10—5 中所显示的，依据风灾损失成本占损失成本总额的百分比，各州的样本数据分成了四分位数。这一比例用作了表示风灾风险对于房产业主保险需求重要性的代理变量。

1. 佛罗里达州

表 10—6 中面板数据 A 列示了对于需求方程中各个重要变量弹性的估计。每一个弹性估计都是关于保险需求数量的。因此我们检验了价格、收入、免赔额、办理了抵押贷款的房产业主所占的比例和保险限额到底是如何影响保险需求数量的。从表 10—6 的面板数据 A 的结果中，我们的第一个发现就是需求对价格是缺乏弹性的，因为所有系数的绝对值都是小于 0.5 的。这与我们先前的县级分析结果是一致的，尽管由于在这两个研究中所使用的价格和数量的测度不同，这两个系数并不能进行直接的比较。但是，有趣的是，随着时间的推移，价格缺乏弹性的程度显示出不稳定性。不过，在给定监管环境迅速变化和居民财产保险公司市场份额随之相应变动的情况下，出现这种不稳定性现象可能就不是那么令人惊奇了。这种不稳定性可能也与由实际风暴损失造成的市场崩溃紧密相关。换句话说，在 2004 年由于飓风袭击了佛罗里达州和其他各州，从而引起了消费者对自己是否拥有足够保险更为重视，这将有效地提高其对保险的需求，因此，关于不稳定性和市场崩溃的相关推测就是合理的。可能证明确实存在这种较大需求的一种途径是房产业主在他们的保单中增加保险限额 A，以确保这一保险限额能够全部覆盖其住宅的重置成本。同时，随着（在 2004 年和 2005 年基于飓风的）可感知风险的增加，价格也似乎变得更加缺乏弹性，这意味着在高风险地区消费者可能更愿意进行价格比较（price shopping）。由于在高风险地区保险将占据消费者预算中的较大比例，因此，尽管在各风险种类中存在着交叉补贴，但人们考虑货比三家进行价格比较还是很重要的。

一般而言，需求对于收入来说是相当缺乏弹性的，这与我们在县级分析中的结果是吻合的：在表 10—6 的面板数据 A 中可以看到，这一弹性的回归结果为 -0.372 到 -0.461。县级水平的回归结果显示，收入的变动与非常小的保单购买数量的变动之间都存在着联系。相反，这里所显示的合同数据结果表明，只要人们确实购买了保险，他们购买保险的数量与价格和收入的相关性就会较大，而更为近期的数据显示，人们购买保险的数量与抵押贷款存在的关联度较小。比方说，在 2005 年，各邮区的价格弹性和收入弹性都要比抵押贷款所占百分比的弹性大一些。

最后，带有抵押的住宅所占百分比的弹性是正的，这意味着带有抵押的住宅所占百分比的上升将会增加保险需求的数量。在我们研究的 5 年期间（2001 年至 2005 年），这一弹性系数为 0.113 到 0.509。因此，带有抵押的住宅所占百分比每上升 10% 将会使得保险需求数量增加 1.1% 到 5.1%。

在表 10—6 的面板数据 B 中，我们聚焦 2005 年风灾风险的四分位数。回顾一下我们基于已经建模的风灾损失与显示损失总额的比率所定义的四分位数。在这里，四分位数 1 仍代表最小的风灾曝险，而四分位数 4 仍代表最大的风灾曝险。我们看到随着风灾曝险额的上升，价格弹性变得愈加缺乏弹性。在四分位数 1 中其弹性系数为 -0.773，而在四分位数 4 中其弹性系数为 -0.003。同时，我们还发现在较高的风灾曝险水平上，收入弹性也变得更加缺乏弹性，系数也变成了负值。至于其他的弹性系数，我们看到随着风灾风险的提高并没有呈现出固定的模式，表明弹性系数与风灾风险的关系到底如何是没有特定模式的。这意味着，在人们确定其保险需求的时候，随着风灾风险的上升，他们对价格变化的敏感程度会变得越来越低。

表10—6　佛罗里达州：截至2005年按年度和风灾风险所占百分比四分位数估计的重要弹性

		关于以下指标的弹性			
		价格	收入	带有抵押的住宅所占的百分比	R^2
A. 按照年度进行的最小二乘回归弹性估计	2001	-0.067 ***	-0.372 ***	0.113 ***	0.848
	2002	-0.208 ***	-0.386 ***	0.182 ***	0.847
	2003	-0.094 ***	-0.414 ***	0.178 ***	0.800
	2004	-0.475 ***	-0.384 ***	0.509 ***	0.836
	2005	-0.382 ***	-0.461 ***	0.267 ***	0.891
B. 按照风灾风险所占百分比四分位数进行的最小二乘回归弹性估计	四分位数1	-0.773 ***	0.244 ***	0.005	0.975
	四分位数2	-0.629 ***	0.063 ***	0.313 ***	0.758
	四分位数3	-0.032 ***	-0.027 ***	0.085 ***	0.986
	四分位数4	-0.003	-0.018 ***	0.018 ***	0.996
	合计	-0.382 ***	-0.461 ***	0.267 ***	0.891

注：四分位数是在风灾显示损失成本与显示损失成本总额比率的基础上划分的。四分位数越高则其所包含的风灾成分也越高。

*** 代表在0.01水平上显著。

2. 南卡罗来纳州

与佛罗里达州的结果相反，南卡罗来纳州的保险需求对于价格是富有弹性的，并且随着时间的推移这种弹性系数更为稳定。南卡罗来纳州的保险需求对于收入来说是缺乏弹性的，但是显示出一个比佛罗里达州更小的弹性系数。这些结果反映出南卡罗来纳州的监管环境要比佛罗里达州更为稳定，并且也没有发生像佛罗里达州所经历过的由巨额风暴损失造成的市场冲击。南卡罗来纳州有抵押的住宅所占的百分比并不稳定。随着时间的推移，这一弹性系数的符号也在不断地发生着变化，从大约0.09变为-0.245（参见表10—7面板数据A的收入一栏）。不过，这个弹性系数始终是缺乏弹性的，因此它对保险需求的数量并没有多大影响。

表10—7的面板数据B列示了在不同的风灾风险水平下需求的各种弹性系数。这一结果与佛罗里达州的结果又是相反的，我们看到随着风灾曝险额的上升，价格弹性在南卡罗来纳州变得更加富有弹性。并且，在所有的风险四分位数上，收入弹性并没有显示出前后一致的模式。这也至少在表面上暗示着这两个州在市场动态和监管方面都是存在差异的。从表10—6的面板数据A中，我们发现了佛罗里达州的监管部门对保险价格进行抑制的证据，但是在南卡罗来纳州，我们并未发现这样的证据（见

表 10—7 的面板数据 B）。

表 10—7　南卡罗来纳州：截至 2005 年按年度和风灾风险所占百分比四分位数估计的重要弹性

		关于以下指标的弹性			
		价格	收入	带有抵押的住宅所占的百分比	R^2
A. 按照年度进行的最小二乘回归弹性估计	2001	−0.949 ***	−0.248 ***	0.089 ***	0.726
	2002	−0.968 ***	−0.221 ***	0.025 **	0.812
	2003	−1.637 ***	−0.139 ***	−0.293 ***	0.738
	2004	−1.550 ***	−0.098 ***	−0.286 ***	0.747
	2005	−1.103 ***	−0.149 ***	−0.245 ***	0.860
B. 按照风灾风险所占百分比四分位数进行的最小二乘回归弹性估计	四分位数 1	−0.043	−0.408	0.130	0.294
	四分位数 2，3	−0.225 **	0.354 ***	0.007	0.466
	四分位数 4	−1.730 ***	0.117	0.185 *	0.653
	合计	−1.158 ***	−0.099 ***	−0.323 ***	0.850

注：四分位数是在风灾显示损失成本与显示损失成本总额比率的基础上划分的。四分位数越高则其所包含的风灾成分也越高。

*** 代表在 0.01 水平上显著。

** 代表在 0.05 水平上显著。

3. 纽约州

纽约州的回归结果详见表 10—8。与南卡罗来纳州的结果一样，纽约州的价格和收入对于保险需求的弹性系数随着时间推移是相当稳定的。尽管需求对于价格的反应较小，基本维持在−0.6 左右的范围之内（南卡罗来纳州价格需求弹性的范围在−1.0 到−1.6 之间，这两个州形成了鲜明的对比）。纽约州收入弹性的测度结果（见表 10—8 中的收入一栏）与南卡罗来纳州收入弹性−0.1 到−0.3 的范围是具有可比性的。尽管相对稳定，但是价格和收入弹性似乎确实遵从了一定的时间趋势。在 2002 年到 2005 年间，需求对于价格变得越来越不敏感，但是对于收入却变得越来越敏感。因此，在纽约州这个监管政策更容易预测并且风暴损失不那么频繁的市场上，需求对于价格和收入的弹性系数似乎要比佛罗里达州这种更为反复无常的市场环境中的表现要好得多。至于不同的风险四分位数，虽然在高风险的四分位数中需求对于价格变化变得更为敏感了，但是纽约州在不同风险群组中的价格弹性并没有显示出实质性的变化。

在纽约州和南卡罗来纳州都显示出了另一个有趣的模式，那就是在价格弹性和收入弹性上的短暂趋势移向了与其相反的方向。也就是说，随着需求变得对价格更为敏感，需求对收入却变得更加不敏感了。考虑到需求弹性测度的是投保者从保险公司 x 所购买的保险数量对该公司所收取保险价格的敏感程度，那么，一个已然提高了的弹性系数就可能意味着在现在的保险公司上调其价格的时候，人们就会购买更少的保险，或者转向另一家保险公司。给定关于交叉弹性的其他计算结果，最有可能的解释是这一提高了的价格弹性反映出人们在各家保险公司之间进行了更多的价格比较。因此，随着收入的增加，保险似乎正在变成更为重要的必需品，但是美国这几个州的市场至少正在以更多价格比较的方式显示着一定程度的竞争性。

表 10—8　纽约州：截至 2005 年按年度和风灾风险所占百分比四分位数估计的重要弹性

		关于以下指标的弹性			
		价格	收入	带有抵押的住宅所占的百分比	R^2
A. 按照年度进行的最小二乘回归弹性估计	2001	−1. 275 ***	0. 009	0. 076 ***	0. 116
	2002	−0. 633 ***	−0. 105 ***	0. 116 ***	0. 319
	2003	−0. 659 ***	−0. 135 ***	0. 145 ***	0. 318
	2004	−0. 645 ***	−0. 142 ***	0. 114 ***	0. 320
	2005	−0. 599 ***	−0. 153 ***	0. 096 ***	0. 294
B. 按照风灾风险所占百分比四分位数进行的最小二乘回归弹性估计	四分位数 1	−0. 646 ***	−0. 071 ***	0. 061 **	0. 253
	四分位数 2	−0. 673 ***	−0. 091 ***	−0. 022	0. 204
	四分位数 3	0. 113	−0. 212 ***	−0. 031	0. 042
	四分位数 4	−0. 676 ***	−0. 225 ***	0. 221 ***	0. 536
	合计	−0. 599 ***	−0. 153 ***	0. 096 ***	0. 294

注：四分位数是在风灾显示损失成本与显示损失成本总额比率的基础上划分的。四分位数越高则其所包含的风灾成分也越高。

*** 代表在 0. 01 水平上显著。

** 代表在 0. 05 水平上显著。

如果我们把这三个州看成一个组，就可以清晰地看到佛罗里达州是明显有别于纽约州和南卡罗来纳州的。佛罗里达州的价格弹性系数是随着时间的推移不断波动的，但是随着风灾风险数量在各风险四分位数上的增加，保险需求变得越来越缺乏弹性。纽约州和南卡罗来纳州并没有显示出相似的结果，我们推测这是由于佛罗里达州的监管更为严格的缘故，并且该州的潜在风灾风险也要比美国其他各州更高。注意到以下事实也是很重要的，即沿海地区的高风险曝险额表明，在佛罗里达州其风险曝险总额所占的比例要远远高于南卡罗来纳州和纽约州的这一比例。这可能也部分地说明了在这后两个州的稳定性要更高一些。

10. 3. 5　免赔额

我们还检验了价格、期望损失（显示损失）和收入对我们的数据中共有的飓风风灾免赔额和保单免赔额这两类免赔额的影响。飓风风灾免赔额专指那些与飓风相关的保险合同中的保单免赔额。正如表 10—9 中所显示的那样，对于佛罗里达州和南卡罗来纳州来说，风灾免赔额与一般（非风灾）的保单免赔额存在着诸多差异。对于佛罗里达州来说，平均保单免赔额（1 658 美元）要比风灾免赔额（1 565 美元）稍微高一点儿。但对于南卡罗来纳州来说，其平均风灾免赔额大约为 531 美元，而其平均保单免赔额则为 700 美元。[23]这些差异可能是由于尽管佛罗里达州和南卡罗来纳州的保险价格都相对较高，但是佛罗里达州的保险价格要更高一些，并且，作为降低其保费支出的一种途径，佛罗里达州的消费者更可能选择较高的免赔额。除此之外，由于我们的保单样本不是随机的，而是基于各家不同的保险公司所提供的数据，那么，这种高风险和低风险保单混合的结果在各州之间就可能是不同的。

表 10—9　　2005 年佛罗里达、南卡罗来纳、纽约三州的风灾和保单免赔额　　（单位：美元）

	风灾			保单		
	佛罗里达州	南卡罗来纳州	纽约州	佛罗里达州	南卡罗来纳州	纽约州
99%	27 900	1 000	26 400	1 000	1 000	1 000
95%	5 000	1 000	1 000	3 900	1 000	1 000
90%	2 000	1 000	1 000	1 700	1 000	1 000
75%，Q3	1 000	1 000	500	1 000	1 000	500
50%，中位数	500	500	500	500	500	500
25%，Q1	0	500	250	500	500	250
10%	0	0	250	500	500	250
5%	0	0	250	500	500	250
1%	0	0	100	0	500	100
0，最小值	0	0	0	0	50	0
平均	1 565	531	508	1 658	700	508

观察各样本公司和各州的免赔额分布，我们就会发现有相当大比例的保单持有者只选择了很低的免赔额。比方说，如果我们观察免赔额分布较低尾部中的各百分位数（percentile），佛罗里达州和南卡罗来纳州都有相当数量的保单持有者只选择了 0 美元或者 500 美元的免赔额。纽约州的情况也是一样的，在该州至少 75% 的样本只选择了 500 美元或者更少的免赔额。这与第 4 章中我们曾经详细讨论过的关于佛罗里达国民洪水保险计划的证据是吻合的，在那一章中，有大约 80% 的投保者只选择了最低额度的免赔额；这也与其他揭示了大多数个人投保者都更喜欢较低免赔额的若干经验数据是吻合的。[24]我们还必须注意到，在纽约州和南卡罗来纳州，非沿海地区的房产业主代表了全部房产业主中的很大比例；而在佛罗里达州，非沿海地区的房产业主远没有这么多。我们可以大胆地推测，选择高额的风灾免赔额对于非沿海地区的房产业主来说几乎没有多大的动力。

作为我们需求估计的一部分，我们还估计了免赔额和其他解释变量之间的关系。这些结果均以弹性系数的形式列示在表 10—10 中。对于佛罗里达、纽约和南卡罗来纳这三个州的每一个州，我们都估计了两种形式的方程：

$$\log（免赔额_i^D）= f（\log（价格_i），\log（收入中值_z），\log（ILC_i），其他）+v \tag{10.6}$$

式中，i 表示保险合同，z 表示邮区，D 表示免赔额的类型（风灾或是保单），ILC 表示显示损失成本（indicated loss cost）。式中的价格是内生决定的，而其他变量包括也是内生决定的补充性免赔额、水域邮区所占百分比、邮区中城市地区的住宅所占百分比、住宅已建造年限的中值以及住宅高于海平面的海拔高度的均值。

表 10—10　2001 年至 2005 年佛罗里达州、纽约州、南卡罗来纳州免赔额的弹性

		关于以下指标的弹性系数					
		损失成本		价格		收入	
		强风	保单	强风	保单	强风	保单
佛罗里达州	2001	0.751	0.000	−0.533	0.087	0.489	−0.005
	2002	0.845	0.039	−1.132	0.144	0.000	0.023
	2003	0.812	0.049	−0.997	0.176	0.024	0.012
	2004	0.822	0.065	−0.905	0.238	0.030	0.000
	2005	0.851	0.123	0.067	0.123	0.067	0.054
纽约州	2001	5.986	0.060	1.858	0.203	−0.663	0.111
	2002	9.533	0.587	5.947	0.405	1.019	0.194
	2003	7.644	0.608	5.252	0.415	0.847	0.214
	2004	8.989	0.712	6.344	0.465	1.534	0.270
	2005	5.837	0.713	4.796	0.456	0.932	0.286
南卡罗来纳州	2001	−0.622	0.065	0.144	0.000	−2.299	0.239
	2002	−0.528	0.061	0.557	−0.053	−2.021	0.237
	2003	−4.725	0.173	14.364	−0.437	−2.808	0.106
	2004	−4.283	0.171	11.535	−0.352	−1.913	0.051
	2005	−3.621	0.145	11.342	−0.350	0.190	−0.005

注：各弹性系数是通过两阶段最小二乘回归计算得出的，而这种回归又是由带有免赔额对数形式的需求方程估计的。免赔额的对数 =f（价格的对数，ILC 的对数，其他免赔额的对数，收入中值的对数，水域中已获得保险保障地区所占百分比，城市地区所占百分比，住宅建造年限的中值，海拔高度）。

1. 佛罗里达州

对于显示损失成本（我们对于数量的测度）的弹性来讲，我们发现随着时间的推移，其系数呈现出一种相对稳定的关系（见表 10—10）。显示损失每上升 10%，风灾免赔额就会增长 7.5% 到 8.5%。除此之外，随着时间的推移，保单免赔额也是稳定的，而且也相对缺乏弹性的。这意味着消费者们会随着其预期损失的上升而提高其保单免赔额。这也将和消费者在不显著增加其总保费的前提下，试图维持相同的

保险限额来保护他们自身免受由飓风引起的重大财产损失的做法是一致的。随着时间的推移，价格关于风灾免赔额的弹性并不稳定。不过，如果我们观察这段时期的开头和结尾，就会发现弹性系数从 2001 年的−0.5 增长到了 2005 年的 0.067。这意味着关于风灾免赔额，消费者的行为随着时间的推移发生了显著的变化。在这段期间，佛罗里达州发生了很多事情。首先，在 2004 年至 2005 年期间飓风爆发的频率有所上升。其次，住宅的价值也有所上升。自 2001 年至 2004 年价格的弹性系数均为负值，但是在 2005 年，免赔额每增加 10%，价格就会上升 0.67%。这一正的弹性系数反映了随着 2004 年的飓风保费已有所上升。换句话说，这似乎表明房产业主们在较高的保费水平上维持了他们对于保险的需求，但是却决定通过选择较高的免赔额来降低他们的保险总成本。与此大不相同的是，保单免赔额的价格弹性一直相对稳定在 0.1 到 0.2 之间，这表明价格的上升与保单免赔额的增加是存在内在联系的。

至于收入，我们注意到收入和免赔额之间维持着一种相对稳定的关系。除了 2001 年是一个例外，其他年份的风灾和保单免赔额的收入弹性都是相当低的，在接近 0 的范围之内，这意味着收入和免赔额之间几乎没有什么关系。

表 10—11 中列示的结果来自两阶段最小二乘模型，这与之前在表 10—10 中的估计结果所使用的方法是类似的。第一行显示了我们测度的 5 个变量关于需求数量的弹性系数。价格的弹性系数是−0.32，这与我们在表 10—6 中的结果基本上一致。第二行是反映了风灾免赔额决定因素的回归估计结果，而第三行则是关于保单免赔额决定因素的类似回归结果。这些结果和上文中描述的结果之间的主要不同是我们包含了另一个表明各邮区中风灾风险的变量。这一风险变量来自于风险管理解决方案公司（RMS），该公司计算了 2005 年佛罗里达州各邮区已经建模的平均年度损失（average annual loss，简称 AAL）。除了平均年度损失之外，风险管理解决方案公司还提供了平均年度损失标准差（standard deviation）的数据。因此，我们就得到了一个纯粹模型化的期望飓风损失的测度以及测度的标准差。变异系数（coefficient of variation）是一个关于风险测度的良好的代理变量，它被定义为标准差与变量均值的比率。从本质上讲，变异系数使我们得以比较关于风灾风险相对于其均值（或者期望值）之间不确定性的不同水平。

表 10—11　　　　2005 年佛罗里达州的需求、免赔额与风险的弹性结果

	价格	飓风免赔额	保单免赔额	收入	风险	R^2
需求	−0.320 ***	−0.077 ***	−0.334 ***	−0.433 ***	−0.081 ***	0.93
飓风免赔额	−0.096 ***		−3.018 ***	0.110 **	−0.116 ***	0.38
保单免赔额	0.237 ***	−0.069 ***		0.033 ***	0.013 ***	0.14

注：风险被定义为风险管理解决方案公司已经建模的平均年度损失（AAL）在某邮区之内的标准差除上该邮区平均年度损失均值所得到的比率的对数。

*** 代表在 1% 水平上显著。

** 代表在 5% 水平上显著。

在表 10—11 中，回归的结果也都是以弹性系数的形式报告的。因此，价格每上涨 10%，保险需求数量就会下降 3.2%。我们看到对于飓风免赔额和保单免赔额来讲，它们与需求的关系都是相对缺乏弹性的，而需求数量对于飓风免赔额来说尤其不敏感。这意味着消费者对于其保单总限额的选择与其对免赔额的选择并没有密切的关系。换句话说，投保者们可能想要确保其已投保住宅的全部重置成本都获得了足够的保险覆盖（这一点在已投保住宅全部受损或者遭受严重损失的情况下非常重要），并且，由于免赔额指的是消费者可以用来准备付出一定的资产来换取较低的保费，所以在其他所有情况都相同的条件下，投保者们可能不顾后果地愿意接受一个较高的免赔额。这符合更为强调转移"无力承担的"损失风险和维持较小的、有承担能力的损失风险的保险原理。考虑到风险是由平均年度损失变异系数的对数来测度的，我们看到，当风险每增长 10% 时，需求数量就会下降 0.8%。这与市场中没有保险的真正替代产品以及即便风险有所上升消费者将仍会购买保险这些事实是吻合的。

我们还看到，风险的上升确实影响了免赔额。对于飓风免赔额来讲，风险每上升 10%，免赔额会减少 1.116%。但是，对于保单免赔额来讲，风险存在着一个尽管是正的但是几乎可以忽略不计的影响：风险每上升 10% 时，保单免赔额增加的水平只有 0.13%。这些结果似乎意味着消费者在面临风灾损失和非风灾损失时，对于保护的需求（在低端可能开始使用免赔额）是不同的。对于非风灾风险，消费者将在较高的价格水平上联合使用增加免赔额的策略，但对于风灾风险来说他们却不会这样做。

2. 纽约州

在消费者行为对于显示损失成本的变化方面，纽约州和佛罗里达州存在着很大的差异（参见表 10—10）。纽约州在风灾免赔额和显示损失之间显示出了很高的弹性系数，这意味着期望损失较小的提升就会引起免赔额水平较大的增加。我们注意到，与其他州相比而言，纽约州的免赔额水平是相当低的，因此有这样的结果并不太令人惊讶。对于保单免赔额来讲也存在着相似的结果，纽约州的弹性系数要比佛罗里达州的弹性系数敏感得多，但是纽约州的保单免赔额弹性系数则要比该州风灾免赔额的敏感性要低得多。

价格对于两类免赔额的弹性系数都是正的（参见表 10—10 中的第二栏中的中间两列），这意味着价格的上涨将会引起免赔额水平的上升。此外，我们关于产出的测度类似显示损失成本（ILC）的弹性系数，风灾免赔额对价格要比保单免赔额对价格更富有弹性。

纽约州两类免赔额的收入弹性几乎都是正值。风灾免赔额弹性系数只在 2001 年出现了一个负值（−0.663），并在其他年份显示出一定的不稳定性，其波动范围从 0.85 到 1.5 不等。保单免赔额相对要稳定得多，其波动范围为 0.11 到 0.29。因此，当收入中值每增加 10% 时，相应各年度的免赔额将会增加 11% ~ 29%。

3. 南卡罗来纳州

正如表 10—10 第三栏中所列示的，南卡罗来纳州这 5 年的风灾免赔额关于显示损失的弹性系数全是负值。在 2003 年至 2005 年期间，这一弹性系数的绝对值还是相当大的（都远远超过了 1）。人们可能期望这个弹性系数应该是正的。一个负的弹性系数意味着随着显示损失的上升，免赔额将会下降。相反，我们却发现南卡罗来纳州的显示损失成本和保单免赔额之间存在着正相关关系，而且和佛罗里达州的弹性系数波动的范围大致相当。对于各个价格弹性，我们看到风灾免赔额在 2003 年至 2005 年期间有一个很高的价格弹性。以 2003 年为例，价格每上升 10%，免赔额就会增加 140%。这与消费者将免赔额从 500 美元提高到基于住宅保险限额价值 1% 的免赔额水平是一致的。对于保单免赔额，价格的弹性系数是负的；这样，价格每上升 10%，免赔额都会降低。我们在纽约州和佛罗里达州发现了与之相反的结果。虽然这一结果有些令人困惑，但是还是有一些可能的解释。其中之一就是在南卡罗来纳州消费者可能通过降低他们的免赔额来应对较高的风险（反映在较高的价格上），因为他们认为其更可能遭受损失。不过，在佛罗里达州其沿海地区的保险价格就要高得多了（同时也是较低免赔额的价格），对于消费者来说这一价格已经超过了一个临界点，以至于促使他们选择较高的免赔额以维持自己对现有保险负担的承受能力。

最后，我们看到，随着时间的推移，风灾免赔额和保单免赔额关于收入的弹性都逐渐移向了零。风灾免赔额从 2001 年的 -2.3 开始到 2005 年变成了 0.19。保单免赔额从 2001 年的大约 0.24 开始到 2005 年变成了 -0.005。这与佛罗里达州的结果是一致的，佛罗里达州免赔额的收入弹性也是接近于零的。

至此，我们已经检验了佛罗里达、纽约和南卡罗来纳三个州的保险需求。每个州有着不同的政治环境和监管环境，其各自的飓风经历也各不相同。因为在这三个州中不可能控制所有这些变量的种类，所以也就不可能形成一般性的结论。每一个州都是一个独立的案例研究。佛罗里达州拥有最为严格的监管环境，同时也是经历飓风灾害最多的州。这种经历部分地导致了该州独一无二的监管保单的发展。南卡罗来纳州尽管也经历过大型飓风灾害，但是远没有佛罗里达州那样频繁。南卡罗来纳州的风灾保险可获得性问题也只集中在其沿海地区。相反，佛罗里达州的绝大多数地区都存在着潜在的保险可获得性问题。纽约州没有经历过大型风暴一类的灾害。不过该州并不能完全免受飓风风险之苦，因为该州的大部分贵重财产以及主要经济活动的来源都在严重飓风灾害的威胁范围之内。关于风灾风险，每个州都面临着不同的问题，因此对于保险的需求就可能存在很大的差异。

10.4　结　论

在这一章中，我们为佛罗里达州的保险供给和需求状况提供了一个最初的检验结果。我们首先注意到，在佛罗里达州，对于任何保险购买的需求弹性都是单位弹性，而且，该州还通过由居民财产保险公司为私人保险市场提供一种替代产品的方式对保险市场进行了干预。

在保险供给方面，我们注意到它具有较高的弹性。这意味着只要保险公司能够获得以风险为基础的价格，那么它们就愿意提供保险。我们从表10—6中注意到，佛罗里达州风险最高的地区其价格上涨的幅度是最低的，这暗示着一定程度的价格抑制降低了高风险地区的保险可获得性。同时，再保险的可获得性增加了保险的供给。更进一步讲，风险较高的保险公司（由杠杆率或者信用质量表示）更愿意在佛罗里达州提供保险供给。这可能是因为这些保险公司能够在价格方面不会受到惩罚的条件下将已经增加的违约风险转移给现有的消费者。确实，抵押品的存在意味着消费者并不需要过分地担心信用风险。事实是佛罗里达州一直鼓励该州的单一制保险公司来弥补承保能力的短缺，而这些公司通常只有很低的信用等级。作为备选方案，佛罗里达州还可能通过鼓励其成长的监管策略，为各家高风险的保险公司扩大保险供给直接提供各种便利条件。

本研究检验了居民财产保险公司的市场参与情况。居民财产保险公司参与市场之初被要求制定相比私人市场所提供的产品价格来讲最高的价格。因此，居民财产保险公司参与保险市场事实上并不是要与保险公司展开竞争，而是承担着最后保险人的角色。即使是这样，这里仍然存在一个正的交叉价格弹性，这意味着这一公共市场是对私人保险产品的一种替代。诚然，由于存在着需求的交叉弹性，居民财产保险公司的规模将会受到其经估算所得到的高价格的约束。2007年的时候，佛罗里达州的立法机关允许居民财产保险公司（通过制定以风险为基础的保费那样低的费率标准）与私人保险市场展开消费者竞争。给定交叉弹性，这将意味着只要居民财产保险公司直接参与市场竞争，那么它就会从各家私人保险公司手中抢占可观的市场份额。这种新的竞争可能会对那些在佛罗里达州销售房产业主保险的私人保险公司的长期发展产生更为深远的影响。

通过对这三个州的保险需求进行分析，我们得到了许多有趣的结果。在监管最为严格、极易发生损失的佛罗里达州，我们所得到的保险需求对于价格的弹性和收入的弹性的估计都是非常不稳定的。这可能是某种市场无序性的体现，因此，我们需要进一步研究这种波动是否与监管和其他因素存在着系统性的关联。在本研究所考察的这段期间，南卡罗来纳州和纽约州的监管环境是较为宽松的，也没有发生重大的损失。我们发现我们关于价格弹性和收入弹性的研究结果都是较为稳健的。消费者购买保险的数量（完全依赖于人们购买保险）对于价格变化非常敏感，甚至在南卡罗来纳州价格弹性的波动范围上也有所体现。需求对收入也是缺乏弹性的，尽管不像之前我们在佛罗里达州县级水平研究中所报告的那样极端。

同样，一般来讲免赔额对于显示损失成本都是敏感的（佛罗里达州和纽约州的弹性系数是正的，而南卡罗来纳州则是负的）。但是，在各个州的市场上，免赔额对于价格的弹性系数又是有所差别的。有趣的是，具有可以证明的最低风灾风险的纽约州，却有着典型的期望关系：随着价格上升，免赔额也会上涨。佛罗里达州风灾免赔额关于价格的弹性系数有 4 年都是负的，南卡罗来纳州保单免赔额关于价格的弹性系数也有 4 年都是负的。最后想说明的是，尽管每个州关于免赔额的收入弹性系数各不相同，但是到 2005 年的时候，佛罗里达州和南卡罗来纳州所报告的飓风免赔额和保单免赔额关于收入的弹性系数都接近于零，这意味着收入方面的变动对于免赔额来说几乎没有任何影响。

本章小结

在这一章中，我们进行了一系列的分析。首先，我们分析了佛罗里达州房产业主保险的供给和需求状况。其次，我们检验了佛罗里达、纽约、得克萨斯和南卡罗来纳这四个州对于保费的各种测度方法。再次，我们在更为精确的水平上进一步检验了佛罗里达州、南卡罗来纳州和纽约州对房产业主保险的需求。这些分析的目的在于检验私人市场运行的效率，以及保险价格和可获得性所带来的结果。同时，我们还讨论了监管部门从价格控制到剩余市场机制等各种各样的干预对保险市场的影响。

第三部分

保护房产业主免受自然灾害之苦

第 *11* 章

保险状况对灾害易发地区房产业主经济福利的影响：经济承受能力的挑战

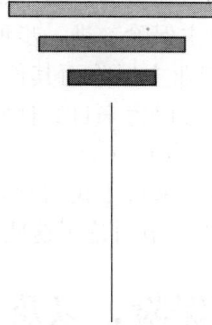

主要发现

定义房产业主保险的经济承受能力，需要对房产业主支付保险费用后可用于其他消费的收入数额进行价值判断。这种价值判断通常是专门与某一特定的贫困线（根据家庭规模和家庭成员的构成进行调整）相对应的。因此，经济承受能力的临界值代表着一个群体的价值和标准。

在我们重点研究的四个州中，来自其中八个城市的美国住房调查数据表明，对于经济承受能力临界值的若干种不同定义，在所有的这八个城市中，有相当数量拥有业主自用住宅家庭的收入都是低于这些临界值的。如果将经济承受能力临界值设定在联邦贫困线的200%，16%（达拉斯市）至31%（坦帕市）的房产业主无力负担其保险。若将这一临界值设定为联邦贫困线的125%，无力负担保险比例则为达拉斯市的7%到坦帕市的17%。

在经断定为无力负担保险的各个低收入家庭中，即便在对投保没有任何抵押要求的时候，仍有很大一部分房屋没有投保。在我们所考察的每一个城市中，都有将近27%的低收入房产业主（圣安东尼奥市；联邦贫困线的125%）无力购买保险。所有针对全体低收入房产业主发放补贴的项目，都将资金中的很大一部分分配给了已经购买了保险的家庭。

尽管基于购买能力和房产业主选择的测度抓住了经济承受能力静态概念的要害，

但是人们心目中的公平概念可能涉及房产业主保费的变化的公平性问题。特别是，如果保费的变化在房产业主之间的分配是不均衡的，那么人们就可能会认为那些经历了保费大幅上涨的人们并没有得到公平并且公正的对待。如果有些房产业主们发现他们的保费在某一年内就暴涨数千美元而其他人只是略有变化，那么他们就会认为包括自己在内的这个群体遭遇了保费不公平上涨的歧视性待遇。这种被感知到的不公平可以通过创新型的公共或者私人部门项目来处理。

在将保险的未来确定为一种政策工具以融通从自然灾害获得恢复的资金以及促进采取足够减灾措施的过程中，我们需要更为清楚地了解灾害易发地区的房产业主目前到底有多大比例已经购买了房产业主保险。进一步地说，我们还需要弄清楚为什么有些人购买（或者一定会购买）房产业主保险而其他人不去购买（房产业主保险通常不为洪水灾害损失提供保险，但是可以为来自其他灾害的损失提供保险）。本章的第一部分（前 5 节）通过考察美国住房调查局（American Housing Survey，简称 AHS）的数据解决了这些问题。这些数据是来自于我们所关注的几个州的各大都市地区的房屋支出的第一手材料。最后的第 11.6 节讨论了这些发现的若干政策意义。

11.1　哪些人应该购买保险，以及为什么应该购买？

有相当一部分遭受了损失的房产业主并未购买房产业主保险，这种情况的发生引发了最为严重的公共政策问题。如果这一部分房产业主所占的比例是巨大的，那么，正像我们在第 5 章中讨论的那样，就会有相当大的、部分是出于政治考虑的但是也有部分是出于利他主义动机考虑的压力，要求制定特定的法案来为这些人提供灾害援助。在美国，绝大多数房屋都投保了某种类型的房产业主保险，但是也有一些没有投保。这些在自然和人为巨灾后陷入财务困境的受灾者对政府援助发出了最大声的呼吁。每当灾难来袭，如果当地（县或者市）政府、州政府和联邦政府不能通过其通常是延迟的、不充分的、效率低下的和独断专行的方式施以援手，那么未投保的房产业主就会变得更加贫困。如果鼓励或者强制未投保的房产业主在灾难之前获得保险，那么其结果将会比在损失发生后依赖灾难援助要好得多。更清楚地了解那些尚未投保的房产业主的社会经济性特征是设计和评价公共政策的关键所在。

为了帮助填补这个空白，我们重新梳理了未投保房产业主所占比例以及投保者和未投保者特征的数据。我们特别关注了收入水平相对较低家庭的保险状况，正像数据所显示的那样，这些家庭更可能是没有购买保险的。我们使用了美国住房调查局 1998 年、2000年 和 2002年 的数据。我们的分析仅限于业主自用住房（owner-occupied home）。美国住房调查局的数据是从我们所关注的佛罗里达州、纽约州和得克萨斯州的八个大都市区域收集到的；不同的城市是在不同年份做的调查。这些数据提供了保险、住房和房产业主特征等方面的详细信息。

11.2　定义"经济承受能力"

在经济学中或者与保险相关的政策分析中，并没有关于经济承受能力（affordability）或者经济承受（afford）的唯一的、技术上的定义。我们建议使用代表着政策制定者和决策制定者心目中既有看法的解释，这是建立在文献中的政策讨论对这一术语的其他用法基础之上的。在 11.4 节中，我们还会讨论可能会考虑到的经济承受能力和公平性的替代定义。对于经济承受能力，最常见的解释是以下这样一个规范性概念：当消费者购买某一特定商品时，如果其购买了足够数量的讨论中的商品，并且其家庭有足够的收入用于购买这种特定的商品，并且在购买了这种商品之后剩余的收入仍可以购买足够数量的其他商品的话，那么，我们就称该消费者的家庭对于这一特定商品的支出是具有经济承受能力的。例如，Bramley（1991）就曾将某一给定商品的经济承受能力定义为：使得一个家庭拥有足够收入，使他们在某一总成本上购买到能够满足（社会部门）业已建立的适当标准的该商品的数量，该家庭在支付购物成本之后其剩余收入足以维持生活而不至于使其掉到贫困线以下。

尽管这一定义的某些变体（规范性的，从它所依赖的规范的角度上讲）是最为常用的经济承受能力或者在经济可承受的等术语的基础，但是同样也存在着对于它们的其他定义。比方说，人们可以将能够在经济上承受某一数量某种商品能力的收入定义为这样一种收入水平，即在这一收入水平上有超过半数（或者某一其他比例）的其他类似家庭都会选择购买这一数量的这种商品。这种从行为出发的定义并不能在我们手头儿的数据中得到充分验证，因为我们并不知晓价格变化到底是如何影响购买决策的，但是只要我们可以获得价格对购买与否的决策所产生的反应的信息，这个定义就能说得通了。

11.3　为什么没有购买保险？若干概念和结果

我们考察了购买或者尚未购买房产业主保险与以下两点之间的联系：（1）该家庭是否已经办理了贷款抵押；（2）该房产业主的收入与贫困线之间的相对关系。我们预期未办理贷款抵押的房产业主比已办理贷款抵押的房产业主更有可能不购买保险，因为抵押贷款的提供者们通常都会要求借款者至少要购买足够的保险来保护他们的在险资产。

已办理贷款抵押的房产业主们会同意购买保险，因为只要他们想获得房屋贷款并且维持这笔贷款以使得他们可能取得其住房所有权的话，他们就必须这么做。这些要求通常是由贷款人决定的，但是如果抵押资产的余额出现下跌，跌至相对于这一财产价值的某一很低的水平，那么，理性的贷款人就可能不再那么关注持续的保险保护，转而期望其所剩下来的保险曝险额能由在灾害中抢救出来的财产和财产的土地价值来补偿。未办理贷款抵押的房产业主通常也应该想办法购买保险，因为灾害可能会摧毁他们所拥有的重要资产。不过，并没有人要求将购买保险作为此类房产业主维持其住房所有权的一项条件。

家庭的收入或财富与保险责任范围之间只存在着不太明显的关系。对于某一给定资产的在险价值，保险学的规范理论认为收入较低的家庭更可能选择购买保险，因为损失的总额通常会占到他们财富的较大比例，从而对他们的破坏性会更大一些（收入较低的人们可能也只拥有价值较低的住房，但是住房的价值一般并不会下降到只占其财富较小比例的水平）。因此，人们预计低收入人群也会表现出较高的风险厌恶程度。但是，人们往往认为收入较低的房产业主可能更缺乏将保险作为其部分居住成本的经济承受能力。现实中也确实存在着这样的情况：某一特定的收入较低的家庭在支付了保费之后，他们用于其他消费的水平通常会低于他们不购买保险时的水平（除非真的经历了某种损失）。

对于那些觉得为其当前住宅投保所支付的保费负担过重、没有办理抵押贷款的收入较低的家庭，在理论上，确实存在着一个从经济意义上更为吸引人的选择，就是冒着某一灾害使得未投保资产面临损失的风险，卖掉这所住宅，用所得到的收益买一所更便宜的房子，然后用节余的钱支付新住所的保费。这只是纸上谈兵（或者，他们可能已经得到更好的建议，不要将他们的资产过多地占用在第一个地方的住宅上）。然而，在现实中，对于某一处住宅情感上的依恋、对居住在某一处较大住房或某一个更为美丽怡人地区的愿望、惯性、个人的工作地点、与买卖一处新住宅相关的高额交易费用（包括与搬迁相关的时间花费和费用支出）、对于由住宅价值增值和较高重置成本导致的保费上涨的迟滞反应（lagged response）或者缺乏规划等等因素，都可能使得这一策略对人们缺乏吸引力。

美国住房调查局的数据显示了这些关于保险购买的相互冲突的动机是如何发展演变的。美国住房调查局的问卷中关于这一问题的具体措辞是这样的："贵家庭是否办理了房产业主保险（homeowners' insurance，简称 HI）（家庭财产保险）？"有些人可能会把"房产业主保险"理解成了这将意味着要比那些最近办理的保险具有更为全面的火灾或灾害保护。所以，说自己没有办理保险的那部分人对于那些对其自己的住宅没有任何形式财务保护的房产业主可能构成一个偏高的测度。

接下来，我们详细讨论根据家庭收入运用经济承受能力这一定义不同具体内容时的深层次含义。我们假设社会为家庭在其他商品和服务消费上的足够开支（adequate spending）选择了一个较低的边界，如果该家庭的收入不仅低于购买其他物品的必要数量，而且也低于购买房产业主保险的必要数量，那么，我们就将该家庭定义为对保险不具有经济承受能力。我们先讨论这一最低足够消费标准（adequate consumption standard）的两种水平：联邦贫困线的 125% 和联邦贫困线（federal poverty line，简称 FPL）的 200%。[1]

表 11—1 列示了基于联邦贫困线的两种不同方法下佛罗里达州、纽约州和得克萨

斯州的美国住房调查局所做的调查中大都市区未投保房产业主的比例。在所有这些地区中，低收入家庭拥有住宅的比例是最具实际研究价值的。在佛罗里达州的迈阿密市和坦帕市，这一比例是最高的；而在纽约州的罗切斯特市和布法罗市，这一比例是最低的，这两个市的收入较低的家庭更愿意去租房而不是购房。

表 11—1　1998 年至 2002 年收入在不同经济承受能力临界值以下家庭的自用住房比例

阈值	城市和年份							
	休斯敦 1998	坦帕 1998	罗切斯特 1998	达拉斯 2000	迈阿密 2000	沃思堡 2000	布法罗 2000	圣安东尼奥 2002
FPL 的 200%	25.7	30.8	18.0	16.3	27.6	19.0	21.1	29.4
FPL 的 200% +3 倍的保费	26.8	32.8	18.8	18.1	29.9	20.9	23.0	30.7
FPL 的 125%	15.8	17.2	9.0	6.8	12.6	8.7	7.8	14.5
FPL 的 125% +3 倍的保费	17.3	18.7	9.7	8.4	14.7	10.8	9.0	16.8

注：FPL＝联邦贫困线。

假定我们使用联邦贫困线（FPL）的 200% 作为经济承受能力临界值的测度。表 11—1 中的第一行数据显示，有相当一部分自用住宅业主的收入是低于这个界限的。观察一下得克萨斯州的休斯敦市。根据规范的贫困线定义，该市 25.7% 的房产业主即便在当时通行的收入水平下也无力承担房产业主保险的保费。假如我们使用贫困线的 125% 这一更低的水平作为临界值的话，情况又将是怎样的呢？可以看到，如此低收入的人们拥有着数量更少的房产，比方说，休斯敦市以这种测度被分到无经济承受能力一类的家庭所拥有房产的比例就下降到了 15.8%。

保费的上涨（比如说依照基于风险的定价方式）到底将如何影响无力承担保费者所占的比例呢？我们使用表 11—1 中的数据结果来模拟这样一个保费上涨情况，我们的问题是：如果保费上涨了一个相当大的额度，那么处于这一类别的个人所占的比例将会多大呢？具体来讲，假定保费支付将是原来的 2 倍，我们通过在临界值保费上增加 1 倍的保费中位数来估计这一保费上涨幅度。继续休斯敦市的例子。1998 年所有购买了房产业主保险的人们的年度保费中位数大约为 852 美元。低收入房产业主为其所拥有房屋支付的保费一般都低于这一水平，但是在我们的例子中，我们还是使用了这一测度。如果保费已然上涨为上述平均保费的 2 倍，即达到 1704 美元，对保险不具备经济承受能力的房产业主所占的比例就会上升，但只是略微地由 25.7% 上升到 26.8%。也就是说，在无力承担保费的人们所拥有的房产比例相当高的情况下，即使保费上涨明显，这一比例也不会出现大幅上升。正如表 11—1 中所显示的，在其他的七个城市也有类似的结论。当我们改用像贫困线的 125% 这样较低的经济承受能力标准时，其结论在所有的八个城市中并没有发生变化。这些家庭之所以无力购买保险，不是因为保费过高，而是他们的收入太低。

然而，经济承受能力这种常用的规范性定义确实会导致在这一点上的迷惑。尽管有许多收入较低的家庭可能被认为无力承担保险，但是他们中还是有很大一部分确实购买了保险。事实上，已经办理了抵押贷款的没有更高经济承受能力的房产业主中有96.6%购买了保险（表中没有显示这一数据）。我们推测，这么高的比率反映了贷款人的需求。[2] 表11—2显示，即便在没有办理抵押的联邦贫困线以下的房产业主中，只有惊人的很少一部分没有办理保险。这一没有办理保险的房产业主比例最低为6.5%（纽约州的布法罗市）、最高为31.8%（得克萨斯州的圣安东尼奥市）。在佛罗里达州的迈阿密市、得克萨斯州的达拉斯市和佛罗里达的坦帕市，办理抵押的贫困房产业主最为普遍，这解释了居住在这三个地区的低收入房产业主中全部未投保比例相对较低的原因。我们推测罗切斯特市和布法罗市的未投保比例如此之低，是由于与其他六个城市相比，这两个城市有更大比例的低收入者选择了租房，所以，几乎所有拥有住房的人都具有支付保险的经济承受能力。

表11—2　　　　1998年至2002年低收入家庭的抵押和保险情况（%）

	城市和年份							
	休斯敦 1998	坦帕 1998	罗切斯特 1998	达拉斯 2000	迈阿密 2000	沃思堡 2000	布法罗 2000	圣安东尼奥 2002
经济承受能力：FPL的200%								
没有抵押的百分比	62.6	58.6	64.1	49.0	48.9	65.6	65.8	63.0
没有抵押和保险的百分比	31.6	11.6	7.7	20.1	26.8	26.9	6.5	31.8
全部未投保的百分比	23.2	8.3	6.3	15.5	21.0	22.8	5.1	23.1
经济承受能力：FPL的125%								
没有抵押的百分比	66.8	59.1	67.1	49.4	55.0	71.0	62.6	70.6
没有抵押和保险的百分比	32.0	11.7	10.0	26.1	31.1	27.9	7.7	34.0
全部未投保的百分比	25.0	9.0	8.3	22.2	26.1	24.8	6.9	27.2

注：FPL=联邦贫困线。

除是否已获得贷款抵押之外，对于低收入房产业主们来讲，还有哪些其他变量与其房产业主保险购买行为相关呢？表11—3列示的数据表明，如果住房的价值较高并且业主的年龄较大，低于联邦贫困线200%的没有抵押的房产业主更可能选择投保。因为对于价值较高的住房其保费几乎总是较高的。研究表明，当这些家庭需要支付更多保费的时候，他们不必减少保险覆盖范围。如果较高的保费反映着对更多在险资产的保护，那么，房产业主会以某种方式寻找到某种切实可行的途径来保护他们的财产。

表 11—3　　　　　　**联邦贫困线 200% 以下考察房产业主保险状况，**

未办理抵押房产业主的自用住房样本数据

	1998 年 AHS 数据			2002 年 AHS 数据				2004 年 AHS 数据
	休斯敦	坦帕	罗切斯特	达拉斯	迈阿密	沃思堡	布法罗	圣安东尼奥
未投保业主（N）	104	44	21	39	79	62	16	136
房屋价值的均值（美元）	37 402	45 181	37 528	55 024	71 852	48 458	37 144	55 571
房产业主年龄的均值	57	58	63	57	65	57	57	61
投保业主（N）	249	366	273	146	232	184	252	300
房屋价值的均值（美元）	77 174	65 440	77 361	102 049	136 958	83 908	83 168	83 570
房产业主年龄的均值	63	71	69	63	69	64	72	63

Source：Authors' calculation；data from American Housing Survey（AHS）.

11.4　经济承受能力的备选定义

尽管基于与贫困线相关的收入（减去保费）的经济承受能力定义是合理的，并且在研究经济承受能力的文献中也是常用的，但是也存在着其他可能的定义。一个备选的定义就是使得经济承受能力不再取决于对人们能支付多大额度的价值判断，而是改为取决于他们通常选择什么样的支付方式。这种行为化的定义是说，如果绝大多数带有同一特征集的家庭事实上选择了购买某种物品，那么，带有这一给定特征集的家庭就具有消费这种物品的经济承受能力。[3] 在这里，这种关于经济承受能力的定义可能意味着，如果绝大多数处于某一给定收入水平、未办理抵押贷款、拥有某一给定价值房产的家庭确实购买了房产业主保险，那么，具有这些特征但没有购买保险的家庭本来拥有负担这份保险的经济能力，但是他们却选择了不去购买这份保险。在这种情况下，人们可以研究到底有多大比例尚未购买保险的房产业主具有承担保险的经济能力。如果在人们可以构造的几乎每一个特征集合中，确实有绝大部分房产业主已然购买了保险，那么，我们就可以得出几乎每一个人都可能具有承担保险的经济能力这一结论。

在这里，我们仍有一些重要的价值判断。比方说，如果某一比例的人们已经购买了某一物品，人们不是评判这一物品对他们来讲是否是负担得起的，而可能会将评判标准从 50% 提升到某一更高的比例，比如说 75% 或 90%。特征集合也代表着一种价值判断。对于那些自称是"靠一点点儿薪水度日的月光族"的受访者来讲，情况又会怎样呢？或许较大比例如此行事的人们将不会投保，但是那种预算策略并不能强加给人们；他们选择以一种极具风险的方式（在客观测度上跟其他与他们相类似的房产业主形成对比）做出预算，但我们不能只是因为他们选择了一种功不正常的家庭预算模式，就因此认定他们是"不具经济承受能力者"（unafforder）。即便像房屋价值或者是否存在抵押等测度方法对于房产业主来讲都是内生的；他们可以选择在一个这样的集合中，也可以不在其中。

为了按这个标准估计那些对保险不具备经济承担能力的未投保房产业主比例，我们必须指定并估计一个关于办理某种我们至今尚未办理的保险的决策行为的实证模型。美国住房调查局的调查只包含了房产业主特征的某些测度，或许并不是人们希望获取的全部。基于已获得的数据，绝大部分拥有相对较高价值住房的低收入者将会购买保险，因此，少数没有购买保险的人就被认定为"有经济承受能力者"。如果未投保家庭在绝大多数收入和人口类别中只占少数，那么，人们就能够得出绝大多数未投保者可能具有承受保险的经济能力这样的结论。

房产业主对其保险经济承受能力的另外一种可能的定义，是建立在美国住房与城市发展部所使用的具有住房的经济承受能力的若干定义之上的。对于特定的人群来讲，如果居住房屋的总成本（包括保险）超过他们收入的30%，并且他们的收入低于他们所在的市场区域收入中位数的一半的话，那么，美国住房与城市发展部经常将这一人群归类于在某一给定市场区域内对住房不具有经济承受能力之列。这种定义的基础还是一种价值判断：这些家庭"被认为受成本所累，并且可能在承担诸如食品、衣服、交通、医疗等生活必需品方面都存在着经济困难"[4]。这种定义与我们上面既有规范性定义方式是有差别的，对经济承受能力的规范性定义是基于总住房成本的，并且是基于需要对到底有多高水平的花费是用在其他生活必需品上才是具有经济承受能力做出必要的主观判断的。尽管我们没有将这种定义运用到美国住房调查局的数据中，因为它好像更关注保费以外的其他因素以及对定义社会目标的管制，但是，我们确实注意到有趣的是，社会可能会更关注居住的总成本而不太关心成本的构成。比方说，如果某一地区的财产税非常高，即使房产业主保险保费相当低，相对低收入家庭也可能无力承担住房的花销。

经济承受能力的另一种定义是由美国国家环境保护局（the U. S. Environmental Protection Agency，简称 EPA）制定的，其目的是满足 1996 年《安全饮用水法》（the Safe Drinking Water Act）修正案所确立的指导方针。这项修正案指出，在经济上无力承担能够满足处理技术要求的设计技术的时候，小型公共供水系统可以使用效果略差的污染控制技术。如果相关的每户平均支出超过系统所服务地区的家庭收入中位数的2%时，美国国家环境保护局就会判定这项技术对于小型系统是不具有经济承受能力的。[5] 使用这种定义判断某一家庭是否具有购买房产业主保险的经济承受能力，人们可以确定任意给定区域的居民到底有多大比例将无力承担保费。一个四口之家的联邦贫困线是年收入不足 20 000 美元，这意味着如果保费超过 400 美元，那么这样的家庭就是无力承担的。依照这个定义，本研究中的灾害易发地区很大比例的房产业主都被划入了无力承担保险之列。上一节的定性结论在这里仍将适用："无经济承受能力"阶层的绝大多数房产业主仍会购买保险。

11.5　保费中的公平变化

尽管基于购买能力和家庭选择的测度方法抓住了经济承受能力静态概念的要害，但是，人们脑海中可能仍然存有与房产业主保费变化中的公平性相关的平等观念。尤其是，如果保费的上涨在各个家庭之间的分布是极不均衡的，那么，人们就可能会认为经历保费大幅上涨的房产业主并没有得到公平、公正的对待。具体来讲，假定带有相似初始保费的相似住宅（但是处于不同地区）的业主们面临着出乎预料的保费上涨，但是住宅保费在某些地区的涨幅要比其他地区高出很多。有些房产业主发现他们的保费每年都会上涨数千美元，但是其他的人——多半儿也是房产业主——其保费只发生了些微变化。尽管保费的上涨可能并没有大到足以将那些不幸家庭的消费水平推到贫困线以下，而且所有房产业主可能会继续购买保险，但是，人们对公共政策的争论则在于某些小群体不公平地遭遇了相当高的保费上涨（不考虑这种巨额上涨产生的原因）。

这种模式是否公平显然是一个价值判断，并且此类判断在选民、政策制定者、保险公司和监管者之间可能是大相径庭的。人们的观点会因保费变化的原因而有所不同，这种解释似乎是合理的。如果保费的变化反映了相关风险估计中的巨大变化，那么，人们的观点就可能与如果这种变化反映了在以监管所要求的社区风险评级的一段时间期间之后，移向基于风险的保费的情况下有所不同。在前一种情况下，各家保险公司和房产业主们先前都会相信风险水平比有着新数据的新风险模型下的风险水平更低并且更具有一致性，因此，这可能为以市场为基础的保费的巨大变化提供某些监管缓冲。如果提供此类保护措施可以确保对现有房产业主利大于弊，那么就应该得到大力支持。但是，抑制保险公司从新的或者预期的房产业主处获得反映着风险的保费的能力，会导致相当高的无效率成本，而这些成本是以趋向于在风险较高区域购买房屋的扭曲性刺激的形式出现的，并且可能抑制人们对减灾措施的投资，所以，从这个意义上讲，这种做法并不足取。

正像上面所提到的那样，基于公平的争论似乎最多只适用于那些在风险评估变化之前既已拥有住房的人们。不管他们是否仍住在他们的房屋里并且支付高昂保费，或者决定以低价出售其房屋，他们都要承担一笔未能预计到的成本，并且，他们和全社会一样都可能希望获得某些对于风险扩散中的效率基础以及公平性等方面的保护。这里唯一明智的标准似乎应该是房产业主——纳税人的全部子集中到底有多少人会更偏爱选择权得以清晰表述以及税负或保费成本差异非常透明的公共政策。我们应该防止那种想象着各家保险公司将有能力吸收更高期望成本的趋势。

11.6　保单的含义

我们的分析结果暗示着一个这样的保单谜团：如果政府希望使得保险对于那些它所认定的无力承担保费的房产业主来讲更具经济承受能力，并且将特定资助项目的资格仅仅建立在一个房产业主所拥有的比贫困线更低的收入这一标准之上的话，它就应该在许多领域资助大部分已经购买了保险的房产业主。比方说，在 200% 贫困线标准下，在我们所研究的多数地区中应该有超过 1/4 的房产业主能够获得资助的资格。在我们考察的所有城市中，所有房产业主中至少应该有 16% 的人符合资助条件。

然而，现在仍有将近 27% 的贫困房产业主在其抵押贷款者没有提出保险购买要求的情况下没有购买保险（圣安东尼奥；125% 贫困线）。那些最有可能帮助房产业主们购买保险或者保有保险（并且也可能被认为是公平的）的资助项目的类型将会使所有的低收入房产业主获得资助。只将这些资助给予那些在特定的时点、处于特定低收入水平的未投保者的话，会在很大程度上激励大部分已经办理了保险的人们取消保险，并且会拒绝给予那些规规矩矩按时缴纳保费的房产业主的资助。不过，这样一种旨在减少未投保房屋数量的具有全球性效率与公平性的资助项目会将大部分资助送给已经办理了保险的家庭。如果此类项目最初的目标是资助当前的未投保住宅或者减少未投保住宅的数量，那么，这样一个统一项目的目标效率就可能会很低，从这种意义上说，政府将会付出非常多的单户未投保房产业主资助，而这些房产业主现在可能是会购买保险的。

以休斯敦市为例，该市有 23% 的低收入房产业主没有办理保险（但是另外 77% 的低收入房产业主已经办理了保险）。休斯敦市的一份促使所有先前未投保的家庭去购买保险的全面资助，比方说每所住房每年 1 000 美元的资助，将在每所最近办理保险的住房上发生 4 348 美元的资助成本。也就是说，对于每一个因为获得资助而购买了保险的未投保家庭，大概将会有其他三个已经购买了保险的家庭获得资助。

看来，依据通常的规范性定义和标准的无经济承受能力并没能很好地识别未投保家庭。与此相反，它却识别了许多可能有问题或者可能受房产业主保险保费所累，但是还没有达到放弃保险这种程度的家庭。这种经济承受能力的定义说明很多住房是归那些并不能对所有物品拥有完全经济承受能力的家庭所有的。对于那些没有办理抵押贷款的人们来讲，他们的收入是如此之低以至于无力负担住房开支的其他成分（比如，税负和物业账单，后者包括水、电、煤气等公共设施的使用费）。除了通过保险监管措施人为地维持低廉的保险价格来对保险进行补贴，更好的方法是通过诸如劳动所得的税收抵免来向这些家庭提供更多收入，这些收入只是向低收入家庭的单方面转移，而无须顾及他们当下的消费类型。

更为一般的结论是，这些结果并不能为保费（或者较高的保费）是房产业主们财务困境的主要成因这一观点提供多少支持。有些家庭已经选择了不是较为廉价的住房或者选择了租房。但是，如果那些低收入家庭拥有较高价值的财产，并且因此而有更强烈的激励去办理保险的话，那么，事实上他们就更可能去购买保险。这意味着，保险购买与基于低收入水平的经济承受能力的规范性定义之间的关系并不是非常紧密，因为保险购买是与较低的在险财富将导致保险的低需求这种说法相关联的。

尽管如此，保费的上涨并不会伴随着房屋价值的上升，这将给各个家庭已然面临的财务困境雪上加霜。对于此类房产业主中的绝大部分人来讲，保费上涨并不会成为保险在经济上不具有承受能力这一问题的近因（p 这是指在因果关系中各原因中最近的原因，即促成保险标的发生损害的直接原因，在效果上对损害的发生具有支配力的原因——译者注）。毋宁说，其原因只在于收入水平过低或者包括其他居住成本在内的高水平的其他支出。按照一个类似争论的说法，通过适度补助来降低保费既不会导致未投保家庭购买保险可能性的上升，也不会导致其家庭整体财务状况的明显改善。

这些数据显示，低收入的房产业主（甚至是收入极低的房产业主）即便在他们不必出于抵押要求而不得不这样做的情况下，也会在很大程度上试图购买保险并且维持保险。理想的公共政策还应该处理那些房产业主们应当办理保险却没有投保的情形，或者应该处理那些低收入房产业主只具有低于获得所有物品充足数量必要能力的情形，但是，全面改变保险价格并不是处理这一相对较小部分低收入房产业主的有效手段。然而，如果相对保费出现了明显变更，这又会产生什么影响呢？我们已经揭示出，它并不会将许多额外的家庭推到经济承受能力临界值以下。

不过，这些数据并不能告诉我们，如果他们的保费上涨了而他们的财产价值仍然维持不变的话，到底可能有多少低收入房产业主会大幅度地减少其保险（选择更高的减免额和更低保险限额），甚至干脆放弃保险。我们在这一章的初步分析表明，有可能找到若干能够强烈预言不办理保险的较高可能性的变量，所以，使用这样一些刻画了前述特征的变量来将其目标锁定在资助项目上的话，便可以比使用一种不加区别的方法更有意义。

本章小结

这一章刻画了房产业主中的已投保者和未投保者的社会经济学特征。在定义了经济承受能力的含义之后，我们使用美国住房调查局的数据确定了得克萨斯州、佛罗里达州和纽约州的 8 个大都市区中未办理房产业主保险的低收入家庭所占的比例。在这些地区中，至少有 73% 的低收入房产业主们已经购买了房产业主保险。几乎所有已办理了抵押贷款的住房都购买了保险，并且，如果住房价值较高并且业主的年龄较高的话更可能购买保险。

我们以公共政策的含义来结束本章。我们所得到的结果几乎并不支持较高的保费是房产业主们财务困境的根源这一观点，这意味着如果保费上涨是对风险的反映的话，未投保房产业主的数量不会出现大幅上升。为了减少未投保房产业主的数量，我们需要寻找那些能够强烈预言不办理保险的可能性变量，并且对此类房产业主提供特别待遇。贫困线并不必然地就是一个这样的变量。

第 *12* 章

加强实施降低风险的措施

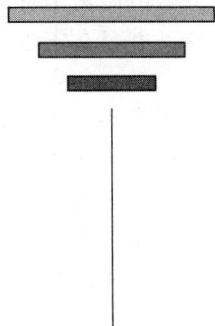

主要发现

　　采用建筑规范来显著减少飓风灾害。根据一份在 2004 年受查理飓风影响的超过 5 600 个房产业主的样本，在 1996 年开始强制实施抗风标准下建起的住房与 1996 年之前的住房相比，其索赔频率降低了 60%。此外，对 1996 年以前受损住房屋提起的索赔为平均每平方英尺 24 美元，与此相比，在 1996 年到 2004 年建造的受损住房屋提起的索赔为平均每平方英尺 14 美元。

　　许多房产业主不会自愿投资于有成本效益的风险减轻及缓解措施。房产业主不投资于这些缓解措施的主要原因，是他们过于看重短期的现金支出，由于过度乐观而低估了风险以及没能从过去的经验中学到足够的东西。社会规范可以引导人们采取措施去减少将来的灾难损失。在飓风频发地区，如果与你比邻而居的所有房产业主都安装了坚固的暴风雨百叶窗，那么，你就很可能也去效仿他们的做法。

　　通过强制实施建筑规范、开发像退税这样的经济激励计划并采用分区制条例，是可能显著提高缓解措施的采用水平的。在这一点上，公共部门和私人部门之间的协作是至关重要的。比方说，对那些购买建筑物资来加固他们房屋抗风性的贫穷房产业主可实施税额减免政策。缓解救助金可用于低收入的家庭改造他们的房屋，同时，配额金（以等额为基础）可适用于所有的房产业主。

本章讨论风险减轻措施（减灾）在减轻由于自然灾害所造成的损失中所扮演的角色，以及保险可能在鼓励更多的房产业主去采取具有成本效益的保护措施中所扮演的积极角色。鼓励缓解措施的采用也引出了一系列的挑战。

12.1　保险作为减灾和风险融资桥梁的角色

当今社会所面临的挑战，是如何促进在有成本效益损失减轻机制上的投资，同时将灾后恢复的负担加在那些在自然灾害中遭受损失的人们的肩上。[1] 从理论上讲，保险是同时能够实现这两个目标最为有效的政策工具之一，因为它用较低的保费奖励了在成本效益型风险缓解措施上的投资，并且在灾难发生的时候为保单持有人提供了理赔支付。

最近这几年，保险所起的作用并不像它应该起的那样大。由于种种原因，各家保险公司通常没有充分实施价格调整来鼓励有成本效益的损失规避措施的采用。首先，这些保险公司觉得，与先前已付出的成本相比，很少有人会为了采取这些行动而自愿采用这些基于减少很少的年度保费的措施。如果人们都那么目光短浅，那么他们就对投资 1 500 美元而只能得到一份例如减少 200 美元的年度保费作为回报感到索然无味。

正如本书第一部分所讨论过的，保险是一个受到高度监管的行业。费率的改变和新保单的发行通常都需要各州保险监管局长的批准。如果在风险易发地区保费会被人为地降低，那么各家保险公司在经济上就没有激励来主动向那些采用减灾措施的人们提供保费折扣。事实上，各家保险公司宁愿不给这些财产所有者提供保险服务，因为从长期来看它是一笔蚀本的生意。

为了让保险行业在鼓励房产业主们采取减灾措施中扮演积极的角色，有必要让保费反映风险，以使得保险公司愿意对那些采用此类减灾措施的人们提供价格优惠。除此之外，很有必要研究一下房产业主们制定决策的过程，以更为透彻地了解为什么有些人投资于减灾措施，而有些人却没有这么做。

还有必要将来自私人部门的诸如建筑业和银行业等其他关键的利益相关者包括进来，只有这样财产所有者们才会将减灾看做一项吸引人的投资。适当的强制性建筑规范可以在鼓励私人部门更为积极主动地采用成本有效的减灾措施方面扮演重要的角色。

12.2　与飓风相关灾害的减灾措施

表 12—1 概括了与不同类型飓风相关的损害水平，包括其相应的持续风速和预期风暴潮。飓风的实际损害程度取决于在灾难发生的时候相应地区已采取的减灾措施的水平。

表 12—1　　　　　　　　Saffir-Simpson 飓风等级对建筑物的预期损害

等级代码 （类别）	持续强风 （风速*：每小时英里数，mph）	灾害	风暴潮
1	74～95	最低限度：最初只对灌木和树木造成损害；非固定的活动房屋受到损害；某些室外招牌遭到损害；建筑物并未遭受实质性损害	4～5 英尺
2	96～110	中等限度：有些树木倾倒；有些屋顶类遮盖物遭到损害；活动房屋受到重大损害	6～8 英尺
3	111～130	扩大限度：有些建筑物的屋顶受到损害；活动房屋遭到损毁；住宅和公用设施等建筑物遭到损害	9～12 英尺
4	131～155	最高限度：建筑物的屋顶、门窗广受损害；建筑物的屋顶系统完全丧失功能；有些带有门窗的墙壁倒塌	13～18 英尺
5	155 以上	巨灾：建筑物的屋顶遭受相当大程度的、广泛的损毁；门窗损坏严重；碎玻璃遍地；有些建筑物倒塌	超过 18 英尺

＊mph：是 miles per hour 的缩写。

Source：Federal Emergency Management Agency（2002）.

　　由自然灾害造成的财产损害可以分成两大类：建筑结构损害和室内设施及物品损害（土地本身也可能受到损害，但是通常不把它作为主要考虑因素）。建筑结构损害（structural damage）是指对在险财产的地基、框架、屋顶以及其他内部和外部的特征的损害。室内设施及物品损害（contents damage）是指对放置在房产内部的贵重物品的损害，此类物品包括汽车、家具、固定装置、家用电器、电子元件及其他以货币和非货币计价的物品（后者是指包含不可替代的文件和带有感情价值的商品）。建筑结构损害可以引起室内设施及物品损害（举例来说，在发生洪水或者飓风的时候，一个破碎的窗户可能会导致室内进水），同时，室内设施及物品损害也可能引起建筑结构损害（例如，在地震期间，如果一个未固定好的热水器发生倾倒，就可能引起火灾从而对财产造成损害）。无论是因破碎的玻璃窗户所带来的损害，还是由于火灾造成的受损建筑物的倒塌，任何一种损害都可能造成生命的伤害或者伤亡。

12.2.1　风　灾

　　飓风引起的狂风会给建筑物的结构造成主要的威胁，尤其是对其屋顶、窗户和门。对屋顶的风险缓解措施包括替换掉旧的或者受损的顶罩、密封屋顶罩的各个焊点以及安装一个能经受得住强风的屋顶外罩。在屋顶和墙以及墙和地基的连接处应该充分地固定。对窗户的风险缓解措施包括抗冲击窗户系统及风暴百叶窗。庭院的大门应该是非滑动式的，高强度的防风车库门及追踪定位系统也是备受推崇的。房产业主可以采取的另一个措施是确保在一场暴风中可能把财产变成废墟的物体被清理掉，尤其是那些低垂的树枝。

12.2.2 水 灾

为了减轻由于洪水和飓风带来的水灾损害，财产所有者们可以采取各种各样的防洪措施，这样的措施包括使用防洪建筑材料、用三角形桁架以及尖顶屋两端的山形墙壁支撑屋顶、在屋顶和桁架的接合处使用木材黏合剂、在屋顶构架和柱头螺丝顶端的交接处安装飓风背带或夹子以及垫高建筑物。[2]

12.3 降低风险措施的成本效率分析

与鼓励房产业主们进行减灾相关的挑战，在于证明经过一段相当长的时间期间后风险降低措施的有效性以及从投资中得到一笔足够的预期收益。随着政府为支持减灾努力所持续配置的资金，就出现了一个与这些政府拨款有效性相关的重要问题。

这正是由美国国家建筑科学研究院（the U. S. National Institute of Building Science）所进行的一项跨年度研究的目标，该研究的结果是 2005 年发布的。这项行动系统地评估了 1993 年至 2003 年期间由美国联邦紧急事务管理署拨款所支持的危害缓解活动为未来所带来的节约（future saving）。这项研究对风灾、洪灾和地震这三类危害节约进行了量化分析。这种节约的好处被定义为其所避免的损失，这种节约的好处包括减少直接财产损失、减少直接业务中断、减少间接业务中断（连锁反应）、降低对（湿地、公园或者历史建筑等）环境的损害以及减少人员伤亡（死亡、伤害、无家可归）。这种节约的好处还包括降低紧急事件反应成本以及减少联邦基金用于救助和灾后恢复的额度（包括因为应税活动的终止或者中断所导致的灾后税收收入的减少）。

这些发现是非常有趣的，因为它们显示出了减灾拨款极高的收益—成本比率（benefit-to-cost ratio）。本研究估计了美国联邦紧急事务管理署在减灾拨款上所获得的14 亿美元（按 2005 年美元计算）的收益与以往研究项目上该署在减灾拨款上所获得的 3.5 亿美元收益的对比关系。换句话说，美国联邦紧急事务管理署在 1993 年至 2003 年期间的拨款所获得的回报的一个统计上的代表性样本可以显示出：在美国，在减轻风灾、洪灾和地震风险上每支出 1 美元平均就可以节省 4 美元。[3]

在人员方面，据估计，这些减灾措施在 50 多年中可能会挽救两百多人的生命并防止大约 4 700 人受伤。美国国家建筑科学多重危险缓解理事会（the U. S. National

Institute of Building Science's Multihazard Mitigation Council，简称 MMC）指出，联邦拨款不仅是有成本效益的，而且它们经常引导由其他来源所支持的额外减灾措施的实施，尤其是在一些社区已经以一种系统的方式实施了专门的减灾计划。附件 12 荟萃了最近由联邦紧急事务管理署提供资金支持，由佛罗里达州具体承办的两个减灾项目的实例：迈阿密—戴德防洪项目（the Miami-Dade Flood Control Project）和迈阿密儿童医院（Miami Children's Hospital），这两个项目最近使用最先进的方法、最新型的材料和最新提出的知识进行了一次彻底的改造翻新，以使其能够经受得住 4 级飓风。美国国家建筑科学多重危险缓解理事会建议"联邦政府应该支持正在进行的减灾评估，通过开发一个结构化程序以使其能够评估所有类型的自然灾害之后的建筑物和基础设施的性能，并且能够测度在减灾行动的实施中所产生的收益。"[4]

12.4 建筑规范的重要性

建筑规范（building code）要求财产所有者满足新建筑物的标准，但通常情况下不需要对其现有的建筑物进行翻新改造。这样的规范通常是必要的，尤其是在财产所有者们由于他们对从采取减灾措施中的预期收益产生错觉，或者他们倾向于低估灾难发生的可能性，还未倾向于对其财产采取减灾措施的情况下。

Cohen 和 Noll（1981）为建筑规范加了一项附加原理。一处倒塌的建筑物在经济混乱的情况下可能产生负外部性，以及其他远远超过业主财务损失的社会成本。比方说，一处设计很差的建筑物如果在飓风中倒塌的话可能会对其他设计良好并且在暴风雨中依然挺立的建筑物造成危害。了解到这些，一家保险公司可能只给予投资于损失减少措施的房产业主比其原本愿意给予的更小的保费折扣。

在美国有两家建筑规范的评级机构，它们分别是国际规范委员会（International Code Council，简称 ICC）和保险业务事务所（Insurance Services Office，简称 ISO）。国际规范委员会是一个会员组织，它制定建筑规范模板，每一个州都可以遵照执行或者加以修改。美国有 50 个州加上华盛顿特区使用国际建筑规范（the International Building Code，该规范重点处理的是非住宅类财产）。有 48 个州加上华盛顿特区使用国际住宅规范（the International Residential Code，该规范主要处理单户和双户居室以及三层高的联排式住宅）。有 42 个州加上华盛顿特区使用国际消防规范（the International Fire Code，该规范主要处理新建和现有建筑物的消防安全）。[5]

12.4.1 建筑规范有效性登记表

建筑规范有效性分级目录（Building Code Effectiveness Grading Schedule，简称 BCEGS）是一个社区层次的减灾评级系统，是由保险业务事务所负责日常管理的。它评估了建筑规范在一个特定的社区的有效性以及该社区如何强制实施这些规范，特别强调了从自然灾害中减少损失。建筑规范有效性分级目录项目特别将重点放在减少由飓风、龙卷风、地震所造成的损失上。它的评判严格遵循建筑规范，因为评分不仅仅建立在适当建筑规范的基础上，而且还依赖于现场监察人员（field inspector）的配备情况和从业资格。

各个社区所获得的建筑规范有效性分级目录的评级结果（BCEGS rating）可以提供给保险公司，供其用作承保过程中的工具。根据美国审计总署的报告，只有为数不多的几家保险公司正在使用建筑规范有效性分级目录的报告提供保费折扣。[6] 其中佛罗里达州是一个例外，按照法律的规定，该州的保险公司必须按每一社区的建筑规范有效性分级目录评级结果为风灾保护保费提供折扣。没有参加这个项目的社区则要在风灾保护保费上承担1%的额外费用。

图12—1显示了建筑规范的严格程度是怎样转化成有很大差别的不同层次损失的详细情形（比较这张照片的左上角和右下角，中间用白色虚线隔开）。这张照片是在安德鲁飓风之后在佛罗里达州南部拍摄的，它显示出在一条街道一侧的房屋被彻底摧毁了，而在另一侧的房屋却依然完好。稍后的检查表明：在许多事例中，惨遭毁坏的建筑物远远低于现行建筑规范所规定的标准。[7]

图 12—1　佛罗里达州适当减灾措施的有效性

Source：National Oceanic and Atmospheric Administration/Department of Commerce.

保险业务事务所把建筑规范有效性分级目录用作了社区评级系统（Community Rating System，简称 CRS）这一国民洪水保险计划（National Flood Insurance Program，简称 NFIP）的组成部分，它可以通过减灾使得社区达到较低的洪水保险级别（参看本书第4章）。[8] 根据各个社区在公共信息、绘制灾害地图和监管活动、洪灾减少、防洪这四个领域所采取的行动的水平，所有社区可以评定为从1到10的10个等级。被评定为等级1的社区提供了最大洪水保费缩减（45%），而被评定为等级10的社区没有获得保费缩减。[9] 只有很少数量的社区（全美大约有1 000个洪灾在险社区）参加了社区评级系统，因此，它只是一个关于规范遵守的不完全的全国性指标。对于建筑规范在当地水平上执行情况的更为详细的评估，通常是发生在某一事后基础之上的，像卡特里娜飓风这样的灾难就成为这种观点巨大的推动力量。

1. 应用到佛罗里达州

佛罗里达州有几项关于减灾措施和评级的强制保险,这使它成为一个有趣的测试案例。首先,像遵守最新的建筑规范这样的减灾措施评级,就是佛罗里达州的强制性规定。佛罗里达州还有一个许可和检查系统,它允许各家保险公司在无须独立确认费用的情况下对减灾措施的适宜性进行确认。一个合格的检查人员被界定为在佛罗里达州获得批准的建筑检查员、建筑承包商、建筑公司、住宅建筑承包商、建筑工程师或者建筑师。

2. "我的安全佛罗里达家园"(My Safe Florida Home)项目

这个项目是由佛罗里达州金融服务局(Department of Financial Services)运营的,它用来帮助佛罗里达州的居民们确定那些能够加强他们的住宅以减少飓风灾害的各种方法。这个项目为那些满足其收入和其他资格要求的房产业主们提供免费的房屋检验,以帮助他们确定合适的减灾措施。为使其推荐的减灾措施获得改进,佛罗里达州政府按比例提供了高达 5 000 美元的配套资金。[10]

3. 佛罗里达州的建筑规范

在 1992 年的安德鲁飓风过后,佛罗里达州对其建筑规范标准及其实施状况进行了重新评估。在 1995 年的时候,佛罗里达州的沿海地区开始使用并且强制执行了为住宅建筑规定的抗强风设计标准。到 20 世纪 90 年代末,该州开启了开发和强制执行一个全州范围内的建筑法规的进程。在 2002 年年中采用 2001 年版《佛罗里达州建筑规范》(Florida Building Code,简称 FBC)的过程中,伴随着一个内容广泛充实的教育和训练项目,其中包括了所有特许工程师、建筑师、承包商学习新的建筑规范课程的要求。[11]

2004 年的查理飓风证实了新建筑规范的效果。一家保险公司为商业和家庭安全研究所(Institute for Business and Home Safety)提供了 2004 年 8 月 13 日查理飓风在夏洛特县登陆时的 5636 份保单的数据。数据中报告了由这场飓风引发的 2 102 宗索赔(占夏洛特县所有在这家保险公司投保房产业主保险保单的 37%)。图 12—2 显示,在 1996 年强制实施的新抗风标准下建起来的住房,其索赔频率要比 1996 年之前建起来的住房的索赔频率低 60%。

此外,1996 年之前建成的住房向这家保险公司的索赔导致了每平方英尺 24 美元的平均索赔额,这与图 12—3 所示的 1996 年至 2004 年期间的建成住房每平方英尺 14 美元的索赔形成了对比。对于一所平均面积为 2 000 平方英尺的住房,分别在这两个时间段建成的每一所住房平均灾害损失将会分别达到 48 000 美元和 28 000 美元。换句话说,在夏洛特县如果所有的住房全是按照较新的标准建设的,那么在查理飓风过后每所受损住房的索赔将会平均减少大约 20 000 美元。[12]

4. 用保费折扣对减灾行为进行奖励

为了量化各家保险公司给予其保单持有人的折扣,我们检查了佛罗里达州的好事达保险公司、州际农场保险公司、旅行者保险公司和居民财产保险公司这四家主要房

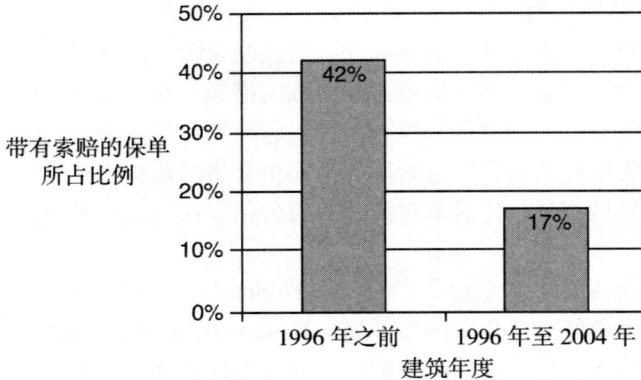

图 12—2　查理飓风中依照建筑规范种类计算的平均索赔频率

Source：Institute for Business and Home Safety.

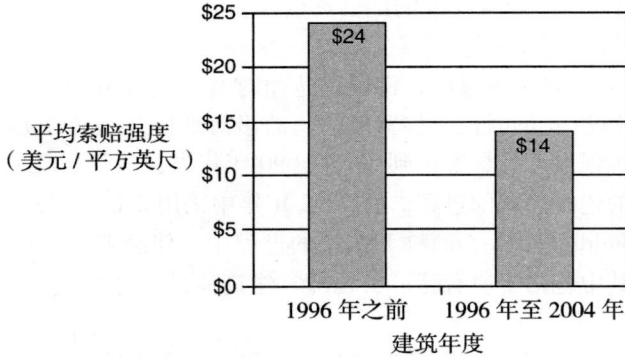

图 12—3　查理飓风中依照建筑规范种类计算的平均索赔强度

Source：Institute for Business and Home Safety.

产业主保险公司的费率手册。我们在这里呈现的是减灾折扣的一个例子。

　　在新的建筑规范要求提出之前建造的房屋直到下一次对房屋进行改建之前都是允许豁免的。因此，在佛罗里达州有三个层次的建筑规范需要遵守：非佛罗里达州建筑规范（祖父辈留下来的建筑物）、现有房屋佛罗里达州建筑规范（兼容版）（2001 年之前依照最新建筑标准进行翻新改造的建筑物）以及佛罗里达州建筑规范（新建筑版）（采用新的建筑规范之后建成的房屋）。

　　所有这四家保险公司有着两种类型的减灾折扣计划：一种是对于佛罗里达州建筑规范（兼容版）房屋（无论业已存在的或者新建的建筑物），另一种是对于带有已核实减灾措施非佛罗里达州建筑规范（兼容版）房屋。能够获得折扣的减灾措施包括屋顶的遮盖物、楼顶盖板的附属装置、屋顶与墙体之间的连接物、屋顶开口的保护措施以及二级防水措施。这一折扣通常适用于保费的飓风部分（保费的结构一般分为非飓风保费和飓风保费）。

　　另一个有趣的措施是对质量上乘的建筑物进行奖励，这样的建筑物指的是那些依照远远超出建筑规范所要求的减灾特征建成的各类建筑物。由商业和家庭安全研究所提议的加固住宅合格标记（the Fortified Home seal of approval）就是一个例子。在我们详细研究的四家保险公司的各个项目中，[13] 只有一家明确地使用了这一减灾措施，并为投保人提供了保费总额 10% 折扣（飓风和非飓风保费）的奖励。另一家保险公司界定了质量上乘建筑物的测度（该测度可以包含其他类型精心设计的建筑物），并为投保人提供了保费总额 15% 折扣的奖励。

12.5　影响减灾措施采用的若干因素

12.5.1　一种规范性的选择模型：成本效益分析

　　考虑在低地地区（the Lowlands），有一个假想的家庭其住宅遭到了 2004 年袭击佛罗里达州四场飓风中的一场的损毁。[14] 他们决定在原来的地方重建其住宅，但还没决定是否要在风灾减灾措施（如风暴百叶窗）上投入资金。[15] 假设科学专家已经评估出在该低地所在地区每年发生一次严重飓风的概率是 1/100。如果他们投资于某一风灾减灾措施，他们就会在这场飓风中减少 40 000 美元的灾害损失。换句话说，投资于这样的减灾措施将会获得每年 400 美元（（1/100）×40 000 美元）的期望收益。低地地区的人们期望住在他们的房子里的时间期间（T）越长，他们从其房子的防飓风措施中所获得的预期收益就会更大。更为明确的是，我们令 B 代表在时间期间 T 上所能获得的减灾的预期净收益的现值。

　　假设低地地区采取防风措施的额外成本为 C＝1 200 美元。令 T^* 代表为了减少损失所进行的有成本效益投资的最低年数。换句话说，T^* 是在（B/C）>1 情况下的最段时间期间，在表 12—2 的第二列描绘了如果低地地区的年折扣率为 10% 的情况下，作为与这样的投资相关的时间期间 T 的函数的预期收益成本率。假如这家人计划在他们的房子里居住 4 年以上的时间，如果他们是风险中性的并且使用成本效益分析，他们就会对其住房采取防风措施。防风措施的支出将在一定程度上资本化到这所房子的价值中，T^* 将小于 4。进一步讲，如果低地地区的人们是风险厌恶型的，则有 $T^* <$ 4，因为他们将会更多地关注下次灾难所遭受的重大损失所带来的财务后果，并且将会因此发现与如果他们是风险中性者相比减灾措施的预期收益具有更大的吸引力。

12.5.2　行为因素

　　在没有像表 12—2 所提供的信息的分析性指导，低地地区的人们将会通过运用那些在指导其更为熟悉的日常决策过程中被证明有用的非正式试错机制（informal heuristics），来做出他们是否在减灾措施上进行投资的决策，但是在将其应用到这个家庭眼下正在考虑的这种低概率、高损害的事件中可能不会成功。接下来，我们评述可能用于减灾决策制定的若干非正式机制，并且讨论它们可能如何对广泛缺乏的投资做出解释。

表 12—2 　作为时间期间、感知到的损失减少和感知到的概率（p）的
函数的减灾措施投资的预期收益成本率

时间期间（年）	减少的损失（40 000 美元）	
	p＝1/100	p＝1/300
1	0.30	0.10
2	0.58	0.19
3	0.83	0.28
4	1.06	0.35
5	1.26	0.42
10	2.05	0.68
15	2.54	0.84
20	2.83	0.94
25	3.03	1.01

1. 预算过程中的试错

对于为什么人们在面对明显的风险时没能采取减灾措施，最简单的解释是经济承受能力。如果低地地区的家庭关注于他们用在其住房防风上先期支付的成本，并且他们在购买了生活必需品之后只有有限的可支配收入的话，那么，无论怎样的建议他们都只有很小的可能性进行成本效益分析。灾害易发地区的居民们都明确地使用这种论点说明为什么他们只有有限的兴趣自愿购买保险的。

当焦点小组通过访谈来确定到底哪些因素会影响洪水或地震保险购买决策的时候，一个没有购买保险的房产业主在被问及"人们是如何决定要在保险上花多少钱的?"这一问题时是这样回答的："一个蓝领工人绝不会揣上 200 美元（年度保费）跑到那儿并且买上一份保单。世人皆知，我们中 90% 的人都是月光族……谁也不可能突然拿出大把的现金，回头又能满足其他所有的开销。"[16]

如果人们为不同的花销分别建立单独的"心理"账户（"mental" account），那么，对于投资于保护性措施的预算约束可能扩展到高收入群体。[17] 在这样的一种试错机制下，一位对于减灾措施的成本收益拿不准的房产业主，可能只会简单地将这一价格与那些通常用于可比性住房改进上的支出进行对比。因此，对于金额同为 20 000 美元的一笔投资，在那些把它当作是一次类似于安装一个新屋顶这等重大改进的人们的眼里，它在经济上就是划算的（affordable），但是在那些把它只看作是一次类似于修理一个漏水的龙头之类的小修小补行为的人们的眼里，它在经济上就是不划算的。

以这种方式来制定减灾决策并不符合成本效益分析所蕴涵的指导思想，但从受到

控制的实验室实验所得到的证据来看，这可能是再稀松平常不过的。比方说，在一项研究中，当人们被问及在他们公寓租期由 1 年延长到 5 年以后，为什么他们只愿意为一把弹子门锁（deadbolt lock）支付一笔固定的金额的时候，一位受访者回答道，"从短期看，为一把锁我总共花费了 20 美元。如果我有更多的钱，我就会花更多的钱——也许会花到 50 美元。"[18]同样，我们猜想那些居住在沿海地区的居民不愿购买和安装风暴百叶窗是因为其成本超过了窗户本身，后者是一个符合逻辑的基准开支。

2. 临时规划中的偏见

尽管人们关于减灾措施的决策无疑会受到经济承受能力上的考虑的约束，但是总会在一定程度上发生成本与收益之间的权衡。人们凭直觉进行成本收益分析的时候到底有多娴熟呢？关于人们到底是如何做出跨期判断的经验证据让人感觉并不乐观。尽管各种决策的制定经常要遵循规范性理论带有导向性的建议（例如通过给时间上遥远的事件赋予比迫在眉睫的事件更低的价值），但人们会经常偏离那些跨期选择的合理理论所指定的方向，并且他们偏离到了一个共同阻碍有远见的减灾投资的路径上。尤其是，房产业主很可能过分看重短期的现金支出，扭曲了关于可能性的信念，并且会随着时间的推移对同样的产出给予不同的估价。接下来，我们将依次评述对减灾决策的这些偏见可能引发的后果。

3. 低估未来

人类认知的一个基本特征是，与那些抽象的和远期的暗示（cue）相比，我们会更多地受具体的和眼前的暗示的影响。当然，按照理性跨期选择理论的论断，在某种程度上，我们应该给远期未来的结果赋予较小的权重。但是，大量的实验证据表明，人们对于时间贴现是趋于双曲线型的（hyperbolic），即相对于即期事件来讲，人们对远期事件的贴现是不成比例的。举一个例子来看，人们更愿意今天就提前拿到本来应该在明天发放的现金奖励，而不愿意将获得奖金的时间由今天推迟到明天。[19]于减灾决策来讲，双曲线贴现的含义是，我们要求居民现在就切实投入一个固定的金额，为的是能在稍后获得一份我们出于本能低估了的收益——而纠结的是，我们根本就不希望看到这样的结果。

对眼前需要考虑的事项赋予过高权重的结果是，随着时间的推移，相对于损失中的延迟预期收益来讲，为减灾措施所预先支付的成本将显得大得不成比例。如果使用同样的折现率对预先支付的成本和延后获得的收益进行贴现，那么，当人们将减灾投资看作从现在起若干年内应该做的事情的时候，房产业主就可能认识到减灾的必要性并把它作为一项有价值的投资。但是，等到真正要投资的时候，房产业主受双曲线贴现的影响很可能会打退堂鼓。

我们应该补充一点，即那些不太正式的、心理上的机制也可能造成减灾投资永久性的延缓。最显著的可以观察到的趋势是人们将推迟那些模棱两可的选择。一种选择是否是某一积极行动的正确过程的确定性越差，那么，人们选择不采取任何行动的可能性就越大。[20]对于个别家庭来讲，关于采取减灾行动到底是不是最优的这一问题的回答经常是不可知的，并且对于人们到底可以在什么时候进行投资也具有无限的灵活性，所以，这种模棱两可性（ambiguity）在减灾决策的制定过程中似乎尤其严重。

4. 过度乐观导致的对风险的低估

除了过于看重即期成本、过于轻视减灾的未来收益以及拖延，过度乐观通过低估飓风发生的可能性可能成为抑制减灾投资的另一个因素。尽管对风险的低估或许是对为什么人们没能采取减灾措施的最简单解释，但是，在自然危害领域中的经验证据仍是极不完全的。

一方面，我们确实知道，关于减灾的决策很少是建立在对概率的正式信念这一基础之上的。大量的经验证据表明，人们在制定决策时并不分析概率方面的信息。[21]Huber，Wider 和 Huber（1997）指出，只有22%的受访者在评估风险管理决策时会求助于概率信息。当消费者被要求证明他们为那些可能需要维修的产品购买保险所做决策的合理性时，他们很少使用概率分析作为购买此等保护的基本依据。[22]

在制定风险决策过程中，人们发现统计上的概率并不是一个有用的概念，这个证据当然并不意味着决策并不是建立在关于相关风险的各种主观信念的基础之上的。相反，Lerner，Gonzalez，Small 和 Fischhoff（2003）发现，当被问及这一问题的时候，人们在表达其关于危险风险性的信念的时候并没有任何问题，但是这些信念并没有得到很好的标准化。当被直接要求表达对于不同的危险对个人影响几率的观点时，我们或许会惊奇地发现，相对于通过保险精算得出的基本比率而言，人们一致认为发生在他们身上的几率要高得多。比方说，Lerner 等人就曾发现，当人们被要求提供一个他们在下一年可能成为暴力罪犯受害者的概率估计时，人们估计的均值是43%——这一估计与保险精算的基本比率相比较而言过高了，但是却与他们被要求对患流感的几率（47%）做出估计时所表述的数字几乎是相当的。如果这些估计真实地反映出暴露在危险中所增加的担心，那么它就会强烈反对仅仅是因为人们认为自己将不会受影响而不去减灾的想法。但是，与为人们是悲观的这一论断提供真实证据相比，这些结果可能更在于证明人们对统计概念的不甚熟悉。

还有证据表明，那些主观上认为风险发生的概率低于某一临界值的人们会倾向于忽视风险。许多居住在那些有可能成为核废料处理地点的社区的房产业主倾向于认为这些风险是可以忽略的。[23]在1984年印度博帕尔毒气泄漏事件（Bhopal chemical accident）之前，该行业的各家公司估计发生此类事件的几率非常低，所以它们并未将其列入计划之内。同样，甚至身处风险之中的专家们也会忽视某些危险。比方说，在1993年世界贸易中心发生第一次恐怖袭击之后，恐怖主义风险在商业保单中一直被列作一个没有名目的危险，因此，各家保险公司虽然承担着恐怖袭击损失的赔偿责任，但是它们对这项保险业务未曾经收取一分钱。因为美国的各家保险公司一直没有把这一威胁纳入到其投资组合管理之中，2001年9月11日的恐怖袭击使其按义务支付了超过350亿美元的赔款。[24]如果低地地区的家庭表现出类似基于临界值的行为，无论他们有多大额度的储蓄，都不会对减少损失措施的投资产生任何兴趣。

此外，对于水灾或者飓风所带来的伤害，防洪堤或者其他防洪工程很可能已经给居民在安全上造成了错觉。事实上，吉尔伯特·怀特（Gilbert White，1911—2006，美国地理学家，被尊为"泛滥平原管理之父"和"20 世纪首屈一指的环境地理学家"。关于怀特教授的详细信息请参见 http：//www. colorado. edu/hazards/gfw/bio. html——译者注）许多年前就曾指出，当这些项目建成的时候，人们相信，面对未来的灾难他们已然得到了充分保护，于是，他们又开始在这些"受到保护"的地区大兴土木。如果真的发生巨型灾难，该地区居民遭受了水灾之患，那么，造成的灾害可能远远大于防洪工程兴建之前。这种行为及其所带来的结果已经被人们冠以防洪堤效应（levee effect）这一专业术语。

5. 从失败中学习

上文的讨论提供一个清楚的论点，如果人们单凭直观的成本效益分析而做出减灾决策，那么，他们可能会由于过度关注先期支付的成本、低估长期利益或低估灾难袭击他们的可能性而造成投资不足。尽管一个人（或机构）所做的一次性减灾决策可能会由于投资不足而犯错，但是这样的错误似乎只是短期现象。一旦察觉到减灾不足（undermitigation）的后果，直觉会自然趋于纠正那些导致初始错误的偏差。确实，有一些证据表明减灾中出现的各种错误会自然而然地得以纠正：早期的玛雅人（无疑是凭经验）认识到在内陆地区建造城市比在飓风频发的尤卡坦半岛（Yucatan）沿岸更为安全；1900 年横扫加尔维斯顿（Galveston：美国得克萨斯州东南部港口城市）的飓风使得 8 000 人丧生，如此深重的灾难使得生活在这座城市的人们认识到，必须构筑防波海堤来保护自己免受未来暴风雨灾难之苦；而卡特里娜飓风所带来的灾难促使联邦政府和路易斯安那州政府将分配资金用于修复并扩展环新奥尔良市的防波堤纳入了议事日程。[25]

但问题是并不是我们不学习，而是我们似乎并没有从灾难中获得足够的经验。尽管 1900 年的加尔维斯顿飓风促使该市构筑了环城的保护性防波海堤，但是，随着该地区人口的膨胀，该市几乎没有将这种保护性努力向这座城市的北部和南部扩展，与加尔维斯顿市市区相比该市的北部和南部区域很少遭受飓风侵袭。2008 年的夏季，当艾克飓风袭击加尔维斯顿地区的时候，这一疏忽的成本才暴露无遗。尽管加尔维斯顿市市区本身所遭受的洪水损毁是有限的，但是，艾克飓风所带来的风暴潮摧毁了全无防护的玻利瓦尔（Bolivar）半岛以北的绝大部分现有住宅。还有若干其他常见的例子，例如在严重的洪水过后人们倾向于在泛滥平原重建新居；在上一次地震过后，随着时间的流逝人们也会倾向于在地震防备上日益放松警惕。

用什么来解释居民们表面上的学习不足现象更好呢？我们认为，其原因在于通过依靠已经在其他各种生活经历中被证明是成功的、同样的反复试错机制，我们本能地学习着保护自己免受危险的伤害。这种试错机制鼓励我们重复着那些能够带来正面回报的行为，并且促使我们避免那些可能产生负面结果的行为。不过，尽管在学习乘法表格和学会如何打网球上，强化学习是一种高效的方法，但是，对于学习如何对低概率、高损害的危险做出最佳反应方面它却是明显不适用的。原因很简单：绝大多数保护性行为受到的负面强化往往要远远大于其所受的正面强化。

举个例子来看，当2005年威尔玛飓风（2005年10月15日至26日）逼近佛罗里达州南部的时候，曾经对遭受卡特里娜飓风（2005年8月23日至30日）幸存者进行生动报道的新闻被一个完全不同的并且更为生动鲜明的信息来源给抵消掉了：居民们回想起了在过去两年间本地接到的七次假警报。对许多人来讲，威尔玛的飓风警告促使人们记起在一场风暴之前涌到安全供应水和天然气的地方，事后却发现他们的努力完全是徒劳的。对余下来的每一个人来讲，这是如何还清赌债的记忆；后来发生的事实证明他们不去为先前所有的风暴做准备的决策（用事后诸葛的眼光来看）都是英明正确的。

学习的第二个主要障碍是对于最优减灾到底是由什么构成的这一问题的反馈所固有的模棱两可性。在灾难肆虐期间，人们很少能观察到那些对学习来讲至关重要的违反事实的现象：发生什么样的灾害就采取（或者放弃）某些确定的减灾步骤。这个反馈特性的结果之一是它支撑着对减灾策略迷信的无限延续。"人们应该在龙卷风到来之前打开窗户以减少压力"这句古老的格言就是一个很好的例子。建筑结构师们花了很多年才发现，打开窗户更可能导致建筑物损毁而非相反（吹进来的风会向上把压力集中到屋顶），但是这种荒诞的神话仍然广泛流传着。当然，这其中的原因是我们根本就不可能单凭观察受损的房屋便能推断出，如果把所有窗户全都关上的话它是否还会岿然不倒，或者确切地讲，假如所有窗户本来就是开着的或者是关着的话它是否仍会傲然挺立。[26]

我们应该强调的是，并不是危险事件的鲜有发生限制了学习。尽管人们终其一生可能只会遭遇一次大的地震或者一场大的飓风（或者，更可能从来没有遭遇过），但是，他们仍然有大量的机会通过观察其他人的经验来学习。确实，已经有太多的书籍描述了过去的重大灾难，并且给予灾难热切的最新关注也意味着我们已经根深蒂固地从本能出发（无论有多病态地）试图从别人的不幸遭遇中学到些东西。但是，有这样一种极富启示性的证据，即人们从间接的反馈中学到的东西通常要比他们所希望的少得多。比方说，在一项旨在测度人们为保护自己免受飓风灾害之苦而学习最优投资水平的能力所设计的实验研究中，Meyer（2006）发现增加投资的决策几乎只受决策者个人是否在此前遭受过损失所驱动；相反，其他的因素造成的损失并没有这样的触发效应（triggering effect）。[27]

6. 社会规范和依存性

假设低地地区的这家人正在考虑垫高他们房子的地基，以降低未来的飓风所造成的洪水损失。如果他们的邻居们没有一家采取这一行动，那么他们的房子在地平线上住宅的海洋中看起来就是一个奇特的景观。如果低地地区的居民选择搬家，那么他们就应该考虑到其住宅的转售价值将会变低，因为他们的房子和其他所有房子都是不一样的。假定有这么一种趋势，即在一场灾难发生之前人们是不去考虑它的，那么，低地地区的人们可能就会推断，对于垫高他们的房屋将会提高其财产价值这件事儿恐怕是很难说服其潜在买主的。

至于其他人的行为将会如何影响一个人的决策这一问题，则会涉及社会规范和依存性这一更宽泛的问题。就社会规范而言，如果居住在附近的所有房产业主们都垫高他们的房子，那么低地地区的人们极有可能纷纷效仿；如果他们中没有人这样做，他们也就没有兴趣这样做了。如果未采取任何保护措施的房子可能对已然采取减灾措施的房子造成损害的话，那么就会出现依存性问题。如果低地地区的人们决定要垫高他们的房子，但是他们的邻居们并没有采取一致行动，那么在下一场飓风期间，从这些未采取任何保护措施的房子中的一处房子上飞溅下来的碎片可能给低地地区的其他住宅造成损害，而这原本可以避免的。

可以想象，如果在社区有一些人带头对他们的房子采取了保护措施，而后其他人也会这样做的。这种类型的挑头儿行为（tipping behavior）在很多情形下是很常见的，而且已经被 Schelling（1978）研究得很透彻，并由 Gladwell（2000）加以推广普及。Heal and Kunreuther（2005）给这个话题提供了一个博弈论的解释，并且指出在这个标题下出现了范围广泛的问题。他们提出了若干建议以促进那些面临风险的住宅间的协调行动，这样的途径包括补贴或者税收等等，其目的是将挑头儿行为或者跟随行为（cascading behavior）引入到得到严格执行的强制性建筑规范等规章制度之中。

12.6 公共部门和私营部门之间的协作

12.6.1 自然灾害综合征

由于自然灾害综合征（natural disaster syndrome），最近的极端事件使得那些与减少由飓风和其他自然灾害所带来的损失相关的挑战更为令人瞩目。[28]在灾难发生之前，许多房产业主、私营企业和公共部门组织都不愿意主动采取有成本效益的损失减少措施。因此，这些领域非常脆弱，并且，一旦发生严重的飓风和其他自然灾害，他们几乎是毫无准备的。巨灾带来的毁灭性破坏通常会促使公共部门机构向受灾者提供灾难救助，即使政府在事件发生前曾声称它本没有打算这样做。灾害事件发生前在保护措施方面的投资不足所导致的巨额灾难损失，再加上一般纳税人为其灾后重建所进行的某些融资，这些因素混杂在一起都在效率和公平两个领域广受诟病。

自然灾害综合征的原因之一牵扯到人们对于诸如一场三级或四级的飓风或者一次大地震等事件的决策过程。在灾难发生之前，许多人认为灾害发生的可能性非常小以至于他们认为"这种事情不会发生在我身上"。因此，他们认为没有必要在诸如加固房屋或者购买保险等保护性措施上主动进行投资。只有当灾害发生之后，这些人才会为他们没有采取保护性措施而大呼"悔不该当初"。

在 2004 年为他们赢得诺贝尔经济学奖的文章（Kydland and Prescott，1977）中，基德兰德和普雷斯科特证明了，一项相机抉择的政策在当时的特定情形下可能是最佳的，但是从长远观点看，对于全社会来讲可能并不必然是一项最佳的政策。作为这种一般性命题的具体范例，两位作者指出，除非最初就禁止人们在洪水泛滥平原地区定居，否则很难以强制性政策迫使这些人离开他们的家园。基德兰德和普雷斯科特指出，在人们做出在那里定居的决策过程中，他们坚信如果有足够多的人选择在那里建房安家，那么，美国陆军工程兵部队（the Army Corps of Engineers）随后就会在那里建坝筑堤。然后，出于这一原因，大量的房产业主决定在这些高危险地区定居，而陆军工程兵部队也就不得不在防洪项目上进行投资了。

基德兰德和普雷斯科特（2006b）将行为因素引入到这一场景中，从而扩展了基德兰德—普雷斯科特的论点。他们声称，由于人们低估了未来灾难发生的可能性，因此，为了避免公共部门在这些事件之后的大量经费支出，要求房产业主们购买保险以及制定诸如土地使用规章和建筑规范等强制性规则可能是非常重要的。为了支持这一点，他们提供的经验证据表明：许多人在巨灾发生之前压根儿就没有想到灾难带来的后果，因此在灾难发生之前也没有投资于任何保护性措施。在一次大规模的洪灾、地震或者飓风过后，政府会为那些未采取任何保护措施的受害者提供一定的财政援助以帮助他们进行灾后重建。

大量的证据表明，灾害易发地区的居民们确实不愿意主动采取预防损失发生的措施。1974 年在地震易发地区的加利福利亚州对 1 000 多位房产业主进行的调查显示，只有 12% 的受访者已经采取了保护性措施。[29]15 年以后，尽管公众对于地震灾害的认识已经有所提高，但是这种状况却没有多大改变。在 1989 年对面临着地震危险的加利福利亚州四个县 3 500 位房产业主的一次调查中，只有 5%～9% 的受访者表示已经采取了减少损失的措施。其他的研究也发现了相似的状况：在洪灾易发地区，居民们都不愿意在减灾措施上进行投资。[30]

就洪水灾害而言，伯比（Burby）（2006）所提供的极具说服力的证据表明，联邦政府采取的像修筑防波堤之类的措施会使居民感到安全，尽管事实上他们仍然容易遭受大堤决口或者洪水漫过大堤的灭顶之灾。由于当地的公职人员没有强制执行建筑规范或者严格实施土地使用规章来限制高危险地区的房地产开发，这一问题在这些地区尤为严重。如果开发商没有设计能够抵抗灾害的房屋而人们又不愿意主动采取减灾措施，那么可想而知灾害注定会带来大规模损失，卡特里娜飓风给新奥尔良地区带来的财产损失就是这一点的明证。

即便到了 2004 年和 2005 年的毁灭性飓风季节之后，大量居民仍然没有在减少财产损失的措施上进行哪怕是相当少的投资，并且也没有采取应急准备措施。2006 年 5 月对居住在大西洋和墨西哥湾沿岸的 1 100 名成年人进行的一次调查显示，83% 的受访者没有采取任何措施来加固他们的房屋、68% 的受访者没有准备飓风求生背包、60% 的受访者根本就没有制订家庭灾害计划。[31]

12.6.2　政治家的两难困境

政治家们能从他们在灾害发生后的慷慨行动中捞到好处这一事实，也带来了当地、州和联邦层次的民选代表们敦促人们在下次灾难发生之前采取保护性措施能力的基本问题。强制性执行这些减灾措施的困难被人们形象地刻画为政治家的两难困境（politician's dilemma）。[32]

考虑有一位市一级或者州一级的民选代表。为了预防或者限制灾难的发生，他或者她就应当强行要求这个市或者这个州的人们和企业在减灾措施上进行成本有效的投资吗？从长期观点来看，答案应该是肯定的。但是，出于短期的改选考虑，这位代表可能会投票赞成把纳税人的钱配置到别的、能够产生更多政治资本的举措上面。还有另外一个实例是说，由于民选代表们认为选民们毫不担心这些事情会发生，所以在灾难发生之前他们几乎不考虑要为减灾措施提供任何支持，但是在灾害发生之后，要求公共部门为资助受害者恢复重建而提供慷慨援助的呼声就会异常高涨。对于这种行为来说，灾民们的救命稻草之一就是在自然灾难发生之后，当损失的量级成为居民们和媒体关注焦点的时候，政治家们能以支持更为严格的建筑规范和其他减少损失的措施来做出反应，但是，只有在选民们就此达成一致意见的时候，这件事情才值得一搏。

12.6.3　税收激励措施

对各个社区来讲，鼓励居民们采取减灾措施的途径之一就是提供税收激励。比方说，如果某一位房产业主由于采取了一种减灾措施从而降低了飓风危害的几率，那么这位纳税人将会获得州政府给予的一份退税，以反映灾难救济方面更低的成本。作为2007 年南卡罗来纳州沿海财产保险综合改革法案（South Carolina's Omnibus Coastal Property Insurance Reform Act of 2007）的一部分，那些购买了用于使其房屋更能抵抗暴风雨的建筑物质的财产所有者已经享受了税收扣除的优惠政策。低收入家庭可以享受高达 5 000 美元的减灾补助，并且该州的所有房产业主都可以享受高达 5 000 美元（以一美元对一美元为基础）的比例补助。

加利福尼亚州的伯克利市已经制定了转移税收回扣的政策，用以鼓励购房者对新购房加以改造以降低该地区一旦发生地震所造成的灾害。该市对房产转移交易征收1.5% 的税；这一税额中高达 1/3 的部分在房产出售的时候可以用于与地震有关的升级改造。符合要求的升级改造包括地基的修复或者更换、地下室的墙体支撑、修理墙上装置、稳固热水器和加固烟囱。伯克利市的这个项目取得了巨大的成功。据该市的市长助理阿瑞塔·查寇斯（Arrietta Chakos）透露，通过这项税收鼓励政策，伯克利市大约有 40% 的房屋得到了改善。[33]

12.6.4　更好的分区制度

在历次重大灾难发生之后，决策者面临的更为棘手的问题之一是是否允许人们在已经遭到灾难损毁的地区重建家园。正如卡特里娜飓风之后的反应所证明的，人们对重建家园的渴望通常会得到强大政治力量的支持。确实，不这样做似乎在某种程度上说是缺乏爱国心的。但是在某些情况下，我们要首先从常识的角度来考虑问题。在那些饱受多重（比如说三种或者更多种的）大型灾难之苦的地区，大自然也许会给我们某些启示：这些地区遭受损毁的可能性自然会比其他地区更大。实际上，这已经在处于不断更新过程中的联邦紧急事务管理署（FEMA）的洪灾地图上得到了确认。

理想的情况应该是，各地地方政府应当采取分区制政策来阻止人们在危险易发地区重建家园的行为。但这是不太可能做到的，因为允许人们这样做的压力太大了，如果地方政府不加阻止，这些重建就会在地方这一层次上继续存在。在州这一层次上，这种压力可能不那么强烈，因而对于州政府来讲，解决这个问题的方法之一就是通过采用某种类型的收益—成本分析制定的政策，以防止或者阻止各地的地方政府允许人们在那些经常遭受大型自然灾难的地区重建家园。如果一场严重的灾难迫在眉睫，那么，各州政府可以考虑在巨灾发生之前颁布规章制度，禁止人们重建。政治上最大的挑战将是他们强制执行这些规章制度的能力。

一个更为大胆的建议就是让联邦政府鼓励各州政府采取这项措施。这可以通过实实在在的奖励来实现作为替代方案，联邦政府可以利用惩罚措施来达到同样的目标。举个例子来说，除非各州政府采取了这种分区制政策，否则就会被扣留联邦高速公路费。

12.6.5　对鼓励实施减灾措施未来的挑战

一份来自美国政府责任办公室（Government Accountability Office，简称GAO）的报告记录了许多关于鼓励采取有成本效益的减灾措施的私人与公共部门协作的机会。[34]该报告指出，在人口持续快速增长的佛罗里达州，绝大部分的新居民对该州的灾害风险和减灾措施不甚熟悉。该报告呼吁进行公共教育和采取包括向公众分发读物、组织讨论减灾措施的社区活动以及将灾害知识并入到学校课程在内的多种形式的拓展训练项目。

各地的地方政府可能不愿意采取那些能够减轻自然灾害影响的措施，因为像建设家园、促进经济发展之类的社区目标可能优先于制定那些可能包括限制性的发展规章以及更为严格的建筑规范在内的减灾措施。由于对诸如花费在绘制灾害地图、编制土地使用规划等方面成本的关注，以及为应对自然灾害风险的地方法规，各个地方的社区可能也会遭遇执行和维护与减灾相关的政策的难题。

美国住宅建筑业协会（National Association of Home Builders，简称NAHB）官员们提醒美国审计总署应该考虑减灾的经济成本，因为房价的中值每上升1 000美元就会迫使240 000个房产业主退出市场。同样，私人业主可能不愿意支付超出当地建筑规范规定的如钢筋混凝土墙体和防汛材料等建筑材料的额外成本。

在本书的第14章，我们将讨论像长期房产业主保险之类的为了应对巨灾风险的金融产品创新。除非向业主们提供各种经济激励以促使其采取有成本效益的减灾措施，辅之以严格执行的规章和标准，否则由于这里所列举的原因这些措施的采取是极难取得进展的。

12.7　结　论

2005 年的飓风季节所提供的经验证据表明，许多受害者之所以遭受了来自洪水的严重损失，是因为他们没有对其房屋采取减灾措施，也没有为弥补由此带来的灾害而办理洪水保险。结果，联邦政府承诺了一项空前水平的灾难援助计划以资助这些受害者。尽管如此，灾难救济的额度也远不能弥补所有这些本来可以通过实行有效的保护措施而得以避免的损失。

这些陷入危险境地的人们没能保护自己免受自然灾害之苦的原因不胜枚举，但是，首当其冲的几个原因包括预算和经济负担能力的限制、对灾害发生可能性的低估、对未来的重视不足、缺乏远见以及没有从过去的经验中吸取教训。这些信念，再加上高风险地区被（主要是监管部门）人为压低了的保险费率，都加剧了这些面临着自然灾害风险地区事态的进一步恶化。在地方这一层次上，政府代表们可能也更愿意把纳税人的钱配置在能为他们获取更多短期政治资本的领域；直到灾难发生之前，在减灾方面的投资可能都不是他们最优先考虑的问题。

作为一个社会，如果我们自己必须做出减少由于自然灾害所带来的未来损失以及限制政府事后援助的承诺，那么，我们就应该促使私人部门和公共部门共同构建一种包括着严格执行的建筑规范和土地使用的规章制度，再加上保险保护措施的创造性的合作关系。[35]为了推进这些措施，我们应该考察房产业主的经济福利状况，以及在本书第 11 章已经讨论过的他们承担这些保护性措施的经济能力。

本章小结

这一章分析了用以减轻某些特定类型大型灾难（风灾、洪灾和地震）所带来的实质性后果的减灾措施。这其中的许多措施业已被证明在经济上是划算的。在 2004 年的查理飓风过后建立起来的商业和家庭安全研究所所收集到的数据表明，相对于那些遵照建筑标准所建设的住房来说，那些设计低劣的住房遭受更大程度的损毁。

在制定是否投资于减灾措施的过程中，房产业主们似乎并没有使用成本—效益分析方法，取而代之的则是使用了预算试错法，因此人们可能决定不采用有成本效益的减灾措施。预算试错法可能出现的问题是人们制定减灾投资计划的过程中略显缺乏深谋远虑，由于人们的乐观主义偏见，会低估风险，或者不能从经历中学到经验。社会规范和依存性也会对房产业主的决策过程造成影响。除非近期真的发生灾难，人们绝不会主动投资于成本有效的减灾措施，而政治家们也不愿意努力推动的成本效益的减灾措施的实施，如此看来，研究开发包括公共部门和私人部门之间创造性合作的创新型策略就是非常必要的。作为本章的结论，我们不仅提供了税收激励的若干范例，并且提供了那些将更好地保护危险易发地区的居民免受未来灾害之苦的分区制条例的若干例证。

附录12　佛罗里达州的典范做法

A12.1　C–4盆地项目：疏导洪水预防洪灾

建立在现有的运河系统上的迈阿密—戴德防洪项目或称C–4盆地项目（参见http：//www.fema.gov/mitigationbp/brief.do？mitssId=2585），创造性地解决了美国广泛存在的洪水问题，它能把过量积水从一个地方疏导到另一个地方，在这一过程中积水会被吸收而成为地下水或者被储存起来。[36]处于C–4盆地的中心是塔迈阿密（Tamiami）运河，它发源于沼泽地国家公园（Everglades National Park），流经米科萨基印第安人保留区（Miccosukee Indian Reservation）、彭苏谷沼泽地（Pensuco Wetlands）以及几个自治市，然后流入佛罗里达州东南部生态环境脆弱的比斯坎湾（Biscayne Bay）。建设这个项目的驱动力量是其前方位于运河口的泵站，该泵站式设计用来将水流推向下游以抵御潮汐的。第二个泵站位于C–6盆地迈阿密河的运河河口，建设它是用来抵消C–4运河的洪峰并且防止洪水逆流而上的。每个泵站都各有三台水泵，它们每秒钟就能处理大约4 500加仑的河水。

如遇运河不能处理必要的水量以阻止洪水时，一个由两个蓄水池组成的应急蓄洪水库可以用来接收和储存超量水流。另外，一个独立的补给运河是用来将超量水流从C–4运河疏导至应急蓄洪水库或由应急蓄洪水库疏导至C–4运河。这个补给运河可以实现洪水在各区域之间的转移，这不仅仅包括在暴雨滂沱或者洪水将至的时候将水泻出来，而且也包括在其他地区发生旱灾从而出现用水需求的时候将水调过去。

这项工程的总成本达到了7 000万美元。佛罗里达州已经从联邦紧急事务管理署的防灾减灾与防护工程计划（Hazard Mitigation Grant Program）中收回了5 250万美元。高品质邻里改善计划（Quality Neighborhood Improvement Program，简称QNIP）再加上南佛罗里达水务管理局（South Florida Water Management District）和迈阿密—戴德县将承担其余的资金。

A12.2　迈阿密儿童医院

从2001年开始，迈阿密儿童医院（Miami Children's Hospital，简称MCH）采用最新技术和材料进行了翻新改造以达到抵御四级飓风的能力。这家医院负责佛罗里达州南部包括人口稠密的迈阿密—戴德县在内七个县的医疗工作，而且是这一地区唯一的一家儿童专科医院。医院268张病床的医疗设备在儿科医学的各个方面都有专长，并且是一项重要的社区资源。在一次对该医院建于 20 世纪 80 年代中期设施的外部建筑结构的评估中发现，在佛罗里达州南部经常出现的与二级飓风相当的风速就会对其构成威胁。医院的管理层不得不解决以下双重问题：一方面是如何筹集改造项目资金，另一方面则是如何在不致中断医疗服务的前提下顺利完成翻新和改造。

迈阿密儿童医院从佛罗里达州公共事务管理局（Florida Department of Community Affairs）负责日常管理的联邦紧急事务管理署的防灾减灾与防护工程计划中得到了 500 万美元，用以帮助支付这一总额为 1 130 万美元项目的款项。这次翻新加固了医院的主体建筑，这种加固使用带有玻璃纤维的强化混凝土为这栋三层楼房浇筑了一层面板。由于该面板系统嵌入既有建筑物的支撑结构之中，因此形成了这家医院外部的保护罩，并且由于装配了抗冲击窗户和强力屋顶，使得这家医院能够抵御风速高达每小时 200 英里的大风。

这个项目是在 2004 年春天完成的，并在接下来几个月中证明了它的有效性：当弗郎西丝飓风和珍妮飓风来袭的时候，儿童患者和他们的家人不需要撤离这家医院。此外，迈阿密儿童医院还欣然接受 60 多位住在家里但是要靠呼吸机或者其他医疗设备维持呼吸的儿童来就诊。

在弗郎西丝飓风过境期间，迈阿密儿童医院成为将近 1 000 名员工及家属的避难所。在 2005 年卡特里娜飓风和威尔玛飓风到来时，该医院承担起了救治被疏散者个人和家庭的职责。

第 *13* 章

选择性计划的政策分析：保险市场现状与纯竞争性保险市场的比较

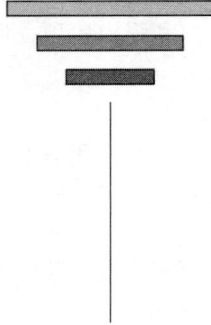

主要发现

在现行的保险计划中，由各家私营保险公司赔付的 100 年一遇飓风造成的损失在我们所研究的四个州中存在很大的差异。如果飓风灾害发生在南卡罗来纳州，各家私营保险公司将赔付 80% 的损失，而在纽约州和得克萨斯州，这一数字将分别为 70% 和 50%。在佛罗里达州，各家私人保险将赔付 25% 的损失，另有 10% 的损失将获得由州政府运营的佛罗里达居民财产保险公司的赔付。南卡罗来纳州和纽约州住宅财产的实际损失额度要比得克萨斯州和佛罗里达州的低得多。

如果 2009 年将发生一场 500 年一遇的飓风，那么由住宅损失给佛罗里达飓风巨灾基金造成的赤字将高达 195 亿美元。佛罗里达飓风巨灾基金将责令在该州运营的私营保险公司负责赔付超出其自身储备的必要索赔款项。顺次地，各家保险公司将向它们各自的保单持有人收取这部分费用。一个悬而未决的问题是这些保单持有人是否认识到了这一灾后支付的程度。如果他们已经认识到了，这可能会构成他们自愿购买保险的阻碍因素。

与这四个州的其他地区相比，这些州范围内的大都市区面临着不成比例的飓风风险。如果一场 100 年一遇的飓风明天袭击这四个州，迈阿密—戴德大都市区将会遭受佛罗里达州全州直接总损失的 21%，纽约城大都市区将遭受纽约州总损失的 24%，查尔斯顿大都市区将遭受南卡罗来纳州总损失的 56%，休斯敦地区将会遭受得克萨斯州总损失的89%。

在上述的四个州中，减灾措施具有显著节约成本的潜力。在我们对减灾影响的分析中，我们考虑两种极端情形：一种极端情形是没有人对减灾措施进行投资，另一种极端情形是所有的人都对预先确定的减灾措施进行了投资。对于一场100年一遇的飓风，减灾措施将会减少佛罗里达州61%的潜在损失、南卡罗来纳州44%的潜在损失、纽约州39%的潜在损失以及得克萨斯州34%的潜在损失。单就佛罗里达州而言，减灾措施的采用将使一场100年一遇的飓风灾难减少510亿美元的损失；而对于一场500年一遇的飓风灾难来讲，这一数字将是830亿美元。如果弥补这两种极端情况分布的尾部需要极其昂贵的资本，这些发现就是十分重要的。尽管在分布的尾部，但还没有完全消失，而强制实施的减灾措施已经明显减少了。

在允许各家保险公司收取反映风险的保费情况下，如果房产业主对其财产采取了适当的减灾措施，并且私营再保险也运转良好，那么，私人部门将会赔付由严重飓风灾害造成的绝大部分（即使不是全部的）损失。在这种情况下，如果各家保险公司在某个特定的州投入自己10%的盈余去提供100年一遇飓风灾害的保险产品，他们就可能占有上述四个州100%的保险市场份额。对于500年一遇的飓风灾害，各家保险公司也会持续占有纽约州和南卡罗来纳州100%的保险市场份额、得克萨斯州的94%以及佛罗里达州的66%。

除了地处巨灾高发地带的佛罗里达州以外，如果存在适当的减灾以及私人再保险业务的话，各家保险公司只需从它们的盈余中拨出很小一部分就可以在竞争性市场中为市场提供完全的保险业务覆盖。如果该州的所有单户住宅都采取了减灾措施，并且存在适宜的私人再保险业务以及适当的备选风险转移机制，那么根据现有状况，各家保险公司的盈余中需用于为所有家庭提供100年一遇飓风灾害保险的比例在南卡罗来纳是1.1%、在纽约州是1.4%、在得克萨斯州是6.7%、在佛罗里达州是15.4%。

如果保费的确定是基于损失成本再加上50%的营运要素以反映额外的管理费用、市场营销费用、索赔评估成本、资本成本等费用，那么，在我们所研究的四个州中，面临着最高飓风灾害风险的各沿海社区，将会比这些州其他地区的社区为保险支付更多的费用。这种情况在得克萨斯州尤为突出，该州的卡尔霍恩县、阿兰萨斯县以及加尔维斯敦县的保费可能9倍于全州的平均水平。其他三个州灾害最容易发生的县，其保险费率大体为各州平均保费水平的4~5倍。

13.1 引言

到底谁将为未来的巨灾损失埋单呢？本章为不同的市场环境下房产业主因飓风而造成的住宅损失如何在各类受其影响的利益相关者之间分担提供了一系列经验分析。我们在这里所指的利益相关者（stakeholder）包括未投保的房产业主、已经投保的房产业主、所有的保单持有人、私营保险公司、私营再保险公司、国营保险公司和国营再保险公司以及一般纳税人。我们还检验了减灾措施在减少此类损失方面所扮演的重要角色。进行这些分析主要有以下四个目标：

- 基于佛罗里达州、纽约州、南卡罗来纳州和得克萨斯州现行的灾难保险计划（disaster insurance program），确定一系列重大飓风灾害对主要利益相关者的经济影响。我们将此称为现状分析（status quo analysis）。

- 检验保险行业是否可以收取以风险为基础的保费并采用最大曝险额策略从而为上述四个州提供飓风灾害保险的能力。我们将此称为竞争性市场分析。

- 分析减灾措施对减少住宅和室内设施与物品损害总额（投保人实际损失额）的影响以及上述四个州中遭受严重飓风灾害的各类已投保损失。

- 刻画四个大都市区在其所在各州飓风灾害损失相对量级：佛罗里达州的迈阿密地区（迈阿密—戴德县）；纽约州的纽约地区（布朗克斯县、纽约县、奎恩县、金斯县和里士满县）；南卡罗来纳州的查尔斯顿地区（查尔斯顿县、伯克利县、科勒顿县和多尔切斯特县）；得克萨斯州的休斯敦地区（加尔维斯敦县、哈里斯县、本德堡县、蒙哥马利县、布拉佐里亚县、利柏提县、沃勒县、钱伯斯县、奥斯汀县和圣哈辛托县）。风险管理解决方案公司（Risk Management Solutions，简称RMS）基于其最新的研究提供了已投保在险曝险额的数据。

图13—1的四张地图描绘了这四个州以及作为这些分析基础的（画圈的）四个大都市区。

图13—1　佛罗里达州、纽约州、南卡罗来纳州、得克萨斯州的各县和主要城市

纽约州

南卡罗来纳州

图 13—1　佛罗里达州、纽约州、南卡罗来纳州、得克萨斯州的各县和主要城市（续图）

得克萨斯州

图 13—1   佛罗里达州、纽约州、南卡罗来纳州、得克萨斯州的各县和主要城市 （续图）

Source：Geology. com.

注：我们研究的各大都市区已用圆圈标出。

13.2   数据来源

为了进行这些分析，我们从若干个互补的信息来源获取了数据，它们分别是：巨灾建模公司风险管理解决方案公司、评级机构贝氏公司以及四个州的保险监管办公室和佛罗里达州（佛罗里达飓风巨灾基金和佛罗里达居民财产保险公司）、得克萨斯州（得克萨斯风暴保险协会）的政府保险基金。

13.2.1   各州的风险曝险数据：住宅

风险管理解决方案公司提供了各州只投保住宅险的飓风风险曝险的数据。风险管理解决方案公司使用了其专有的美国飓风行业曝险数据库（U. S. Hurricane Industry Exposure Database），该数据库包含了基于邮政编码的住宅曝险额数据，对于数据的解析使用了标准居住情况（比方说独户住房或者多户住房）和建筑结构（比方说木结构或者石木结构）类别等住宅建筑物、室内设施与物品和时间因素成本（比方说额外的生活费用）等标准保险业务分类。

这些数据提供了本研究四个目标州的住宅建筑已投保总价值的信息。

我们对纽约州、南卡罗来纳州和得克萨斯州的分析是通过使用风险管理解决方案公司的美国飓风模型来检验大风和风暴潮的危险完成的。尽管洪灾损失起初是由国民洪水保险计划负责提供保险的，但是我们仍假设由风暴潮带来的部分洪灾将由私人保险行业（例如大型商业保险）负责提供保险。佛罗里达州的住宅风险曝险数据是通过典范战略解决方案公司（Paragon Strategic Solutions）获得的佛罗里达飓风巨灾基金的公开数据，典范战略解决方案公司是佛罗里达飓风巨灾基金的管理者。风险管理解决方案公司对佛罗里达州的分析不包括风暴潮灾害，因为佛罗里达飓风巨灾基金只承保由大风危险造成的灾害。风险管理解决方案公司的模型可以分析包括独户住宅、（由汽车拖拉的）移动住宅、分户出售公寓大厦和出租物业在内的多种类型的住宅风险曝险损失。我们使用灾害乘数（damage multiplier）把这四个州中每个州独户住宅的风险曝险部分从风险曝险总额中分离出来。用独户住宅的已投保总价值（total insured value，简称 TIV）除以所有住宅风险曝险额的已投保总价值就可以得到灾害乘数（$TIV_{住宅}/TIV_{总额}$）。

表 13—1 为四个州中每一个州的所有住宅建筑物的已投保总价值和独户住宅的已投保总价值以及相应的灾害乘数都提供了详细的数据。

表 13—1　所有住宅类型和住宅区与独户住宅的已投保总价值以及灾害乘数

州名	TIV：所有住宅类型（单位：10 亿美元）	TIV：住宅区与独户住宅（单位：10 亿美元）	灾害乘数
佛罗里达州	1 769	1 504	0.850
纽约州	2 063	1 749	0.847
南卡罗来纳州	362	321	0.888
得克萨斯州	2 053	1 857	0.904

注：TIV＝已投保总价值。

风险管理解决方案公司的美国飓风模型使我们得以基于邮政编码为这四个州测度以下指标：

● 由于大风和风暴潮危害造成的平均年度损失额（average annual loss，简称 AAL），视具体情况而定，[1] 和

● 平均年度损失额的标准差。

13.2.2　保险公司的数据

评级机构贝氏公司为我们提供了单个保险和再保险集团 2006 年的法定年度报表，这些数据包括它们的盈余总额和直接签单保险保费，以及从它们的分支机构和非分支

机构得来的假想的房产业主多重危险（multiperil）再保险业务的数额。贝氏公司同时还提供由 100 年一遇、250 年一遇和 500 年一遇飓风灾害给上述每一个保险集团造成的最大可能损失的总额和净额（gross and net probable maximum losses，简称 PMLs）的总计数据。最大可能损失（probable maximum loss，简称 PML）的数据来自 2005 年由贝氏公司给予资信评级的所有保险公司填写的补充评级问卷（Supplemental Rating Questionnaires）。我们使用最大可能损失的数据来评估在当前状况项目下再保险和其他各种可用的风险转移工具的数额。

请注意，贝氏公司提供的是保险集团的数据和没有分支机构的单一保险公司的数据。没有分支机构的单一公司（unaffiliated single company）是一个不从属于任何集团的独立公司。贝氏公司为我们提供了每一个保险公司集团的盈余总额。这意味着各家保险公司和它们的分支机构的盈余在一个伞形保险集团（umbrella insurance group）的名义下被加总在一起。在这种分析中的一个内在的假设是，如果伞形保险集团在竞争性市场环境下正像假设的那样拥有收取基于风险的保费的自由的话，那么，它就会依靠其盈余总额来确定其愿意提供多少保险和再保险的数额。

13.2.3 佛罗里达州保险监管办公室的数据

按照法律的要求，在佛罗里达州经营保险业务的各家保险公司须向佛罗里达州保险监管办公室（FLOIR）提供统计数据。我们根据这些来自季度补充报告（*Quarterly Supplement Report*，简称 QUASR）的数据来确定佛罗里达州各家保险公司的风险曝险额度。由于我们的分析使用的是来自风险管理解决方案公司 2005 年的数据，因此我们同样还使用了来自季度补充报告的 2005 年数据。由于我们是将分析限定在独户住宅损失上的，因此我们将目光聚集于季度补充报告数据集所提供的房产业主（包括租房者和公寓业主）的风险曝险额度上。为了计算佛罗里达飓风巨灾基金对这一个性化基础的支付，我们使用了这种风险曝险额来逐个分析个别保险公司的市场份额。

13.2.4 州立基金的数据

由于近期佛罗里达州和得克萨斯州州立基金的运作方式发生了变化，我们使用关于其运作的最新信息。佛罗里达飓风巨灾基金（FHCF）向我们提供了 2007 年对于其运作和盈余估计的信息。这些数据是由典范战略解决方案公司收集整理的，典范公司还为佛罗里达飓风巨灾基金开发了偿还保费的计算公式（参见 https://www.flrules.org/gateway/ruleno.asp?id=19-8.028——译者注），以及用于确定佛罗里达飓风巨灾基金年度偿还保费的费率。佛罗里达飓风巨灾基金年度偿还保费是指那些由一家保险公司为其强制保险业务向该基金缴付的费用。它不包括在标准保险业务限额之上或之下的可选择保险业务的保费、临时紧急追加保险选项（Temporary Emergency Additional Coverage Options，简称 TEACO）的保费和保险限额临时增加额（Temporary Increase in Coverage Limit，简称 TICL）的保费。

佛罗里达州的州立保险公司——居民财产保险公司的数据来自与用于其他私营保险公司相同的数据来源。我们还从有关的新闻报道中获得了对佛罗里达居民财产保险公司市场份额的估计。2007 年 5 月 13 日《南卡罗来纳太阳哨兵日报》（*South Florida Sun-Sentinel*）上的一篇文章说，佛罗里达居民财产保险公司董事会主席估计该公司的市场份额大约要占到 30%。[2] 我们都认为这一市场份额可能会在不久的将来大幅上升，不过我们姑且将这个数字用在当前的分析中。得克萨斯州的州立保险公司——得克萨斯风暴保险协会（Texas Windstorm Insurance Association，简称 TWIA）的数据来自 2008 年的公开数据以及保险信息研究机构公布的数据。

13.2.5　美国住房调查局

本研究所用到的其他住房统计信息来自美国人口普查局的美国住房调查局，它是美国最大的定期住房样本的国家调查机构。美国人口普查局（U. S. Census Bureau）指导美国住房调查局为美国住房与城市发展部（HUD）收集最新的住房统计信息。全美住房样本平均涵盖 55 000 个住房单位。每个大都市区的样本则包含 4 100 个或者更多的住房单位。全美样本数据在奇数年份收集，而 47 个大都市区的数据每 6 年收集一次（所有大都市区的数据并不都在同一年份收集）。我们使用来自以下五个大都市区的数据来逐个分析未投保住房的损失：佛罗里达州的坦帕（1998）；佛罗里达州的迈阿密/劳德代尔堡（2002）；得克萨斯州的休斯敦（1998）；得克萨斯州的达拉斯（2002）；得克萨斯州的沃思堡/阿灵顿（（2002）。

13.3　现状分析的若干假设

在我们所研究的四个州中，我们对现状的分析估计了公共部门和私营部门到底提供了多少保险和再保险。接着，我们依据现有的各种保险计划，仔细考察了不同数量和不同强度的飓风对上述四个州及其四个大都市区的影响。如果明天就发生飓风，并且假定我们已经做出的假设都是成立的，那么这种分析将指明到底应该由谁来为灾害损失埋单。我们还讨论了在佛罗里达州和得克萨斯州，如果各州立基金（state-run fund）没有充足的储备用于弥补所有房产业主所遭受的灾难损失的话，最终损失分担的本质和时间长度。

13.3.1　损失额、保险责任范围、参保率、未投保损失预测、再保险和减灾假设

为了使用具有明确来源的数据对现有各地的保险计划进行系统分析，我们做了一组假设，接下来会给出详细的讨论。

1. 损失

在某一个具体的州爆发的飓风给各家保险公司带来的损失额度取决于它们在那个

州的市场份额与该行业损失毛额的乘积。这个假设意味着，每一家保险公司的风险组合在所有各州中是以同样的方式分布的。尽管我们承认这是一个经过简化处理的假设，但是还没有关于市场份额更为详细的公开系统数据（例如基于邮政编码分区标准）可用。

2. 参保率

参保率（take-up rate，简称 TUR），或者说市场渗透率，是指在一个特定的州或者大都市区的那些已经购买了保险，用于应对佛罗里达州的大风灾害或者其他各州的风暴潮灾害的房产业主的百分率。参保率使得我们能够从损失毛额中推算出未投保建筑物的数量。正如表 13—2 所示，我们使用美国住房调查局的数据估计了坦帕、迈阿密/劳德代尔堡、休斯敦、达拉斯和沃思堡/阿灵顿的参保率。基于这一分析，我们估计全部四个州的参保率大约为 90%。

表 13—2　　　　　　　　美国住房调查局筛选出来的城市参保率

城市	年份	参保率（%）
佛罗里达州坦帕	1998	93
佛罗里达州迈阿密/劳德代尔堡	2002	87
得克萨斯州休斯敦	1998	89
得克萨斯州达拉斯	2002	95
得克萨斯州沃思堡/阿灵顿	2002	92
平均		91

3. 减灾措施

各种损失是利用风险管理解决方案公司的美国飓风模型，在所有已投保组合都采取了适当减灾措施的假设下，以投保人实际损失额和损失毛额为基础计算出来的。对于不同的地区来讲，各种减灾措施是建立在不同的假设基础之上的。例如，在佛罗里达州，像商业和家庭安全研究所（IBHS）所定义的安全生活住房加固计划（Fortified . . . for Safer Living program）的那些要求就是用于具体减灾措施的。当然，这个计划仅适用于新建筑物。因此，当我们使用这些建议来描述一项分析时，与住房加固计划的特点紧密相联的是其翻新改造技术。[3] 在纽约州、南卡罗来纳州和得克萨斯州，减灾措施意味着将最新的建筑规范应用于住宅建筑物。

4. 对未投保损失的推算

参保率可以使我们推算出未投保住宅损失的近似值。损失计算仅包括已投保建筑物的投保人实际损失以及损失毛额，即由各家保险公司所承保的投保人实际损失部分。为了确定未投保建筑物的实际损失，我们不得不使用参保率来进行推算。

假设所有建筑物的价值相同，我们用实际损失除以参保率来确定实际损失毛额。接下来，我们再减去实际损失的原值，以便从我们新得到的总额数字中扣掉已投保建筑物的价值。我们使用平均未投保住房价值（uninsured home value，简称 UHV）与平均已投保住房价值（insured home value，简称 IHV）的比率，利用下列公式来估算未投保住房的价值：

未投保住房的价值＝（已投保实际损失÷参保率－已投保实际损失）×UHV÷IHV

正如表 13—3 所示，基于美国住房调查局提供的佛罗里达州和得克萨斯州的五个大都市区的数据关于已投保和未投保人们的平均住房价值，我们推测 UHV÷IHV ＝60%。

表 13—3 　　　　　**已投保住房价值与未投保住房价值的比率**

大都市区	未投保住房价值/已投保住房价值（%）
佛罗里达州坦帕	62
佛罗里达州迈阿密/劳德代尔堡	73
得克萨斯州休斯敦	53
得克萨斯州达拉斯	60
得克萨斯州沃思堡/阿灵顿	46
平均	59

Source：American Housing Survey.

下面的例子说明了我们是如何将未投保损失合并到因风灾造成的损失毛额之中的。如果实际损失是 90 亿美元而参保率是 90%，我们用 90 亿美元除以 90%，便得到 100 亿美元的损失毛额。但是，另外的 10 亿美元必须减掉，因为它代表着未投保的建筑物，而其价值要低于我们用来估计损失的已投保建筑物的价值。因为我们假定这些住房的价值占已投保住房价值的 60%，所以我们用这 10 亿美元乘以 60%。这就会产生 6 亿美元的未投保住房价值。这种价值调整产生了 96 亿美元的损失毛额。90 亿美元是实际损失的原值，而 6 亿美元是我们对未投保损失的推算。

5. 再保险的假设和计算

在这种分析中所使用的损失毛额是以完全留存（complete retention，也就是说市场上并没有再保险和其他风险转移工具可用）为基础计算出的。请注意，由此开始，当我们谈及再保险的时候，我们指的是诸如行业损失担保、巨灾债券和侧挂车等所有类型的可选择风险转移（alternative risk transfer，简称 ART）工具。[4]

我们依据贝氏公司提供的最大可能损失数据来估计再保险总额。利用 2005 年的数据，我们在个人保险产品线和房产业主保险产品段的基础上将数据划分为 90 个组别，我们使用了这 90 个组的 100 年一遇、250 年一遇、500 年一遇的（扣除国内税前的且飓风发生之前的）最大可能毛损失（gross PML）和最大可能净损失（net PML）。本分析中的这 90 个组中所包含的保险公司均向贝氏公司提交了一份补充评级调查问卷。本研究中未包括口头提供最大可能损失信息或者在介绍资料中提供最大可能损失信息的数据组。

尽管我们在分析中略去了某些数据组，但我们仍然认为这是对保险行业的准确写照。此外，我们使用的是最大可能损失比率（PML ratio），而非其绝对值。从我们的样本中得到的这些比率应该能普遍适用于整个保险行业。最大可能毛损失是为一家保险公司推算的源自某一巨灾事件的损失毛额，而最大可能净损失则是在这一巨灾事件的损失毛额中减去再保险以及其他选择性风险转移支付后的余额。再保险赔付的损失所占比率是使用下列公式算出的：

再保险比率＝1－（最大可能净损失÷最大可能毛损失）

为了便于说明，假设对于一场100年一遇的飓风，一家保险公司在佛罗里达州的最大可能毛损失为5亿美元、最大可能净损失为3亿美元。由上面的等式可以得到，再保险比率＝1－（3亿美元÷5亿美元）＝0.4＝40%。贝氏公司使用100年一遇、250年一遇、500年一遇分组水平上的飓风灾害数据，估算了保险行业所遭受的最大可能毛损失和最大可能净损失。正如表13—4所示，这使我们可以估算各家保险公司为这些灾难性损失所购买的再保险的比率。

表13—4　使用因飓风造成房产业主损失的最大可能损失数据估算再保险比例

灾难重现期	PML* 毛额	PML 净额	净额/毛额（%）	再保险（包括选择性风险转移）（%）
100	21.3	8.5	39.7	60.3
250	33.3	16.1	48.3	51.7
500	44.7	25.4	56.9	43.1

＊ PML 为最大可能损失。

Source：Data from A. M. Best；authors' calculations.

由于这些再保险比率的计算是以各组最大可能毛损失的合计数为基础的，所以我们认为它们只对没有采取任何适当减灾措施的佛罗里达飓风而言是正确的，因为这些损失构成了全美最大可能损失的绝大部分。此外，再保险只与灾害的规模相关，而与灾害的间隔期无关。考虑佛罗里达飓风中没有采取任何减灾措施的情形，我们发现，在100年一遇的间隔水平上（已投保）损失毛额为760亿美元，在250年一遇的间隔水平上损失毛额为1 140亿美元，在500年一遇的间隔水平上损失毛额为1 450亿美元。其他三个州的损失毛额要略微低一些。依据最大可能损失分析和与几家再保险公司的讨论，我们为再保险比率损失毛额的额度范围提出了以下假设，见表13—5。

在纽约州、南卡罗来纳州和得克萨斯州，能够为大风和风暴潮损失提供的适当的私人再保险可以用损失毛额乘以表13—5中的相应比例估算出来。在佛罗里达州，佛罗里达飓风巨灾基金以比我们列示在表13—5中为私人再保险假设的现有费率更为优惠的费率，为多家保险公司提供了数额可观的再保险。

表 13—5   作为巨灾损失函数的再保险比率

损失毛额（10 亿美元）	再保险（%）
0～10	10
10～20	20
20～30	30
30～50	40
50～90	60.3
90～120	51.7
120～145	43.1

如果佛罗里达飓风巨灾基金提供的再保险超过我们对在位私人再保险数额的估计，那么，私人再保险将为 0，而再保险总额则等于佛罗里达飓风巨灾基金提供的再保险。

私人再保险＝Max（0；再保险总额−由佛罗里达飓风巨灾基金提供的再保险）

13.3.2 佛罗里达州的资金运作

目前，分别通过居民财产保险公司和佛罗里达飓风巨灾基金，佛罗里达州在为房产业主提供保险和再保险方面扮演着极其重要的角色。在本书的第 2 章中，我们已经对这两大实体进行了详细的描述，因此，这里我们只关注有关这些州立基金运作的若干关键假设。

1. 居民财产保险公司

居民财产保险公司专为高风险地区的房产业主以及其他那些在公开的私人保险市场无法获得保险保障的人们提供保险业务。为了方便我们的分析，我们假定在基本情况下居民财产保险公司拥有 30% 的市场份额，与若干年前相比其市场份额已经出现了大幅增长。居民财产保险公司被设计为保险公司的最后保险人（last resort），近年来它已经成为佛罗里达地区为大风灾害提供保障的最大住宅保险业务供应商。

如果居民财产保险公司没有足够的资金支付其理赔款项，我们猜想随着时间的推移，它会想办法为该州所有投保人弥补上全部赤字。具体来讲，居民财产保险公司将向保险公司收取一笔费用，接下来各家保险公司再向其所有投保人收取一笔额外的费用，但是居民财产保险公司免交这笔费用。这笔额外的费用是所有投保人的一项义务，保险公司不承担这项义务。投保人如果不履行该项义务，就会失去保险保障。用于支付居民财产保险公司赤字的这种额外费用的征收基础，已经扩展到除了医疗事故保险和员工赔偿保险以外的、从房产业主保险到包括汽车保险和其他保险产品线在内的保险品种。现在这些投保人要加交其年度平均保费 2% 的额外费用，用来帮助支付居民财产保险公司 2005 年的赤字。2006 年，州议会拨款 7. 15 亿美元用于降低投保人需要支付的额外费用。其余的约 8.87 亿美元的赤字，将在接下来的 10 年期间内收取。[5]

2. 佛罗里达飓风巨灾基金

佛罗里达飓风巨灾基金的建立是用来弥补私人再保险行业的供给不足，并对佛罗里达州所有保险公司因灾难性飓风遭受的损失进行部分补偿。在 2007 年 1 月间的佛罗里达州专门立法会议上，佛罗里达飓风巨灾基金的再保险承保能力扩展到了 278 亿美元。

3. 灾后额外费用的征收

由于佛罗里达飓风巨灾基金的预备费要远远低于其潜在的赔付义务，所以，在遭遇一场严重的飓风之后，满足其全部索赔要求所必需的额外承保能力将需要由佛罗里达飓风巨灾基金的紧急状况额外费用征收部门支持下的债券来筹集资金。这种额外费用将向除了员工赔偿保险、意外事故与健康保险、医疗事故保险以及联邦洪水灾害保险以外的所有商业性财产与灾害保险品种征收。这样，未来若干年内只要佛罗里达飓风巨灾基金退还保费和投资收益所提供的资金出现短缺，所有购买了此类保险的佛罗里达州居民就不得不为其埋单。这种额外费用的征收限定在任意一年已实现年度损失的 6% 和所有年份为损失所征收的全部额外费用年度总额的 10%。

4. 佛罗里达飓风巨灾基金支出款项的计算

我们从佛罗里达州保险监管办公室（FLOIR）获得了 2005 年度不同保险公司县级水平的保险曝险数据。这些数据是由各保险公司在季度补充报告（QUASR）体系之下向佛罗里达州保险监管办公室报告的。在这些保险公司中，有 138 家在佛罗里达州开办了房产业主保险业务。我们估计任何一家保险公司 i 的市场份额为：

保险公司 i 的市场份额＝保险公司 i 的风险÷总风险

接着，如下等式我们使用损失毛额的数据估计保险公司 i 的损失额：

保险公司 i 的损失＝保险公司 i 的市场份额×损失毛额

在当前的这种佛罗里达飓风巨灾基金与各家保险公司间的制度安排下，对于参与佛罗里达飓风巨灾基金的各家保险公司，如果后者所承保的灾难事件的损失超过了其针对每一事件的保留额（retention），那么，前者将就其损失返还一个固定的比例，并自行承担所有灾难事件的最大总限额（maximum aggregate limit）。对于相应的保险公司，佛罗里达飓风巨灾基金承保的比例再保险比率可以选择 45%、75% 或者 90%。依据基于佛罗里达飓风巨灾基金保费计算公式，各家保险公司的灾难事件保留额和保险限额是各不相同的。为了计算出佛罗里达飓风巨灾基金对各家保险公司的返还支付，我们从佛罗里达飓风巨灾基金获取了数据。根据我们对保留额上限、比例再保险比率的选择（45%、75% 或者 90%）以及佛罗里达飓风巨灾基金有义务支付额外的理赔额的 5% 作为损失调整费用的理解，佛罗里达飓风巨灾基金给予保险公司 i 的返还支付可以由下列公式确定：

$$\begin{matrix}\text{佛罗里达飓风巨灾基金}\\\text{给予保险公司 i 的返还支付}\end{matrix} = \text{Max}\left[0;\left(\begin{matrix}\text{保险公司 i}\\\text{的损失}\end{matrix}-\begin{matrix}\text{保险公司 i}\\\text{的保留额}\end{matrix}\right)\right]\times\begin{matrix}\text{保险公司 i 的}\\\text{再保险费率}\end{matrix}\times 1.05$$

为了用数字说明佛罗里达飓风巨灾基金如何对各家保险公司进行返还支付，考虑一个有着 5 000 万美元保留额的保险公司选择了 90% 的比例再保险比率。如果这家保险公司遭受了 5 亿美元的损失，佛罗里达飓风巨灾基金将承担 4.2525 亿美元（4.05 亿美元（即 5 000 万美元保留额以上的 90%，或者说 5 亿美元–5 000 万美元 = 4.5 亿美元的 90%）×1.05）

我们加总所有给予各家保险公司的个别支付，得到佛罗里达飓风巨灾基金的总支付：

$$\begin{matrix}\text{佛罗里达飓风巨}\\\text{灾基金的支付}\end{matrix} = \sum_{i}\left\{\text{Max}\left[0;\left(\text{损失}-\begin{matrix}\text{保险公司 i}\\\text{的保留额}\end{matrix}\right)\right]\times\begin{matrix}\text{保险公司 i 的}\\\text{再保险比率}\end{matrix}\times 1.05\right\}$$

如果总支付超过 278 亿美元，那么佛罗里达飓风巨灾基金的支付上限将为 278 亿美元，因为这已经是它确定的最高承保额度。再用 278 亿美元乘以灾害乘数（$\text{TIV}_{住宅}\div\text{TIV}_{总额}$）就可以确定支付给住宅建筑物的那一部分额度。[6] 请注意，这里的 278 亿美元包含着 5% 的损失调整费用（loss adjustment expense）。损失总额为 265 亿美元（278 亿美元/1.05），损失调整费用为 13 亿美元（265 亿美元×5%）。还应该注意到，对于任意给定的事件，由于用尽了各家保险公司的保险限额或者佛罗里达飓风巨灾基金返还支付款项，单个保险公司将面临着支付的上限。比方说，在 2004 年的时候，佛罗里达飓风巨灾基金的损失超过其承保限额的保险公司有 59 家，而 2005 年这样的保险公司有 12 家。

5. 筹资安排

图 13—2 显示了 2007 年至 2008 年佛罗里达飓风巨灾基金的筹资结构。61 亿美元的行业留存是得到佛罗里达飓风巨灾基金保险的个别保险公司的留存额（免赔额）的合计数。在佛罗里达飓风巨灾基金的合约年份，各家保险公司的留存是适用于每个飓风事件的发生留存额。佛罗里达飓风巨灾基金要求各家保险公司持有 90% 的比例再保险比率，因此，按其在总计 61 亿美元留存中所占份额，他们仅对 10% 的来自飓风的风灾损失保险承担赔付责任。佛罗里达飓风巨灾基金结构使用了一个低于行业全部留存额总体水平的逢跌即买期权（buy-down option）——临时紧急状况附加保险期权（temporary emergency additional coverage options，简称 TEACO），这种期权可以降低一家保险公司的留存额（免赔额）。[7] 在其保险限额之上，佛罗里达飓风巨灾基金提供了一个附加的逢涨即买期权（buy-up option）——保险限额的临时增加额度（temporary increase in coverage limit，简称 TICL），保险公司可自行选择提高承保额度以应对飓风造成的灾难性风灾损失。一旦飓风损失超过一家保险公司的佛罗里达飓风巨灾基金强制保险额度，这家保险公司就可以采用保险限额的临时增加额度。这一临时增加的额度起到了扩大一家保险公司佛罗里达飓风巨灾基金保险限额的作用。

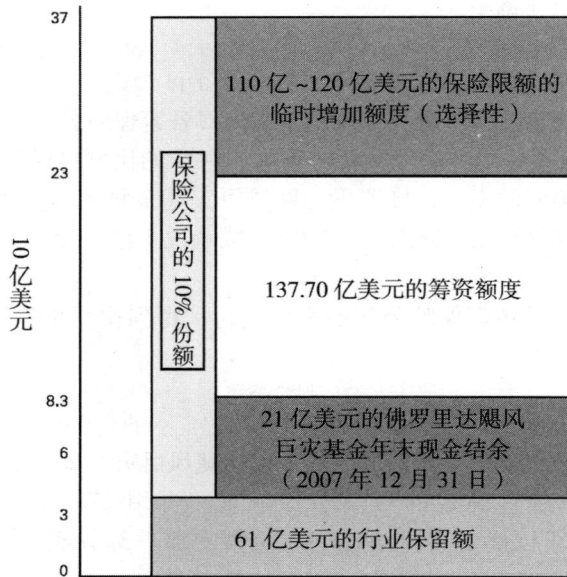

图 13—2　2007 年至 2008 年佛罗里达飓风巨灾基金事件筹资结构

佛罗里达飓风巨灾基金的理赔偿付能力等于一个合同年度内截至 12 月 31 日的基金现金结余加上所有由佛罗里达飓风巨灾基金购买的再保险再加上通过发行收益债券 （revenue bond） 募集的金额之和。2007 年至 2008 年佛罗里达飓风巨灾基金的筹资结构主要用来分析严重飓风灾害发生时佛罗里达飓风巨灾基金的资金缺口。表 13—6 比较了法律法规中规定的潜在承保额 （potential coverage） 和基于保险可得性与保险公司选择所得出的实际承保额 （actual coverage）。我们使用 2006 年的保费估算了实际承保额。

表 13—6　　　　佛罗里达飓风巨灾基金用于支付飓风索赔的筹资结构　　　（单位：10 亿美元）

	潜在保险额度	基于选择的年度保险额度
保险限额临时增加额度的层级	12.000	11.428
州政府管理委员会选择性限额	4.000	0
强制性层级债券	13.767	13.767
1 000 万美元保险期权	0.600	0.557
临时紧急状况附加保险期权	6.000	0
现金结余	2.078	2.078
总计	38.445	27.830

佛罗里达州政府管理委员会 （the State Board of Administration，简称 SBA） 可以提供 40 亿美元的额外承保能力，但这种选择性承保额 （optional coverage） 目前并未

提供给各家保险公司。强制性层级债券（Mandatory layer bond）是由佛罗里达飓风巨灾基金推出的用以偿付定期（强制性）保险的债券。1000万美元的承保期权可供那些分摊受限的公司和那些参加了保险资本积累激励计划（Insurance Capital-Up Incentive Program）的公司选择。由于临时紧急状况附加保险期权被设计成一个最后保险式的保障形式，实际上没有保险公司去购买它；私人再保险则成了临时紧急状况附加保险期权的替代产品。结果，这总计278亿美元的实际承保额要比其潜在承保额低大约106亿美元。[8] 对于我们分析飓风给房产业主所带来的灾害来讲，佛罗里达飓风巨灾基金的承保额是州基金的236亿美元这一部分，这部分基金将用于保险公司为飓风灾害造成的房屋索赔提供保险保障。在我们的分析中，这代表着该基金即将承担的最高索赔支付水平。接下来，我们将讨论佛罗里达飓风巨灾基金可以怎样（利用将来从各家保险公司处收取的再保险保费或者事后对本州所有投保人加收的额外费用）为这一水平的索赔筹集资金。

13.3.3　得克萨斯风暴保险协会的运作

1970年，西莉亚（Celia）飓风给得克萨斯州带来的保险损失估计为3.1亿美元（折合为2005年的水平约15.5亿美元）。[9] 多家保险公司遭受了巨额损失并且放弃在该州暴露在飓风灾害之下的沿海地区的保险业务。结果，该州在1971年创办了得克萨斯巨灾财产保险协会（Texas Catastrophe Property Insurance Association），随后更名为得克萨斯风暴保险协会（Texas Windstorm Insurance Association，简称TWIA）。得克萨斯风暴保险协会作为最后的保险人，为得克萨斯州墨西哥湾沿岸的财产所有者提供大风和冰雹保险保障。同样，得克萨斯风暴保险协会提供了比其他运营商更高风险的保单。

得克萨斯风暴保险协会仅在下列15个县签发保单，如图13—3所示，这15个县全在沿海地区。

阿兰萨斯县（Aransas）	加尔维斯敦县（Galveston）	马塔哥达县（Matagorda）
布拉佐里亚县（Brazoria）	哈里斯县（Harris County）（局部）*	纽埃西斯县（Nueces）
卡尔霍恩县（Calhoun）	杰斐逊县（Jefferson）	里弗吉奥县（Refugio）
卡梅伦县（Cameron）	肯尼迪县（Kenedy）	圣帕特里西奥县（San Patricio）
钱伯斯县（Chambers）	克勒伯格县（Kleberg）	威拉西县（Willacy）

*尽管图13—3的地图中并未画出来，但是哈里斯县位于城市的边界线以内和146号公路以东的部分还包括：拉波特（LaPorte）、摩根点（Morgan's Point）、帕萨迪纳（Pasadena）、锡布鲁克（Seabrook）以及索拉·格斯（Sore Acres）。

1. 已投保财产

由得克萨斯风暴保险协会承保的建筑物已经出现了巨幅增长。2001年，该协会共有68 756名投保人。截至2008年8月31日，这一数字已增加到224 468人。1992

年，得克萨斯风暴保险协会在上述 15 个县的承保额为 50 亿美元。截至 2008 年 12 月
31 日，得克萨斯风暴保险协会签发的直接曝险财产（建筑物以及室内设施与物品）
保单金额大约为 585 亿美元，其中不含商业保险损失和附加生活开支保险品种。由于
承保程序是在艾克（Ike）飓风发生之后实施的，有相当数量的已经进入承包程序但
尚未签发的保单并没有反映在这一合计数中。如果将商业中断和附加生活开支保险包
含在内，得克萨斯风暴保险协会的总承保额将升至 684 亿美元。

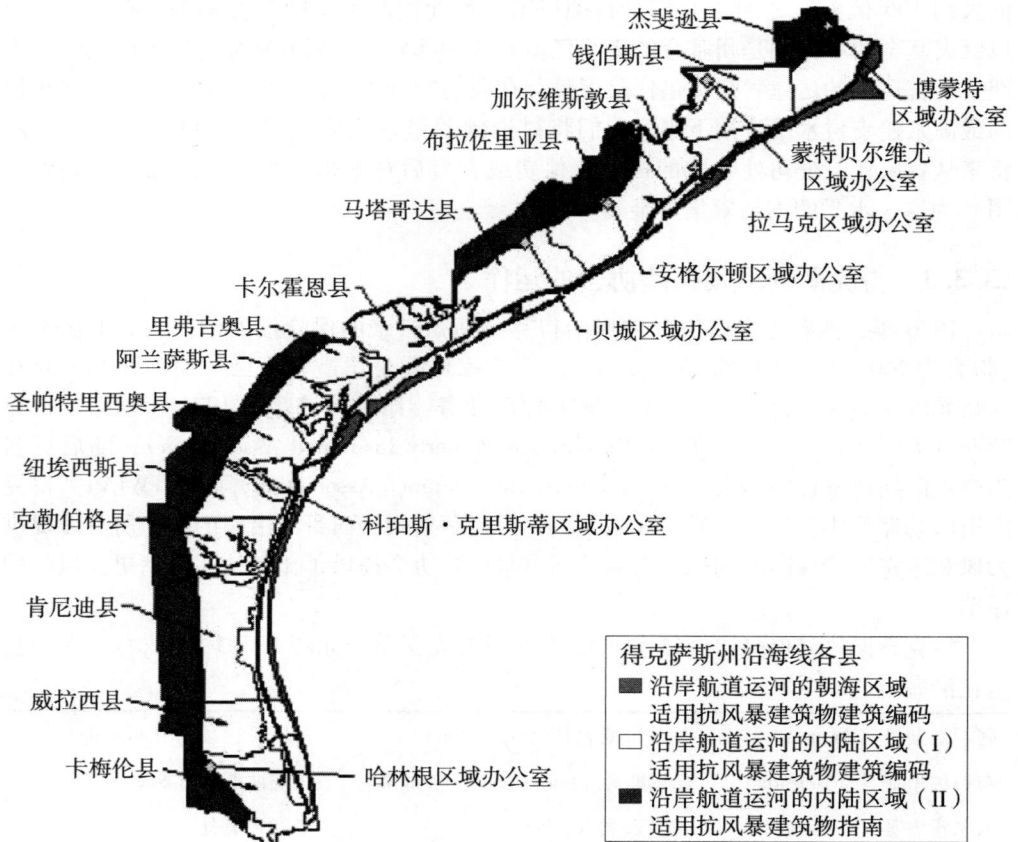

图 13—3　得克萨斯风暴保险协会提供保险保障的沿海各县

住宅险和商业险的投保人可以购买总额不超过以下法定限额的得克萨斯风暴保险
协会保险品种：

- 住宅险：居住用建筑物以及室内设施与物品：170 万美元。
- 出租公寓（apartment）、单元式公寓房（condo）、联排式住宅（townhouse）
保险：仅限于室内设施与物品：35 万美元。
- 移动式房屋保险：建筑物以及室内设施与物品：8.4 万美元。
- 商业险：商用建筑物以及室内设施与物品：400 万美元。

2. 得克萨斯风暴保险协会的运作方式

作为得克萨斯风暴保险协会的集体会员，得克萨斯州所有取得财产保险营业执照的保险公司按要求都得为得克萨斯风暴保险协会出一份儿力。所有附属于得克萨斯风暴保险协会的会员保险公司其超额保险产品（excess line）和剩余保险产品（surplus line）的运营商也包含在内。得克萨斯风暴保险协会由一个 9 人董事会负责管理，其董事会包括 5 名保险公司代表、2 名代理人代表以及 2 名消费者代表。尽管我们的分析只集中于与居住有关的财产，但是得克萨斯风暴保险协会的保险范围涵盖了住宅用建筑物、商业用建筑物以及诸如标牌、围墙、旗杆和游泳池之类的杂项保险。

得克萨斯风暴保险协会的运作与标准的保险公司相类似。它签发保单、收取保费，之后进行理赔。所有累积利润按年度缴存至巨灾储备信托基金（Catastrophe Reserve Trust Fund），正如在下面的基金筹资安排部分将要详细谈及的，该基金为一场灾难性事件造成的损失或者一系列损失提供一个筹资来源。

3. 市场份额

得克萨斯风暴保险协会估算 2008 年其获准在沿海住宅市场承办保险的份额为 55.3%，同时计算出了相对于得克萨斯州平均年度损失总额的得克萨斯风暴保险协会办理保险业务的沿海地区的平均年度损失。这一平均年度损失的变动范围是从没有采取适当减灾措施的 53.6% 到已采取适当减灾措施的 46.7%。若给定得克萨斯风暴保险协会在这些沿海地区的市场份额 55.3%，这可以理解为该协会在得克萨斯州（包括已采取减灾措施和未采取减灾措施的）总体市场份额要占到 26%~30%。截至 2008 年 12 月 31 日，得克萨斯风暴保险协会在直接保险（建筑物和室内设施与物品）上签发的保单金额约为 585 亿美元。

4. 筹资安排

图 13—4 反映了 2008 年至 2009 年得克萨斯风暴保险协会的筹资结构。得克萨斯州的相关条例规定，得克萨斯风暴保险协会的损失依次按下列来源来偿付：

（1）从得克萨斯风暴保险协会会员处征收的 1 亿美元额外费用。

（2）充当得克萨斯风暴保险协会盈余的巨灾储备信托基金中的现有储备额。

（3）所有的再保险金额。

（4）从协会会员处征收的 2 亿美元，不再返还。

（5）从协会会员处征收的无限附加额外费用，不再通过超过 5 年期或者更长时间的保费税收抵免来返还。

由得克萨斯风暴保险协会投保再保险的再保险金额是由合同约定的。在 2008 年的风暴季节，得克萨斯风暴保险协会购买了 15 亿美元的再保险险种。巨灾储备信托基金所支付的额度是以该基金的实际结余为基础的，这一额度在 2008 年风暴季节之初约为 5 亿美元。给定当期保费和再保险支出、平均的非巨灾损失以及不发生巨型灾难的损失，得克萨斯风暴保险协会预期每年可以给巨灾储备信托基金贡献平均 5 000 万美元的资金。出乎预料的增长、再保险成本的变化、明显高于或低于历史平均水平的非巨灾损失或者所有的巨灾事件都会从根本上影响到得克萨斯风暴保险协会贡献给巨灾储备信托基金的资金额度。

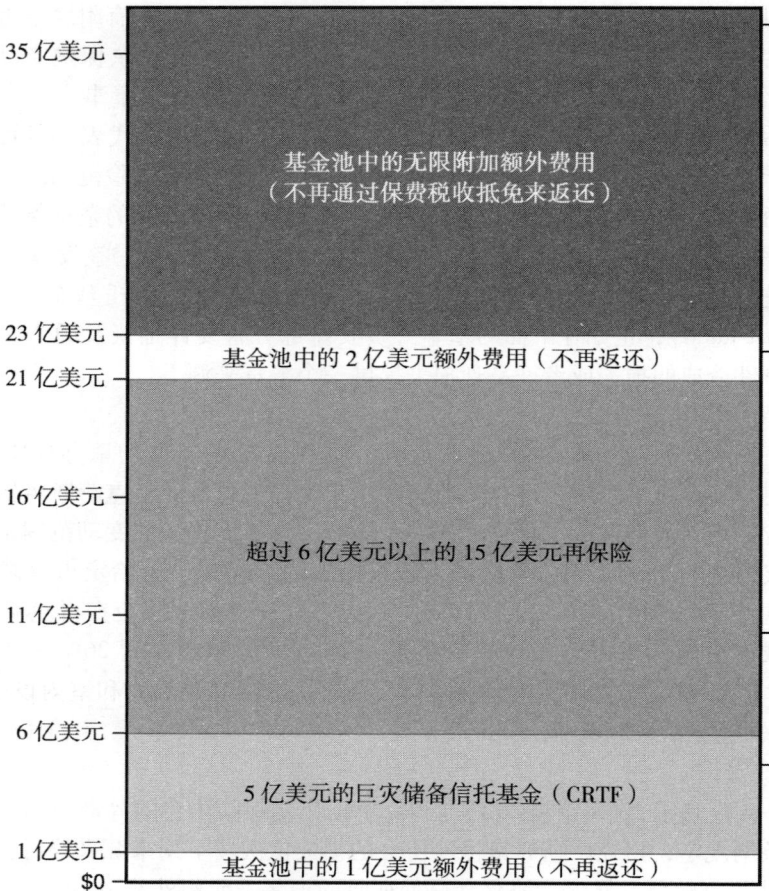

35 亿美元	基金池中的无限附加额外费用 （不再通过保费税收抵免来返还）
23 亿美元	基金池中的 2 亿美元额外费用（不再返还）
21 亿美元	
16 亿美元	超过 6 亿美元以上的 15 亿美元再保险
11 亿美元	
6 亿美元	5 亿美元的巨灾储备信托基金（CRTF）
1 亿美元	基金池中的 1 亿美元额外费用（不再返还）
$0	

图 13—4　得克萨斯风暴保险协会的筹资结构（2008 年至 2009 年）

Source：Texas Windstorm Insurance Association（TWIA）.

　　由于各种损失从来没有超过相关的临界值，得克萨斯风暴保险协会条例中关于保费税收抵免的规定从来没有得到过执行。如果在这一层级征收额外费用的话，针对其超过 5 年或者更长时间的得克萨斯州保费税，得克萨斯风暴保险协会的会员公司将对其上缴的年度额外费用索要高达 20% 的赔付。[10] 得克萨斯风暴保险协会的代表向我们表示，得克萨斯风暴保险协会正在为偿付损失以及一旦有大型飓风在该州沿海地区登陆的话避免向得克萨斯一般收入基金（Texas General Revenue Fund）做出妥协寻求解决之道。

　　2008 年袭击得克萨斯州的风暴导致的后果是得克萨斯风暴保险协会的筹资结构发生了重大改变。巨灾储备信托基金耗费了全部资金去偿付因多利（Dolly）飓风和艾克飓风造成的索赔。截至 2008 年 12 月 31 日，得克萨斯风暴保险协会已经为多利飓风和艾克飓风造成的损失支出了 9.215 亿美元。得克萨斯风暴保险协会无偿地向各家会员保险公司征收了总计 3 亿美元可资利用的额外费用，并且不得不动用无限的、可返还的层级。在 2009 年这一年，得克萨斯州最有可能在得克萨斯风暴保险协会筹资立法方面做出重大调整。

13.3.4 减灾措施

在我们展开一系列分析的过程中，我们假设了关于现有减灾措施的两种极端情形：对于所有的住宅用房屋没有采取任何减灾措施或者已经采取了完全的减灾措施。正如我们的分析所揭示的，在降低与我们分析的不同重大飓风有关的损失中，减灾措施扮演着极其关键的角色。

13.4 现状分析

13.4.1 四个州的跨州比较

我们将以下基本情况假设用于我们目前既有保险计划的分析。表 13—7 提供了四个州中的每一个州 100 年一遇损失事件对不同利益相关者所造成的冲击的额度比较。表中每一列的解释描述如下：

- 未投保房屋损失：没有购买保险的房产业主的损失。
- 已投保房屋损失：已购买保险的房产业主在获得赔偿后的损失。这些剩余的损失包括免赔额和超过保险限额的支付。
- 州立保险公司：佛罗里达州居民财产保险公司（这一损失金额是在不同情形下居民财产保险公司将会负责赔偿的水平）和得克萨斯风暴保险协会在获得再保险赔付之后的损失。
- 州对各家保险公司额外征收：由得克萨斯风暴保险协会成员（得克萨斯州内的各家私营保险公司）负责支付的损失。
- 各家私营保险公司：各家私营保险公司在获得再保险赔付之后的损失。
- 各家私营保险公司可补偿税收抵免：由得克萨斯风暴保险协会成员负责支付的损失，它可以通过未来的税收抵免获得补偿。
- 州立再保险公司：佛罗里达飓风巨灾基金在佛罗里达一个州的损失（这一损失金额是在不同情形下佛罗里达飓风巨灾基金将会负责赔偿的水平；在下文中我们将会讨论，如果该基金面临的索赔总额高于基金当前储备的话，佛罗里达飓风巨灾基金到底将会如何应对其索赔要求）。
- 私营再保险公司（Private reinsurance）：各家私营再保险公司的损失。

表 13—8 提供了四个州中每个州遇到 100 年一遇灾害事件时，不同利益相关

者所受冲击的百分比的比较。关于受影响各方的损失分布的若干观察是相互关联的。

表 13—7　　损失额度的跨州比较：未采取减灾措施时的 100 年一遇飓风（单位：10 亿美元）

州名	详细描述	房产业主的损失			保险公司的损失			再保险公司的损失	
		损失总额	未投保房屋损失	已投保房屋损失（低于免赔额高于限额）	州立保险公司（FL=Citizens，TX=TWIA）	州对各家保险公司额外征收（只有TWIA）	各家私营保险公司	各家私营保险公司可补偿税收抵免部分（只有TWIA）	州立再保险公司（只有FHCF）	私营再保险公司
佛罗里达	灾难重现期：100 年参保率：90% 减灾措施：无再保险比率：60.3% Citizens 的市场份额：30% Citizens 的保留额：41.8 亿美元 FHCF 的保留额：27.8 亿美元	75.73	4.73	6.18	7.72	—	18.01	—	23.59	15.49
得克萨斯	灾难重现期：100 年参保率：90% 减灾措施：无再保险比率：20%	16.6	1.04	1.08	0.40	0.30	8.59	2.29	—	2.90
纽约	灾难重现期：100 年参保率：90% 减灾措施：无再保险比率：10%	5.41	0.34	0.82	—	—	3.82	—		0.42
南卡罗来纳	灾难重现期：100 年参保率：90% 减灾措施：无再保险比率：10%	4.13	0.26	0.21			3.29			0.37

注：表中的 FL 为佛罗里达州的简写、TX 为得克萨斯州的简写、Citizens 为居民财产保险公司的简写、FHCF 为佛罗里达飓风巨灾基金的简写、TWIA 为得克萨斯风暴保险协会的简写。

表 13—8　　　损失百分比的跨州比较：未采取减灾措施时的 100 年一遇飓风

（单位：10 亿美元）

| 州名 | 详细描述 | 损失总额 | 房产业主的损失 | | | | 保险公司的损失 | | 再保险公司的损失 | |
			未投保房屋损失	已投保房屋损失（低于免赔额高于限额）	州立保险公司（FL=Citizens、TX=TWIA）	州对各家保险公司额外征收（只有TWIA）	各家私营保险公司	各家私营保险公司可补偿税收抵免部分（只有TWIA）	州立再保险公司（只有FHCF）	私营再保险公司
佛罗里达	灾难重现期：100年参保率：90% 减灾措施：无再保险比率：60.3% Citizens 的市场份额：30% Citizens 的保留额：41.8 亿美元 FHCF 的保留额：27.8 亿美元	75.73	6	8	10	—	24	—	31	20
得克萨斯	灾难重现期：100年参保率：90% 减灾措施：无再保险比率：20%	16.6	6	7	2	2	52	14	—	17
纽约	灾难重现期：100年参保率：90% 减灾措施：无再保险比率：10%	5.41	6	15	—	—	71	—	—	8
南卡罗来纳	灾难重现期：100年参保率：90% 减灾措施：无再保险比率：10%	4.13	6	5	—	—	80	—	—	9

1. 各州之间的损失差异

佛罗里达州是到目前为止我们研究的四个州中风险曝险最大的一个州。一场 100 年一遇的灾害事件估计会对佛罗里达州造成总计达 757 亿美元的损失、对得克萨斯州造成总计达 166 亿美元的损失、对纽约州造成总计达 54 亿美元的损失、对南卡罗来纳州造成总计达 41 亿美元的损失。正如附录 13A 所显示的，250 年一遇级别的飓风灾害会对佛罗里达州造成 1 142 亿美元的总损失、对得克萨斯州造成 261 亿美元的总损失、对纽约州造成 114 亿美元的总损失、对南卡罗来纳州造成 65 亿美元的总损失。500 年一遇级别的飓风灾害会对佛罗里达州造成 1 449 亿美元的总损失、对得克萨斯州造成 355 亿美元的总损失、对纽约州造成 174 亿美元的总损失、对南卡罗来纳州造成 87 亿美元的总损失（参见附录 13A）。

2. 500 年一遇飓风灾害事件对房产业主造成的损失

由于我们分析的性质，基于在任意一个州的未投保房屋价值为已投保房屋价值 60% 的假设，房产业主的损失源自参与率以及对投保人实际损失的估计。这些假设导致了在各州未投保的房产业主承担 500 年一遇飓风灾害事件损失总额 6% 的结果。相对来讲，已投保房产业主在大型灾害中得到了很好的保护，总的来说只承担损失总额的 4% ~ 11%。

3. 500 年一遇飓风灾害事件对州立基金造成的损失

在佛罗里达州，即使假设居民财产保险公司要占到 30% 的市场份额，它将只承担损失总额的 14%。这是因为佛罗里达飓风巨灾基金在很大程度上承担了居民财产保险公司 500 年一遇损失的再保险（2009 年的再保险覆盖金额达到 94.5 亿美元）。在得克萨斯州，得克萨斯风暴保险协会将只承担 1% 的损失，所以与那些在佛罗里达州营销保单的私营保险公司相比，该州的各家私营保险公司将承担更高比例的 500 年一遇飓风损失。

图 13—5 详细描述了在没有采取适当减灾措施的情况下，四个州中每一个州的房产业主、保险公司和再保险公司在遭遇 50 年一遇、100 年一遇、250 年一遇和 500 年一遇不同水平的飓风灾害事件时将要承担的损失。纽约州和南卡罗来纳州的私营保险公司将要承担损失总额中的很大比列，但是它们实际支付的资金数额却要比佛罗里达州和得克萨斯州低很多。

我们现在分析在 2009 年的那场 500 年一遇飓风灾害中，居民财产保险公司和佛罗里达飓风巨灾基金将要承担的住宅损失，并且确定谁将最终为这些损失埋单。居民财产保险公司将负责其保单持有人 206 亿美元的索赔，而佛罗里达飓风巨灾基金将负责它为之提供保险的各家保险公司 236 亿美元住宅损失的索赔。[11] 截至 2008 年 12 月 31 日，居民财产保险公司已经成为该州房产业主保险的最大提供商，它拥有 41.8 亿美元的储备（盈余中可用于索赔的部分），另有 41.7 亿美元的事前（pre-event）流动性资产，并且已经购买了将近 100 亿美元的再保险（其中 94.5 亿美元是向佛罗里达飓风巨灾基金购买的，另有 4.4 亿美元是向私营再保险公司购买的）。换句话说，在 2008 年年底，居民财产保险公司拥有总计 182.4 亿美元的赔偿支付能力以应对未来飓风造成的损失。倘若居民财产保险公司在 2009 年期间预计能够收到总计大约 28 亿美元的保费，我们的分析显示，在即将到来的下个飓风季节州立保险公司将拥有处置 206 亿美元已承保 500 年一遇飓风损失的能力。

这里的主要挑战是，截至 2009 年佛罗里达飓风巨灾基金只有 27.9 亿美元的储备，并且预期在即将到来的年份里只有 13 亿美元的保费来应对发生一场严重飓风灾害时的再保险索赔。至少有两种可能的途径来减少由此带来的亏损：事后征收（弥补过程）和动用未来保费。

各州灾难重现期分析
无减灾措施的情形

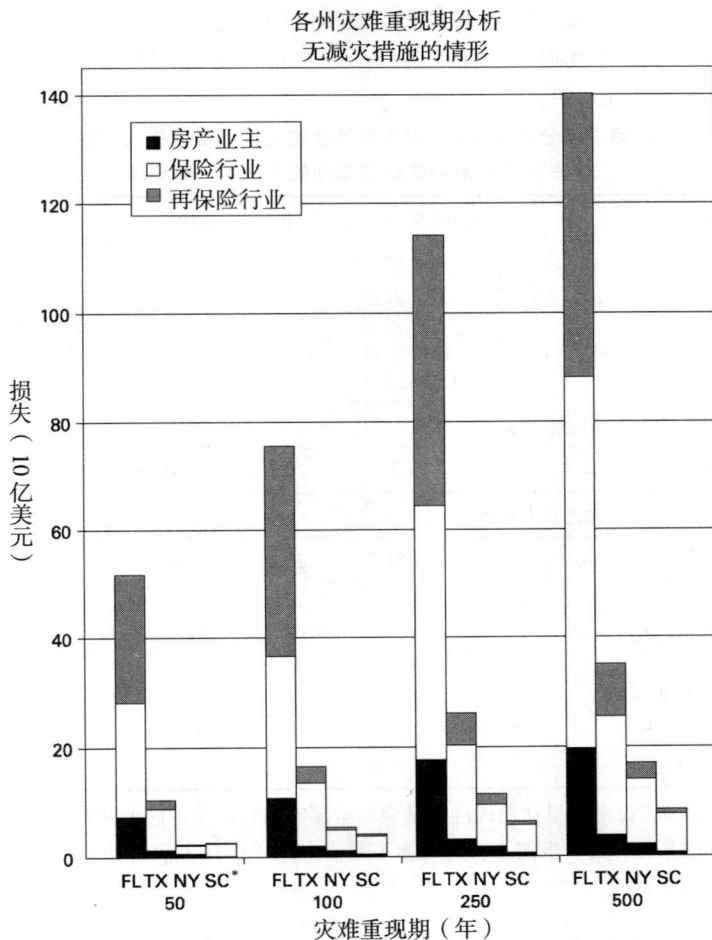

图 13—5　四个州的房产业主、保险公司和再保险公司遭受的 50～500 年一遇飓风时的损失（初始索赔额）

　　*图中直方图下方的 FL、TX、NY 和 SC 分别为佛罗里达州、得克萨斯州、纽约州和南卡罗来纳州的简称。

13.4.2　事后征收（弥补过程）

　　第一种可能的途径是佛罗里达飓风巨灾基金为其总计 195.1 亿美元（即 236 亿美元-27.9 亿美元-13 亿美元）的赤字向所有保险公司进行额外征收，而保险公司则进一步向它们的保单持有人进行额外征收。[12] 表 13—9 比较了 500 年一遇损失事件（参见本章附录中的表 13 A—3）下，如果佛罗里达飓风巨灾基金决定通过进行额外的事后征收来为其超过 40.9 亿美元（储备和 2009 年的保费之和）的索赔进行全额融资的话，佛罗里达州带有损失分担安排（loss-sharing arrangements）的所有保单持有人的初始索赔分布（original claims distribution）状况。我们假设这一损失弥补只向已投保的房产业主进行额外征收。但是事实上，该州既向住宅保单持有人也向商业保单持有人进行额外征收以弥补其损失。保单持有人现在将要支付 348.1 亿美元而不是初始的 153 亿美元（参见表 13—9）。

表 13—9　　初始索赔分布与 100% 灾后额外征收之间的最终损失分担：
佛罗里达州未采取减灾措施的 500 年一遇飓风　　　　　（单位：10 亿美元）

详细资料	房产业主的损失			保险公司的损失		再保险公司的损失	
	损失毛额	未投保住宅损失额	已投保住宅损失额（免赔额之下和保险限额之上）	居民财产保险公司	私营保险公司	佛罗里达飓风巨灾基金	私营再保险公司
灾难重现期：100 年	初始索赔额						
参保率：90%	144.9	9.1	15.3	20.6	48.0	23.6	28.3
减灾措施：无	最终损失分担						
再保险比率：60.3% 居民财产保险公司的市场份额：30% 居民财产保险公司的保留额：41.8 亿美元 佛罗里达飓风巨灾基金的保留额：27.8 亿美元	144.9	9.1	34.81	20.6	48.0	4.08	28.3

　　a 这里的增加额假设佛罗里达飓风巨灾基金的全部赤字只是通过向那些购买了风灾保险的房产业主进行额外征收来弥补的。事实上，这一赤字是要由除了医疗事故责任保险和劳工保险之外的所有保险产品线来弥补的。

13.4.3　动用未来保费

　　第二种可能的途径是佛罗里达飓风巨灾基金发行某种类型的债券或者其他非债务性资产，这样，随着时间的推移该基金就可以使用未来在该州收取的保费来偿还这些债务。如果采用这种策略，佛罗里达飓风巨灾基金将需要多长时间才能偿还超过其现有储备的索赔呢？

　　为了回答这个问题，我们假设随着时间的推移佛罗里达飓风巨灾基金的索赔支付能力将通过收取保费（每年 13 亿美元）而获得不断的提高。此外，我们假设在前后两场飓风的间隔年份没有飓风灾害发生。保费的投资收入或者余额结转不计算在内。在这些假设下，佛罗里达飓风巨灾基金将要到 2024 年才能还清这场 500 年一遇飓风灾害（参见图 13—6）的所有损失，并且还得假设在此期间不会发生破坏性的飓风灾害。

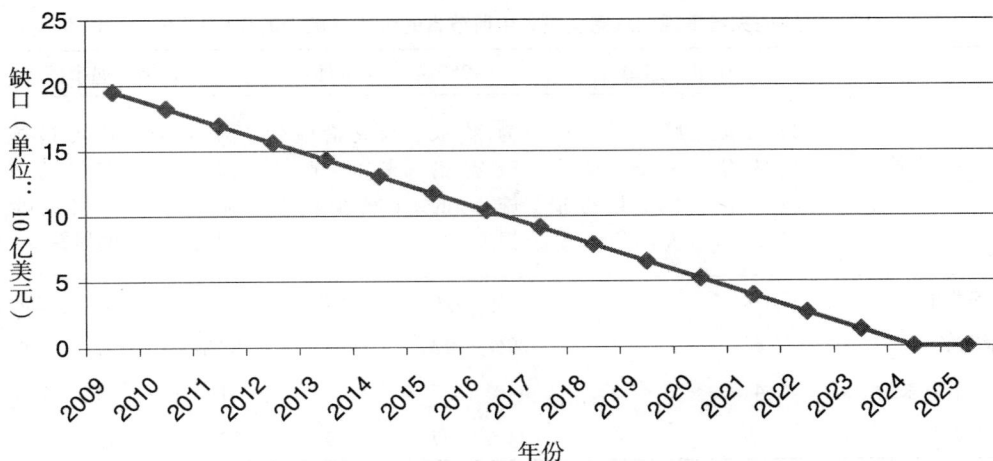

图 13—6　佛罗里达飓风巨灾基金用未来保费弥补因 500 年一遇飓风产生的超过其现有储备的索赔所需年数

　　注：假设赔付能力在整个损失弥补期间是不变的。

13.4.4　减灾措施的效果

　　以上的分析中我们都假设没有采取任何适当的减灾措施对房屋加以保护。现在我们假设所有住宅建筑物都采取了完全的减灾措施。[13] 表 13—10 显示出采取了适当的减灾措施之后，我们所研究的四个州中的每一个州在遭遇 100 年一遇、250 年一遇和 500 年一遇飓风后损失的差别。

　　我们的分析揭示了减灾措施在显著减少未来飓风带来的损失方面的潜力，这种损失减少从佛罗里达州 100 年一遇飓风损失的 61% 直到纽约州 500 年一遇飓风损失的 31%。附录 13B 以直方图的方式描绘了这些差别。

13.4.5　聚焦四个州的大都市区

　　我们在分析中假设每一个州的已投保总价值（TIV）等于该州在险总额（total amount at risk）。这样，迈阿密—戴德县占佛罗里达州已投保总价值 1.8 万亿美元的 9%、纽约市地区占纽约州已投保总价值 2.1 万亿美元的 3%、查尔斯顿地区各县占南卡罗来纳州已投保总价值 3 600 亿美元的 15%、休斯敦地区各县占得克萨斯州已投保总价值 2.1 万亿美元的 26%。表 13—11 表明，对于我们所选择的这四个大都市区来讲，与通过观察它们在其各自所在的州（没有采取减灾措施）的已投保总价值中所占的百分比相比，它们占到了投保人实际损失的一个更大的比例。

　　与所在各州的其他地区相比，这些地区所遭受的飓风风险是不成比例的。这并没有什么大惊小怪的，因为我们在这一部分的分析中有意地选择了这些风险最大的县区。

表 13—10　　不同灾难重现期从完全减灾中所节省的金钱（减少的损失）（单位：10 亿美元）

州名	100 年一遇事件			250 年一遇事件			500 年一遇事件		
	为采取减灾措施的损失	减灾措施带来的节省（减少的损失）		为采取减灾措施的损失	减灾措施带来的节省（减少的损失）		为采取减灾措施的损失	减灾措施带来的节省（减少的损失）	
佛罗里达	84	51	61%	126	69	55%	160	83	52%
纽约	6	2	39%	13	5	37%	19	7	35%
南卡罗来纳	4	2	44%	7	3	41%	9	4	39%
得克萨斯	17	6	34%	27	9	32%	37	12	31%

表 13—11　　　　不同灾难重现期没有采取减灾措施的各州中
各大都市地区占本州实际损失的比例　　　　（单位：10 亿美元）

区域	100 年一遇事件			250 年一遇事件			500 年一遇事件		
	本州损失	地区损失	占本州损失百分比	本州损失	地区损失	占本州损失百分比	本州损失	地区损失	占本州损失百分比
迈阿密—戴德	84	18	21%	126	37	29%	160	58	36%
纽约市地区	6	1.4	24%	13	4	28%	19	6	30%
查尔斯顿地区	4	2.4	56%	7	4	60%	9	6	60%
休斯敦地区	17	15	89%	27	25	92%	37	34	93%

集团 i 的市场份额＝集团 i 的直接签单保费÷直接签单保费总额

13.5　竞争性市场分析的假设和方法

13.5.1　数据库

我们所进行的竞争性市场分析依赖于两个数据集合。正如先前我们在现状分析中讨论的那样，我们使用的是对不同地点（已经采取或者并未采取减灾措施）的保险行业损失和不同灾难重现期的预测数值。

贝氏评级公司为我们提供了 1 379 家保险和再保险集团的公开可得数据。从这个数据集合中，我们可以得到这四个州中每一个州房产业主的多项危险保险的直接签单保费（direct premiums written，简称 DPW）。然后，我们可以利用下面这个公式计算出每个集团 i 在每一个州的一个市场份额：

在佛罗里达州有 75 个拥有直接签单保费的集团，纽约有 100 个这样的集团，南卡罗来纳州有 62 个这样的集团，得克萨斯州则有 68 个这样的集团。贝氏评级公司的数据还包括每个集团的盈余总额，我们过去常常用这个盈余总额来确定它们在竞争性市场中所提供的保险数量。

对于佛罗里达州，我们使用直接签单保费来估计其在竞争性市场分析中的市场份额，并使用曝险额来估计其在现状分析中计算佛罗里达飓风巨灾基金赔付额时的市场份额。这是因为我们已经从佛罗里达州保险监管办公室取得了精确的曝险额数据，从而可以计算出一个更为准确的佛罗里达飓风巨灾基金赔付的估计值。这些数据并没有扩展到其他三个州，并且由于我们假设各州目前都没有基金，所以这些信息与我们的竞争性市场分析并不相关。这样，市场上的保险仅由各家私营保险公司来提供，而再保险则仅由各家再保险公司或其他选择性风险转移工具来提供。

13.5.2 一般性假设

在分析竞争性保险市场的过程中，我们做出如下一般性假设：

- 保险产品总额是建立在每个集团愿意为了相关飓风灾难重现期而投放于特定州的在险盈余额度这一基础之上的。
- 各家保险公司各自独立地将盈余分配于各个州。
- 一个集团中的各家保险公司的盈余总额等于整个集团的盈余总额。[14]
- 再保险产品和其他风险转移工具的数额与现状相同。给定再保险公司在现有状况下不受各州监管机构的约束，可以证明这个假设是合理的。

13.5.3 保险产品额度的计算

为了确定竞争性市场中所提供的保险产品额度，我们聚焦每个州中市场份额排名前 25 位的各家保险公司的盈余。本章的附录 13C 中分别列举了这四个州中每一个州的这 25 家保险公司的数据。这些保险公司通常可以代表超过 90% 的房产业主保险的私人市场。除了州际农场保险公司之外，[15] 每一家保险公司的盈余数据均来源于贝氏评级公司，而州际农场保险公司因其不同的保险产品线均由独立的实体来运作所以是独特的。我们没有使用贝氏评级公司的数字，而是采用了来自其 5 家财产保险公司的盈余总和数据。为了确定竞争性市场下各家保险公司愿意为弥补飓风风险所提供的保险产品额度，我们假设每一个保险集团愿意冒险用其 10% 的盈余来为一场 100 年一遇、250 年一遇或者 500 年一遇的灾难损失提供保险保障。我们对各家保险公司和评级机构假设的 10% 这个数字得到了它们的证实，因此，在这些分析中，我们做出这一假设是合理的。实际上，在某一给定的州中每家保险公司对于它到底愿意为一场特定的风险（比如风灾）分配多少盈余的决定，当然要取决于它的财务特征以及它的保险产品组合在其他各州和各县的分布。各家保险公司愿意提供的保险产品额度还可能因考虑到巨灾事件的重现期以及它们为所提供的保险产品的要价而有所不同。更具体地说，我们有：

保险公司 i 提供的保险产品额度=0.10×保险公司 i 的盈余总额

通过加总每个州每家保险公司提供的保险产品额度，我们得到了可用于弥补飓风所造成损失的保险产品额度。比方说，在佛罗里达州运营的前 25 位私营保险公司可用的盈余大约有 1 500 亿美元。因此，我们假设在佛罗里达州的竞争性市场中有 150 亿美元（1 500 亿美元×10%）可用来承保风灾。倘若没有适当的再保险，我们可以通过运用下面的公式来推算出每个州已投保住宅保险市场的百分比：

$$Y \text{ 州已投保保险市场的百分比} = \frac{\text{各家保险公司在 Y 州提供的保险额度}}{\text{各家保险公司在 Y 州的损失毛额}}$$

在一系列补充分析中，我们还计算了为了给所有住宅用建筑物提供全额保险，各家保险公司必须分配给每一个州的、以用来弥补其由飓风引致的损失的盈余总额的百分比。这些数字可由以下公式确定：

$$\text{为 Y 州提供全额保险所必需的盈余百分比} = \frac{\text{各家保险公司在 Y 州的损失毛额}}{\text{盈余总额}}$$

我们对已经采取适当减灾措施和尚未采取适当减灾措施的 100 年一遇、250 年一遇和 500 年一遇灾难损失的竞争性保险市场进行了分析。我们还开展了一个独立的分析用以解释再保险和其他风险转移工具对各家保险公司保险产品提供能力的影响。

13.5.4 关于各家保险公司盈余的假设

为了进行我们的基本案例分析，我们使用了来自每一个州排名前 25 位保险公司的盈余数据。我们还检验了 2006 年的其他盈余总额数据，包括占到市场 95% 的顶尖签单保险公司的盈余总额，以及每个州所有签单保险公司的盈余总额（市场份额的100%）。正如表 13—12 所显示的，即便我们扩大保险公司的样本数量，保险产品额度的增加也不会太大。

表 13—12 　　　**排名前 25 位的保险公司以及市场份额占**
到 95%～100% 的保险公司的行业盈余分析

州名	排名前 25 位的保险公司			市场份额的 95%			市场份额的 100%		
	公司数目	市场份额（%）	盈余（10 亿美元）	公司数目	市场份额（%）	盈余（10 亿美元）	公司数目	市场份额（%）	盈余（10 亿美元）
佛罗里达	25	91.7	154.4	32	94.9	164.3	75	100.0	205.2
纽约	25	93.2	167.8	29	95.0	168.7	100	100.0	225.6
南卡罗来纳	25	95.2	175.0	25	95.2	175.0	62	100.0	203.7
得克萨斯	25	95.3	139.2	25	95.3	139.2	68	100.0	195.7

13.5.5　关于竞争性市场中保险公司盈余的注释

各家保险公司在竞争性市场中的盈余分配可能有别于这些公司在现实中对盈余的分配。前者是对这些公司有能力做什么的一个理论分析，而这个分析是建立在贝氏评级公司数据库所报告的它们集聚的盈余总额这一基础之上的。然而在实践中，它们可能做出不同的资本分配决策。

13.6　竞争性市场分析

我们进行这个分析特别关注这四个州中每一个州的各家保险公司决定提供多少保险。我们聚焦 100 年一遇、250 年一遇、500 年一遇灾难中的损失，以及关于现有适当减灾措施和（不论是由传统再保险提供的还是由选择性风险转移工具提供的）再保险可用性的各种假设。我们将研究两个案例：其一，各家保险公司对它们的曝险部分没有采取任何再保险措施；其二，我们为各家保险公司引入由再保险行业提供的额外承保能力。

案例 1：没有再保险

我们首先考察这样一个案例，所有住房均未采取减灾措施，并且各家保险公司均不能依靠再保险来保护自己免受未来的灾害之苦。正如表 13—13 所示，我们的分析表明，即便各家保险公司完全凭借自己的力量，只要它们采用分配 10% 盈余的策略，它们也将有充足的承保能力为纽约州和南卡罗来纳州的所有房产业主的 100 年一遇、250 年一遇、500 年一遇损失事件提供保护。即使在纽约州和南卡罗来纳州 500 年一遇的飓风灾害损失非常小，各家保险公司也不会承诺将其大比例的盈余用于为该地区的所有住宅用建筑物提供全面保护。比方说，在纽约州为 100 年一遇损失的风灾提供保险的各家保险公司只须将其盈余的 2.5% 用于承保房屋的损失总额（除了保单免赔额部分），但对于一场 500 年一遇损失的飓风灾害这一百分比将飙升至 8.9%。南卡罗来纳州用来承保这些灾难重现期的飓风灾害的盈余百分比则要比纽约州的低得多。

如果房产业主们没有采取减灾措施，那么，佛罗里达州和得克萨斯州的私营保险公司就需要后备资金来承担由一场严重飓风所造成的所有风灾损失。在佛罗里达州，即使是一场 100 年一遇的灾难损失，现有的保险总量也仅能够承担 23.8% 的损失。佛罗里达州提供风灾保险的各家保险公司必须分配其 42% 的盈余用于针对这一灾害事件给房产业主提供全额保险。得克萨斯州的损失要比佛罗里达州的轻得多，所以，各家保险公司可以为一场 100 年一遇的灾难损失提供接近全额保险的保护（96.2%），但是也不能为 250 年一遇或 500 年一遇的损失提供这样的保护（参见表 13—13）。

表 13—13　没有办理再保险的保险公司承保损失比率和全额保险所需的盈余

州名	盈余（10 亿美元）	灾难重现期（年）	损失毛额（10 亿美元）	保险金额（盈余的 10%）	市场覆盖率（%）	全额保险所需的盈余（%）
现有住宅未采取减灾措施						
佛罗里达	154.4	100	64.8	15.4	23.8	42.0
		250	96.4	15.4	16.0	62.5
		500	120.5	15.4	12.8	78.1
纽约	167.8	100	4.2	16.8	100.0	2.5
		250	9.6	16.8	100.0	5.7
		500	14.9	16.8	100.0	8.9
南卡罗来纳	175.0	100	3.7	17.5	100.0	2.1
		250	5.8	17.5	100.0	3.3
		500	7.7	17.5	100.0	4.4
得克萨斯	139.2	100	14.5	13.9	96.2	10.4
		250	22.9	13.9	60.7	16.5
		500	31.4	13.9	44.4	22.5
现有住宅已采取完全减灾措施						
佛罗里达	154.4	100	23.7	15.4	65.1	15.4
		250	42.9	15.4	36.0	27.8
		500	58.9	15.4	26.2	38.2
纽约	167.8	100	2.4	16.8	100.0	1.4
		250	5.8	16.8	100.0	3.5
		500	9.4	16.8	100.0	5.6
南卡罗来纳	175.0	100	2.0	17.5	100.0	1.1
		250	3.3	17.5	100.0	1.9
		500	4.7	17.5	100.0	2.7
得克萨斯	139.2	100	9.4	13.9	100.0	6.7
		250	15.2	13.9	91.4	10.9
		500	21.1	13.9	65.9	15.2

正如表 13—13 下半部分所示，如果人们对所有的房屋都采取了符合成本有效的减灾措施，那么这两个州的情况就会得到极大的改善。在佛罗里达州，在存在适当减

灾措施的情况下，即便不依靠再保险（参见本书第 7 章）或者选择性风险转移（alternative risk transfer，简称 ART）工具（参见本书第 8 章），各家保险公司现在也可以承担来自一场 100 年一遇灾难事件 65.1% 的损失。得克萨斯州的房屋也存在类似的问题，在该州即便是所有的住宅用建筑物都已经根据现行建筑规范的详细规定采取了减灾措施，也只有 100 年一遇的损失能够获得全额保险的保障。

案例 2：存在适当的再保险

在存在适当的再保险的情况下，关于给房产业主保险分配保险公司盈余这一点，我们做出了与案例 1 相同的假设，但是对保险损失的估计则使用了不同方法。我们减去了从现状分析获得的再保险总额，所以，保险公司只须承担他们没有办理再保险的损失而非它们的损失毛额总额。

正如表 13—14 所示，当存在可用再保险的时候，得克萨斯州私人保险市场可以承担由 100 年一遇灾难造成的全部损失、可以承担 250 年一遇损失的 86.7%，以及即使房屋没有采取减灾措施，也可承担由一场 500 年一遇的灾难损失事件所造成的损失的 74%。在佛罗里达州，100 年一遇灾难损失事件将获得 100 年一遇灾难损失保险保障的 60%，但是如果房产业主们没有采取减灾措施，那么大部分的 250 年一遇和 500 年一遇损失仍将得不到 250 年一遇和 500 年一遇灾难损失事件的保险保障。如果已经对所有的房屋采取了减灾措施，那么得克萨斯州的 500 年一遇损失事件以及佛罗里达州的 250 年一遇和 500 年一遇的损失事件所能提供的保险保障将会低于全额保险。

表 13—14　　　　**存在适当再保险条件下保险公司**

承保的损失比率和全额保险所需的盈余

州名	盈余（10 亿美元）	灾难重现期（年）	损失毛额（10 亿美元）	再保险额度	未投保再保险损失	保险额度（盈余的 10%）	市场覆盖率（%）	全额保险所需的盈余（10%）
现有住宅未采取减灾措施								
佛罗里达	154.4	100	64.8	39.1	25.7	15.4	60.0	16.7
		250	96.4	49.8	46.6	15.4	33.1	30.2
		500	120.5	51.9	68.6	15.4	22.5	44.4
纽约	167.8	100	4.2	0.4	3.8	16.8	100.0	2.3
		250	9.6	1.9	7.7	16.8	100.0	4.6
		500	14.9	3.0	11.9	16.8	100.0	7.1
南卡罗来纳	175.0	100	3.7	0.4	3.3	17.5	100.0	1.9
		250	5.8	0.6	5.2	17.5	100.0	3.0
		500	7.7	0.8	7.0	17.5	100.0	3.0
得克萨斯	139.2	100	14.5	2.9	11.6	13.9	100.0	8.3
		250	22.9	6.9	16.1	13.9	86.7	11.5
		500	31.4	12.5	18.8	13.9	74.0	13.5

续表

州名	盈余 （10 亿美元）	灾难重现期（年）	损失毛额 （10 亿美元）	再保险额度	未投保再保险损失	保险额度（盈余的 10%）	市场覆盖率（%）	全额保险所需的盈余（10%）
现有住宅已采取完全减灾措施								
佛罗里达	154.4	100	23.7	20.8	2.9	15.4	100.0	1.9
		250	42.9	23.6	19.3	15.4	80.1	12.5
		500	58.9	35.5	23.4	15.4	66.0	15.1
纽约	167.8	100	2.4	0.2	2.1	16.8	100.0	1.3
		250	5.8	0.6	5.2	16.8	100.0	3.1
		500	9.4	1.9	7.5	16.8	100.0	4.5
南卡罗来纳	175.0	100	2.0	0.2	1.8	17.5	100.0	1.0
		250	3.3	0.3	3.0	17.5	100.0	1.7
		500	4.7	0.5	4.2	17.5	100.0	2.4
得克萨斯	139.2	100	9.4	1.9	7.5	13.9	100.0	5.4
		250	15.2	3.0	12.2	13.9	100.0	8.8
		500	21.1	6.3	14.8	13.9	94.2	10.6

13.7 反映风险的保费的影响

我们通过确定佛罗里达州、纽约州、南卡罗来纳州和得克萨斯州以及这几个州中各个县的损失成本来结束本章的一系列分析。由于保费反映了所承保的风灾灾害的风险，所以这些损失成本可以作为确定保费的基础。为了确定这些保费，我们需要通过使用一个营运要素（loading factor）对预期的平均年度损失进行加成。

13.7.1 分析的假设

1. 每 1 000 美元的损失成本

为了在县级水平上进行我们的分析，我们按相关的邮政代码区域加总了平均年度损失（average annual loss，简称 ALL）和已投保总价值（total insured value，简称 TIV），从而得到了每一个县的适当数字。任意一个县 i 的每 1 000 美元保险的损失成本可由以下公式确定：

$$第 i 个县的损失成本 = \frac{第 i 个县的平均年度损失}{第 i 个县的已投保总价值} \times 1\,000\,美元$$

举例来看，假设某一特定的县的平均年度损失（ALL）= 100 万美元，并且其已投保总价值（TIV）= 2 000 万美元。这意味着这个县房屋的保险损失成本将为每 1 000美元有 50 美元的损失成本。

2. 营运要素

除了损失成本之外，我们假设各家保险公司会将一个营运要素（λ）加入其各自的定价过程，以弥补其行政管理费用、营销费用、索赔处理成本以及资本成本。正如本书第 6 章所讨论的，保险公司出售的每一份保单都会增加它自己的资本负担。如果额外出售一份保单并不会增加保险公司的总资本，那么通常情况下保险公司违约的可能性也不会增加多少。保险公司违约的可能性到底会增加多少，将取决于保单的风险以及这份保单与保险公司所持有的其他保单和资产的协方差。保险公司资本对一份保单的适当分配对于该公司维持其信用状况是必要的，保单的增加以及与之相伴随的资本将会使保险公司的信用状况与先前相同。因此，我们将一个公平的保险价格定义为一个能给其股权投资提供公平回报率的保费。

设 k 为保险公司能够维持其信用等级的资本与预期损失的比率。这里我们将使用 k = 1，它代表一个为多种财产责任承保的各家保险公司在其组合业务手册中所使用的数值。[16]

除了支付索赔以外，我们假设保险公司会预留出一部分资本用以弥补代理人和经纪人的佣金以及签单和理赔的评估费用等形式的额外开支（X）。对于这个例子，我们假设 k = 1 且 X = 200 美元。给定这一保险组合的风险特性，我们假设各家保险公司的投资者要求 15% 的股本回报率（return on equity，简称 ROE）以弥补其风险。如果保险公司将其资金投资于风险较低的资产，将产生 5% 的预期回报率（r）。保险公司对投保人必须收取多高的保费（π）才能弥补其在飓风中所受到的损失并且能确保其投资者可以获得 15% 的回报率呢？沿用本书第 6 章（第 6.4 节）所假设的例子，这一保费为 π = 1 274 美元，于是得到其营运要素为 λ = 0.274。

在接下来的分析中，我们将使用 λ = 0.5（营运要素的 50%）这一数值。这仍然是一个保守的估计，因为它不仅没有考虑与巨灾风险相关的再保险成本，以及保险公司在为巨灾风险建模过程中因购买商业模型或者使用公司自己内部的建模能力所发生的其他费用，并且它也没有囊括进保险公司像其他业务一样必须支付的州和联邦税赋。[17]

3. 各州范围内的价格

除了加总整个州各邮政编码区域的数据之外，整个州的保险价格的确定都使用了与单个县相同的程序。

13.7.2 损失成本和保费的确定

表 13—15 详细列示了每一个州飓风风灾损失风险最高 10 个县的包含了 50% 营运要素的损失成本与保费，同时也列示了我们研究中排名不在这前 10 位的大都市区的每一个县。表中每一个州的底部列示了整个州的损失成本和保费的详细数据。我们还列出了各县占本州保费的比例，这样，人们就可以充分意识到，在那些相对于本州的其他地区来说有着显著飓风风险的各个地区，为了弥补其预期的索赔款项，各家保险公司到底会收取多少更高的（或者更低的）保费。在四个州的每个州中，我们所

指定的各大都市区中的各县在表13—15中均以粗体字表示。附录13D所示的四张表格中则包含了我们研究的四个州的所有县。

这些数据揭示出饱受飓风风险的沿海各县将会比其所在各州的其他地区支付明显更高的保费。在得克萨斯州这种情况尤为突出，该州的卡尔霍恩县、阿兰萨斯县和加尔维斯敦县的保费要9倍于整个州的平均水平。对于其他三个州来讲，差别就没有这么极端。在佛罗里达州，以风险为基础的各种保费并未将风暴潮带来的所有损失包括在内，所以在考虑这种灾害原因的时候，这些保费可能会更高一些。重要的是要切记以损失成本为基础的各种保费可能会略低于房产业主保费，因为一份标准的保单将覆盖由诸如火灾和盗窃等其他原因造成的损失。

表13—15 具有最高风险的各县的损失成本和已投保飓风灾害损失保险的保费

	价格排序	县名	每1 000 美元保险的损失成本（美元）	带有50%营运要素的保费（美元）	各县占本州保费的比例（%）
佛罗里达	1	门罗	16.22	24.32	4.62
	2	富兰克林	6.84	10.26	1.95
	3	马丁	6.69	10.03	1.90
	4	迈阿密—戴德	6.48	9.73	1.85
	5	棕榈滩	6.47	9.71	1.84
	6	印第安河	5.67	8.51	1.62
	7	布洛瓦德	5.64	8.46	1.61
	8	科利尔	5.04	7.56	1.44
	9	圣卢西	4.68	7.02	1.33
	10	圣罗萨	4.46	6.69	1.27
		佛罗里达州总计	3.50	5.25	
纽约	1	萨福克	0.38	0.56	4.10
	2	拿骚	0.17	0.25	1.85
	3	里士满	0.12	0.17	1.26
	4	奎恩	0.10	0.15	1.10
	5	金斯	0.08	0.12	0.89
	6	韦斯特切斯特	0.08	0.12	0.88
	7	罗克兰	0.07	0.11	0.78
	8	布朗克斯	0.07	0.10	0.71
	9	普特南	0.06	0.09	0.69
	10	达奇斯	0.04	0.06	0.43
	14	纽约（曼哈顿岛）	0.02	0.04	0.27
		纽约州总计	0.09	0.14	

	价格排序	县名	每 1 000 美元保险的损失成本（美元）	带有 50%营运要素的保费（美元）	各县占本州保费的比例（%）
南卡罗来纳	1	乔治	2.69	4.04	4.74
	2	查尔斯顿	2.62	3.93	4.61
	3	霍里	2.11	3.17	3.72
	4	博福特	2.10	3.15	3.70
	5	科勒顿	1.37	2.05	2.41
	6	伯克利	1.20	1.80	2.12
	7	杰斯帕	0.92	1.38	1.62
	8	多切斯特	0.85	1.27	1.49
	9	威廉斯堡	0.81	1.21	1.42
	10	马里恩	0.65	0.97	1.14
		南卡罗来纳州总计	0.57	0.85	
得克萨斯州	1	卡尔霍恩	4.60	6.89	10.53
	2	阿兰萨斯	4.56	6.84	10.45
	3	加尔维斯敦	3.95	5.92	9.05
	4	马塔哥达	3.19	4.79	7.32
	5	钱伯斯	2.59	3.88	5.93
	6	布拉佐里亚	2.44	3.65	5.59
	7	纽埃西斯	2.32	3.48	5.32
	8	圣帕特里西奥	2.27	3.40	5.19
	9	卡梅伦	2.08	3.12	4.77
	10	杰克逊	2.04	3.07	4.69
	17	本德堡	1.07	1.61	2.46
	19	利柏提	1.02	1.53	2.34
	22	哈里斯	0.81	1.22	1.86
	28	沃勒	0.57	0.85	1.39
	29	斯汀	0.50	0.75	1.14
	34	圣哈辛托	0.38	0.56	0.86
	36	蒙哥马利	0.32	0.48	0.74
		得克萨斯州总计	0.44	0.65	

注：用粗体字标出的各县都在我们所指定的大都市区之内。

本章小结

在这一章中，我们进行了一系列的分析，用以评估在现有状况下不同的利益相关者之间如何分担各种巨灾损失；我们使用了由风险管理解决方案公司提供的关于在险曝险和预期损失的数据、贝氏评级公司关于各个保险公司集团的数据以及佛罗里达州和得克萨斯州的州立基金数据。我们分别估计了在已经采取了适当减灾措施和未采取适当减灾措施这两种情况下，佛罗里达州、纽约州、南卡罗来纳州、得克萨斯州以及这些州中每一个州的大都市区的 100 年一遇、250 年一遇和 500 年一遇的灾难损失事件所带来的损失在房产业主、保险公司和再保险公司之间的分配（现状分析）。

我们还确定了在允许各家保险公司收取反映风险的保费费率的情况下，私营保险市场所能够提供的保险保障能力（竞争性市场分析）。这种分析揭示出，各家保险公司不必投保再保险，就可以给那些在纽约州、南卡罗来纳州和得克萨斯州的绝大多数房产业主提供保险保障，但是在佛罗里达州，各家保险公司必须依赖于私营再保险或者其他可选择的风险转移工具来为大部分住房提供保险保障。如果所有的独户住宅都能按照要求采取减灾措施，那么，由于不必将其盈余的一大部分分配给飓风风险，私营保险公司就将有能力在这四个州提供全额保险。在完成了对这四个州的每一个州中饱受飓风灾害之苦的各县的损失成本和反映了风险和资本成本的保费的分析之后，我们结束了这一章的研究。为了反映这些保费在飓风风险中的变异程度，我们还将它们与各州的平均水平进行了对比。

附录 13A：250 年一遇和 500 年一遇灾难的损失对比

表 13A—1　　　　四个州 250 年一遇和 500 年一遇灾难的损失对比

（事件：未采取减灾措施条件下的 250 年一遇灾难）　　　（单位：10 亿美元）

州名	详细描述	房产业主的损失			保险公司的损失			再保险公司的损失	
		损失总额	未投保房屋的损失	已投保房屋的损失	州立保险公司 (FL=Citizens, TX=TWIA)	州对各家保险公司的征收（只有 TWIA）	私营保险公司	私营保险公司的可返还税收抵免部分（只有 TWIA）	州立再保险公司（只有 FHCF）	私营再保险公司
佛罗里达	灾难重现期: 250 年 参保率: 90% 减灾措施: 无再保险比率: 60.3% Citizens 的市场份额: 30% Citizens 的保留额: 41.8 亿美元 TWIA 的保留额: 27.8 亿美元	114.2	7.1	10.6	14.0	—	32.6	—	23.6	26.2

州名	详细描述	损失总额	房产业主的损失		保险公司的损失				再保险公司的损失	
			未投保房屋的损失	已投保房屋的损失	州立保险公司（FL=Citizens, TX=TWIA)	州对各家保险公司的征收（只有TWIA）	私营保险公司	私营保险公司的可返还税收抵免部分（只有TWIA）	州立再保险公司（只有FHCF）	私营再保险公司
得克萨斯	灾难重现期：250年 参保率：90% 减灾措施：无再保险比率：20%	26.1	1.6	1.5	0.4	0.3	11.9	4.6	—	5.7
纽约	灾难重现期：250年 参保率：90% 减灾措施：无再保险比率：10%	11.4	0.7	1.1	—		7.7		—	1.9
南卡罗来纳	灾难重现期：250年 参保率：90% 减灾措施：无再保险比率：10%	6.5	0.4	0.3	—		5.2		—	0.6

注：表中的 FL 为佛罗里达州的简写，TX 为得克萨斯州的简写，Citizens 为居民财产保险公司的简写，FHCF 为佛罗里达飓风巨灾基金的简写，TWIA 为得克萨斯风暴保险协会的简写。

表 13A—2　　　　　　　　四个州的对比

（事件：未采取减灾措施条件下的 250 年一遇灾难）　　　（单位：10 亿美元）

州名	详细描述	损失总额	房产业主的损失		保险公司的损失				再保险公司的损失	
			未投保房屋的损失	已投保房屋的损失	州立保险公司（FL=Citizens, TX=TWIA)	州对各家保险公司的征收（只有TWIA）	私营保险公司	私营保险公司的可返还税收抵免部分（只有TWIA）	州立再保险公司（只有FHCF）	私营再保险公司
佛罗里达	灾难重现期：250年 参保率：90% 减灾措施：无再保险比率：60.3% Citizens 的市场份额：30% Citizens 的保留额：41.8亿美元 TWIA 的保留额：27.8亿美元	114.2	6%	9%	12%	—	29%	—	21%	23%
得克萨斯	灾难重现期：250年 参保率：90% 减灾措施：无再保险比率：20%	26.08	6	6	2	1%	46	18%	—	22

续表

州名	详细描述	损失总额	房产业主的损失			保险公司的损失				再保险公司的损失	
			未投保房屋的损失	已投保房屋的损失	州立保险公司（FL=Citizens, TX=TWIA）	州对各家保险公司的征收（只有TWIA）	私营保险公司	私营保险公司的可返还税收抵免部分（只有TWIA）	州立再保险公司（只有FHCF）	私营再保险公司
纽约	灾难重现期：250年 参保率：90% 减灾措施：无 再保险比率：10%	11.44	6	10	—	—	67	—	—	17
南卡罗来纳	灾难重现期：250年 参保率：90% 减灾措施：无 再保险比率：10%	6.46	6	4	—	—	80	—	—	9

表 13A—3　　　　　　　　　　四个州的对比

（事件：未采取减灾措施条件下的 500 年一遇灾难）　　（单位：10 亿美元）

州名	详细描述	损失总额	房产业主的损失			保险公司的损失				再保险公司的损失	
			未投保房屋的损失	已投保房屋的损失	州立保险公司（FL=Citizens, TX=TWIA）	州对各家保险公司的征收（只有TWIA）	私营保险公司	私营保险公司的可返还税收抵免部分（只有TWIA）	州立再保险公司（只有FHCF）	私营再保险公司
佛罗里达	灾难重现期：500年 参保率：90% 减灾措施：无 再保险比率：60.3% Citizens的市场份额：30% Citizens的保留额：41.8亿美元 TWIA的保留额：27.8亿美元	144.9	9.1	15.3	20.6	—	48.0	—	23.6	28.3
得克萨斯	灾难重现期：500年 参保率：90% 减灾措施：无 再保险比率：20%	35.5	2.2	1.9	0.4	0.3	14.0	6.9	—	9.7
纽约	灾难重现期：500年 参保率：90% 减灾措施：无 再保险比率：10%	17.4	1.1	1.3	—	—	11.9	—	—	3.0
南卡罗来纳	灾难重现期：500年 参保率：90% 减灾措施：无 再保险比率：10%	8.7	0.5	0.4	—	—	7.0	—	—	0.8

表 13A—4　　　　　　　　　　　四个州的对比
（事件：未采取减灾措施条件下的 500 年一遇灾难）　　（单位：10 亿美元）

州名	详细描述	损失总额	房产业主的损失		保险公司的损失				再保险公司的损失	
			未投保房屋的损失	已投保房屋的损失	州立保险公司（FL=Citizens，TX=TWIA）	州对保险公司的征收（只有TWIA）	私营保险公司	私营保险公司的可返还税收抵免部分（只有TWIA）	州立再保险公司（只有FHCF）	私营再保险公司
佛罗里达	灾难灾难重现期：500 年参保率：90% 减灾措施：无再保险比率：60.3% Citizens 的市场份额：30% Citizens 的保留额：41.8 亿美元 TWIA 的保留额：27.8 亿美元	144.90	6%	11%	14%	—	33%	—	16%	20%
得克萨斯	灾难灾难重现期：500 年参保率：90% 减灾措施：无再保险比率：20%	35.46	6	5	1	1%	40	20%	—	27
纽约	灾难灾难重现期：500 年参保率：90% 减灾措施：无再保险比率：10%	17.36	6	8	—	—	69	—	—	17
南卡罗来纳	灾难灾难重现期：500 年参保率：90% 减灾措施：无再保险比率：10%	8.66	6	4	—	—	81	—	—	9

附录 13B：减灾对飓风风险的影响

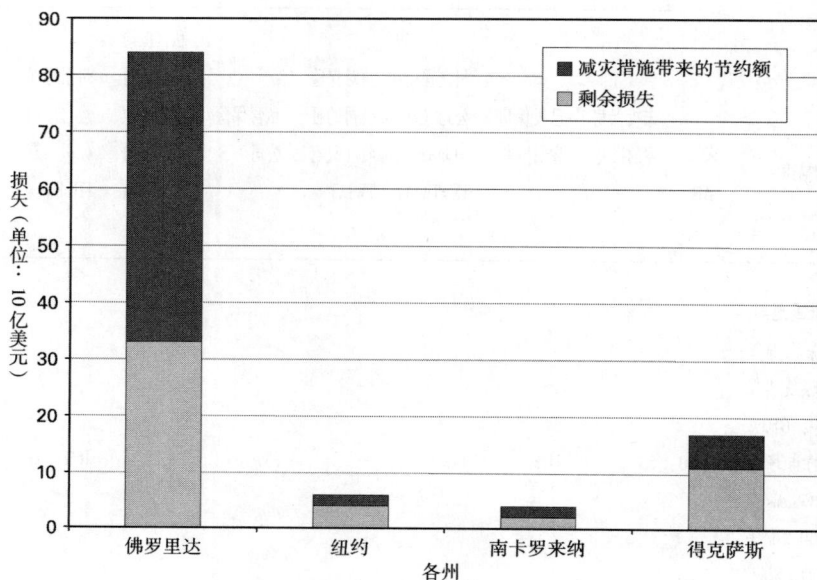

图 13B—1　100 年一遇事件中从全面减灾中所节省的金钱（减少的损失）

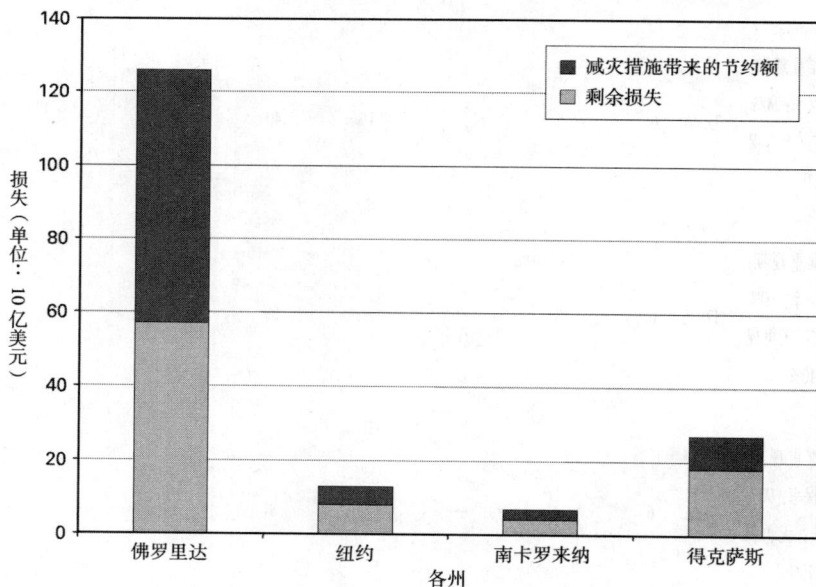

图 13B—2　250 年一遇事件中从全面减灾中所节省的金钱（减少的损失）

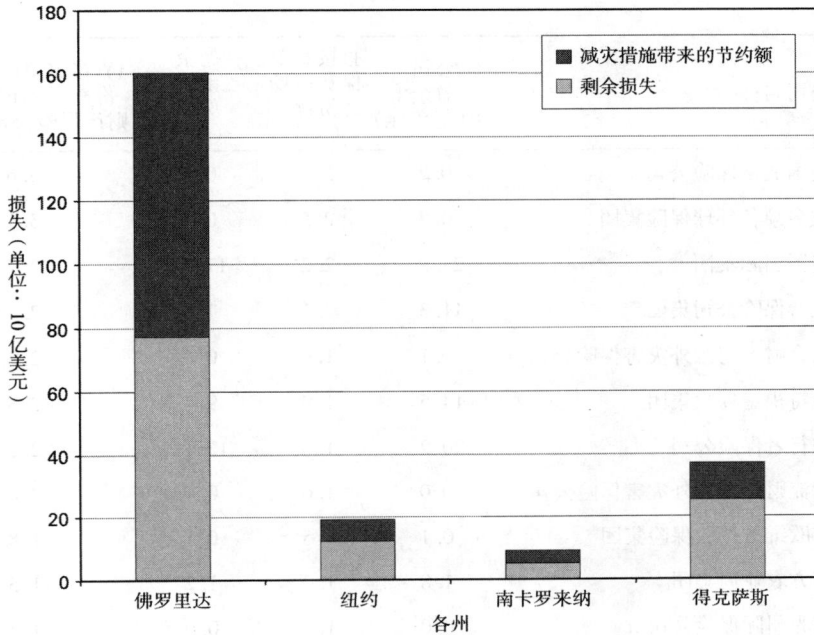

图 13B—3　500 年一遇事件中从全面减灾中所节省的金钱（减少的损失）

附录 13C：佛罗里达州、纽约州、南卡罗来纳州和得克萨斯州排名前 25 位的各家保险公司的市场份额分析

表 13C—1　　佛罗里达州排名前 25 位的各家保险公司市场份额分析

排名	公司名称	公司盈余（10 亿美元）	直接签单保费市场份额（%）	剩余市场份额（%）	直接签单保费市场份额（不包括居民财产保险公司）（%）
1	州际农场集团	12.8	19.7	8.3	23.9
2	居民财产保险公司	0.0	17.7	0.0	0.0
3	好事达保险集团	19.2	7.2	12.5	8.7
4	城堡山保险集团	0.1	4.7	0.0	5.7
5	环球财产与意外灾害保险公司	0.1	4.6	0.0	5.6
6	联合服务汽车协会集团	11.7	4.3	7.6	5.2
7	全美互惠保险公司	12.8	4.1	8.3	4.9
8	利宝互助保险集团	12.1	3.0	7.9	3.7

排名	公司名称	公司盈余（10亿美元）	直接签单保费市场份额（%）	剩余市场份额（%）	直接签单保费市场份额（不包括居民财产保险公司）（%）
9	美国战略保险公司	0.2	3.0	0.1	3.6
10	波多黎各环球保险集团	0.2	2.5	0.1	3.1
11	美国国际集团	27.0	2.2	17.5	2.7
12	丘博保险公司集团	11.3	2.1	7.3	2.6
13	联合财产与意外灾害保险公司	0.1	1.9	0.0	2.3
14	哈特福德保险集团	14.5	1.9	9.4	2.3
15	旅行者保险公司	20.2	1.8	13.1	2.2
16	湾流财产与意外灾害保险公司	0.0	1.6	0.0	2.0
17	吉欧维拉持股保险集团	0.1	1.5	0.1	1.8
18	南方农业局集团	1.8	1.2	1.2	1.5
19	阳光州际保险公司	0.0	1.2	0.0	1.5
20	赛普拉斯持股集团	0.0	1.2	0.0	1.5
21	农夫保险集团	5.3	1.1	3.4	1.3
22	佛罗里达家庭保险公司	0.0	1.0	0.0	1.2
23	美国安联保险集团	3.8	0.9	2.5	1.1
24	费城保险集团	1.0	0.8	0.7	1.0
25	珊瑚保险公司	0.0	0.7	0.0	0.8

表13C—2　　**纽约州排名前25位的各家保险公司市场份额分析**

排名	公司名称	公司盈余（10亿美元）	直接签单保费市场份额（%）	剩余市场份额（%）
1	好事达保险集团	19.2	19.1	11.5
2	州际农场集团	12.8	14.6	7.6
3	旅行者保险公司	20.2	11.3	12.0
4	丘博保险公司集团	11.3	10.0	6.7
5	利宝互助保险集团	12.1	6.3	7.2
6	中央服务集团	0.3	4.1	0.2
7	全美互惠保险公司	12.8	4.0	7.7

排名	公司名称	公司盈余（10 亿美元）	直接签单保费市场份额（%）	剩余市场份额（%）
8	大都会人寿保险汽车与住宅集团	1.9	3.4	1.1
9	城堡集团公司	0.2	2.2	0.1
10	联合服务汽车协会集团	11.7	2.0	7.0
11	哈特福德保险集团	14.5	2.0	8.7
12	美国安联保险集团	3.8	1.9	2.3
13	美国国际集团	27.0	1.5	16.1
14	怀特山保险集团	3.3	1.4	2.0
15	尤尼特林保险公司	1.2	1.2	0.7
16	汉诺威财产与意外灾害保险集团	1.5	1.1	0.9
17	优选互助保险公司	0.1	1.1	0.1
18	阿米卡互助集团	2.1	1.0	1.2
19	农夫保险集团	5.3	0.9	3.1
20	安多佛公司	0.7	0.8	0.4
21	斯特灵保险公司	0.0	0.8	0.0
22	尤蒂卡国民保险集团	0.7	0.7	0.4
23	安全互助保险公司	0.0	0.7	0.0
24	主街美国集团	0.6	0.6	0.3
25	伊利保险集团	4.3	0.6	2.6

表 13C—3　　南卡罗来纳州排名前 25 位的各家保险公司市场份额分析

排名	公司名称	公司盈余（10 亿美元）	直接签单保费市场份额（%）	剩余市场份额（%）
1	州际农场集团	12.8	26.0	7.3
2	好事达保险集团	19.2	14.9	11.0
3	全美互惠保险公司	12.8	8.9	7.3
4	南方农业局集团	1.8	6.8	1.1
5	联合服务汽车协会集团	11.7	6.8	6.7
6	旅行者保险公司	20.2	6.6	11.5
7	美国国际集团	27.0	3.9	15.4

排名	公司名称	公司盈余（10亿美元）	直接签单保费市场份额（%）	剩余市场份额（%）
8	农夫保险集团	5.3	3.9	3.0
9	车主保险集团	4.8	2.9	2.8
10	安信龙解决方案公司	0.9	2.1	0.5
11	吉欧维拉持股保险集团	0.1	1.7	0.1
12	利宝互助保险集团	12.1	1.7	6.9
13	塞弗科保险公司	3.8	1.0	2.2
14	丘博保险公司集团	11.3	1.0	6.4
15	哈特福德保险集团	14.5	0.9	8.3
16	国家汽车保险公司	1.6	0.9	0.9
17	伙伴财产与意外灾害保险集团	0.1	0.7	0.1
18	美国安联保险集团	3.8	0.7	2.2
19	美国国民财产与意外灾害保险公司	0.7	0.7	0.4
20	霍斯曼恩保险集团	0.3	0.7	0.2
21	大都会人寿保险汽车与住宅集团	1.9	0.6	1.1
22	巴尔博亚保险集团	0.7	0.6	0.4
23	选择性保险集团	1.0	0.5	0.6
24	苏黎世金融服务北美集团	6.2	0.5	3.6
25	住宅根据地集团	0.2	0.4	0.1

表13C—4　得克萨斯州排名前25位的各家保险公司市场份额分析

排名	公司名称	公司盈余（10亿美元）	直接签单保费市场份额（%）	剩余市场份额（%）
1	州际农场集团	12.8	29.3	9.2
2	好事达保险集团	19.2	15.7	13.8
3	农夫保险集团	5.3	12.6	3.8
4	联合服务汽车协会集团	11.7	7.4	8.4
5	旅行者保险公司	20.2	5.7	14.5
6	全美互惠保险公司	12.8	4.0	9.2
7	南方农业局集团	1.8	2.6	1.3

排名	公司名称	公司盈余（10亿美元）	直接签单保费市场份额（%）	剩余市场份额（%）
8	丘博保险公司集团	11.3	2.4	8.1
9	利宝互助保险集团	12.1	1.9	8.7
10	哈特福德保险集团	14.5	1.6	10.4
11	共和公司集团	0.2	1.5	0.1
12	塞弗科保险公司	3.8	1.3	2.7
13	NLASCO 集团（2007 年 1 月被 Hilltop Holdings 公司收购）	0.1	1.0	0.1
14	得克萨斯州公平保险需求计划联合会	0.0	1.0	0.0
15	美国战略保险公司	0.2	1.0	0.1
16	阿米卡互助集团	2.1	0.9	1.5
17	汽车俱乐部企业保险集团	3.2	0.7	2.3
18	赛普拉斯持股集团	0.0	0.7	0.0
19	尤尼特林保险公司	1.2	0.7	0.9
20	国营国民公司	0.1	0.6	0.1
21	美国国民财产与意外灾害保险公司	0.7	0.6	0.5
22	吉欧维拉持股保险集团	0.1	0.5	0.1
23	美国安联保险集团	3.8	0.5	2.7
24	大都会人寿保险汽车与住宅集团	1.9	0.5	1.3
25	殖民地保险集团	0.0	0.4	0.0

附录 13D：佛罗里达州、纽约州、南卡罗来纳州和得克萨斯州所有各县的损失成本和风灾保险的保费

表 13D—1　佛罗里达州所有各县的损失成本和飓风灾害保险的保费

排名	县名	每1 000美元保费损失成本（美元）	50%营运要素（美元）	占全州比例（%）
1	门罗	16.22	24.32	4.62
2	富兰克林	6.84	10.26	1.95

排名	县名	每1 000美元 保费损失成本 （美元）	50%营运 要素（美元）	占全州 比例（%）
3	马丁	6.69	10.03	1.90
4	迈阿密—戴德	6.48	9.73	1.85
5	棕榈滩	6.47	9.71	1.84
6	印第安河	5.67	8.51	1.62
7	布洛瓦德	5.64	8.46	1.61
8	科利尔	5.04	7.56	1.44
9	圣卢西	4.68	7.02	1.33
10	圣罗萨	4.46	6.69	1.27
11	马纳提	4.20	6.30	1.20
12	利	4.19	6.28	1.19
13	沃尔顿	4.15	6.22	1.18
14	萨拉索塔	4.14	6.21	1.18
15	艾斯康比亚	4.04	6.06	1.15
16	奥卡卢萨	4.00	6.00	1.14
17	海湾	3.98	5.96	1.13
18	皮内拉斯	3.87	5.81	1.10
19	夏洛特	3.29	4.94	0.94
20	布雷瓦德	3.09	4.63	0.88
21	欧基丘比	3.07	4.61	0.87
22	格雷德	2.91	4.37	0.83
23	亨德利	2.88	4.32	0.82
24	贝	2.80	4.20	0.80
25	德索托	2.23	3.34	0.64
26	维库拉	1.89	2.83	0.54
27	帕斯科	1.84	2.76	0.52
28	希尔斯伯勒	1.70	2.55	0.48
29	迪克西	1.54	2.30	0.44
30	利维	1.47	2.20	0.42

排名	县名	每 1 000 美元保费损失成本（美元）	50% 营运要素（美元）	占全州比例（%）
31	哈迪	1. 45	2. 18	0. 41
32	沃卢西亚	1. 44	2. 15	0. 41
33	赫尔南多	1. 41	2. 12	0. 40
34	华盛顿	1. 40	2. 09	0. 40
35	弗拉格勒	1. 32	1. 99	0. 38
36	圣约翰斯	1. 28	1. 92	0. 36
37	泰勒	1. 26	1. 89	0. 36
38	高地	1. 23	1. 84	0. 35
39	利柏提	1. 09	1. 63	0. 31
40	西特拉斯	1. 07	1. 61	0. 31
41	吉尔克里斯特	1. 05	1. 58	0. 30
42	拿骚	1. 04	1. 55	0. 30
43	卡尔霍恩	1. 02	1. 52	0. 29
44	波尔克	0. 97	1. 45	0. 28
45	霍尔姆斯	0. 85	1. 27	0. 24
46	奥西欧拉	0. 82	1. 23	0. 23
47	莱克	0. 78	1. 17	0. 22
48	萨姆特	0. 75	1. 12	0. 21
49	杜瓦尔	0. 74	1. 11	0. 21
50	拉斐耶特	0. 70	1. 05	0. 20
51	马里昂	0. 65	0. 98	0. 18
52	普特南	0. 64	0. 97	0. 18
53	杰克逊	0. 64	0. 95	0. 18
54	塞米诺尔	0. 62	0. 93	0. 18
55	杰斐逊	0. 60	0. 90	0. 17
56	奥兰治	0. 60	0. 90	0. 17
57	加兹登	0. 60	0. 90	0. 17
58	莱昂	0. 59	0. 89	0. 17

排名	县名	每 1 000 美元保费损失成本（美元）	50%营运要素（美元）	占全州比例（%）
59	萨旺尼	0.54	0.82	0.16
60	麦迪逊	0.52	0.78	0.15
61	克莱	0.48	0.72	0.14
62	阿拉楚阿	0.46	0.69	0.13
63	哥伦比亚	0.39	0.58	0.11
64	犹尼昂	0.37	0.55	0.10
65	布拉德福	0.32	0.48	0.09
66	汉密尔顿	0.31	0.46	0.09
67	贝克尔	0.23	0.34	0.07
合计	佛罗里达州所有各县	3.51	5.27	1.00

表 13D—2　　　　纽约州所有各县的损失成本和飓风灾害保险的保费

排名	县名	每 1 000 美元保费损失成本（美元）	50%营运要素（美元）	占全州比例（%）
1	萨福克	0.38	0.56	4.10
2	拿骚	0.17	0.25	1.85
3	里士满	0.12	0.17	1.26
4	昆斯	0.10	0.15	1.11
5	金斯	0.08	0.12	0.89
6	韦斯特切斯特	0.08	0.12	0.88
7	罗克兰	0.07	0.11	0.78
8	布朗克斯	0.07	0.10	0.71
9	普特南	0.06	0.09	0.69
10	达奇斯	0.04	0.06	0.43
11	哥伦比亚	0.04	0.05	0.40
12	阿尔斯特	0.03	0.05	0.35
13	奥兰治	0.03	0.05	0.35
14	纽约	0.02	0.04	0.27
15	伦塞勒	0.02	0.03	0.22

排名	县名	每 1 000 美元保费损失成本（美元）	50% 营运要素（美元）	占全州比例（%）
16	格林	0.02	0.03	0.21
17	华盛顿	0.02	0.03	0.19
18	奥尔巴尼	0.01	0.02	0.15
19	萨拉托加	0.01	0.02	0.15
20	萨利文	0.01	0.02	0.14
21	沃伦	0.01	0.02	0.11
22	斯克内克塔迪	0.01	0.01	0.10
23	蒙哥马利	0.01	0.01	0.09
24	克林顿	0.01	0.01	0.08
25	斯科哈里	0.01	0.01	0.08
26	艾塞克斯	0.01	0.01	0.07
27	富尔顿	0.01	0.01	0.06
28	特拉华	0.01	0.01	0.06
29	赫基默	0.00	0.01	0.04
30	奥齐戈	0.00	0.01	0.04
31	汉密尔顿	0.00	0.00	0.03
32	希南戈	0.00	0.00	0.03
33	奥奈达	0.00	0.00	0.03
34	布鲁姆	0.00	0.00	0.02
35	麦迪逊	0.00	0.00	0.02
36	科特兰	0.00	0.00	0.02
37	泰奥加	0.00	0.00	0.02
38	刘易斯	0.00	0.00	0.02
39	塞内卡	0.00	0.00	0.01
40	卡尤加	0.00	0.00	0.01
41	汤普金斯	0.00	0.00	0.01
42	富兰克林	0.00	0.00	0.01
43	圣劳伦斯	0.00	0.00	0.01

排名	县名	每1000美元保费损失成本（美元）	50%营运要素（美元）	占全州比例（%）
44	杰斐逊	0.00	0.00	0.01
45	奥斯威戈	0.00	0.00	0.01
46	耶芝	0.00	0.00	0.01
47	奥内达加	0.00	0.00	0.01
48	韦恩	0.00	0.00	0.01
49	安大略	0.00	0.00	0.01
50	斯凯勒	0.00	0.00	0.01
51	希芒	0.00	0.00	0.00
52	斯托本	0.00	0.00	0.00
53	门罗	0.00	0.00	0.00
54	利文斯顿	0.00	0.00	0.00
55	杰纳西	0.00	0.00	0.00
56	奥尔良	0.00	0.00	0.00
57	怀俄明	0.00	0.00	0.00
58	肖陶扩	0.00	0.00	0.00
59	卡特罗格斯	0.00	0.00	0.00
60	尼亚加拉	0.00	0.00	0.00
61	阿利根尼	0.00	0.00	0.00
62	伊利	0.00	0.00	0.00
合计	纽约州所有各县	0.09	0.14	1.00

表13D—3 南卡罗来纳州所有各县的损失成本和飓风灾害保险的保费

排名	县名	每1000美元保费损失成本（美元）	50%营运要素（美元）	占全州比例（%）
1	乔治敦	2.69	4.04	4.74
2	查尔斯顿	2.62	3.93	4.61
3	霍里	2.11	3.17	3.72
4	博福特	2.10	3.15	3.70
5	科勒顿	1.37	2.05	2.41

排名	县名	每 1 000 美元保费损失成本（美元）	50% 营运要素（美元）	占全州比例（%）
6	伯克利	1.20	1.80	2.12
7	杰斯帕	0.92	1.38	1.62
8	多尔切斯特	0.85	1.27	1.49
9	威廉斯堡	0.81	1.21	1.42
10	马里恩	0.65	0.97	1.14
11	汉普顿	0.55	0.83	0.97
12	克拉伦登	0.50	0.75	0.88
13	狄龙	0.38	0.57	0.67
14	弗洛伦斯	0.36	0.54	0.63
15	奥兰治堡	0.36	0.53	0.63
16	艾伦代尔	0.31	0.46	0.54
17	班伯格	0.27	0.40	0.47
18	卡尔霍恩	0.25	0.37	0.43
19	达灵顿	0.20	0.30	0.35
20	利	0.20	0.30	0.35
21	萨姆特	0.19	0.28	0.33
22	马尔伯洛	0.18	0.28	0.32
23	巴恩韦尔	0.15	0.23	0.27
24	切斯特菲尔德	0.06	0.09	0.11
25	科肖	0.06	0.09	0.10
26	艾肯	0.04	0.06	0.07
27	莱克星敦	0.04	0.06	0.07
28	里奇兰	0.04	0.06	0.07
29	费尔菲尔德	0.02	0.02	0.03
30	兰喀斯特	0.02	0.02	0.03
31	埃奇菲尔德	0.02	0.02	0.03
32	萨卢达	0.01	0.02	0.02
33	纽贝里	0.01	0.01	0.01

排名	县名	每1 000美元保费损失成本（美元）	50%营运要素（美元）	占全州比例（%）
34	麦考密克	0.01	0.01	0.01
35	切斯特	0.01	0.01	0.01
36	格林伍德	0.00	0.00	0.00
37	阿布维尔	0.00	0.00	0.00
38	劳伦斯	0.00	0.00	0.00
39	约克	0.00	0.00	0.00
40	犹尼昂	0.00	0.00	0.00
41	切罗基	0.00	0.00	0.00
42	安德森	0.00	0.00	0.00
43	斯帕坦堡	0.00	0.00	0.00
44	格林维尔	0.00	0.00	0.00
45	皮肯斯	0.00	0.00	0.00
46	奥康尼	0.00	0.00	0.00
合计	南卡罗来纳州所有各县	0.57	0.85	1.00

表13D—4　得克萨斯州所有各县的损失成本和飓风灾害保险的保费

排名	县名	每1 000美元保费损失成本（美元）	50%营运要素（美元）	占全州比例（%）
1	卡尔霍恩	4.60	6.89	10.53
2	阿兰萨斯	4.56	6.84	10.44
3	加尔维斯敦	3.95	5.92	9.05
4	马塔戈尔达	3.19	4.79	7.32
5	钱伯斯	2.59	3.88	5.93
6	布拉佐里亚	2.44	3.65	5.58
7	纽埃西斯	2.32	3.48	5.32
8	圣帕特里西奥	2.27	3.40	5.19
9	卡梅伦	2.08	3.12	4.77
10	杰克逊	2.04	3.07	4.69
11	里菲吉奥	2.01	3.01	4.60

排名	县名	每 1 000 美元保费损失成本（美元）	50%营运要素（美元）	占全州比例（%）
12	杰斐逊	1.72	2.58	3.95
13	肯尼迪	1.54	2.30	3.52
14	威拉西	1.53	2.30	3.52
15	奥兰治	1.41	2.12	3.24
16	沃顿	1.39	2.08	3.18
17	本德堡	1.07	1.61	2.46
18	维多利亚	1.06	1.58	2.42
19	利柏提	1.02	1.53	2.34
20	戈利亚德	0.91	1.37	2.09
21	克雷伯	0.90	1.34	2.05
22	哈里斯	0.81	1.22	1.86
23	布鲁克斯	0.80	1.20	1.83
24	哈丁	0.76	1.14	1.74
25	吉姆·韦尔斯	0.75	1.12	1.71
26	伊达尔戈	0.72	1.09	1.66
27	比	0.65	0.98	1.50
28	沃勒	0.57	0.85	1.30
29	奥斯汀	0.50	0.75	1.14
30	科罗拉多	0.48	0.72	1.11
31	德威特	0.47	0.70	1.08
32	牛顿	0.46	0.69	1.05
33	拉瓦卡	0.38	0.57	0.87
34	圣哈辛托	0.38	0.56	0.86
35	杰斯帕	0.35	0.52	0.80
36	蒙哥马利	0.32	0.48	0.74
37	杜瓦尔	0.29	0.44	0.67
38	莱夫·奥克	0.29	0.44	0.67
39	卡恩斯	0.29	0.43	0.66

续表

排名	县名	每1 000美元保费损失成本（美元）	50%营运要素（美元）	占全州比例（%）
40	华盛顿	0.24	0.35	0.54
41	泰勒	0.22	0.34	0.51
42	吉姆·霍格	0.20	0.30	0.45
43	费耶特	0.19	0.29	0.44
44	斯塔尔	0.19	0.29	0.44
45	格莱姆斯	0.19	0.28	0.43
46	麦克马伦	0.18	0.27	0.41
47	冈萨雷斯	0.18	0.26	0.40
48	波尔克	0.16	0.25	0.38
49	沃克	0.13	0.20	0.31
50	威尔逊	0.12	0.18	0.28
51	萨宾	0.10	0.16	0.24
52	伯利森	0.10	0.16	0.24
53	三一	0.10	0.16	0.24
54	利	0.08	0.13	0.19
55	阿他斯科沙	0.07	0.11	0.17
56	麦迪逊	0.07	0.11	0.16
57	考德威尔	0.06	0.09	0.14
58	圣奥古斯丁	0.06	0.09	0.13
59	瓜达卢佩	0.06	0.09	0.13
60	萨帕塔	0.05	0.08	0.13
61	巴斯特罗普	0.05	0.07	0.11
62	布拉佐斯	0.04	0.06	0.09
63	安吉利纳	0.04	0.06	0.09
64	拉萨尔	0.04	0.06	0.09
65	韦伯	0.03	0.05	0.08
66	休斯敦	0.03	0.05	0.08
67	弗里奥	0.03	0.04	0.07

排名	县名	每 1 000 美元保费损失成本（美元）	50% 营运要素（美元）	占全州比例（%）
68	科马尔	0.02	0.03	0.05
69	罗伯逊	0.02	0.03	0.05
70	米拉姆	0.02	0.03	0.05
71	海斯	0.02	0.03	0.05
72	纳科多奇斯	0.02	0.03	0.04
73	利昂	0.02	0.03	0.04
74	贝尔	0.02	0.02	0.04
75	麦地那	0.01	0.02	0.03
76	谢尔比	0.01	0.02	0.03
77	迪米特	0.01	0.01	0.02
78	威廉姆森	0.01	0.01	0.02
79	切罗基	0.01	0.01	0.01
80	福尔斯	0.01	0.01	0.01
81	贝尔	0.01	0.01	0.01
82	特拉维斯	0.01	0.01	0.01
83	弗里斯通	0.01	0.01	0.01
84	肯德尔	0.01	0.01	0.01
85	安德森	0.00	0.01	0.01
86	布兰考	0.00	0.01	0.01
87	莱姆斯通	0.00	0.01	0.01
88	札瓦拉	0.00	0.01	0.01
89	帕诺拉	0.00	0.01	0.01
90	腊斯克	0.00	0.00	0.01
91	科里尔	0.00	0.00	0.01
92	纳瓦罗	0.00	0.00	0.01
93	尤瓦尔迪	0.00	0.00	0.00
94	麦克伦南	0.00	0.00	0.00
95	班德拉	0.00	0.00	0.00

排名	县名	每1 000美元保费损失成本（美元）	50%营运要素（美元）	占全州比例（%）
96	伯内特	0.00	0.00	0.00
97	亨德森	0.00	0.00	0.00
98	格雷格	0.00	0.00	0.00
99	兰帕瑟斯	0.00	0.00	0.00
100	哈里森	0.00	0.00	0.00
101	博斯克	0.00	0.00	0.00
102	吉莱斯皮	0.00	0.00	0.00
103	拉诺	0.00	0.00	0.00
104	史密斯	0.00	0.00	0.00
105	希尔	0.00	0.00	0.00
106	厄普舍	0.00	0.00	0.00
107	汉密尔顿	0.00	0.00	0.00
108	马弗里克	0.00	0.00	0.00
109	马里恩	0.00	0.00	0.00
110	克尔	0.00	0.00	0.00
111	范赞德	0.00	0.00	0.00
112	雷恩斯	0.00	0.00	0.00
113	考夫曼	0.00	0.00	0.00
114	埃利斯	0.00	0.00	0.00
115	约翰逊	0.00	0.00	0.00
116	伍德	0.00	0.00	0.00
117	坎普	0.00	0.00	0.00
118	富兰克林	0.00	0.00	0.00
119	米尔斯	0.00	0.00	0.00
120	莫里斯	0.00	0.00	0.00
121	卡斯	0.00	0.00	0.00
122	亨特	0.00	0.00	0.00
123	提图斯	0.00	0.00	0.00

排名	县名	每1 000 美元保费损失成本（美元）	50%营运要素（美元）	占全州比例（%）
124	索莫威尔	0.00	0.00	0.00
125	梅森	0.00	0.00	0.00
126	胡德	0.00	0.00	0.00
127	圣萨巴	0.00	0.00	0.00
128	霍普金斯	0.00	0.00	0.00
129	罗克沃尔	0.00	0.00	0.00
130	鲍伊	0.00	0.00	0.00
131	里尔	0.00	0.00	0.00
132	伊拉斯	0.00	0.00	0.00
133	红河	0.00	0.00	0.00
134	德尔塔	0.00	0.00	0.00
135	布朗	0.00	0.00	0.00
136	科曼奇	0.00	0.00	0.00
137	帕克	0.00	0.00	0.00
138	塔兰特	0.00	0.00	0.00
139	达拉斯	0.00	0.00	0.00
140	科林	0.00	0.00	0.00
141	拉马尔	0.00	0.00	0.00
142	帕洛·平托	0.00	0.00	0.00
143	伊斯特兰	0.00	0.00	0.00
144	爱德华兹	0.00	0.00	0.00
145	范宁	0.00	0.00	0.00
146	麦卡洛克	0.00	0.00	0.00
147	登顿	0.00	0.00	0.00
148	巴尔韦德	0.00	0.00	0.00
149	金尼	0.00	0.00	0.00
150	杰克	0.00	0.00	0.00
151	怀斯	0.00	0.00	0.00

排名	县名	每1 000美元 保费损失成本 （美元）	50%营运 要素（美元）	占全州 比例（%）
152	金	0.00	0.00	0.00
153	安德鲁斯	0.00	0.00	0.00
154	阿彻	0.00	0.00	0.00
155	阿姆斯特朗	0.00	0.00	0.00
156	贝利	0.00	0.00	0.00
157	贝勒	0.00	0.00	0.00
158	博登	0.00	0.00	0.00
159	布鲁斯特	0.00	0.00	0.00
160	布里斯科	0.00	0.00	0.00
161	卡拉汉	0.00	0.00	0.00
162	卡森	0.00	0.00	0.00
163	卡斯特罗	0.00	0.00	0.00
164	柴尔德雷斯	0.00	0.00	0.00
165	克莱	0.00	0.00	0.00
166	考克兰	0.00	0.00	0.00
167	科克	0.00	0.00	0.00
168	科尔曼	0.00	0.00	0.00
169	科灵斯沃思	0.00	0.00	0.00
170	孔乔	0.00	0.00	0.00
171	库克	0.00	0.00	0.00
172	科特尔	0.00	0.00	0.00
173	克伦	0.00	0.00	0.00
174	克罗基特	0.00	0.00	0.00
175	克罗斯比	0.00	0.00	0.00
176	卡尔伯森	0.00	0.00	0.00
177	达拉姆	0.00	0.00	0.00
178	道森	0.00	0.00	0.00
179	戴夫·史密斯	0.00	0.00	0.00

排名	县名	每 1 000 美元 保费损失成本 （美元）	50% 营运 要素（美元）	占全州 比例（%）
180	狄更斯	0.00	0.00	0.00
181	唐利	0.00	0.00	0.00
182	厄克托	0.00	0.00	0.00
183	厄尔巴索	0.00	0.00	0.00
184	费希尔	0.00	0.00	0.00
185	弗洛伊德	0.00	0.00	0.00
186	福尔德	0.00	0.00	0.00
187	盖恩斯	0.00	0.00	0.00
188	加扎	0.00	0.00	0.00
189	格拉斯考克	0.00	0.00	0.00
190	格雷	0.00	0.00	0.00
191	格雷森	0.00	0.00	0.00
192	黑尔	0.00	0.00	0.00
193	霍尔	0.00	0.00	0.00
194	汉斯福德	0.00	0.00	0.00
195	哈德曼	0.00	0.00	0.00
196	哈特利	0.00	0.00	0.00
197	哈斯克尔	0.00	0.00	0.00
198	汉普希尔	0.00	0.00	0.00
199	霍克利	0.00	0.00	0.00
200	霍华德	0.00	0.00	0.00
201	哈得斯佩斯	0.00	0.00	0.00
202	哈钦森	0.00	0.00	0.00
203	伊里昂	0.00	0.00	0.00
204	杰夫·戴维斯	0.00	0.00	0.00
205	琼斯	0.00	0.00	0.00
206	肯特	0.00	0.00	0.00
207	金波	0.00	0.00	0.00

排名	县名	每1 000美元 保费损失成本 （美元）	50%营运 要素（美元）	占全州 比例（%）
208	诺克斯	0.00	0.00	0.00
209	拉姆	0.00	0.00	0.00
210	利普斯科姆	0.00	0.00	0.00
211	洛文	0.00	0.00	0.00
212	拉伯克	0.00	0.00	0.00
213	林恩	0.00	0.00	0.00
214	马丁	0.00	0.00	0.00
215	梅纳德	0.00	0.00	0.00
216	米德兰	0.00	0.00	0.00
217	米切尔	0.00	0.00	0.00
218	蒙塔古	0.00	0.00	0.00
219	摩尔	0.00	0.00	0.00
220	莫特利	0.00	0.00	0.00
221	诺兰	0.00	0.00	0.00
222	奥希尔特里	0.00	0.00	0.00
223	奥尔德姆	0.00	0.00	0.00
224	帕默	0.00	0.00	0.00
225	佩科斯	0.00	0.00	0.00
226	波特	0.00	0.00	0.00
227	普雷西迪奥	0.00	0.00	0.00
228	兰德尔	0.00	0.00	0.00
229	里根	0.00	0.00	0.00
230	里维斯	0.00	0.00	0.00
231	罗伯茨	0.00	0.00	0.00
232	兰纳尔斯	0.00	0.00	0.00
233	施莱谢尔	0.00	0.00	0.00
234	斯库瑞	0.00	0.00	0.00
235	沙克尔福德	0.00	0.00	0.00

排名	县名	每 1 000 美元 保费损失成本 （美元）	50%营运 要素（美元）	占全州 比例（%）
236	谢尔曼	0.00	0.00	0.00
237	斯蒂芬	0.00	0.00	0.00
238	斯特灵	0.00	0.00	0.00
239	斯通沃尔	0.00	0.00	0.00
240	萨顿	0.00	0.00	0.00
241	斯威舍	0.00	0.00	0.00
242	泰勒	0.00	0.00	0.00
243	特雷尔	0.00	0.00	0.00
244	特里	0.00	0.00	0.00
245	斯罗克莫顿	0.00	0.00	0.00
246	汤姆格林	0.00	0.00	0.00
247	厄普顿	0.00	0.00	0.00
248	沃德	0.00	0.00	0.00
249	惠勒	0.00	0.00	0.00
250	维基塔	0.00	0.00	0.00
251	威尔巴哥	0.00	0.00	0.00
252	温克勒	0.00	0.00	0.00
253	约克姆	0.00	0.00	0.00
254	杨	0.00	0.00	0.00

第四部分

提出创新性解决方案

第14章

应对巨灾风险的创新性建议

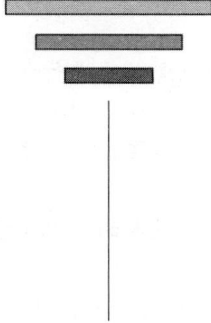

主要发现

以下两个原则为新巨灾保险计划的发展提供了指导方针。原则一：反映风险的保费设计为人们提供了他们所面对的危险的信号，并且鼓励他们采用成本有效的减灾措施。原则二：针对公平性和经济承受能力问题提出了以下解决方法，即为那些目前居住在灾害易发地区的房产业主（例如未投保的低收入房产业主或者投保不足的房产业主）提供特别待遇。

为了给那些居住在灾害易发地区的房产业主提供保护，基于上述原则提出了以下两个创新方案。创新方案一：长期房产业主保险可以绑定一份抵押，这样，随着时间的推移可以稳定房产业主的保费。住房改善贷款则可以鼓励房产业主们采取成本有效的减损措施。创新方案二：在概念上类似于食物券的保险券计划能够资助灾难易发地区的低收入居民，使他们得以购买足额的保险产品。

若干涉及私人部门和公共部门的与保险有关的具体建议方案已经得到实施。沿海飓风带被建议采用由联邦政府制定的，并且在这个地带内的各州之间一致的监管政策。在经过若干年的运作之后，保险业经营的所有盈余都将重新分配给房产业主或者重新分配给通过额外收费来弥补的赤字。这样的一个系统将允许各家保险公司为其向来自高风险地带的飓风灾害提供保险保障并做出长期的资本承诺。设立国家巨灾基金的建议为各州设立巨灾基金和增加私人再保险提供了融资支持。联邦政府可以开发拍卖式再保险合同，用以承保真正的灾难性事件。通过推出创新型产品，金融市场提供的用来承保巨灾损失的可选择风险转移工具将得以扩大，使得这个市场比现在更具有流动性并且因此能够提供额外的承保能力。

创建一个数据收集和信息共享平台可以在保险渗透的广度上为私人部门和政策制定者提供信息。尽管最近发生了一系列巨型灾难，但是美国目前并没有建立起任何在全国范围内能够查明到底谁已经购买了保险产品、他们到底花了多少钱以及谁没有投保的适当系统。我们提议建立一个全美保险数据采集系统以便更好地了解房产业主应对未来灾害的保险业务的水平。这一概念的贯彻实施可以通过美国国家税务局支付非常低廉的成本来完成，它只需房产业主在他们的联邦国税局纳税申报表上回答关于其财产保险的几个问题。

评估这些提议的创新性方法和概念必须进行深入细致的分析。所有这些都将引起关于经济效率、公平性以及当前灾难管理计划的可行性等重要问题。处理好这些问题以确保制定出充分合理的公共政策还需要进行一系列深入细致的分析，这已超出本书的研究范围。

每一个行动方案都是有其风险和成本的，但是它们要远远小于舒舒服服的无所作为所带来的无休无止的风险和成本。

——约翰·肯尼迪（John F. Kennedy，1917—1963）

14.1　两个指导原则

鉴于由飓风和其他自然灾害所造成损失的显著增加以及高风险地区人口和资产的增长，我们亟须一种新的方法来为这些风险提供保险保障，并且鼓励那些居住在灾害易发地区的人们采取有效的减灾措施。以下两个原则将为我们开发出能够以一种高效公平的方式减少未来损失以及分配灾害成本的新方案提供指导：

原则一：保费要反映风险。保费应当建立在风险基础之上，这是为了能给面对危险的人们提供他们所面对的危险的信号，并且鼓励他们采取成本有效的减灾措施以降低他们应对大型灾难时的脆弱性。

原则二：处理公平性和经济承受能力问题。当前居住在灾害易发地区的房产业主（例如未投保的或者投保不足的低收入房产业主）所享受的任何特殊待遇均应该来自不指定用途的普通公共基金（general public funding），而不应该通过保费补贴。

运用原则一将为那些目前居住在自然灾害易发地区的人们以及那些正在考虑移居到这些地区的人们提供一个他们可能遭受的损失的明确信号。建立在风险基础之上的保费还能使保险公司能够为那些投资于成本有效减灾措施的房产业主和工商企业提供折扣。如果保费并不是建立在风险基础之上的，那么各家保险公司则没有经济激励来提供这些折扣。事实上，各家保险公司并不愿意向这些财产所有者提供保险项目，原因在于，如果它们被迫收取人为压低了的保费，那么从长期来看这将是一个亏本的生意。

原则二反映了某些居住在高风险地区居民的担忧。如果各家保险公司承诺将会遵循原则一，那么这些居民将会面临着高额的保费增长。正如本书随处可见的，由各州的保监局长强制实施的监管条例，将许多饱受飓风灾害之苦地区的保费人为压低在以风险为基础的水平之下。如果准许各家保险公司收取反映风险的保费，那么，居住在飓风高发地区的房产业主所支付的保费就会远远高于目前水准。因此，这有可能需要一个过渡期，以便随着时间的推移（比方说三到五年）保费能增长到以风险为基础的水平。这样做其实也可以减少其他投保人所支付的保费，因为这些投保人目前正支付着高于其以风险为基础保险额的保费，其目的在于为那些居住在高风险地区的居民提供补贴。[1]

请注意原则二仅仅适用于那些目前居住在危险易发地区的人们，而那些决定未来移居到这些地区的人们应该支付反映风险水平的保费。如果他们在购买保险时获得了公共资源提供的财政援助，那么这些公共政策实施的结果将直接鼓励危险易发地区的房地产发展，并且会加剧未来灾害所带来的巨灾损失的潜在可能性。

14.2 利用这两个指导原则研发不同的保险方案

倘若存在可以用于确定反映风险的保费的数据资料，那么这两个原则就可以用来设计任何保险方案。正如本书第 6 章曾经讨论过的，人们已经开发出了用于估计不同范围和强度的未来灾害的可能性和破坏力的巨灾模型。虽然这些巨灾模型的估计存在着不确定性，但是各家保险公司和再保险公司仍然广泛地应用着它们，以更好地确定各自的保险额度并且为风险定价。

14.2.1 反映风险的保费

对于遵照原则一进行的保险方案开发，它的第一步是估计那些适用于美国不同地区的基于风险的保险费率。在本书第 13 章中，我们给出了反映着佛罗里达州、纽约州、南卡罗来纳州和得克萨斯州的各县与飓风风灾相关损害风险的费率。我们也详细说明了保险公司使用一个营运要素（loading factor）来弥补保单的市场营销费用、损失发生后索赔的评估与支付成本的时候，到底应该如何将这一要素转化成保费的问题。适当的营运要素还应综合考虑资本成本，各家私营保险公司需要通过这些资本为巨灾事件的投保，并且可以通过为投资者们赚取一个足够高的回报来维持它们的信用等级，以使得投资者们愿意向保险公司投入资金。

这里需要处理的一个主要问题是如何在特定的风险评估以及在这个过程中各州的监管机构将扮演的角色上达成共识。我们认为，为了使得各家保险公司能够收取反映风险水平的保费，监管机构不应该染指与费率厘定有关的任何事项。如果运行中的市场确实是一个真正的竞争性市场，那么各家保险公司谁也不会从事价格欺骗，因为它们的生意可能被另一家能以更低价格营销其保单的竞争型公司抢走。但是在保险市场运作的另一个方面，监管机构仍需扮演一个重要的角色，比方说，监管机构应该确定各家保险公司拥有足够的盈余，以保护那些对它们深信不疑的消费者们在遭受下一次严重灾害后免于破产。

14.2.2 对保险产品的经济承受能力

保险方案开发过程中的第二步涉及原则二所指出的经济承受能力（affordability）和公平性（equity）等问题。我们在本书第 11 章的分析中揭示出，有许多据推测对保险不具经济承受能力的房产业主（因为他们的收入低于一个预先确定的门槛，即贫困线水平的125%或200%）实际上购买了保险产品，而某些对保险有经济承受能力的人们却并未购买保险。在本书的第 11 章中，我们还讨论了公平性问题。如果保费的变动在各个家庭之间分配得不均衡，人们就会认为那些面临着保费巨幅增长的家庭遭遇了不公平、不公正的待遇。更为具体地讲，如果为了反映风险而在高危险地区提高保费，那么此类地区的居民就可能觉得相对于那些保费维持不变的类似家庭而言，他们遭到了不公正的对待。

我们建议，要处理这些公平性与经济承受能力问题，需由各州或者联邦政府提供某种类型的保险券（insurance voucher）。与非限制性经济补贴相比，此类实物方式的补助（in-kind assistance）可以确保其接受者将使用这笔基金来获得保险，而不能随意地把钱花费在其他商品和服务上。在一场重大灾难发生之后，我们的目标是减轻逃离家园者和无家可归者的痛苦。它还通过确保让人们获得足够的保险赔付以重建家园以及使之继续居住在该地区等方式，来确保遭受巨灾影响地区经济的快速复苏。如果这套系统被应用在一户危险易发地区的低收入家庭，那么该家庭就需支付一个反映其风险水平的保费，之后再由其所在的州政府从上一年度保单中已经提高了的保费里拿出一部分对家庭成员进行补偿。这一补偿的数额将取决于他们的收入以及他们所支付的保费。

现有的几种计划可以作为我们在美国开发此类票证系统（voucher system）的模仿对象。

1. 食品券计划

在美国的食品券计划（food stamp program）中，获得食品券的家庭将用它们来购买食品，这些食品券的发放是基于每一个家庭的年收入和家庭规模的。这一计划的构想产生于 20 世纪 30 年代晚期，1961 年作为试验性计划被重新提出，并于 1974 年在全美范围内得到推广。这一计划的现行构架是在 1977 年得以贯彻执行的，其目标在于通过使得低收入家庭能够从食品杂货店正常的食物采购中获得更富营养的日常饮食，以缓解饥饿和营养不良给人们带来的影响。食品券适用于所有的收入最低、只拥有有限资源的家庭，而不考虑其年龄大小、有无劳动能力或者家庭结构如何。

除了那些年长者或者因残疾丧失劳动能力的家庭成员，领取食品券家庭的总收入必须低于贫困线的 130%。所有家庭的纯收入必须低于贫困线的 100%，这样才有资格领取食品券。[2]这一计划的经费完全由联邦政府提供。联邦政府和各州政府共同分担行政管理费用，联邦政府分担了其中的将近 50%。2007 年，联邦食品券计划的预算是 350 亿美元，[3]其受益者超过 2 600 万人，其中包括了佛罗里达州的 120 万人、纽约州的 180 万人以及得克萨斯州的 240 万人。[4]确定同样的这一群体的人们在抵御自然灾害时是否也缺乏适当的保险是很有价值的。果真如此的话，这些房产业主可以为一个保险券计划组成一个试验组。

2. 低收入家庭能源补助计划

这一计划的宗旨是资助那些需要支付他们收入中的很大一部分用于家用能源才能满足其即时能源需求的低收入家庭。判断这些家庭是否有资格获得资助的评判标准类似于食品券计划。该计划的经费是由联邦政府提供的，但由各州、联邦认可的部落以及海岛地区（例如关岛、波多黎各、维尔京群岛）来负责日常管理，用来帮助合格的低收入房产业主和租房者满足其冬天供暖或者夏天制冷的需要。[5]由于 1973 年石油输出国组织（the Organization of Petroleum Exporting Countries，简称 OPEC）石油禁运引发了油价暴涨，联邦政府随即着手对低收入家庭进行了能源补助。该计划在 2000 年到 2007 年间的年度平均拨款为 20 亿美元。[6]

3. 普及服务基金

普及服务基金（Universal Service Fund，简称 USF）由联邦通讯委员会（the Federal Communications Commission）创建于 1997 年，用以保证全美各地的消费者在通信服务的接入和付费标准上与那些城市地区的消费者大致相当。[7]为了实现这一目标，该计划为所有居住在成本畸高地区（例如农村地区）的家庭提供折扣。这样，不论收入高低，他们只需支付同样的得到补贴的费率。随后便出现了各种严格针对低收入家庭的普及服务计划，而不论他们是居住在高成本地区抑或是低成本地区。[8]依照 1996 年《电信法》（the Telecommunications Act of 1996）的规定，所有提供国际和州际服务的电信运营商都须向普及服务基金缴款。如果运营商们选择把这笔钱转嫁给它们的消费者，那么它们可以把这一因素纳入到它们的计费系统之中。在 1988 年到 2006 年期间，该基金支出的款项已经超过了 500 亿美元。

14.2.3 谁应该为保险券埋单？

为了在具体的商品和服务上资助低收入家庭，这些计划提供了多种不同的方法。就房产业主保险而言，保险券的资金可以通过反映这些计划实质的多种途径来提供。

1. 一般纳税人

如果人们都认为社会中的每一个人都有责任资助那些居住在灾害易发地区并且对保险不具有经济承担能力的人们的话，那么，我们就可以动用联邦政府的一般纳税人收入来弥补保险券的成本。这类似于食品券计划和低收入家庭能源补助计划。

2. 州政府

各类自然灾害频繁的各州居民或者工商企业（或者二者兼而有之）所缴纳的税款可以成为一个可供选择（或者辅助）的资金来源。对于这种类型的筹资安排存在以下争议，即通过征收财产税或者诸如汽油税、州所得税或者营业税等其他财政收入，各州的政府可以从其辖区的经济发展中获得巨大的财政利益。如果那些居住在沿海地区的居民从当地经济发展中比本州其他地区的居民获得了更大利益的话，那么他们就应该比那些居住在内陆地区的居民相应地缴纳更多的税。

3. 投保人

可以向保险产品的投保人征收一项特种税，用来给那些目前居住在危险易发地区需要特殊对待的居民们提供保险券。这种税的基本原理在于所有的房产业主（与所有的纳税人形成对比）都有责任帮助保护那些无经济能力承担保险保护的人们。实施这一计划的合理性类似于为通信服务建立普及服务基金的基本原理：为这个国家的全体居民提供在经济上具有承担能力的电话服务。

14.3 长期房产业主保险

14.3.1 计划的性质

巨灾损失的反复无常以及美国 2004 年和 2005 年飓风季之后市场和监管者之间的反向作用为未来投保巨灾风险提出了以下问题：随着时间的推移，人们到底怎样平滑保险产品的成本才能避免最近出现的年复一年的市场环境的剧烈变化呢？为了解决保费的波动性以及房产业主们未能保护其财产免受灾难损失的问题，我们建议通过长期保险（long-term insurance，简称 LTI）合同这种新方法为房产业主们提供保险保障，而非通常的住宅物业年度保单。[9]在美国，长期保险合同的先例可以追溯到本杰明·富兰克林（Benjamin Franklin，1705—1790），他在 1752 年发起成立了费城房屋火灾损失保险互助会（Philadelphia Contributionship of the Insurance of Houses from Loss by Fire）。该互助会最终变成了绿树互助保险公司（the Green Tree Mutual Assurance Company），该公司在 2004 年破产。[10]还有一种来自抵押贷款市场的有意思的基准。Jaffee，Kunreuther and Michel-Kerjan（2008）指出，尽管现在通常的住房贷款都是长期的（期限为 20 年或 30 年），但直到大萧条之前如此长期的抵押贷款是极其罕见的。在大萧条之前，美国各家银行的抵押贷款通常都是短期的（期限为 1 年到 4 年），并且在到期日要全额归还本金。

我们考虑的问题之一是：是否应该要求所有的住宅物业都投保长期房产业主保险。目前的情形并不会发生剧烈的变化：那些已经办理了抵押贷款的房产业主们，通常要遵照为他们提供贷款融资的银行的要求而去购买保险以抵御贷款抵押期间的风灾损失。类似地，如果那些居住在洪水频发地区的居民办理了一份获得联邦政府保证的抵押贷款的话，那么他们也须购买国民洪水保险计划之内的洪水保险品种。如今，消费者的其他购买行为也被要求办理保险。目前在美国的所有各州，机动车的驾驶员在登记他们的汽车时，均须出示其汽车保单或者人身伤害以及财产损失责任的支付能力证明。

为了保证一份长期保单的可行性，各家保险公司应该能够收取在那段时期内（比方说 10 年或者 25 年）反映它们对风险水平最佳估计的保费（原则一）。这些估计中所包含的不确定性会以这份保单期限长度的函数形式反映在保费之中（参见本书第 6.3 节），这与利率对 15 年、25 年和 30 年等不同期限固定利率抵押贷款上的影响方式是相同的。保险券可以提供给那些在经济上无力承担反映风险保费的房产业主（原则二）。

从保险客户的观点来看，长期保险合同的一个显著优势是此类合同给他们提供了稳定性，并且确保了他们只要持有保单，其财产就能得到保护。这一直是灾害易发地区房产业主最主要的关注点，在 2005 年这些地区发生了飓风这样的严重灾害之后，各家保险公司已经停止办理保单。如果有一种适宜的长期保单，能够为居住在灾害易发地区的房产业主们提供用于恢复重建的财源以及减少大笔灾害援助需要的话，那么在接下来的下一场灾害中就会得到保护。

14.3.2　鼓励采用减灾措施

长期保险给房产业主们投资于减灾措施提供了经济刺激，而目前的年度保单（即使它们是建立在风险基础之上的）是做不到这一点的。为了说明这一点，让我们来考虑下面这个简单的例子，在这个例子中我们在为保险产品定价时暂不考虑营运要素。设想一个家庭可以投资 1 500 美元来加固屋顶，这样的话可以减少每年的发生概率为 1% 的飓风所带来的 30 000 美元的损害。如果房产业主所居住的地区遭到飓风袭击，那么，收取以风险为依据的保费的保险公司将打算每年少收 300 美元（30 000 美元×1%）的保费来反映这一笔即将发生的较低的预期损失。如果这处房屋预期使用 10 年或者更久，那么投资于这项减灾措施带来的预期收益的净现值将超过按高达 15% 的年度贴现率计算出来的前期成本。

在现行的年度保险合同下，许多房产业主都不愿意承担这 1 500 美元的开销，因为他们每年只有能收回 300 美元，并且在做出其各自决策时他们可能考虑的仅仅是接下来几年的收益。如果他们对未来重视不足，那么预期的折现收益可能还要低于 1 500 美元的前期成本。此外，预算约束也可能妨碍他们对减灾措施的投资。其他需要考虑的因素也会在一个家庭不去投资这些措施的决策中发挥某种作用。这家人可能并不清楚到底他们会在这栋房子里居住多久，以及当他们的保单延期时，保险公司是否还会为其提供这 1% 的折扣。

一份 20 年期限的保单是将合同捆绑于财产而非个人。实际上，该房产业主可以以 10% 的年利率办理一笔金额为 1 500 美元的、捆绑在抵押物品之上的住房改善贷款，这样，他每年需支付 145 美元的贷款利息。如果保险公司少收 300 美元的保费，那么房产业主每年就会省下来 155 美元。或者说，这笔贷款可以看做是包含在一笔利率低于 10% 的抵押贷款之内的一部分。

这些减灾贷款将组成一种新的金融产品。每一家银行都会有提供此类贷款的财务激励，因为目前它在抵御财产的巨灾损失方面得到了更好的保护，而保险公司也清楚地知道它在一场重大灾难中所遭受的潜在损失是会减少的。此外，普通公众目前也不太可能为灾难救济拿出大量税款——这是一个对所有人来讲各方皆赢的情形！[11]

在促使银行鼓励个人投资于成本有效减灾措施的过程中，各家保险公司也会得到一份额外的利益。那些用于保护各家保险公司免受巨灾损失的再保险成本现在会大为降低。如果各家再保险公司认识到，由于这一地区每份财产目前遭受某一巨额损失的可能性是较小的，它们支付给各家保险公司大额赔付的可能性就很小，那么它们会以某家保险公司减少财产所有者保费的同样理由来减少这家保险公司的再保险保费。

假设一家保险公司在某一特定地区签发了 1 000 份同样的保单，并且，如果房产业主们并未加固他们的屋顶，那么在一场飓风后每一份保单将预计赔付 4 万美元。这家保险公司在这样一场灾难中的损失将为 4 000 万美元。进一步假设这家保险公司想从一家再保险公司的保险项目中投保 2 500 万美元以保护它的盈余。如果我们假想中的飓风有 1% 的可能性袭击这些家庭所居住的地区，那么一家再保险公司的预期损失将为 25 万美元，并且它向这家保险公司收取的保费也将对此有所反映。如果这家银行要求全部的 1 000 个家庭保证对其屋顶实施减灾措施以符合本地的建筑规范，并且每位房产业主的损失都能减少到 1 万美元，那么，即便这 1 000 个家庭都受到飓风侵袭，这家保险公司的损失总额也就是 1 000 万美元，并且它也无须再保险。这笔节省下来的费用将通过这家保险公司以更低保费的形式转移给了各位房产业主。

除了所有这些好处之外，从消费者和保险公司的观点来讲，长期保险还能降低交易成本。更具体地说，一家提供长期保险保单的保险公司可以减少营销成本开支，因为这一支出只在提供保险合同时才会收取而不是每年都要发生。同样地，那些持有其合同将在年底失效的一年期保单的消费者，就能通过购买一份长期保险保单来避免用于寻找另一份保单的搜寻成本（search cost）。对于消费者来讲，这些基于一份长期保单的预期社会福利收益可以是相当可观的。

14.3.3 悬而未决的问题与疑问

长期保险保单对各家保险公司和各位房产业主有着直接影响并且会对其他利益相关者产生间接影响，与长期保险保单的发展相关联的许多问题与疑问都要求我们对其做出进一步的研究和分析。

1. 保险合同的性质

各家保险公司可以采用在保单的整个合同期间（例如 20 年）以一个固定价格合

同（fixed-price contract，简称 FPC）的形式，或者采用在保单办理了抵押之后的续保期间以一个可变动保费的可调整保费合同（adjustable premium contract，简称 APC）的形式向其保险客户提供长期保险。年度保费将以某一指数为基础进行重新设定，这样做毫无疑问地会使之简单和明晰。保单持有人将希望拥有终止这份合同的选择权；抵押贷款市场提供了好的和坏的两个方面的范例。对于各类固定价格合同来讲，那些使得保险公司完全通过提供诸如保险品种的维持和废止（处理商业抵押贷款预付成本的两种最为常用的方法）的正式安排也许是必要的。[12] 对于各类可调整保费合同来讲，借款人将希望拥有在保费上涨公告的一个确定时间段内（比方说 3 个月）不需要支付任何代价便可以终止合同的权利。[13]

2. 针对各类巨灾损失的保护性措施

人们还应该了解各家资信评级机构是如何看待长期固定保费合同所承担的义务的，因为即使预期损失上升，保险公司目前也要受制于这一保费。为了保护自己免受随时间推移巨灾损失概率增加的可能性，各家营销固定保费合同的保险公司将毫无疑问地会投资于巨灾债券或者其他证券化风险的形式。或许我们还需要某种类型的政府担保，以应对各家保险公司和各位投保人对未来紧随一笔巨灾损失的索赔支付能力的担忧。至于保险产品的定价，固定保费合同的保费可能比可调整保费合同稍微定得高一些，这可以在合同期间内帮助各家保险公司抵御风险的骤增。这种做法类似于与固定利率抵押贷款相对应的可调整利率抵押贷款的定价过程。

这里的核心问题之一是，给定与承保灾难损失的风险与资本成本相关的模棱两可性，长期合同的价格到底应该定多高呢？如果不能通过各种长期风险转移工具（目前还不存在）或者一项州或联邦水平的政府再保险计划对巨额损失提供保护的话，固定保费合同的保险费率可能会高得离谱，这样，市场对这种类型保险项目的需求将会微乎其微。[14]

3. 理解保险合同

那些购买了保单的人们通常很难理解某些合同条款：到底哪些风险获得了保险，哪些风险不能获得保险以及厘定某一具体费率的基础到底是什么。对于一份长期保险合同来讲，这一问题可能会更为复杂。对于各家保险公司来讲，通过提供其所承保的各类风险的类型以及它们为不同水平的保护所收取的保费的更为详细的说明，它们也有机会对消费者们就其所收取的费率的基础展开说服教育。更具体地讲，各家保险公司可以将保费分解到对火灾、偷窃、风灾以及包含在一份房产业主保单之内的其他损失的保险品种之中，并且可以解释随着长期合同期限的变化，保费是如何变化的以及变化的原因所在。这将对各家保险公司披露此类信息大有裨益，从而通过对合同的性质以及到底什么样的可供选择的选择权将使他们付出代价的理解，使得房产业主们可以做出更好的决策。而后，他们可以在成本和期望收益之间做出权衡——对于他们来讲这在今天是不可能做到的。Thaler and Sunstein（2008）提议通过一种被称为RECAP 的政府监管形式来对此类信息进行披露：记录（record）、估计（evaluate）并比较可供选择的价格（compare alternative prices）（RECAP 是前述几个英文单词的首字母的缩写——译者注）。他们建议政府不要对价格进行管制，而应该要求披露具体的做法——这些信息不是公布在一份冗长的、含糊其辞的文件中，而是要通过一个包括所有相关规则的电子表格的格式披露出来。

4. 制度的细节

某些关于制度细节的问题需要结合主要利益相关者展开更进一步的分析和讨论：

● 在什么样的环境下，随着时间的推移财产所有者可以变更他们的保单？

● 由于那些新的风险模型变得越来越容易取得，在为研发基于风险的保费提供估计以及为那些随着时间的推移所发生的各种变化提出一种基本原理这两个方面，那些致力于气候研究的建模公司和科学团体将会扮演什么角色？

● 各家保险公司应该如何应对那些随着时间的推移所发生的风险估计中的重大变化？

● 为了保护各家保险公司应对巨灾损失以及随着时间的推移所发生的风险估计中的各种变化，再保险市场和资本市场应该创造哪些类型的风险转移工具？

● 在针对各种巨灾损失所提供的保护中，公共部门将扮演什么角色？

● 如果提供长期合同的各家保险公司面临着破产的可能性，消费者们将出现多大的担忧，以及一旦发生这种情况，各家保险公司应该采取哪些步骤来保护房产业主？

对于保险公司、房产业主、监管机构以及其他利益相关者来说，长期保险是否极具魅力，这还真不好说。但有一点是清楚的，那就是我们需要创新性的计划用来减少涉及公共部门和私营部门的灾害所招致的未来损失。关于保险行业在这方面所扮演的重要角色，我们需要了解的是，作为风险的性质、保险公司所提供的保险业务类型以及保费结构的函数，保单到底能做什么以及不能做什么。

14.4　一切灾难险

长期的合同能够解决时间变化所带来的问题。[15]另一个可供参考的建议是一切灾害险。对于居住在风险高发区的居民来说，目前的保险是针对各种不同的风险而分别设立的。标准的家庭商业保险的保单，通常需要家庭提供抵押借款状况的信息，所包含的风险有火灾、台风、冰雹、雷电、暴风雪、泥石流等。地震保险能够追加额外保费。洪水保险由国民洪水保险计划（National Flood Insurance Program，简称 NFIP）开展。

14.4.1　一切灾难险的特征

完善的一切灾难险保单，应当遵循两个原则，即保费要反映风险性、公平性以及保费要可负担得起。这种由单一保单包含所有自然灾害的观念已被其他国家采用。

1954 年，西班牙成立了一家股份有限公司，即保险赔偿联盟，该公司就为特别风险提供强制保险，这些特别风险包括自然灾害和诸如恐怖袭击、骚乱、民众暴乱等政治社会事件等。对于由私营保险公司所提供的财产保险单而言，一切灾害险是对它的一种补充。保险赔偿联盟仅对以下情况予以赔付，即私营保险公司所不保障的损失，低收入家庭不能购买保险，保险公司由于破产而不能赔付保险金。这类保险中，政府收取保险费，私营保险公司销售保单并处理理赔事宜。[16]

在法国，强制的家庭保险包含除了恐怖袭击外的许多自然灾害。两者的主要不同在于部分国有再保险人所提供的再保险水平，即中央储蓄银行对洪水、地震和干旱所提供的再保险拥有政府的无限担保。[17]

14.4.2 一切灾难险的优势

设想一家保险公司希望在美国各个不同的地区销售家庭保险。由于保险费率要同风险水平相适应，那么保险公司要收取的保费能反映加州的地震风险、海岸的飓风风险、大平原的龙卷风灾害风险、密西西比河谷的洪水风险。这些风险中的每一个与其他风险均是不相关的。更高的保费基础和多种风险之间的分散降低了保险公司在某年份特定公司账目中出现的损失大于收益的概率。

一切灾难险的保单也对飓风高发地区的保险公司和保险客户拥有吸引力，因为这避免了由一名理算师来抉择灾害是由风（目前由私营保险公司承保，某些州则由国营保险公司承保）还是由水（目前由国民洪水保险计划承保）所引起的这一高成本过程。正如第 2 章所提到的，辨别风损与水渍的问题正挑战着卡特里娜飓风的受灾区域。飓风横越的大部分海岸区域，所到之处只剩被毁建筑的地基和楼梯，很难判断灾害的原因。在这个例子中，保险公司也许会决定支付受保范围内的保险金，而不是支付由于判断灾害损失来自水渍还是飓风造成的诉讼费用。由于房屋仍然存在，因此从某种程度上说这个过程相对容易。例如，屋顶的毁坏可能是风造成的，而客厅的水痕则是洪水的标志。[18]

一切灾难险还能解决投保人目前所遇到的由地震引起的火灾的承保问题。即使家庭没有购买地震保险，由地震引起的火灾造成的损失也能够得到弥补。例如在 1906 年的旧金山地震中，大部分损失由火灾造成，保险公司有责任承保这些损失。在这个意义上，家庭保险虽然在承保范围中不包括地震，但是实际上承保了部分地震造成的损失。

一切灾难险的另一个优势是它承保了一切风险，因此每个家庭不用再为自己遭受的风险是否在承保范围内而犹豫。许多海岸地区的居民就认为他们的家庭保险承保了由飓风引起的水灾风险。一切灾难险的吸引力在于无论损失是由什么灾害所致，它都保证了保险客户遭受的一切损失都在受保范围内，这已经由卡尼曼和特沃斯基于1979 年用实证方法所证明。其结果表明 80% 的被调查者更愿意购买这种保险，而不是买所谓的"概率保险"，在"概率保险"中，存在着损失不能被承保的可能性。对每一个个体而言，最重要的是如果他的财产损失了或者毁坏了，这种损失将会被承保，而具体引起损失的原因是什么并不重要。

一切灾难险的另一个优势在于它也许能够解决一些目前困扰国民洪水保险计划的问题。美国审计总署最近指出，只有一半的财产符合能够被国民洪水保险计划的洪水保险所承保的条件。而且许多在卡特里娜飓风引发的洪水灾害中的受损财产是没有资格购买国民洪水保险计划提供的洪水保险的。此外，对于那些确实购买了洪水保险而遭受巨大损失的居民，该保险也仅仅能够弥补他们损失的一部分，因为国民洪水保险计划提供的洪水保险对建筑物以及室内财产的最大保险金额分别是 250 000 美元和100 000 美元。

当然，一切灾难险将比标准的家庭保险更贵，因为它的保障范围更加广泛。假设保费是基于风险收取的，但保险投保人将只被收取与他们所面临的风险相适应的保费。因此，在海岸地区的家庭理论上将被承保地震损失，而如果居住在地震并不活跃的地区，那么他们将不会被收取任何保费。在推销一切灾难险的过程中，保险公司需要向公众强调这一点，否则公众会认为他们在为不会遭受到的风险支付保费。

14.4.3　一切灾难险的劣势

一切灾难险的主要劣势在于，由于保费要与风险相适应（原则一），这就迫使保险公司在风险高发地区要相应地提高价格，以弥补潜在损失。保费的大幅度增加从每个家庭的角度来看也许是不公平的，这可能会导致大范围的抵制付费。对于那些在海岸地区拥有第二套住房的高收入家庭来言，他们有足够支付保险费的经济基础。但对于低收入家庭而言，需要给他们提供一些保险券，以使这些家庭能够买得起保险（原则二）。

很多保险公司可能会反对一切灾难险，因为由于风险的增加，他们担心遭受到的损失可能超出目前所能承受的范围。一些人合理地推断，要是家庭保险承保风灾和水渍的话，未来卡特里娜飓风对私营保险公司造成的损失将会更大。另一些则认为保险公司经过这么多年后已经收取了更多的保费。为了承担额外的风险，保险公司需要大幅度增加利润，或者增加再保险、保险相关证券、国家基金或联邦政府再保险的规模。

对于业务只在本州之内的小规模保险公司而言，它们比大公司的利润少，分散风险的能力也有限，因此小型保险公司有其特殊的需求。这些保险公司也许会发现，当家庭保险将水灾和地震风险纳入承保范围，亏损的波动就增大了。例如，一家路易斯安那州的保险公司提供对飓风的保险，如果将风灾和水渍纳入家庭保险受保范围，那么它也许会发现，公司亏损的变动比目前更大了。这些小公司为了与大公司竞争，它们必须通过私募或公开发行的风险转移工具来抵御灾难性的损失，保护自己不被市场淘汰。

保险公司推销一切灾难险会面临一个额外的挑战，就是它们要试图让各个家庭相信它们将只对自己实际面临的风险支付保费。保险公司要到达这个目的可以采取的一个方法是列出受保范围内的各种保险项目的成本。以当前家庭或汽车保险的方式来分散不同保险的成本。假设一个居住在海岸地区的家庭知道将要花费 3 000 美元购买风灾保险、1 500 美元购买水渍保险、500 美元购买火灾保险，不用花钱买地震保险，这样它就不会抱怨没有用来弥补加州的家庭所面临的地震风险的保险项目。这种罗列保险成本的清单也能够强调住在特定区域的风险强度——保险的另一个信号作用是指示特定地点发生灾害的可能性。

14.5 建立更具流动性的与保险相关的证券市场

由于寻找一种方式来弥补真实的灾难性事件所带来的损失是一件很有意义的事，因此发展保险相关证券的新品种是很重要的。第 8 章阐述了目前能够将额外的风险转移至金融市场的创新工具，因此要给灾难性的损失提供保护，以进一步发展市场的流动性。

14.6 构建数据收集和信息共享平台

我们要考虑的另一项创新是建立一个在每年的保险承保和索赔申请上更精细化的数据采集系统：揭示不同地区的不同保险水平的发展状况。随着海岸地区人口的增加，我们需要进一步了解已投保的家庭数量以及它们所投的保险数量。我们建议建立数据收集平台，来判断国家的不同地区的入保水平。国家税务局只需用很小的成本来实施这一想法，让房产业主在纳税申报单上回答一些以水渍，地震和风灾为受保范围的财产保险的问题。国家税务局能够从总量水平上收集这些信息（例如，按照邮政区域），而单个人的信息是不会被识别出来的。通过提供更详细的家庭保险水平的数据，就可能开发出更有效地减少未来自然灾害损失及恢复的方法。

14.7 为灾难性损失融资的其他建议

我们现在介绍以下三种近期提出的方案，以解决为灾难性损失融资的问题：拍卖联邦再保险合同、联邦管理的海岸飓风区、国家灾难基金。我们将不加任何判断地按照经济性、公平性和可行性的角度来描述这些方案，而这需要一系列深入的分析，可能超出本书的范围。

14.7.1 拍卖联邦再保险合同

1992 年安德鲁飓风和 1994 年美国加州北岭地震后，路易斯和默多克于 1996 年提出一个方案，即由联邦政府提供每年可拍卖的灾难再保险合同，以使私人部门能够更好处理真正发生的极端事件。美国财政部可参照巨灾直接损失的总量来拍卖一定数量的保险合同。起初，路易斯和默多克提出，合同承保的损失范围在 25 亿美元至 50 亿美元之间，但是后来又做出了修改，使私营保险公司、再保险公司或者国家共同资金能够选择一个不会把相关财产挤出市场的触发水平，以不被挤出私人市场。[21]这种合同的设计应该详细说明，并进行一个更细致的分析来判断这种拍卖机制对利益相关者的潜在影响。

14.7.2　建立海岸飓风区

鉴于对飓风导致的灾难性损失进行的补偿缺乏流动性，解决这一挑战的方案是建立风险分散的多个州合作并由联邦管理的州际市场。[19]

在 2008 年，旅行者公司曾提出建立由联邦管理的从得克萨斯州至缅因州的海岸飓风区。私营保险公司仍然销售承保暴风雨的家庭住宅保险，但是要由联邦政府建立一个独立的平台，来管理和监督私营保险公司承保风灾包括定价在内的各方面行为。

提出这个方案的理由是，在目前的系统中，每个州要管理和监督自己的保险市场，这已经导致了在费率、受保范围和对保险公司及客户的承保规则方面上的管理不一致性和如飓风般的不可预测性。合理设计和实施的海岸飓风区，能够提供一系列稳定的规则框架以保证保险公司有长期的资本以应对这些地区的风灾，这也能够增加保险的有效性。联邦的监督也将保证保险费率是合理的，以使费率与承受的风险是相适应的（原则一）。这将能够通过联邦监督委员会论证的风灾模型实现。而这种公司的费率方案要经独立董事会审查才通过的方式，使费率的竞争继续存在。国家需要继续监督管理一切其他的风险。

除了联邦政府的监督之外，当风灾模型的结果与实际的损失结果相偏离后，海岸飓风区还能够提供一种公正的调整费率的机制。如果多年后实际的风灾损失比预期的小，那么保险公司将必须为保险客户提供预期的信用保险费。这将降低飓风没有发生的情况下，保险公司一直盈利而客户一直缴费的概率。

一种基于成本的针对极端事件的联邦再保险机制，将得到保险客户缴纳的保险费连同转交给客户的存款的资助。联邦再保险机制也将能够解决有效性的问题，因为拥有稳定的极端事件再保险的保险公司，应该也愿意为海岸地区的家庭扩大承保范围。

为了减少不可避免的飓风造成的损失，联邦、州以及当地的政府部门在推进风险降低计划中拥有另一个很重要的作用。在这一点上最重要的是，强化并实施政府在建筑构建和整修方面的建筑法规，还应该通过经济刺激的方式鼓励采用暴风雨遮挡板和抵御灾害的窗户。如果沿海的各州采用了联邦建筑法规和相关的减灾手段，那么它将有权得到联邦拨款。另外，对于那些采取必要行动加固房屋使其少受损失的被保险者，保险公司应该给他们提供保险费的折扣。其他减少损失的方案包括审慎地管理土地使用，例如承认海岸沼泽地对减少飓风对陆地影响有重要作用。

14.7.3　国家灾难基金

"保卫美国"成立于 2005 年，是一个由紧急情况处置官员、首批志愿者、防灾减灾机构、非营利团体、企业和保险公司组成的全国联盟。它已经提出了广泛且综合的方法以减少损失，加强对自然灾害的处理。该计划将由私营资金提供资助，而实际上由国家灾难基金作为资金后盾为客户以更低的成本来提供更多保护。[20] 这种资金后盾能够用来加强美国金融基础设施建设，通过扩大私营再保险规模来更有效地解决较大灾难。

私营保险公司收入的一部分将存入国家灾难基金，当损失超过特定数额时，为州灾难基金提供再保险。这个基金除了起始损失为 1 000 万美元之外，均是自给自足的，它将不以营利为目的来免税运营，并由美国财政部管理。保险费将在合理的精算基础上设立，确保保费反映客户所面临的风险，避免高风险地区客户相对于低风险地区的补贴（原则一）。国家灾难基金从国家基金中购买再保险，应最多从国家基金中留出 35% 的投资收入用于保护，减少灾难和公共教育计划。

私营保险公司应该履行全部的应负责任后再使用国家灾难基金来支付索赔。在获得国家基金前，国家灾难基金应履行其提供资金的义务。这意味着，国家基金只弥补由非常巨大的灾难所带来的损失，且这种损失巨大的程度将有可能使私营保险公司和国家灾难基金面临资金崩溃，而保险客户则暴露于严重的支付能力风险下。因为国家灾难基金是免税的且没有利润负担，这将使其拥有比私营保险公司更低的费率，并把这种好处转移给客户。

这个方案仍然有以下有待进一步探讨的问题：

- 当今，私营再保险和保险相关证券要有多大的规模才能弥补非常巨大的灾难损失？
- 一种后备机制能够预防保险公司和再保险公司的破产吗？
- 对这样的国家基金，它的启动门槛是多少（例如，500 亿，1 000 亿还是2 000亿）？设置这个门槛的基础是什么？
- 文中提出的解决方案将由私营保险公司资助，但是在基金最开始运作的几年里，如果真正的极端事件发生了，我们该怎么办？
- 这种国家基金的建立是否会排挤那些创新性的私营部门提出的解决方案？

本章小结

本章介绍了满足两个互补目标的策略：为飓风高发区的家庭通过保险提供金融保护，以一种成本有效的方式来减少损失。关于如何建立一个稳定高效且公平的解决方案，我们提出了为美国大范围的自然灾害提供资金支持的两个指导原则。原则一：保险费要反映风险。原则二：解决公平和可负担得起的问题。为了使保险公司收取的保费能反映风险水平，监管者不要参与费率厘定的相关事务，对于公平性和可负担性的问题，我们建议联邦政府提供一种保险券，这些保险券的资金可来自一般纳税收入、暴露于灾害风险的居民或企业的税收（也可二者兼有）或者保单持有人。

基于这两个原则，我们强调了几种保险方案，并为国有和私有部门提出了创新性的建议：长期保险合同，一切灾害保险，创造一个更具流动性的保险相关证券的市场，建立一个数据采集和共享的平台，拍卖联邦再保险合同，建立一个海岸飓风区和国家灾难基金。

第 *15* 章

赢得对抗气候与其他极端事件的战争

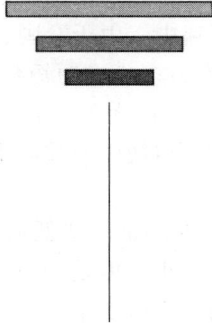

一直以来，人类都沉溺于冒险活动，因为它毫不留情地将我们投入与命运之神的白刃战。我们投身这场令人生畏的战斗，是因为我们相信自己有一个强大的盟友：幸运女神将降临在我们和命运（或者说厄运）之间的战场，把胜利带给我们。

——彼得·伯恩斯坦（Peter L. Bernstein），《与上帝抗争：不同寻常的风险故事》，1996

机会不会降临在那些无所事事的人身上。

——索福克勒斯（Sophocles，公元前 496—公元前 405/6，古希腊悲剧诗人）

15.1　低概率/高损害事件的神话

虽然本书的分析只涉及一种大灾难（与天气相关的灾难）和一个国家（美国），但是我们相信本书中的框架和分析思路可以应用于分析更广范围的极端事件，而不仅仅是自然灾难，同时也可以拓展到其他国家。

在 21 世纪的头几年中，我们经历了一个灾难激增期，这些前所未有的灾难使我们重新思考能减少未来损失的方法和应该如何以更加积极主动的姿态应对灾难。2001年 9 月 11 日，一个超级大国在本土遭到了来自恐怖主义势力的挑战，保卫国家安全也因此成为美国的首要目标。这一事件也对其他国家产生了深远的影响。2003 年 8月，发生在美国和加拿大两国的大范围电力传输系统瘫痪事件揭示了短期的竞争压力如何危及我们的核心基础设施，这一事件造成北美地区超过 5 000 万人无法用电，在某些地区停电还持续了好多天。而从更广义的概念上讲，在我们国家，维护和保养那些关键但正趋于老化的基础设施尚不被认为是一项值得优先考虑的事。在 2004 和 2005 年，15 个月的时间里有 7 场大型飓风登陆美国。2005 年 8 月，卡特里娜飓风彻底摧毁了脆弱的海岸线，其强度非常猛烈但之前早就被预测到，可由于政府毫无防备，居民遭受了长期性损失，新奥尔良州更是被摧毁了很大一部分，这是一个里程碑式的历史事件。2008 年，一场金融危机席卷全球，本书出版之时这场金融危机尚未结束。

如果我们将灾难发生时丧失的无辜生命考虑在内，发展中国家的灾难通常更具破坏性。在 2004 年 12 月的印度洋海啸中，由于泰国、印度尼西亚以及其他亚洲国家的政府没有建立海啸预警系统，有 28 万多人在短短数小时之内死亡。2008 年 4 月，一场强飓风导致缅甸超过 14 万人丧生，而就在几个星期之后，中国四川省的一场强烈地震造成大约 5 万人死亡，此次灾难迫使中国政府重新思考它应对重大自然灾害时的国家战略。

传统理论认为重大的事故和灾难都是一些低概率事件。从个人或者集体的角度看，这些事件发生的概率可能确实很小。但是，当我们把观察范围扩大到一个州或者美国全境甚至全球范围时，巨灾的发生就处于一个较高的概率水平上。风险管理解决方案公司给出的分析可使我们对此问题有一个清醒的认识，该分析认为佛罗里达州明年至少 100 亿美元的受保财产会有 1/6 的概率因飓风而损毁。这与抛骰子决定生死时得到数字 3 的概率相等——而这几乎不可能是小概率事件。如果我们把观察的时间范围从一年延长至十年，同时假定佛罗里达州的人口数量不变，损失超过 100 亿美元的概率将大于 5/6。随着该州沿海地区的经济发展水平不断提高，全球变暖使得飓风强度也在不断增强，我们极有可能在下一个十年中经历一次损失超过 100 亿美元或者比佛罗里达州还严重的灾难。实际上，如果将事件空间延伸到所有自然灾难，同时把样本空间扩大至全球，我们就能很清楚地认识到必须调整对小概率事件的定义。换句话说，我们预计到了大规模的灾难会在未来的几年内以加速的节奏出现。那么我们能做些什么并且应该做些什么来迎接这一挑战呢？

15. 2　五支柱战略

为了能将应对美国国内外极端事件所采用的风险评估、风险识别和风险管理联系起来，我们需要一个具有一致性的战略。为了强调这三个因素的重要性，我们提出这个五支柱战略（five-pillar strategy），它直接指导了本书中对自然灾难所做的分析。我们通过展示如何将它们用于分析自然灾害以及其他极端事件来阐释每个支柱。当我们介绍完第五个支柱的时候，针对这些问题我们会提出明确的解决方案。

支柱 1：问题描述　我们应该强调问题的实质、受影响的利益相关者以及这些利益相关者的目标。

谈到自然灾害问题时，本书中我们分析的焦点在于受飓风和洪水影响地区的房产业主。其他的主要利益相关者包括保险/再保险行业、各州的保监局长、金融机构、资本市场、评级机构，以及房地产行业和当地政府。房产业主们在乎的是能住在一个满足基本生活需要的安全房屋里。各家保险公司的目的是提供一个能覆盖自然灾害的保险并能保持盈利。各州的保监局长关心的则是确保各家保险公司在向房产业主收取保费的过程中，既要考虑投保人的支付能力，也要保证下次飓风来临时各家保险公司不会因为清偿能力不足而破产。

在诸如恐怖主义、流行病、供电瘫痪和金融危机等极端事件中，厘清不同利益相关者各方以及其各自的目标是很重要的。你极有可能会发现不同利益相关者之间的目标发生冲突。比如，组织内的部门经理不愿意投资于具有成效率并能减少风险的措施上，因为这些措施所需的预付开支会对他们的经营收益率产生负面影响，从而有可能减少他们的年终奖金。首席执行官（CEO）和首席财务官（CFO）则可能看重这些投资，却没能注意到分区经理们并没有采取这些措施。所以，决策者要弄明白这些利益相关者的关系以及他们相关的议事日程、价值标准和目标，这一点很重要。

支柱 2：风险评估　我们应该刻画出所研究的极端事件发生的可能性及后果，以及围绕这些估计存在的各种不确定性的特征。

超越概率曲线就是一个传递这些所需信息的有效工具，这一曲线刻画了相关变量（如损失额度、恶性事故数量）超过不同数值或数量时的概率。具体到自然灾害问题上，我们主要关注不同范围和强度的飓风将会对某地区房产业主的财产造成的损失额度（L）超过一个给定水平 L^* 的概率。对于这些点估计，我们也关心灾难模拟在一致性上的可信度，也就能了解到其围绕超越概率曲线的置信区间。

现在我们已经建立了能刻画自然灾害损失的超越概率曲线，类似的分析便可用于其他极端事件的相关利益变量中。比如你要研究流行病，你就大概想知道，在某一给定地区和特定时期内，染上某种疾病的人数超出预先标准的概率和围绕这些估计量的置信区间。

但是我们也要认识到，如果围绕这些估计量没有较大的置信区间，建立这样的超越概率曲线通常并不容易。今天，不管是要估计未来全球任何地方发生的恐怖主义袭击造成的损失和致命程度，还是由网络攻击造成的商业中断造成的损失，我们的方法都将面临挑战。但是即便在上述那样的情况下，专家们也应该能够通过构造特定的情景来比较不同事件的相关概率（如，对一个大都市区受到的恐怖主义袭击与一个人口较少地区相似规模的恐怖袭击做比较）。这种类型的评估对决定如何分配有限的资源以减少特定事件或者不同风险带来的损失极有帮助。

支柱 3：相互依赖性　我们应该意识到与特定极端事件相关的各种相互依赖性，以及它们对其他利益相关者的影响。

这种相互依赖性与空间和时间两种维度紧密相关。在空间层面上，设计糟糕的房子受飓风袭击后会对附近其他建筑造成损坏，比如，这座房子的屋顶可能被风掀起，飞到邻居的设计良好的房子上，而正常情况下邻居的房子只会遭受最小的损失。就时间维度而言，如果公共基础设施（如电力、水）提供的服务由于飓风而中断，即便房产业主们已经投资于减灾措施以有效地保护他们的财产，他们依然有可能被迫离开他们的家园，直到基础设施恢复正常。2005 年卡特里娜飓风造成严重的风暴潮便是一个具体的例子，导致这种灾难的部分原因是近几十年来湿地的逐渐消失。而在今天，湿地消失的速度大概是每年 24 平方公里，相当于路易斯安娜海岸地区大约每 38 秒就有一个足球场大小的湿地消失（Kousky and Zeckhauser，2006）。这为未来发生更具破坏力的风暴潮创造了条件。

任何极端事件都极有可能引发一系列有实质影响的相互依赖性，我们需要对其进行更详细具体的检验。比如，2003 年 8 月美国东北部地区和加拿大发生的大范围电力瘫痪便是由俄亥俄州的电力设施造成的，这正是高度相互依赖的系统中的一个脆弱环节。当人们谈到 2008 年的金融危机，世界上最大的保险公司美国国际集团（A. I. G.）濒临破产，它落得如此下场也是由一个有着 377 名员工的 A. I. G. 金融产品公司的伦敦下属部门造成的，此金融产品公司几乎脱离母公司而完全自主运营（Morgenson，2008）。这些相互依赖性通常是全球化带来的后果。2008 年的食品危机则是另一个例子。在全球金融动荡时期面对着短期正回报的要求，金融市场上的投机者们开始在他们非常了解的产品上投入了重仓。而没有什么东西能比粮食（大米、小麦和玉米）更基本的了，再加上这些交易正处于以市场为中心的经济环境中——这些商品的价格开始反应不断增长的需求，粮食价格开始上升。一旦粮食价格上升，它便成为更具吸引力的投资工具，这反过来又增加了需求，价格就涨得更高。从 2007 年 1 月到 2008 年 4 月，芝加哥商品交易所稻米价格的上涨已超过了 100%。（在 www. cbot. com 能查到数据）。从一个简单的金融视角来看，这一策略是合情合理的。但是，这些投机行为会很快影响到上千公里以外的地方。在那些地方，10 亿人口每天仅靠 1 美元来生存——官方划分赤贫的标准——疯狂上涨的价格增加了世界上饥饿人口的数量。我们并不是说这些交易员应该为非洲和亚洲成百上千人的死亡承担直接责任，我们只是预见到类似的相互依赖性风险将会在未来几年中更加显著。

支柱 4：行为偏差和试探式选择　专业的风险评估与普通人的风险认知通常会出现重大差异。我们应该理解行为偏差的实质以及个人和组织在制定决策时所运用的试错机制。

人类最易出现的行为偏差之一就是目光短视，或者说会在短时间内把注意力倾注于某些事物。与此相关的一类试错式选择是人们无法在未来不会发生大规模灾难的假设下考虑到这一灾难的后果。这两个行为特征解释了为什么飓风和洪水多发地区许多房产业主不愿意投资于具有成本效率的减灾措施。因为他们仅仅关心在接下来两到三年内增加房屋安全性带来的潜在好处，他们自己也很难确信这项投资的高预付成本是否是合理的，即便他们采取的减灾措施实际上在 20 或 30 年后依然有效。如果一位房产业主认为在他有生之年都不会有飓风给他造成财产损失，那他甚至不会考虑投资于任何减灾措施。

有关极端事件的类似行为直到这些事件发生之后才会被人们观察到。即使世界贸易中心的车库在 1993 年遭受第一次恐怖主义袭击（保险公司为其赔付了 75 000 万美元）之后，他们在保险单上依然将恐怖主义包括在未命名的危险事件中。在接下来的几年中忽略恐怖主义威胁并不为其收取任何保费的决定导致保险公司和再保险公司完全承担了 2001 年 9 月 11 日的恐怖袭击造成的 350 亿美元损失。9·11 事件之后，美国和欧洲的绝大部分保险公司才开始将恐怖主义排除在它们大部分商业保单之外。而那些对恐怖主义承保的保险公司则对它们的客户收取极为高昂的保险费（Kunreuther and Pauly 2005）。同样地，只有在 1984 年印度的博帕尔化学毒气泄漏事件发生后，我们才通过了要求企业制订风险管理计划以降低未来灾难发生的可能的规定。这就好比我们要经常与那些已经对人们和他们的财产造成大破坏的灾难作战一样。

支柱 5：巨灾风险管理　巨灾风险管理战略应该针对研究中的问题，应该建立在专家们对风险评估的基础之上，应该能够识别出其中的相互依赖性，并且应该针对行为偏差和决策者们所使用的试错机制。

私人部门应该发挥其能力以便与公共部门一道开发灾难风险管理战略。在自然灾害的大背景下，我们建议开发一种长期合同，如保险费能反映风险水平的跨年度保险政策以及鼓励房产业主投资于减灾措施的成本有效减灾措施的跨年度贷款。考虑到与设计糟糕的建筑伴随而生的脆弱性，灾难多发地区在新建建筑物时有必要强制执行建筑法规（Jaffee、Kunreuther and Michel-Kerjan，2008）。

当需要考虑其他极端事件时，我们相信类似的风险管理战略也适用于减少未来损失。一般情况下，一个人应该假设最坏的情况发生以确定是否还能采取哪些可以减轻损失的措施，而不是假设灾害不会发生。比如，关于最近的金融危机，已经有大量的证据表明如果能对房价整体下跌的空间进行预测，那么人们能很容易地对次贷危机进行预警。而在自然灾害的背景下，《新奥尔良时代花絮报》（*New Orleans Times Picayune*）在 2002 年就有一系列文章预测了卡特里娜飓风，《国家地理》杂志在 2004 年 10 月也有一篇文章描述了类似于卡特里娜飓风的灾难可能会影响到这座城市，而它就在十个月之后发生了。我们现在面临的挑战是要推行一套在灾难发生之前对这些预报能认真对待的个人和机构予以奖励的激励制度，因为大灾难过后往往有比这更需我们迫切关注的利益问题。

我们仍然有机会开发那些将行为偏差和决策者试错机制考虑在内的长期合同，这是个好的契机。比如，很多机构实行的标准年度奖金制度可以改变一下，使年度奖金视多年的表现而定。这可以促使经理们更系统地考虑他们当前行动带来的长期潜在后果，并把更多的注意力关注于最糟糕的情况，而不是希望它们不会发生在自己的任期之内。同样地，通过提供在多年期的条件下极端事件发生的概率也可以促使个人关注由此引发的后果。比如，与其告诉他们下一年发生该事件的概率是 1%，不如表明这些事件中至少有一件在接下来的 25 年发生的概率大于 1/5，我们用这种方法可使可能性更显著。

当然，我们也需要设计好的监管准则来应对这些风险中极有可能存在的相互依赖性。直到 9·11 恐怖袭击事件之后，严格的行李运输安全管理才开始在全美范围内的各家航空公司强制实行，这一监管措施是由联邦政府委托执行的，其费用来自向所有乘客收取的安全税。在恐怖主义袭击之前，人们希望每一家航空公司各自建立自己的系统并且负担其成本。但是所有航空公司都对相关联的航空公司的差劲监管无能为力。这样的一个案例是发生于 1988 年泛美航空公司 103 号飞机的爆炸案，当时一个未经检查的包裹被放到了停放于没有相关安检措施的马耳他机场的一架飞机上，这架飞机隶属于马耳他航空公司，这个包裹在法兰克福转移到泛美航空公司的支线，然后被装上了伦敦希思罗（Heathrow）机场的泛美航空公司 103 号飞机上。炸弹按照设计是在 28 000 英尺的高空爆炸，这个高度正是这条航线飞跃大西洋时最先达到的高度。当这架飞机飞到苏格兰上空时行李舱发生爆炸，造成了机上所有 243 名乘客和 16 名机组成员以及 11 个地面人员丧生。泛美航空公司无法采取任何措施来防止这次爆炸，除非它对所有转运过来的包裹都进行检查，但是这么做的成本很高（Lockerbie Verdict, 2001），当时也只有以色列航空公司采取此种做法。

15.3　需要用无畏的首创精神来应对相互依赖性风险

不断加强的经济和社会活动全球化正在重塑风险态势。这一态势从相对更本土化和定义更明确的风险扩展到有全球性并更具毁灭性和不确定性。其主题也变成了大范围的相互依赖性，这就要求传统的风险管理战略模式需要做出改变。我们相信那些研究团体与私人和公共部门的领导者通力协作，能够开发出一套在更新和更复杂的环境下的行动方案。根据这一精神，我们提出以下两点倡议来应对这些问题。

15.3.1　世界经济论坛的全球风险网络

全球风险网络由世界经济论坛（World Economic Forum，简称 WEF）于 2006 建立，它被看做是回应人们对国际团体和跨国企业迟于应对风云变幻的全球风险的忧虑。这一全球风险网络与很多机构都建立了合作伙伴关系，其中包括世界经济论坛与花旗集团（Citigroup）、达信保险顾问有限公司（Marsh & McLennan）、瑞士再保险公司（Swiss Re）、苏黎世保险公司（Zurich）和宾夕法尼亚大学的沃顿风险管理和决策过程中心（the Wharton Risk Management and Decision Processes Center）等所建立的关系。它的主要目标之一是整合来自众多私人部门和机构有关全球风险的信息，并且作为未来减灾投资和风险融资协议的清算场所。从这一点来看，这一行动极具首创精神。

建立全球风险网络的方法包括对 23 种风险的选择，这 23 种风险涉及了从国际恐怖主义、气候变化、自然灾害、流行病到资产价格崩溃、负债机制和关键基础设施的故障等方方面面。专家们的一份调查估计了五到十年范围内与这些风险相关的一系列可能性和潜在损失。全球风险网络通过很多风险专家分析每一个风险与其他 22 个风险之间的相互影响后，扩展了评估个体风险的标准（可能性、严格度）框架。这可通过图 15—1 的相关矩阵来展示，它反映了一项风险如何能影响另一项风险，而另一项风险反过来又如何能影响这个风险。

图 15—1 表明决策者在其他问题上的所有牵涉会影响到他们的核心利益，而他们可能并不会把这一因素加入到他们的战略计划中。从炭疽恐慌到 SARS 流行病的大规模恐慌这类的突发事件对很多管理者来说都是一个意外，这意味着我们要更全面地理解与全球风险相关联的相互依赖性和并将它整合到公司和政府机构的风险管理战略中。同样地，世界上某些地区的气候变化可能导致人类生存环境的恶化（比如严重的反复干旱或者洪灾对饮用水和食物的影响），这些恶化的生存条件反过来又会加剧当地的矛盾并扰乱地缘平衡，同时也会对世界其他地方引起连锁反应，我们对此不应感到意外。

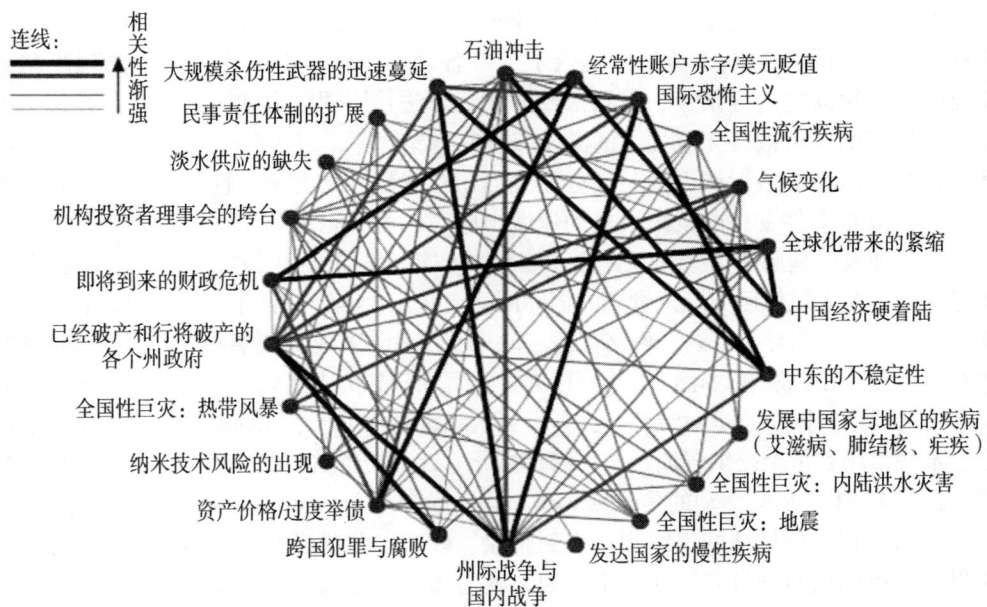

图 15—1　应对全球风险的新方法：相关矩阵

Source：World Economic Forum（2007）.

这一行动以在达沃斯年度会议上发布全球风险报告而告终。（更多细节请参考 www. weforum. org∕en∕initiatives∕globalrisk）

2008 年，世界经济论坛认识到它需要更多国际社会的回应，而那些 60 年前就建立起来的国际组织可能无法很好地快速应对来自 21 世纪的新挑战，因此世界经济论坛成立了全球议程理事会（Global Agenda Councils，简称 GACs）来讨论事关全球发展的重大事项。在每一个领域，世界经济论坛全球议程理事会召集专家和领导人来发表意见和交流看法，以此把他们富有首创精神的战略构想与其他成员的战略整合成国际协作框架的一部分。全球议程理事会代表了一个处于国际监管下的创新性改革，它促进了多重利益相关集团之间的知识交流并能交换意见以协同应对事关全球发展的重大事项。人们希望通过全球议程理事会能挑战处于优势地位的假说，能预测趋势，描绘相关关系并解决人们的知识缺口。而与这同样重要的是，国际问题理事会也会提出相应的解决方案、设计战略并用可量度的标准来评估行动的有效性。在一个倾向短期目标和条块分割思维的环境下，公司和不同行业只专注于它们自己的活动上，不必考虑它们的行为带来的国际影响，而全球议程理事会这一大胆的创新行动可以对在全球重大事项上进行长期跨领域的思考提供借鉴。（更多关于国际问题理事会的细节请参考 www. weforum. org/en/about/GlobalAgendaCouncils/index）

15.3.2　经济合作与发展组织平台关于大规模灾难的金融管理

经济合作与发展组织（the Organization for Economic Cooperation and Development，简称 OECD）和它的 30 个成员国提供了一套各国可以通过对比不同风险管理战略来交流经验解决问题的规则，它识别出好的实践方法并协调国内和国际政策。在这个论坛里，同行的压力被转化成强大的激励来提高政策水平。在经济全球化的背景下，经济合作与发展组织最近认识到与灾难相关的相互依赖性具有全球性影响，因此各国政府需要在灾难事件发生前就积极主动地做出应对，而不是单单希望它们不会发生。

为了能及时地解决这些问题并提出有效的政策，经济合作与发展组织已经在 2006 年建立了一个大规模巨灾融资管理的国际网络。在一个非经济合作与发展组织雇用的高水平咨询委员会指导下，这个网络促进了政策制定者、实业界和学术界之间的信息共享和经验交流。在识别和讨论与大规模巨灾融资管理相关的主要政策议题上这个委员会起着重要的作用。同时它也对经济合作与发展组织首席秘书长、保险和私人养老基金委员会、金融市场委员会提供咨询，包括起草指导方针、提供适当的操作指南、建议以及规范。（更多关于委员会活动的信息见 www. oecd. org/daf/fin/catrisks）

这两个富有创见性的组织都认识到企业、政府、非政府组织和国际机构要想在国家界限变得模糊时制订它们的战略计划，就需要将国际间的相互影响考虑进来。它们也阐明了这些问题现在是如何在其最高水平的组织层面上进行处理的。更多的公司现在认识到单一事件也可能严重地影响它们的经营，要不然就是危及到它们自身的生存。因此，越来越多的董事会和政府内阁将管理极端事件的重要性整合到他们的战略规划中。

使某一组织陷于不稳定状态的事件按常理通常都是不会发生的。训练那些能应对

"不可能发生事件"的高层决策者将成为在大灾难的新时期成功管理大规模风险的关键因素。但有一点是清楚的：积极主动的领导者同时也将会是因主动性获得利益的那个人，因为他们降低了自己和其他利益相关者在未来大灾难事件中的潜在风险。

15.4 与我们自己战斗

我们通常都认为所谓的战争就是与某一个特定的敌人作斗争。然而，对大多数国际风险来说，战场和战士并没有清晰的定义。自然灾害一直都是我们所处环境的一部分。可是我们经常要么忽略它们，要么相信我们对它们已经具有了免疫力。实际上，人类与天气的战争不断升级的主要原因之一是很多人开始希望居住在高风险地区。佛罗里达州的经济发展能突出表明这一点，该州 2010 年的人口已在 1950 年的基础上增长了 600%。这一增长大部分都发生在遭受飓风灾害的沿海地区，因为财产所有者都喜欢太阳和海岸，却忽视了他们要面对极端事件的风险。就像彼得·伯恩斯坦在他影响巨大的一本书《与上帝抗争：不同寻常的风险故事》 (*Against the Gods*：*The Remarkable Story of Risk*) 中写的那样，我们相信"幸运女神将降临在我们和命运（或者说厄运）之间的战场，把胜利带给我们这一方"（第 11~12 页）。

在与天气和其他极端事件的斗争中，有一个悖论是我们最大的敌人就是自己。作为个体，我们可能会决定在有风险的地方建房子。作为私人部门的企业家，我们可能会决定在灾难多发区开展商业活动。作为公共部门的决策者，我们可能会允许成数以百万的人口在没有采取恰当减灾措施的情况下就能在这些地区居住和开展商业活动。如果我们拒绝以一种积极主动的方式来逐步降低我们的脆弱性，未来灾难的种子就会发芽，它会影响我们未来的财富和社会福利。在过去几年发生的很多极端事件都说明了这个道理，机会不会降临在那些无所事事的人身上。

缩写词汇表

AAAS   American Association for the Advancement of Science 美国科学促进会

ABI   Association of British Insurers 英国保险协会

AHS   American Housing Survey 美国住房调查

CBO   Congressional Budget Office（美国）国会预算办公室

CEA   California Earthquake Authority（美国）加利福尼亚州地震局

CEIOPS   Committee of European Insurance and Occupational Pensions Supervisors 欧洲保险与职业养老金监督管理委员会

CME   Chicago Mercantile Exchange 芝加哥商品交易所

CPIC   Citizens Property Insurance Corporation 居民财产保险公司

CRS   Community Rating System 社区评级系统

CRTF   Catastrophe Reserve Trust Fund 巨灾储备信托基金

DBPM   Dade，Broward，Palm Beach and Monroe counties（美国佛罗里达州）戴德县、布劳沃德县、棕榈滩县和门罗县

FEMA   Federal Emergency Management Agency（美国）联邦紧急事务管理署

FHCF   Florida Hurricane Catastrophe Fund（美国）佛罗里达飓风巨灾基金

FIA   Federal Insurance Administration（美国住房和城市发展部）联邦保险署

FIFA   Federation Internationale de Football Association（法语）国际足球联盟

FIGA   Florida Insurance Guaranty Association（美国）佛罗里达州保险担保协会

FLOIR	Florida Office of Insurance Regulation（美国）佛罗里达州保险监管办公室
FRPCJUA	Florida Residential Property and Casualty Joint Underwriting Association（美国）佛罗里达居民财产与灾害联合承保协会
FWUA	Florida Windstorm Underwriting Association（美国）佛罗里达风暴承保协会
GAO	Government Accountability Office（美国）审计总署
GIS	Geographic Information Systems（美国）地理信息系统
HUD	U. S. Department of Housing and Urban Development 美国住房与城市发展部
IBHS	Institute for Business and Home Safety（美国）企业与家庭安全研究所
ICC	International Code Council 国际规范委员会
ISO	Insurance Services Office（美国）保险服务事务所
JUA	Florida Residential Property and Casualty Joint Underwriting Association（美国）佛罗里达居民财产与灾害联合承保协会
LCPIC	Louisiana Citizens Property Insurance Corporation（美国）路易斯安那国民财产保险公司
LIHEAP	Low Income Home Energy Assistance Program 低收入家庭能源补助计划
MCH	Miami Children's Hospital（美国）迈阿密儿童医院
MMC	U. S. National Institute of Building Science's Multihazard Mitigation Council 美国建筑科学家复合灾害减灾委员会
NAIC	National Association of Insurance Commissioners（美国）国家保险监管局长协会
NCCI	National Council on Compensation Insurance（美国）国家职工赔偿保险理事会
NFIP	National Flood Insurance Program 国民洪水保险计划
NOAA	National Oceanic and Atmospheric Administration（美国）国家海洋和大气管理署
NYMEX	New York Mercantile Exchange 纽约商品交易所
OECD	Organization for Economic Cooperation and Development 经济合作与发展组织，简称"经合组织"
PCIAA	Property Casualty Insurers Association of America 美国财产灾害保险商协会
PIPSO	Property Insurance Plans Service Office 财产保险计划服务事务所
RMS	Risk Management Solutions 风险管理解决方案公司
SBA	State Board of Administration（of Florida）（美国佛罗里达）州政府管理委员会
SBA	Small Business Administration 小企业管理局
SCDOI	South Carolina Department of Insurance（美国）南卡罗来纳州保险局

TWIA   Texas Windstorm Insurance Association（美国）得克萨斯风暴保险协会

USF   Universal Service Fund 全面服务基金

WRMA   Weather Risk Management Association 天气风险管理协会

术语表

actuarially fair rates 保险精算公平费率　反映预期损失的保险费率。

additional living expenses（ALE）额外生活费用　由房产业主的保单承担的、等于或者超过投保者日常生活开支所需的额外费用。例如，当已投保居所遭受到使得其暂时无法居住的灾害时，投保者所要求的临时安置费用。

adjustable premium contract（APC）保费可调整合同　其保费可以依据保证续保的保单条款变动的合同。

adverse selection 逆向选择　指的是销售者拥有购买者所不知道的产品质量某些方面信息的情形（或者相反）。在保险行业中，逆向选择指的是提出索赔的投保者人数可能多于保险公司设置保险费率所依据的平均人数的情形。

affordability 经济承受能力　指一个家庭拥有购买某一数量商品的足够收入，其所购商品数量能够在某一总成本水平上充分满足业已确定的（社会部门）适当性生活标准，并且在支出这笔总成本后该家庭余下来的收入不致使其生活降至某一贫困标准之下。

alternative risk transfer（ART）选择性风险转移　指的是运用金融技术而不是传统的保险业务和再保险业务为承受着风险的各类实体提供的保险或保护。选择性的风险转移工具产生于 20 世纪 70 年代至 21 世纪一系列保险行业的承保能力危机之中，这些危机驱使着传统保险业务的购买者转而寻求更稳健的方式以保护自己免受巨灾损失之苦。

attachment point 起赔点 指的是超过保险业务或再保险业务限额所适用的那一点。比如一个保险人的再保险合同的保留额是 10 亿美元，那么这 10 亿美元即为起赔点，损失超过这一金额时再保险人对保险人进行赔付（另见终赔点"exhaustion point"）。

average annual loss（AAL）平均年度损失 一份保险的风险单位或一系列风险事件每年平均或预计的损失。

base flood elevation（BFE）基本洪水水位 洪水保险费率地图中的水面标高，用来表示一次洪水中的水面标高有 1% 可能超过或等于任意给定某年的水平。

basis risk 基础风险 公司或个人承担的实际损失和旨在降低损失的风险转移工具所获收益，这两者之间存在的不完全相关性。

Best's Capital Adequacy Ratio（BCAR）贝氏资本充足率 由贝氏评级公司采用的，对保险公司的承保能力、财务和资产杠杆进行综合评价的一种方法，可以评估某些影响公司财务成果的事件所造成的影响。

Building Code Effectiveness Grading Schedule（BCEGS）建筑规范有效性分级目录 此目录评估某一社区正在施行的建筑标准，以及社区能在多大程度上推行这一标准里特别强调减灾措施的规定。

capacity 承保能力 一个公司或保险机构所能承担的需按公允价值偿付的最大债务量。

capital markets 资本市场 一个可以发行公司股票和长期债券，并可进行交易的市场。

catastrophe bond（cat bond）巨灾债券（猫债券） 当巨灾损失超过某一特定值或触发后，此债券要求买方免除或延期收回此债券的部分或全部本金和利息。

catastrophe loss 巨灾损失 由大规模灾害造成的经济损失。

catastrophe model 巨灾模型 一个基于计算机技术建立的模型，旨在估计如地震、洪水、台风和恐怖袭击等自然灾害或人为危害造成的经济损失。

catastrophe risk 巨灾风险 大规模灾害引发的潜在经济损失或其他相关负面影响。

cedant 分保 一家保险公司将全部或部分风险转移给另外一方，比如再保险公司。

coinsurance 共同保险 由投保者和保险人共同承担损失的保险合同。

collateralized debt obligation（CDO）抵押债务债券 一种资产担保证券和结构化信贷产品，抵押债务债券构建于一组可分层的固定收益债券，并为这些证券提供重要的资金。

community rating system（CRS）社区评级系统 一个旨在对社区所做的在国民洪水保险计划要求之外的减灾努力作出评价的系统。

competitive rating（CR）systems 竞争性评级系统 在这一系统里，从理论上来说，监管者基本依靠自由市场来设定保费，而不是去试着加强管制。

correlated losses 关联损失　一次单一的灾害或灾难引发起的同时发生的各种损失。

cost-benefit analysis（CBA）成本收益分析　经济学中一种对投入和产出都以货币表示的不同项目的收益情况进行衡量的方法。

credit default swap（CDS）信用违约互换　一种发生于两个交易方的信贷衍生工具，买方向卖方定期付款，并在第三方违约时从卖方得到赔偿。

credit derivatives 信用衍生产品　能使银行之类的使用者更好地管理信用风险的一种合同，也是一种将风险转移给其他人的方式。

credit risk 信用风险　一方对其所欠另外一方的债务发生违约的可能性。

cross-subsidies 交叉补贴　对某一特殊地理区域或某些投保者，其保险的定价低于成本时，随着时间的推移这部分损失可以从其他地区或其他投保者收取的保费中弥补。

deductible 免赔额　投保者必须在保险人做出任何赔付之前，自己应该先承担的受保损失的比例和金额。

demand surge 需求激增　巨灾之后建筑业成本的突然上涨。

direct premiums written（DPW）直接承包保费　由最初的承包人向投保者收取的，未调整为再保险成本的财产和伤害升水。

exceedance probability（EP）curve 超越概率曲线　此曲线表示未来的某段时间风险超过特定值的可能性。其最常见的形式为发生经济损失的可能性以年度为基准递增。

excess of loss reinsurance 超额损失再保险合约　此类合同中，由保险人向再保险人支付保费，以减少已经超过某一阈值或保留水平的经济损失。

exhaustion point 耗竭点　保险或再保险合同中支出额的最大值。

expected loss 预期损失　每个受保事件发生概率乘以相应的预期损失，再将各项加总之后所得值。

exposure 曝险额　是指在巨灾模型中，受自然灾害和人为危害影响的在险财产额。

FAIR Plans（Fair Access to Insurance Requirements）公平保险需求计划　联邦政府创立的一项联营计划，目的是为常规市场无法覆盖到的风险投保，而这些风险对普通公司来说无法承受。

federal poverty line（FPL）国家贫困线　联邦政府为表示一个普通人或不同家庭维持基本生活需要多少资金而设置的标准线。

file and use 核备制　在这一系统中，保险人执行的保费率不需要先经过监管者的审批，只需备案存档。实际中，保费执行前，监管者可能不会同意它们。

fixed-price contract（FPC）固定价格合同　保单的期限内每年的保费维持不变

的合同。

Flood Insurance Rate Maps（FIRM）洪水保险费率地图 一个针对社区的官方地图，用于描绘社区中的特定洪水风险区域和适用于该区域的保费分区。

geographic information systems（GIS）地理信息系统 在计算机软硬件支持下，能有效对相关地理数据进行采集、存储、更新、计算、分析的技术系统。

gross loss 损失毛额 由保险人承担的从总损失中扣除免赔额和再保险金额后的部分。

ground-up loss 投保人实际损失额 任何再保险或免赔条款生效前由保险人承担的损失。

Herfindahl-Hirschman Index（HHI）赫芬达尔—赫希曼指数 衡量市场中一个行业内厂商聚集程度的指数。

homeowners' insurance 家庭保险 这是一个涵盖范围广泛的一揽子保险，可覆盖由火灾、盗窃和包括台风在内的其他灾害造成的损失，但不包括地表水和地壳运动（比如洪水、风暴潮）造成的伤害。

indemnity contract 赔偿合同 甲保险公司向乙保险公司收取保费，并向乙公司提供资金，按照合同中约定的比例承担乙公司的保单所受损失的一部分。

indicated loss cost（ILC）指示损失成本 在保险精算分析基础上所界定的某一等级的类别中，每一保险曝险单位的期望损失（包括损失调整费用）。

industry loss warranties（ILWs）行业损失担保 这是一种再保险或者衍生合同。在此类合同中，一方购买的保险是基于整个保险行业的总损失，而不是某个保险公司自身所受损失。

insolvency risk 偿债能力风险 保险人或再保险人破产并无法偿付其受理的全部或部分索赔的可能性。

insurable risk 可保险风险 符合保险人一系列条件的事件，保险人有能力对其承保。

insurance rate 保险费率 即所购保险的单位成本，通常反映一系列事件的期望损失和相关的理赔费用、日常支出和利得。

insurance-linked securities（ILS）保险联结债券 一种能将保险的风险转移至资本市场的衍生工具，它包括巨灾债券、行业损失担保、侧挂车和巨灾期货合约。

Joint Underwriting Association（JUA）联合承保协会 保险公司之间达成的共同承担自由市场中无法由单个公司应对的风险的一个联营计划。

layer 层级 一个对潜在索赔设定的范围（如2亿至5亿美元），如果受保损失超过下限时，对保险人和再保险人承担的潜在索赔事先划分好的一系列范围。

loss on line（LOL）损失责任比率 某一既定层级再保险的期望损失。

mitigation 减灾措施 能将自然灾害或人为危害降低或消除的措施。

moral hazard 道德风险 因已购买保险而引发的草率或鲁莽行为，导致保单持有人递交的索赔申请数增加。

noncompetitive rating（NCR）systems 非竞争性评级系统　在此系统中，监管者会批准保险人申报的保费率，而不是依靠市场竞争确定它。

ordinary least squares regression 普通最小二乘法　计量经济学中采用的统计技术，可找出符合所给数据的最佳线性模型。

portfolio 投资组合　由保险公司承保的所有一系列保单。

power dissipation index（PDI）扩散力指数　在气旋至少达到热带风暴的强度的期间，每隔六个小时，连续一分钟内最大风速的立方数之和。

pre-FIRM 国民洪水保险计划实施之前已完工的建筑物　在国民洪水保险计划中，这代表先于某社区的洪水保费率等级图建成的建筑物，其发生的费用是受补贴的。

premium 保费　保险合同中在某一特定的时间段内（通常为一年）提高保险保障的价格。

probable maximum loss（PML）最大可能损失　当灾害发生时，单个或一系列保单可能发生的最大经济损失。

pro rata reinsurance 比例再保险　由分保分出人和保险人按比例共同承担保费和损失的一种再保险合同

probability 概率　某一特定时间段内一个事件发生的可能性。

rate making 费率厘定　确定保费费率或所购保险的单位成本的过程。

rate on line（ROL）保费责任比率　将保费（再保险费）除以最大保险值（再保险值）所得的百分比，其倒数为投资回收期或分摊回收期。比如，一个保费为200万美元受保价值为10亿美元的保单，它的保费责任比率是20%，回收期是5年。

reinsurance 再保险　为分散风险并减少在灾害事件中受的损失，保险人向另一家公司（再保险人）购买的保险。

return on equity（ROE）资本权益报酬率　反映每一美元股东权益所带来的收益。可通过每单位净资产的盈利能力衡量公司的经营效率，也表明公司能在多大程度上利用自己的资本实现利润的增长。

return period 重现期　表示某种程度的灾害事件从上次发生到下一次发生预计要经过的时间，可定义为每年超越概率的倒数。举例来说，100年的重现期对应每年1%超越概率。

risk transfer 风险转移　个人或公司通过这种做法把风险分担给另一个企业，以减少在自然或人为灾害中所受损失。

securitization 证券化　通过金融工程的技术将一项非流动资产或一组资产转化为可出售证券的过程（比如巨灾债券的发行）。

Sharpe ratio 夏普比率　一个衡量投资组合的风险报酬率的相对指标，可通过已剔除无风险报酬率的预期投资收益率除以它的标准差获得。经常用来表示对每一单位额外风险，投资者要求的增量收益。

sidecar 侧挂车 这是一种具有特殊目的的公司，它通过向投资者发售债券专门为其发起者（再保险人或一个大的保险公司）提供再保险保障。

Solvency II 偿付指令 II 欧盟实施的针对保险公司运作的监管要求的修正部分。

special flood hazard areas（SFHA）特别洪水灾害区 联邦紧急事务管理署标定的高风险洪泛区，此区域范围内的财产要强制投保洪水保险。

take-up rate（TUR）认购率 在某个州或大都市区范围内的所有房产业主中，那些为特定风险购买保险的人数所占比例。

total insured value（TIV）已投保总价值 一份保险合同中承保的所有财产的总价值。

tsunamis 海啸 由太平洋飓风、地震和火山爆发引起的海上巨浪。

underwriting 核保 保险公司遴选要承保的风险和在公司可接受的风险水平上以何种条件承保多大金额风险的过程。

use and file 报备制 是指在某些州的各家保险公司在向保险监管局长提出设定新保费的申请前，可以短时间内（通常是 30 天）施行一段新费率，而如果此新保费率不符合规定，保险监管局长将驳回这一申请的做法。

weather derivative 天气衍生品 是指与能源相关的企业以及那些销售额容易随着天气变化而波动的其他行业所采用的一种可以用于套期保值的保险和证券产品。

Write-Your-Own（WYO）"为你自己投保"计划 在这一计划中，各家私营保险公司为国民洪水保险计划销售洪水保险保单并提供洪水保险服务，但这些私营保险公司无须承担风险，发生的费用也可用补贴来补偿。

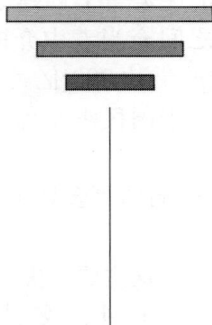

注 释

第 1 章

1. 本图不包括美国国民洪水保险计划（NFIP）支付给 2005 年（索赔总额超过 200 亿美元的）洪灾的救灾款项。

2. 慕尼黑再保险（Munich Re）公司和瑞士再保险（Swiss Re）公司是全球最大的两家再保险公司。它们对巨灾损失有着不同的定义。瑞士再保险公司将给保险公司造成超过 3 870 万美元损失或者损失总额超过 7 750 万美元的自然灾害认定为大型灾难（我们在图 1—2 中使用了这一标准）；慕尼黑再保险公司设定的标准则要略高一些，这解释了图 1—1 和图 1—2 之间的差异。比方说，2004 年慕尼黑再保险公司估计的由自然灾害造成的保险损失为 420 亿美元，而瑞士再保险公司的估计则超过了 520 亿美元。因此，本章所使用的关于巨灾损失发展变化的绝大部分数字都要比保险公司受到的实际影响略微低一些。

3. Grossi and Kunreuther（2005）.

4. 瑞士再保险公司（Swiss Re，2007a）.

5. 这一部分基于 Kunreuther and Michel-Kerjan（2007）的研究。

6. 不列颠保险商联合会（Association of British Insurers，2005）。

7. Mills and Lecomte（2006）.

8. 这种面积上的差异取决于人们对"沿海县区"的界定，比方说，人们可以采取比较严格的定义。换言之，如果每一个拥有开阔海面或相关受保护水域海岸线的县，或者一个包含"V"形区域的县都能（像美国国民洪水保险计划定义的那样）称为"沿海县区"，那么，我们就会发现生活在此类县区的人口将占到美国总人口的30%。在上述任何一种定义下，这种面积都会更大并且在不断增大（Crowell et al.，2007）。

9. Crossett，Culliton，Wiley，and Goodspeed（2004）.

10. 慕尼黑再保险公司（2000）。

11. 国民洪水保险计划（NFIP）是一个创建于1968年的公共保险计划项目。保险公司在保险客户和联邦政府之间充当着中介的角色。在卡特里娜飓风爆发之后，该计划曾在2006年向联邦政府借款200亿美元用于向保险客户理赔。美国国会正在考虑全面修改这一计划。关于国民洪水保险计划更详细的讨论，请参见第4章。

12. 关于未来灾难性飓风经济影响的更多数据，请参见美国金融服务圆桌会议（2007，第2章）。

13. 此类评估可能存在很大差异，这主要取决于诸如通货膨胀率、人口增长率和财富值等这一研究领域的标准化方式。此外，减灾措施和建筑规范也对损失总额有着重要影响。

14. 这一部分基于 Kunreuther and Michel-Kerjan（2007）的研究。

15. 关于气候变化及其影响的更为详细的科学证据，请参见《斯特恩评论》（Stern Review，2006）和政府间气候变化专门委员会（2007）。

16. 4级飓风的风速可以维持在每小时131到155英里之间；像卡特里娜飓风这样的5级飓风在其袭击墨西哥湾达到最大风力时，其风速可以维持在每小时156英里甚至更高的水平。

17. Hoyos，Agudelo，Webster，and Curry（2006）.

18. 比方说，可以参见 Pielke，Landsea，and Emanuel（2005），Chan（2006）和 Webster et al.（2006）之间的交锋。

19. Landsea，Harper，Hoarau，and Knaff（2006）.

20. Michaels（2006）.

21. Kossin，Knapp，Vimont，Murnane，and Harper（2007）.

22. Kossin et al.（2007）.

23. 世界气象组织（2006）；Goldenberg，Landsea，Mestas-Nunez，and Gray（2001）。

24. 关于这一问题更进一步的讨论，请参见 Mills（2005）和 Höppe and Pielke（2006）。

25. 由于我们没能拿到得克萨斯州的类似数据，所以，得克萨斯州的地图（图

1—7）上只绘出了该州的各县和主要城市。

26. Meaner（2006）.

27. 美国审计总署（2002）。

28. Kunreuther（2006）.

29. 美国审计总署（2007a，第25页）。

30. 保险研究委员会与财产损失减灾保险协会（1995）。

31. 沃顿风险中心（2006）。

32. 参见 Klein（1995，2007）和 Grace et al.（2005）；关于自然灾害风险一般意义上的和具体种类上的保险监管政策更详细的讨论请参见 Klein（2007）。

33. Roth（1998）.

34. Lecomte and Gahagan（1998）.

35. 美国审计总署（2007a，第16页）。

36. 关于保险公司所考虑事项及其在应对相关潜在损失与巨灾风险所采取的行动的更详尽讨论请参见 Grace et al.（2006）和 Grace and Klein（2006）。

37. 更详细的分析请参见第8章。

38. 风险管理解决方案咨询公司（2007）。

第2章

1. 本章基于 Klein（2007）的研究。

2. 1945年颁布实施的《麦克卡兰—弗格森法案》（the McCarran–Ferguson Act）仍然在联邦法令中起着首要作用。该法案为各州和联邦在保险监管中所扮演的角色规定了基本的框架。该法案不仅规定了各州监管机构的绝大多数权力，而且还保留了联邦政府在哪些特定情况下可以选择取代各州政府行使监管的权力。多年来，联邦政府已经在某些领域强制实施了相关法律和政策，将来，它也可以这样做。立法机关目前已经通过了一部准予联邦政府对保险公司进行选择性监管的章程，不过还尚未实施。立法机关还通过了一部旨在为大型自然灾害建立联邦再保险计划的法案，相关的议案和提案也在提请或审议之中。

3. Grace and Klein（2007）讨论了保险公司从佛罗里达州的撤出。

4. 一个例子是佛罗里达州的立法机构在安德鲁飓风过后所制定的保单延期赔付法令。

5. Klein（1995）.

6. 剩余保险业务或者未获经营许可的保险公司指的是在其开办保险业务的各州没能取得经营执照的业务或保险公司，它们所受的监管要比拥有执照的保险公司少一些。监管机构允许剩余保险公司承办某些保险业务或者承保那些拥有执照的保险公司被认为供给不足的保险业务。

7. 美国的监管机构正在考虑修改这一政策，这将减小外国再保险公司基于该公司某种财务状况的评级系统或其监管机构对其提出的质量规定的担保要求，参见 Klein and Wang（2007）。最近，纽约和佛罗里达两个州建议恢复它们强制非美国保险公司执行的担保要求。

8. 研究人员已经在尝试着测度监管的严格程度及其在不同方面的影响。此类研究认为较高的监管严格程度将至少在短期之内对保险的净价格产生某些影响，或者趋向于对消费者产生负面的影响。

9. 从理论上讲，保险公司可能试图向低风险的投保人收取较高的费率以部分或全部弥补对高风险的投保人费率约束的影响。

10. 从技术上讲，一家保险公司整体费率水平的变动是通过对每一个费率种类的费率变化按其保险业务量加权平均来计算的。

11. 举例来说，我们所使用的一种代理变量便是保险公司申请的费率水平与监管部门核准的费率水平之间的差额。另一种代理变量是基于不同州的监管环境对保险公司费率评定的测度。这两种测度方式都还远非完美无缺，不过当我们对不同的监管严格程度进行检验时，已有一些研究显示出相当稳健的结果。请参见 Klein, Phillips, and Shiu（2002）。

12. 这大概可以称为"滞销冲击效应"。在正规市场上，低于 10% 的费率上升一般来讲不会遭遇显著的阻挠。在遭遇大型飓风袭击的市场上，消费者和监管部门的宽容程度甚至可能会更大一些。不过，即便在遭遇极高飓风风险的市场这种宽容度也是有限度的。

13. Grace，Klein，and Kleindorfer（2004）．

14. 在 2006 年早些时候，佛罗里达好事达公司获得的准许是将费率提高 16.3%，佛罗里达好事达损失赔偿公司获得的准许是将费率提高 24.4%。

15. 2008 年 8 月，好事达公司接到了一份来自佛罗里达州保险监管办公室关于与该公司定价和保险业务受理之争的和解书。按照这份和解书的条款，好事达公司同意将其费率降低 5.6 个百分点，在未来 3 年内增开 10 万份保单，并支付 500 万美元的罚款。

16. 南卡罗来纳州保险局（South Carolina Department of Insurance，2007）。

17. 支持政府兴办巨灾再保险机构的人们或许认为此类计划将有助于降低和稳定费率水平，但是保险公司却对此类计划的必要性持不同的观点。本书无意解决这一争辩。

18. "佛罗里达州保险监管办公室就非续保计划至州际农场保险公司传票"（2007）。

19. "纽约州禁止向沿海消费者的搭售行为"（2007。网址：http://www.propertycasualty360.com／2007／08／28／n-y--stops-insurers-from-tie-ins-for-coastal-customers）。

20. 与此形成对比的是，为房产业主提供保险以应对洪水的联邦国民洪水保险计划的最大免赔额为 5 000 美元，这并不取决于保险水平（请参见第 4 章中我们关于房产业主对洪水免赔额选择的分析）。

21. 有一种关于私人保险公司与联邦政府之间的理解，认为国民洪水保险计划应该成为该计划所能提供的上限的洪灾保险的来源。接下来，私人保险公司可以出售超过国民洪水保险计划上限的超额洪灾保险。

22. 对联邦洪水计划的充足性问题曾有若干批评。

23. *Buente v. Allstate*. Civil Action No. 1：05CV712 LTS–JMR L. T. Senter，Jr.，Senior Judge，April 11（2006）.

24. Treaster（2007）.

25. In Re Katrina Canal Breaches Consolidated Litigation，No. 05-4182（E. D. La. Nov. 27，2006）.

26. 美国财产意外保险商协会（PCIAA），雷曼兄弟股本研究报告（Lehman Brothers Equity Research），保险信息协会（Insurance Information Institute）。

27. 即使破产成本广泛地扩展到所有的保险公司和其他保险产品线，某些业已建立的保险公司可能仍会发现这种做法有更可取的地方。同样，各州和联邦的法律允许保险公司至少能够通过费率追加或者税收抵免或扣除来弥补它们向其担保协会所交款项的一部分。

28. FAIR 是公平保险需求计划（Fair Access to Insurance Requirements）的缩写词。

29. 路易斯安那州也在 2004 年建立了一个类似的机构。

30. Milliman（2007）.

31. 数据来源于居民财产保险公司（CPIC）官方网站 http：//www. citizensfla. com。

32. 这些数据在反映佛罗里达居民财产保险公司保费占该州财产保险保费总额的比例上仍然缺乏严密性。同时，佛罗里达州的数据仅能反映佛罗里达居民财产与伤害联合承保协会 2001 年的居民住宅财产的保险状况，以及佛罗里达居民财产保险公司 2002 年到 2005 年基于包括其先前由佛罗里达州风灾池承保的全部高风险保单所收取的保费的市场份额。

33. 关于佛罗里达州保险监管办公室（FLOIR）转移计划的信息请参见 http：//www. floir. com/TakeoutCompanies. aspx。

34. In the matter of Citizens Property Insurance Corporation（居民财产保险公司），Case No. 94539-08，Order Approving CPIC's Personal Residential and Commercial Residential Non-bonus Takeout Plans，http：//www. floir. com/pdf/Executed_ Order. pdf（2008 年 7 月 24 日）。

35. 南卡罗来纳州保险局（2007）。

36. 佛罗里达飓风巨灾基金（2007）。

第3章

1. 这一章摘自 Grace and Klein（2007）关于沿海各州保险市场状况的更为详尽的分析。

2. 例如，当生产超过某一点之后，企业内的工人和单位间的沟通和协调就会遇到问题，导致了生产率的递减。参见瓦里安（Varian，1992）关于企业生产函数的解释。

3. 参见 Klein and Kleindorfer（2003）。

4. 例如，可参见 "Allstate Considers More Cancellations," 《*Tampa Tribune*，May 19，2006。

5. 市场集中度由赫芬达尔—赫希曼指数测度，该指数的数值较大意味着市场集中度较高。

6. Grace and Klein（2007）.

7. 在图3—2中我们还加入了路易斯安那州的数据作为对比项。

8. 由于平均保费是基于投保人所实际支付的保费计算的，因此它也会反映出保险业务的调整。

9. Grace and Klein（2007）.

10. 在第4章中我们将讨论这些县的公共洪水保险的保费变化，在过去的几年中它们并没有发生显著的变化。

11. 参见 Grace，Klein and Kleindorfer（2004）。

12. "长期"这一概念在巨灾风险的背景下会变得含糊不清。在不受巨灾风险威胁的房产业主保险市场上，5到10年的时间已经足以使得保险公司实现盈亏平衡。但是，在面临巨灾风险威胁的房产业主保险市场上，盈亏平衡则需要更长的时间（假定费率设定在足额的水平）。这使得评估收益在长期是否接近于公允回报率变得尤为困难。

13. 我们所使用的计算这些利润的所有数据都基于保险公司提交的法定财务报告。这些利润计算方法是由国家保险监管局长协会（NAIC）开发出来并可以进行快速计算的，其目的是方便监管者和其他人员分别以保险产品线和各州为标准，确定保险公司利润和亏损。它们包括了具体的保险业务线和具体各州的所有成本和收入（包括为未收到保费和未获支付损失准备金的投资所得）的分配情况。国家保险监管局长协会使用的公式很复杂，具体内容可查阅国家保险监管局长协会（NAIC，2007）。许多保险公司业已退出佛罗里达州和其他沿海各州市场，以及其他公司业已充分缩减其沿海业务的做法，反映了保险公司对承办房产业主保险业务财务绩效的悲观估计。

第 4 章

1. 本章摘自 Michel-Kerjan and Kousky（2008）。

2. Overman（1957），Gerdes（1963）和 Anderson（1974）。最近，这种评估方法正在发生变化。比方说，瑞士再保险公司就认为，如果政府能够适当参股，私营公司是可以承保洪水险的（参见 Menzinger and Brauner，2002）。有趣的是，不同的国家处理洪水灾害的方式各有千秋。比如，在英国就是由私营保险公司承保洪水险的。

3. 通过实施一个由联邦政府运营的全国性洪水计划，这个法案取代了《1956 年联邦洪水保险法》（the Federal Flood Insurance Act of 1956）（1956 年的法案在范围上受限制，比方说它要求私营公司可以在某些"合理的价格"上承办保险，但联邦洪水保险不可以这么做）。

4. Grossman（1958）.

5. Pasterick（1998）.

6. 国会预算办公室（Congressional Budget Office，2007）。财政援助只适用于最初 3.5 万美元的房屋建筑物保险标的和 1 万美元的室内设施及物品保险标的，尽管 2004 年保险索赔的平均数和中位数皆低于此限额。

7. Pasterick（1998）；Wetmore et al.（2006）。只有当投保财产遭收的损失达到其价值的一半时或者住宅的翻新使其价值的增加超过 50% 时，才可以请求政府援助以支付保险精算费率（国会预算办公室，2007）。

8. 普华永道会计师事务所（1999）。

9. Hayes，Spafford，and Boone（2006）.

10. 国会预算办公室（2007）（若需了解更多关于消除国民洪水保险计划补贴影响的情况，请参见普华永道会计师事务所，1999）。

11. 比方说，可以参见 Criss and Shock（2001）。

12. 可持续社区中心（Center for Sustainable Communities，2006）。

13. Anderson（1974）.

14. Anderson（1974），Kunreuther（1979）、Power and Shows（1979）（若需了解更多详细信息，请参见本书第 5 章）。

15. Anderson（1974）；联邦应急管理局（2002b）。

16. Kriesel and Landry（2004）.

17. Dixon，Clancy，Seabury，and Overton（2006）.

18. 1992 年的 3 场重大洪水灾害事件（得克萨斯州洪灾、安德鲁飓风和一次东北大风暴（nor'easter））的损失总计超过了 5 亿美元；国民洪水保险计划还为一场三月暴风雨（March storm）和 1993 年的中西部洪灾赔付了 5 亿美元。1994 年 10 月的得克萨斯州洪灾、1995 年 5 月的路易斯安那州洪灾、奥珀尔飓风共花费了国民洪水保险计划 12 亿美元的赔偿款。

19. 保险价格当然会因不同洪水区域而有所差别，但是在全美水平上所有保单平均下来就基本上拉平了。

20. 鉴于保费中还包括了支付给参加"为你自己投保"计划保险公司的行政管理费用，洪水发生的概率实际上比这更低。

21. 国民洪水保险计划价格的制定是全国性的，它将因洪水区域（参见附录 4A）和房屋的特征而有所差别。这些价格并不会因其所在各州和地区而有差别，所以这里公布的数据反映了各个州的洪水风险的差别性、保险购买者及其所购每份保单覆盖保险标的的构成差异，这一差异是住宅价值的函数。

22. 我们要感谢 Tim Scoville 和 Ed Pasterick 为我们提供了这组数据，他们还为我们的研究项目提供了索赔的数据，并为本项目实际实施提供了颇有助益的讨论。

23. 正如之前讨论过的，关于这些地图的质量存在重大争议，特别是在卡特里娜飓风来袭和新奥尔良的防洪大堤决口之后。

24. 我们在附录 4A 中提供了每个洪水区域的完整定义。

25. 商用（非住宅）建筑物有资格申请高达 50 万美元的建筑物保险标的额以及高达 50 万美元的个人财产保险。根据联邦紧急事务管理署提供的数据，截至 2007 年 6 月，总额 540 万美元的有效保单中只有将近 200 万美元包含建筑物保险标的、340 万美元的有效保单既包含建筑物也包含室内设施及物品保险标的、10 万美元的有效保单只包含室内设施及物品保险标的。

26. 包括美国国际集团（American International Group，简称 AIG）和丘博（Chubb）在内的多家私营保险公司在国民洪水保险计划保单限额之外提供私人保险业务，这就不足为奇了。不过，可保险性所面临的同样问题是国民洪水保险计划的建立本来就是想对私营保险公司的计划施加影响。据我们所知，美国国际集团只在包括加利福尼亚州、科罗拉多州、康涅狄格州、伊利诺伊州和马萨诸塞州等为数很少的几个州提供保险业务（Silverman，2005）。丘博集团只在亚利桑那州、科罗拉多州、伊利诺伊州、爱达荷州、印第安纳州、密歇根州和犹他州提供保险业务（Best's Review，2006）。因此，房产业主对保险需求最为迫切的地区却无从获得私营保险公司的洪水保险。不过，我们不知道能不能获得更为完整的包含了佛罗里达州信息的数据库。

27. 这些发现与本书第 5 章中所讨论的以目标为基础的保险决策制定模型是基本一致的。

28. Kunreuther et al. （1978）.

29. 先前公布的结果显示，投保人会选择一份包含较低的免赔额，同时还会选择一份主要集中于非巨灾性损失的、只包含较低限额的保单。例如，根据 Eldred （1980）对保险购买人的调查，他发现房产业主保单中有 68% 的汽车保单和 69% 的房屋保单选择了最低免赔额，同时选择了 2.5 万美元或更低的责任限额，尽管保险专业人士和消费者出版物都一致认为要想获得合理的保护，10 万美元的个人责任限额是非常必要的。

30. 2005 年 8 月 25 日，在移向墨西哥湾之前，卡特里娜飓风第一次在佛罗里达州登陆时为 1 级飓风，三天后在路易斯安那州登陆时增强到了 3 级飓风。

31. 3 级飓风丹尼斯在 2005 年 7 月 11 日登陆佛罗里达州。

32. 2005 年，圣罗萨县的平均保险费为 411 美元，艾斯康比亚县为 423 美元。即使国民洪水保险计划的费率是以保险精算结果为基础的（这是个保守的假设，因为费率要包含管理费用），这些地区的洪水爆发率与 15 年到 20 年一遇事件的概率大体上也是一样的。

33. 在这段期间内，迈阿密市以平均每张保单 929 美元的索赔额排名第 23 位，棕榈滩县以 148 美元的金额排名第 59 位。

34. 普通最小二乘线性回归分析技术使得预测值与观察值之间的平方差总和最小。

35. 若需了解佛罗里达州位于特别洪水灾害区的各县财产的地域分布情况，请参见附录 4B。

36. 带有地下室的住宅也会略微降低其索赔额，其系数为 -0.08490。

37. 从表 4—8 中我们可以看到每份保单平均保费的变化情况，在 2000 年到 2005 年之间保单保费的降低不尽相同。这是因为，随着时间推移，（正如我们之前讨论的那样）越来越多的投保人在保单中选择了更低的免赔额并提高了最高限额。换句话说，每张保单的平均保费仍是一样的，但是其所购买的保险数量显著地增加了，这降低了用每 1 000 美元保险标的额所需的保费所测度的保险成本。

38. 经济顾问委员会（Council of Economic Advisors, 2007）。

39. 事实上，在 2005 年之前国民洪水保险计划只向美国财政部借了 3 次款，并且均为有息贷款（Jenkins, 2005）（在现行法律制度下，联邦紧急事务管理署必须偿付因国民洪水保险计划从财政部借来的所有资金）。但是，2005 年的飓风加重了国民洪水保险计划财务稳健性的负担，正如图 4—8 所示。在卡特里娜、丽塔和威尔玛三大飓风中，联邦紧急事务管理署已经支付了大约 230 亿美元的保险赔款，几乎达到了该计划自建立以来赔款总额的两倍（King, 2006）。

40. 非常感谢国民洪水保险计划的 Ed Pasterick 给我们提供了这些数据。

41. Pasterick（1998）.

42. 关于特别洪水灾害区对参与项目保险公司支付的详细描述，请参见美国审计总署（2007b）。

43. 这是保险公司在出售其保单时所使用的负荷系数范围内的估计值，它反映了各家保险公司超出了其对精算保险成本的估计之上的经营管理成本。在 2005 和 2006 财政年度，由于参加"为你自己投保"计划的保险公司为 2004 年和 2005 年的大型飓风所支付的索赔数目和额度是空前的，所以支付给这些保险公司的金额还要更高些。

44. 直到 1986 年，薪水、项目费用和绘图成本都是由国会的年度拨款支付的。从 1987 年到 1990 年，这些费用都是由收到的保费支付。从 1991 年开始，一笔 25 美元的联邦保单手续费被加入每一份保单中（1995 年增加到 30 美元）用来支付项目的薪水和行政管理费用。

45. 图中我们未包括"为你自己投保"计划在 1968 年至 2005 年期间的 4 亿美元利息费用。

46. 美国审计总署（2007b）。

47. 美国审计总署（2006）。

48. 美国审计总署（2006）。

49. Overman（1957）.

50. Wetmore et al.（2006）.

51. 有关于财产价值方面的讨论，请参见 Kunreuther（1968）。

52. Wetmore et al.（2006）.

53. 附录 4A 来源于联邦紧急事务管理署、美国国土安全部（U. S. Department of Homeland Security）。

第 5 章

1. 本章的前两节基于 Kunreuther and Pauly（2006b）。

2. 假设灾难援助的金额对一个人可能出于抵消税收的目的的未投保损失不会产生影响。

3. Kunreuther, Novemsky, and Kahneman（2001）.

4. Kunreuther and Pauly（2004）.

5. 关于保护性决策选择阈值模型运用的经验证据，请参见 Camerer and Kunreuther（1989）.

6. McClelland, Schulze, and Coursey（1993）.

7. Kunreuther et al.（1978）.

8. Buchanan（1975），Coate（1995）.

9. Moss（2002）.

10. Dacy and Kunreuther（1968）.

11. Reeves（2004，2005）.

12. Michel-Kerjan（2008）。一次大型灾难过后，地方政府首脑可能觉得灾后恢复显然已经远远超出了州政府和当地政府联合财力的上限，因此亟需联邦政府的援助。在《罗伯特·斯坦福减灾与紧急事件援助法案》（42 U. S. C. secs. 5121–5206，简称"斯坦福法案"）下，可通过总统宣布来请求联邦给予追加援助，但是地方政府首脑必须能够证明灾难的严重程度和损害规模确实超过了州和地方政府的承受能力。

在联邦紧急事务管理署地方与全国事务办公室（FEMA regional and national Office）关于灾难援助请求与灾害初步评估的评论发表之后，该署向总统提交了一份情况分析并推荐了一份行动程序方案。关于这一程序和标准的完整描述参见 http：//www. fema. gov/media/fact_ sheets/declaration_ process. shtm。无论是联邦的法律还是联邦紧急事务管理署的部门规章，均未对到底什么是灾难和到底什么不是灾难给出精确的定义。

13. 国会研究服务部（Congressional Research Service，2005）。

14. 本节基于 Krantz and Kunreuther（2007）。

15. Kunreuther, Sanderson, and Vetschera（1985）.

16. Tobin and Calfee（2005）.

17. Lowenstein, Weber, Hsee, and Welch（2001）；Finucane, Alhakami, Slovic, and Johnson（2001）.

18. Bell（1982），Loomes and Sugden（1982），Braun and Muermann（2004）.

19. Bell（1985）.

20. Rottenstreich and Hsee（2001），Sunstein（2003）.

21. Kunreuther et al.（1978）.

22. Shafir, Simonson, and Tversky（1993）.

23. Hogarth and Kunreuther（1995）.

第 6 章

1. 斯通（Stone，1973）同时还引入了一个关于保险公司运营稳定性的约束条件。正如下一章将要讨论的，从传统意义上讲，保险公司在处理巨灾风险时，并不关注这一约束条件，但是再保险公司却关注它。

2. Kunreuther, Meszaros, Hogarth, and Spranca（1995）.

3. 关于这一概念的详细讨论请参阅本书第 14 章。

4. 关于逆向选择问题的一个综述，请参阅 Dionne, Doherty, and Fombaron（2000）。

5. Henriet and Michel-Kerjan（2008）.

6. Lecomte and Gahagan（1998）.

7. Francis（2005）.

8. 更多详情请参见 Doherty（2000）。

9. Doherty（2000）.

10. 贝氏（A. M. Best，2006）。

11. 《保险杂志》（Insurance Journal，2006）。

12. Fleckenstein（2006）.

13. 本节前三部分的材料是以 Grossi and Kunreuther（2005，第 2 章）的研究为基础的。

14. Kozlowski and Mathewson（1995）.

15. 超越曲线相当于标准的累积分布函数。

16. 佛罗里达飓风巨灾基金（FHCF）的杰克·尼克尔森（Jack Nicholson）向我们提供了该基金的数据资料，同时风险管理解决方案公司的帕特里夏·格罗西（Patricia Grossi）和罗伯特·缪尔—伍德（Robert Muir-Wood）为我们分析了这些数据，我们为此表示感谢。他们向我们提供了本节中的相关超越曲线和图表。

17. 我们在此处使用的是风险管理解决方案公司于 2006 年开发的新一代模型。

18. 方差系数是某一给定变量与其均值的标准离差的比值（该系数用来衡量变量的稳定性——译者注）。

第 7 章

1. 关于这些约束如何影响再保险人是否提供这些保险业务的决策过程的数学处理，请参见 Kreps（1990）。

2. 再保险公司对其业务所确定的保费不受州一级政府的监管。

3. 感谢佳达再保险经纪有限公司的肖恩·穆尼（Sean Mooney）为我们提供的相关材料，包括尚未发表的论文"定价"（1999）的草稿，这篇文章帮助我们更好地理解了再保险公司到底是如何为不同层级的保险定价的。

4. Kreps（1990）.

5. 关于这个模型的更为详细的讨论，请参见 Kreps（1990）和 Feldblum（1990）。

6. 我们感谢风险管理解决方案公司的帕特里夏·格罗西和罗伯特·缪尔—伍德基于风险管理解决方案公司 2006 年模型所做的这些分析。关于佛罗里达飓风巨灾基金（FHCF）的讨论请参见本书第 2 章（第 2.5 节）。

7. Grossi and Muir-Wood（2008）.

8. 佛罗里达州管理委员会（2006）。

9. 佛罗里达州管理委员会（2006）。

10. 我们没有能够拿到后来年份居民财产保险公司再保险计划的价格信息。

11. 佳达再保险经纪有限公司（2007a）。

12. 佳达再保险经纪有限公司（2008）。

13. 佳达再保险经纪有限公司（2007b）和我们在 2009 年 1 月 20 日与肖恩·穆尼的个人交流。

第 8 章

1. 本章基于 Michel-Kerjan and Morlaye（2008）。

2. Lewis（2007）.

3. 关于 21 世纪最初几年的选择性风险转移工具市场的全面探讨，请参见 Lane（2002）、Dischel（2002）和 Hartwig and Wilkinson（2007）。

4. 我们给出了一个衍生产品互换的例子，这是一种最为常用的行业损失担保（ILW）合约，但它并不是必需的。它可以是一个第一补偿触发条件（购买者遭受损失），然后是一个基于工业损失的第二触发条件。它也可以有若干个与不同偿付相联系的阈值。

5. Zeng（2000）.

6. Lane（2006）.

7. 佛罗里达州政府管理委员会（State Board of Administration of Florida，2006）。2008 年的数据来自于高盛投资公司的贾斯廷·马勒茨基（Justin Maletsky）、埃克塞斯再保险（Access Reinsurance）的恩达·麦克唐纳（Enda McDonnell）以及 2009 年 1 月 20 日的个人交流。

8. 关于通过债券进行最优风险对冲的理论处理，请参阅 Barrieu and El Karoui（2002）。

9. 请注意在 2004 年和 2005 年的飓风季节之前，曾经发行过的最大规模的债券是 2003 年共济连（Zenkyoren。日本最大的农业互助保险公司——译者注）发行的、用来为日本地震承保的、4.7 亿美元的凤凰债券（Phoenix）。此后，我们看到了若干笔更大规模巨灾债券的发行。比如，州际农场保险公司就在 2007 年发行了 12 亿美元的债券（Merna Re），这个债券因为美国和一些其他国家的包括飓风、地震和随之而来的火灾、龙卷风、冰雹、冬季风暴、森林大火等多重灾害，向州际农场保险公司提供了一份连续三年积累总额的超额损失巨灾再保险。

10. Kunreuther and Michel-Kerjan（2004）.

11. 这些巨灾债券是与欧洲金融再保险公司（European Finance Reinsurance）的一笔总额为 4.5 亿美元的再保险交易的一部分，欧洲金融再保险是瑞士再保险公司的全资子公司。瑞士再保险公司持有 2.9 亿美元的合约风险曝险额，并且通过一家特别目的的公司发行了一份 3 年期总额为 1.6 亿美元的巨灾债券 CAT-Mex。

12. 该图合并了美国和国外的自然灾害债券以及第一责任阿瓦隆再保险（Avalon Re）巨灾债券，该债券是由石油灾害公司（Oil Casualty Company）在 2005 年发行的，总额为 4.05 亿美元。

13. 埃尔文·米切尔—科尔詹（本书第二作者——译者注）与迈克尔·米利特（Michael Millette）的私人通信，高盛投资公司，2007 年 12 月 20 日。

14. 尽管影响到这一问题的相关保险索赔并没有得到全部处理，但是这些债券还是像其全部损失已然预期到的那样正在市场上交易着。

15. Moyer（2006）.

16. 英国银行家协会（British Bankers Association，2006）。

17. 第一次交易是在 1996 年 7 月，当时亚居拉能源公司（Aquila Energy）为爱迪生联合电气公司（Consolidated Edison Co.）构建了一个双商品对冲（dual-commodity hedge）。这次交易中爱迪生联合电气公司购买了亚居拉公司 8 月份的电力。双方就电力的价格达成了协议，不过合约中还加入了一个天气条款。这个条款规定如果 8 月份比预期的冷，亚居拉能源公司要付给爱迪生联合电气公司一个折扣。对气温是否低于预期的温度，要参照纽约市中心公园气象站测得的降温天数（cooling degree days，简称 CDDs）。如果总的降温天数在预先确定的水平以下的 0～10%，爱迪生公司就得不到折扣，但是如果总的降温天数低于正常值的 11%～20%，爱迪生联合电气公司就能得到 1.6 万美元的折扣。

18. 天气风险管理协会（Weather Risk Management Association，2007）。

19. 关于保险联结证券（ILS）市场发展的讨论，请参阅 Butt（2007），De Mey（2007）、Wu and Soanes（2007）、Ramella and Madeiros（2007）和 Csiszar（2007）。

20. 由于欧盟再保险指令对特殊用途再保险公司的认可，该指令将使得保险市场的证券化风险更小。预计该指令将于 2008 年在欧盟内部各国中转化为国内法。

21. 在这两种情形下，有效容量限制（limits in available capacity）也是驱动保险联结证券（ILS）发行的强劲动力。

22. 瑞士再保险公司（2007b）。

23. 夏普比率测度的是经风险调整后收益目标上的超额收益再除以产品的波动性。由于它能帮助投资者辨别由预期收益的波动性测度的同样风险水平投资的优劣，因此对投资者来讲是一个关键性指标。

24. 请参见"灾难债券，港口和风暴"（*The Economist*，2007）。

25. 这种崭新的首创性在芝加哥期货交易所（Chicago Board of Trade，简称 CBOT）停止交易此类期权合约的几乎十年之后还是非常鼓舞人心的。纽约商品交易所（New York Mercantile Exchange，简称 NYMEX）的产品基于保险服务事务所（ISO）最终的年度 PCS 损失总额来估计合约年度的损失（3 年可交易）。芝加哥商品交易所（Chicago Mercantile Exchange，简称 CME）的产品决定于美国的单个飓风登陆的参变量指标（在美国可以交易的 5 个地区中，有为 3 种同时登陆的飓风设计的合约）。

26. 比方说，一个含有放射性物质的炸弹今年在欧洲爆炸的概率是多少？这样的一次袭击有哪些直接的和间接的影响？Michel-Kerjan and Pedell（2006）。

27. 对于其他类似的多功能金融工具的探讨，请参见 Barrieu and Loubergé（即将出版）。

第 9 章

1. Gron（1994），Winter（1988）。

2. 所谓的融资优序理论（pecking order theory）解释了企业对于内部资本的偏好。除了外部资本的直接交易成本之外，还有代理成本，应该采取某种控制形式以阻止内部人将财富转移给他们自己。详细的论述请参见 Myers and Majluf（1984）。

3. 佛罗里达州管理委员会（2006）。

4. Doherty and Posey（1997）。

5. 严格地讲，由于保险池中的保单数量会不断地增加，每张保单的平均风险将趋于零。因此在一个大型保险池中风险的平均负担将逐渐接近于零。

6. Borch（1962）。

第 10 章

1. 这一节的这些部分来源于 Grace，Klein，Kleindorfer，and Murray（2004）。

2. Gal-or（1983）。

3. Kunreuther（1998）。

4. Klein（1998，2007）。

5. 详见 Bartlett，Klein，and Russell（1999）关于受到强制监管的保险价格补贴何以可能会仍然持续一段时间的讨论。

6. 关于这点的进一步讨论，请参见 Grace，Klein，and Kleindorfer（GKK）（2004）。

7. 在我们用来为供给和需求方程所做的第一阶段回归中，我们还使用了资本和盈余的对数、沿海县城的指标、人口的变化和被水淹没的县城所占的百分比等工具变量。

8. 可能并不指望着集团运作会补贴某一个特定的州的企业，但是集团资本和多样化可以帮助各家保险公司处理它们所承保的各种风险中的随机因素。

9. 弹性是我们将回归估计方程两边的变量使用对数转换方式之后的处理结果。

10. 对于价格的测度，Grace et al.（2004）使用的是价格加成而非平均保费。

11. 只有自用的单独或者复合单元的住宅建筑物才符合房产业主保险的条件，对于复合单元建筑物的限制通常是 4 个或者 5 个单元。非自用住宅或者多于 4 个或者 5 个单元的建筑物通常不在商业财产保险保单的保险范围之内。

12. 这种说法的某些限定条件已经得到了验证。许多经办私人保险产品线的保险公司不仅提供住房和汽车保险，如果消费者从公司同时购买了这两种保险产品，公司还会为其提供一个折扣。这意味着对于各家保险公司来讲至少存在着范围经济的问题。不过，除了汽车和住房保险之外，对于保险产品的交叉出售而言，可能并不存在范围经济或者消费者利益。

13. 极具讽刺意味的是，监管部门将此视为在佛罗里达州拥有子公司的保险公司对其在该州的子公司抽取资本金的一种方式，并且，佛罗里达州还禁止成立那些只在该州运营的新公司。这可能是因为该州的监管部门在为佛罗里达州房产业主保险定价时要求使用全公司（而不仅仅是子公司）盈余的缘故。

14. 破产保险公司的所有者将丧失他们所持有的公司股权。不过，他们的个人资产不会冒着被用来支付这家破产保险公司的赤字（负的盈余）的风险。因此，股份有限制或是有限责任制保险公司的所有者可以获取市场中所有赌博的赚头，但是他们无须支付此类赌博失手的全部成本。此外，各家保险公司的所有者可以通过股息、红利或者其他方式从他们所拥有的保险公司中攫取价值，倘若公司真的破产的话，这还会缩减公司应付股权的数量。这一策略对于在那些容易爆发巨灾的地区承办财产保险业务来说可能特别具有吸引力，因为在风暴极少的年份，保险公司的业务利润可能相当丰厚，而风暴极少的年份往往要比那些爆发飓风并引起惨重损失的年份要多得多。

15. 2006 年，被评为 B 级的保险公司签出的保单占到了 49%，所有类型的 A 级保险公司签出的保单大约占市场份额的 26%。这给 C 级的和其他未评级的保险公司留下了整个市场 25% 的份额。在本书第 2 章和 Klein（2007）还对充分监督财务状况的利益和在飓风多发的各州经办住房保险业务的保险公司的风险之间的监管冲突做出了更为详细的讨论。

16. 比方说，可以参见 Cummins and Weiss（2000）。

17. 正如 Willig（1976）所指出的，由于带有不变的收入边际效用，当正在讨论的产品并没有占据房产业主预算中相当大的部分时，这种形式对于需求模型来说十分合适，这对于保险行业来讲是一个合理的假设（典型的房产业主保险保费大约是 300 美元到 500 美元，而且在飓风多发地区这个额度可能还会更高）。当然，这并不是说对于消费者来说没有收入效应，只是说在一系列可供选择的保单中，对于每一位消费者来讲收入的边际效用被假设为常数。

18. 请注意我们在这个模型中并没有考虑税收的影响。参见 Myers and Cohn（1987）和 Cummins（1990）。在保险行业情境中对于价格更为详细的讨论，请参见 Cummins，Weiss，and Zi（1998）使用前沿效率分析方法对价格和盈利能力所做的相关经验研究。

19. Grace et al.（2004）.

20. R2 代表模型解释数据的程度。如果 R^2 接近于零意味着模型没有任何解释力；如果 R^2 为 1，意味着这个模型与数据完全吻合。

21. 目前，我们还没有找到确定得克萨斯州显示损失成本（ILC）的方法。直到最近，国际标准化组织（ISO）也没有为得克萨斯州规定出显示损失成本。因此，我们还没有各种基本的损失成本或者一个用来计算这一估计出来的损失成本的方法。分析中所用的保险合同的不同之处应归于我们不能在一开始就为所有的合同估计出显示损失成本。比方说，国际标准化组织对于既定的 500 美元或者 1 000 美元的免赔额都有专门的对应额度。如果免赔额是 750 美元，在手册中可能并没有 750 美元免赔额的对应额度。然后，为了获得这份保险合同的"成本对应额度"，我们只好在结果中使用内插数值的办法来解决这一问题。除了得克萨斯州之外，我们对所有那些没有显示损失成本信息的合同都采用了插值法求得了数据中所缺失的信息并且估计了显示损失成本。我们还进行了一些简单的检验来确定我们在分析中所使用的合同集合中是否存在任何系统性偏差，结果，我们并没有发现值得引起重视的差异。此外，在计算显示损失成本总额的过程中，显示损失成本既包含着巨灾的显示损失成本，也包含着非巨灾的显示损失成本。

22. 根据一些有趣的信息（参见第 2 章），我们的印象是这个比率在南卡罗来纳州和纽约州要比佛罗里达州更接近"充足"水平。部分原因是由于佛罗里达州以外各州的风险水平都更低，同时也表明，对于保险公司获准收取的保费，各家保险公司和各州的监管机构之间存在的争议也更少并且更小。

23. 参见本书第 4 章对佛罗里达州洪水保险保单免赔额的讨论。

24. Kunreuther and Pauly （2006a）.

第 11 章

1. 美国 48 个毗邻的州的联邦贫困线是每人每年 9 800 美元，并且每个家庭每多一口人将再上调 3 400 美元。

2. 已经办理了抵押贷款但是尚未投保的少数住房或许是这样一些住房：其抵押贷款的本金已经下降得过低，以至于贷款人的利息已低于灾难后的财产残余价值，因而贷款人在要求抵押借款申请人办理保险方面就不是那么严格。

3. Bundorf and Pauly （2006）.

4. 美国住房与城市发展部，"有经济承受能力的住房"，http：//www.hud.gov/offices/cpd/affordablehousing/index.cfm，2007 年 12 月 7 日。

5. 对于经济承受能力这一概念的更为详细的解释请参见国会预算办公室：未来在饮用水和废水基础设施上的投资，2002 年 11 月，附录 C。

第 12 章

1. 关于减少灾害损失的方法更为深入的讨论和对策建议，请参见金融服务圆桌会议（2007）。

2. 关于这些措施和其他措施更为详细的阐述，请参见 Laska （1991）。

3. 美国国家建筑科学研究所 （2005）。

4. 美国国家建筑科学研究所（2005，第1卷，第7页）。

5. 国际规范委员会（International Code Council，2006），http：//www. iccsafe. org/government/adoption. html，截至 2008 年 12 月。

6. 美国审计总署（2007c）。

7. 保险业务事务所建筑规范有效性分类 http：//www. iso. com/products/2400/prod2409. html，2007 年 9 月。

8. 保险业务事务所（2006）。国际标准化组织建筑规范有效性分级目录 http：//www. isomitigation. com/bcegs/0000/bcegs0001. html。

9. 美国审计总署（2007c，第 39～40 页）。

10. 美国审计总署（2007c，第 38 页）。

11. 最近的建筑规范是 2004 年制定的，2007 年又重新制定了。参见 www. FloridaBuilding. org。

12. 商业和家庭安全研究所（Institute for Business and Home Safety，2007）。

13. 居民财产保险公司（2006）；州际农场佛罗里达保险公司，房产业主：FPL-10. 509，8/15/2006；第一佛罗里达汽车和住房保险公司（First Floridian Auto and Home Insurance Company，隶属于佛罗里达州旅行者保险公司），Filing 06-05323：房产业主保费部分，Rev 4/23/2006；好事达佛罗里达保险公司，房产业主手册，4/22/2002。

14. 这一节基于 Kunreuther（2006）。本章其余的绝大部分重印自 Kunreuther, Meyer, and Michel-Kerjan（2007）。

15. 关于选择性洪水减灾措施的讨论可见于 Laska（1991）以及联邦紧急管理机构（1998）。

16. Kunreuther et al.（1978）.

17. Thaler（1999）.

18. Kunreuther, Onculer, and Slovic（1998）.

19. Lowenstein and Prelec（1991）.

20. Tversky and Shafir（1992）.

21. Magat, Viscusi, and Huber（1987），Camerer and Kunreuther（1989）.

22. Hogarth and Kunreuther（1995）.

23. Oberholzer-Gee（1998）.

24. Kunreuther and Pauly（2005）.

25. Brinkley（2006）.

26. Meyer（2006）.

27. Meyer（2006）.

28. Kunreuther（1996）.

29. Kunreuther et al.（1978）.

30. Palm, Hodgson, Blanchard, and Lyons（1990）；Burby, Bollens, Kaiser, Mullan, and Sheaffer（1988）；Laska（1991）.

31. Goodnough（2006）.

32. Michel-Kerjan（2008）.

33. 个人交流。

34. 美国审计总署（2007c）。

35. 在 Auerswald 等人（2006）的文章中，我们非常详细地分析了减灾所面临的同样的挑战，由保护重要基础设施服务所带来的，例如电力、交通、通信、国防、医疗体系、银行和金融等。

36. 关于附录里这两个例子的更为详细的描述可见于美国联邦紧急事务管理署（FEMA）的官方网站，http：//www. fema. gov/plan/prevent/ bestpractices/kat_fl. shtm。

第 13 章

1. 根据定义，平均年度损失（AAL）是所有预期损失可能事件的总和，这些预期损失是与某一给定的州或邮政编码区域以及某一给定的年份每一个此类个别事件相关联的。

2. Bushouse（2007）。这一数字与其他学者的估计是一致的；比方说，可参见 Holborn（2007）。

3. 关于这一得到强化的项目的特征，请参见 http：//www. ibhs. org/publications/downloads/20071106_084937_30401. pdf.

4. 关于这些保险联结证券的更为详细的讨论，请参见本书第 8 章。

5. 保险信息研究所（2007）。

6. 我们感谢佛罗里达飓风巨灾基金的首席运营官杰克·尼科尔森（Jack Nicholson）为我们提供的关于这家基金运作的无数极富洞察力的讨论。

7. 在 2007 年间，没有任何一家保险公司选择这一险种。

8. 更为详细的讨论可见截至 2007 年 12 月的 http：//www. sbafla. com/fhcf。

9. 我们感谢来自得克萨斯风暴保险协会的吉姆·奥利佛（Jim Oliver）和吉姆·墨菲（Jim Murphy）同我们在协会运作本质问题上的讨论。

10. 如果一家公司的潜在税收抵免大于它的应纳税额，那么这家公司可以在未来年份中继续抵免余下的税款。在这种情况下，一家只负有小额纳税义务或者大额额外缴费义务（或两者兼而有之）的公司可能会需要明显多于 5 年的时间来完全收回其额外上缴的费用。在任何情况下，一家公司都不能用少于 5 年的时间弥补这笔额外费用，因为最大的年度税收抵免是其额外费用的 20%。

11. 包括商业保险品种在内的实际的数字还会更高些。

12. 2009 年 1 月 12 日与杰克·尼科尔森的个人通信。

13. 我们假设由于这些测度已经包含在建筑规范之中了，所以它们都是成本有效的。换句话说，在该处住房整个预计使用期间由减灾措施所带来的折现长期预期收益要大于其前期成本。通过获取包含在建筑规范或者佛罗里达安全生活加固计划之中的专用减灾措施的详细成本估计数据，人们可以对其相对的成本有效性进行排序。

14. 以不同的方式将其旗下的各家公司组成集团的州际农场保险公司是个例外。请参见注释 15 对我们如何处理这种特殊情况的全面解释。

15. 州际农场保险公司（State Farm）是一个具有非典型结构的母公司，它按业务线划分其下属单位。其他公司根本不会分割其盈余，或者由其他公司根据仍然办理所有不同类型保险品种的州级公司来分割其盈余。贝氏评级公司的数据库将其盈余总额算在了整个集团公司名下。通常情况下这一盈余总额可用于财产保险，因为这些公司并不是独立的实体。然而，州际农场保险公司分离了其财产保险业务，因此其贝氏数据处于很高的水平。为了对此做出调整，我们使用了州际农场保险公司财产保险附属公司的盈余总和数据：州际农场火灾和意外保险公司：89.5 亿美元；州际农场通用保险公司（加利福尼亚）：18.5 亿美元；州际农场佛罗里达保险公司：7.2 亿美元；得克萨斯劳埃德公司：12.9 亿美元；合计：128.1 亿美元。

16. Doherty（2000）.

17. 关于这一点的更多细节，请参见本书第 6 章（第 6.4 节）。

第 14 章

1. 关于我们为什么需要研发处理这些灾害事件新方法的原则的更为详细的讨论，请参阅昆雷泽（Kunreuther，2007c）。http：//opim. wharton. upenn. edu/risk/library/oped_ NYT2007%2708%2725. pdf.

2. 更为详细的讨论，请登录 http：//www. frac. org/html/federal_food_programs/programs/fsp. html.

3. 参见美国农业部 2006 财政年度预算简表和年度预算执行计划，http：//www. usda. gov/documents/FY07budsum. pdf。

4. 食品研究和行动中心（Food Research and Action Center，简称 FRAC），http：//www. frac. org/data/FSPparticipation/2007_06. pdf。

5. 比方说，在 2007 年 8 月底，卫生与公众服务部部长迈克·莱维特（Mike Leavitt）就曾宣布给予那个夏天气温要高出通常年份很多的 12 个州 5 000 万美元的紧急能源援助。

6. 参见美国卫生和公众服务部（U. S. Department of Health and Human Services，简称 HHS）的官方网站 http：//www. acf. hhs. gov/programs/liheap。

7. 关于这项计划的更多细节，请参阅 2007 年 9 月的 http：//www. usac. org/about/universal-service。

8. 我们感谢吉尼奥·斯塔兰扎克（Genio Staranczak）关于该基金运作的极富洞察力的评论。

9. 这一节基于 Kunreuther（2007a，2008）和 Jaffee，Kunreuther，and Michel-Kerjan（2008）。

10. 费城保险互助会和其他销售永久性保单的各家保险公司在其客户购买保险产品时要求后者付出一大笔固定支付。这笔从"保险投资"上赚取的利息可以弥补这笔财产的年度保费。我们感谢费利克斯·克洛曼（Felix Kloman）提醒我们关注这种类型的长期保险关系。克洛曼多年以来一直致力于积极促进保险公司和投保者之间建立起长期的承诺和伙伴关系。在 1994 年 9 月至 1995 年 10 月间，克洛曼在他出版的《风险管理报告》（Risk Management Reports）中就此话题撰写了大量专栏文章。

11. Kunreuther（2006）.

12. 请参见 http：//www. rivkinradler. com/rivkinradler/Publications/newformat/200302weissman. shtml 对于这两种合同安排更多额外的细节的讨论。关于这种废止选择权（defeasance option）的更为完整的讨论，请参见 Dierker，Quan，and Torous（2005）。

13. 没能对这一条件做出要求，给次级抵押贷款带来了各种重大问题。

14. 一个与此相关的问题是，在人们感知到的风险水平出现变化的时候，长期合同是否可以避免重新谈判。如果人们当发现新奥尔良的防波堤没有按照建筑规范的规格来建造，并且各家保险公司和再保险公司在该地区有着未来十年利率固定的大笔生意时，那么，保险行业和再保险行业又能给人们提供什么样的保护呢？我们感谢保罗·克莱茵多佛尔（Paul Kleindorfer）提醒我们注意到了这一点（个人通信，2007 年11 月 21 日）。

15. 这一节的内容取自 Kunreuther（2007b）。

16. Freeman and Scott（2005）.

17. Michel-Kerjan and de Marcellis-Warin（2006）.

18. Towers Perrin（2005）.

19. 这一节的内容基于 Fishman（2007a）。这些基本概念也出现在 Fishman（2007b）。杰伊·菲什曼（Jay Fishman）是旅行者保险公司的 CEO。对于这一提议的更多细节，请参见 www. coastalplan. com。

20. 关于国家巨灾基金（National Catastrophe Fund）的更多细节可见于 2007 年 9月 的 http：//www. protectingamerica. org/pdf/WhitePaper_US. pdf。

本研究的两位负责人与其他主要作者

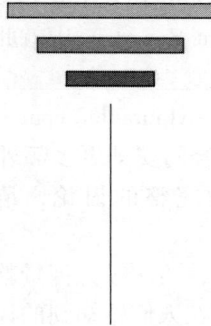

本研究的两位负责人

霍华德·昆雷泽（Howard C. Kunreuther）　是宾夕法尼亚大学沃顿商学院的决策科学与公共政策 Cecilia Yen Koo 教授和风险管理与决策过程中心（Risk Management and Decision Processes Center）的联合主管。他长期致力于社会如何更好地管理那些与科技和自然危险相关的低概率但是后果严重事件的各种途径的研究，并针对这一主题出版了大量内容广泛的著作，包括《论风险与灾难：得自卡特里娜飓风的教训》（*On Risk and Disaster：Lessons from Hurricane Katrina*）（与 Ronald J. Daniels 和 Donald F. Kettl 合著，2006）、《巨灾建模：一种管理风险的新方法》（*Catastrophe Modeling：A New Approach to Managing Risks*）（与 Patricia Grossi 合著，2005）以及《付出代价：美国自然灾害保险的状况》（*Paying the Price：The State of Natural Disaster Insurance in the United States*）（与 John Roth, Sr. 合著，1998）。由于其著作对保险学的文献做出了极其卓越贡献，他还荣膺了 Elizur Wright 奖。

昆雷泽教授是世界经济论坛全球"减轻自然灾害风险领导与创新"议程理事会的联合主席。他是经济合作与发展组织大规模巨灾金融管理高级咨询委员会（the High Level Advisory Board on Financial Management of Large-Scale Catastrophes）的创始成员之一；美国科学促进会（American Association for the Advancement of Science）会员；国家地震减灾规划（National Earthquake Hazards Reduction Program）地震减灾咨询委员会的成员；以及风险分析学会（the Society for Risk Analysis）的杰出会员，并在 2001 年荣获了该学会的杰出成就奖。他曾在麻省理工学院获得经济学博士学位。

埃尔文·米切尔—科尔詹（Erwann O. Michel-Kerjan）　是宾夕法尼亚大学沃顿商学院沃顿风险管理与决策过程中心的常务董事，并执教于沃顿商学院 MBA. 项目中的价值创造（Value Creation）课程。他的工作集中于研究极端事件管理与融资的战略和政策，主要是各种自然灾害和巨型恐怖主义事件、公私合伙制中的最优巨灾风险分担、气候变化、国家安全的经济学、能源依存性以及防止核扩散。他的工作还包括与国防工业和联邦机构合作的各种关键性服务保护项目。

米切尔—科尔詹是经济合作与发展组织大规模巨灾金融管理高级咨询委员会的创立成员之一和当选主席，该委员会是在 2006 年由经济合作与发展组织秘书长建立的。他还就职于世界经济论坛自然灾害全球议程理事会。

他曾就读于麦吉尔（McGill）大学和哈佛大学，并在 2002 年完成他在巴黎综合理工学院（Cole Polytechnique）的经济学与数学博士后研究之后加入了沃顿商学院，他现在是这里的全职副研究员。

米切尔—科尔詹在财务管理与全球风险治理等难题上已经独立或者合作出版了40 多部专著，而他的见解则经常出现在主流媒体上。他的第一部书是《新风险论》（*Treatise on New Risks*，与 O. Godard、C. Henry 和 P. Lagadec 合著，2002）。自 2003年至 2005 年，他任职于经济合作与发展组织的恐怖主义保险特别委员会（Task Force on Terrorism Insurance），该委员会在 2005 年 7 月出版了《经济合作与发展组织国家的恐怖主义保险》（*Terrorism Insurance in OECD Countries*）一书，2005 年，他作为主要负责人之一与霍华德·昆雷泽共同领导完成了由沃顿商学院首倡的、论述美国恐怖风险融资未来前景的《恐怖主义风险保险法案及其超越》（*TRIA and Beyond*。TRIA是 Terrorism Risk Insurance Act 的简称——译者注）一书。他最近的新书，《灾难之源，应对之本：私营部门的行动如何能提高公共部门的抵抗力》（*Seeds of Disaster*，*Roots of Response：How Private Action Can Reduce Public Vulnerability*，与 P. Auerswald、L. Branscomb 和 T. LaPorte 合著，2006），是第一部在极端事件管理的情境下分析个人效率与公共弱点之间的两难抉择问题的专著。2007 年，米切尔—科尔詹被世界经济论坛（俗称"达沃斯论坛"）授予了全球青年领袖（Young Global Leader）的称号，这是一个五年一度授予 40 岁以下全球公认最杰出领导者的荣誉称号。

其他主要作者

尼尔·道尔迪（Neil A. Doherty）　是宾夕法尼亚大学沃顿商学院的保险与风险管理 Frederick H. Ecker 讲座教授和保险与风险管理系教授。他的主要兴趣领域是公司风险管理，并专注于管理那些传统上适合于保险的风险管理财务战略。这些战略包括现有金融衍生产品的使用、新型金融产品的设计以及资本结构的应用。他已经在这一领域出过几部专著，包括《公司风险管理：一个金融学角度的阐释》（*Corporate Risk Management：A Financial Exposition*，1985）、《保险定价的金融理论》（*The Financial Theory of Insurance Pricing*，与 S. D'Arcy 合著，1987）以及《整合风险管理》（*Integrated Risk Management*，2000）。道尔迪还对风险和信息经济学兴趣盎然。他的那些关于逆向选择、信息价值以及带有不完美信息与相关问题保险合同设计的论文分别发表在《风险与保险杂志》（*Journal of Risk and Insurance*）、《政治经济学杂志》（*Journal of Political Economy*）、《经济学季刊》（*Quarterly Journal of Economics*）、《公共经济学杂志》（*Journal of Public Economics*）、《金融杂志》（*Journal of Finance*）和《风险与不确定性杂志》（*Journal of Risk and Uncertainty*）等期刊上。他是《管理经济学》（*Managerial Economics*，与 B. Allen 和 K. Weigelt 合著，2003）一书的作者之一。

马丁·格雷斯（Martin F. Grace） 是宾夕法尼亚大学沃顿商学院的风险管理 James S. Kemper 讲座教授，并且是位于佐治亚州亚特兰大市的佐治亚州立大学的风险管理与保险研究中心的副主任和研究员。他的研究成果发表在多种涉及保险监管和税收方面的经济和公共政策的经济学和保险学杂志上，他特别关注于产业组织理论和经济计量学。尤其是他已经着手研究于保险公司效率、保险税收、联邦体系下的最优保险监管和赔付能力监管。他最新的书是《巨灾保险市场中的监管、定价和需求》（*Regulation，Pricing and Demand in Catastrophe Insurance Markets*，与 Robert Klein、Paul Kleindorfer 和 Michael R. Murray 合著，2003）。

格雷斯是风险理论协会（Risk Theory Society）的前任会长并且是《风险和保险杂志》的副主编。他在佛罗里达大学获得了经济学和法学两个博士学位。

罗伯特·克莱恩（Robert W. Klein） 是风险管理和保险研究中心的主任以及位于亚特兰大市的佐治亚州立大学的风险管理与保险学副教授。他拥有 25 年的保险监管和学术研究经验，是一位在保险监管和保险市场领域的一流专家。

他围绕保险及其监管的各类主题撰写了大量的论文、书籍和专题文章，其内容涉及保险市场的结构和绩效、保险监管与公共政策以及风险和保险的政治经济学等。他的研究涵盖了保险及其监管的诸多领域，包括巨灾风险以及与保险市场和公共政策相关的各种问题。他经常参与影响保险消费者和保险行业重大问题的立法和监管的听证会并为其作证。

在 1996 年 9 月加入到佐治亚州立大学之前，克莱恩是全美保险监管局长协会（NAIC）的研究主管和首席经济学家。他还曾经担任密歇根州的保险监管局和该州议会的全职经济学家。他在密歇根州立大学先后取得经济学学士、硕士和博士学位。他是沃顿商学院金融机构中心的斯隆研究员。他曾任职于美国风险与保险协会（American Risk and Insurance Association）的董事会，目前任职于《保险监管与风险管理杂志》（*Journal of Insurance Regulation and Risk Management*）与《保险研究》杂志（*Insurance Review*）的编辑部。

马克·波利（Mark V. Pauly）　是宾夕法尼亚大学沃顿商学院医疗保健管理系的 Bendheim 讲座教授。他是沃顿商学院的医疗保健管理、保险与风险管理以及商业与公共政策教授以及宾夕法尼亚大学文理学院（School of Arts and Sciences）的经济学教授。他在弗吉尼亚大学获得经济学博士学位。

波利是医师报酬审查委员会（Physician Payment Review Commission）的前任委员，并且是医学研究所（Institute of Medicine）的骨干成员。作为全美一流的卫生经济学家，他在医疗经济学和健康保险领域都做出了卓越贡献。他对道德风险经济学的经典研究最早指出了健康保险产品将如何影响患者对医疗服务的使用。在后续的理论和实证两个方面的研究工作中，他探索了传统的保险产品在管理式医疗（managed care）中的预防医学、门诊医疗和处方药使用的影响。

波利是《国际卫生保健金融与经济学杂志》（*International Health Care Finance and Economics*）的联合主编以及《风险和不确定性杂志》（*Journal of Risk and Uncertainty*）的副主编。他曾任职于医学研究所的专家小组，该专家小组的职责在于审查美国政府医疗保险制度下各家保险公司的公众审计工作以及疫苗融资的改进工作。他是美国医疗保健研究与质量总署（Agency for Healthcare Research and Quality，简称 AHRQ）顾问委员会的前成员。目前，他是一个医疗保险技术咨询专家小组（Medicare Technical Advisory Panel）的成员。